明治期における日本語文法研究史

ひつじ研究叢書〈言語編〉

第118巻 名詞句とともに用いられる「こと」の談話機能 金英周 著
第119巻 平安期日本語の主体表現と客体表現 高山道代 著
第120巻 長崎方言からみた語音調の構造 松浦年男 著
第121巻 テキストマイニングによる言語研究 岸江信介・田畑智司 編
第122巻 話し言葉と書き言葉の接点 石黒圭・橋本行洋 編
第123巻 パースペクティブ・シフトと混合話法 山森良枝 著
第124巻 日本語の共感覚的比喩 武藤彩加 著
第125巻 日本語における漢語の変容の研究 鳴海伸一 著
第126巻 ドイツ語の様相助動詞 髙橋輝和 著
第127巻 コーパスと日本語史研究 近藤泰弘・田中牧郎・小木曽智信 編
第128巻 手続き的意味論 武内道子 著
第129巻 コミュニケーションへの言語的接近 定延利之 著
第130巻 富山県方言の文法 小西いずみ 著
第131巻 日本語の活用現象 三原健一 著
第132巻 日英語の文法化と構文化 秋元実治・青木博史・前田満 編
第133巻 発話行為から見た日本語授受表現の歴史的研究 森勇太 著
第134巻 法生活空間におけるスペイン語の用法研究 堀田英夫 編
第137巻 日韓対照研究によるハとガと無助詞 金智賢 著
第138巻 判断のモダリティに関する日中対照研究 王其莉 著
第139巻 語構成の文法的側面についての研究 斎藤倫明 著
第140巻 現代日本語の使役文 早津恵美子 著
第141巻 韓国語citaと北海道方言ラサルと日本語ラレルの研究 円山拓子 著
第142巻 日本語史叙述の方法 大木一夫・多門靖容 編
第145巻 日本語歴史統語論序説 青木博史 著
第146巻 明治期における日本語文法研究史 服部隆 著
第147巻 所有表現と文法化 今村泰也 著

ひつじ研究叢書
〈言語編〉
第146巻

明治期における
日本語文法研究史

服部隆 著

ひつじ書房

目次

明治期における日本語文法研究史

序章

明治期日本語文法研究史の方法

1　明治時代と日本語文法研究

明治時代は、文法研究の時代である。

江戸時代にも、そして明治以降にも、文法研究は存在するが、明治時代は、日本語の研究を志す者のみならず、ひろく知識人全体が近代日本語の創造を必要不可欠な課題と認識し、その目標に関する提言や実践が行われた時代であった。日本語文法の研究がさかんに行われたのも、この時代の必然であったと言える。

もちろん、江戸時代すでに、日本人は古典日本語の中に文法の構造・体系を発見していた。そのもたらす意義は、本居宣長の『詞の玉緒』（一之巻　天明五［一七八五］年）の冒頭を読むだけでも充分に伝わってくる＊1。

○てにをはは。神代よりおのづから万のことばにそなはりて。その本末をかなへあはするさだまりなん有て。あがれる世はさらにもいはず。中昔のほどまでも。おのづからよくとゝのひて。たがへるふしはをさく＼なかりけるを。世くだりては、歌にもさらぬ詞にも。このとゝのへをあやまりて。本末もてひがむるたぐひのみおほかるゆゑに。おのれ今此書をかきあらはせるは。そのさだまりをつぶさにをしへさとさんとてなり。

○近き代に或人。てにをはは漢文(からぶみ)の助字の如しといへり。此言あたれるやうなる故に。さることとのみ心得をる人おほかンめり。まことにいとよく似てはあれども。しか思ふは猶てにをはをよくしらぬものになん有ける。　（一七ページ）

古典日本語におけるテニヲハと述語との呼応関係を記述することに成功した宣長は、さらにその事実を通して、漢文との差異に言及する。日本語の文法を通して、日本文化のアイデンティティーを確認した瞬間であった。もっとも、他言語との対照は、日本語の文法を発見したその次に出てくるもので、発見の瞬間は、富士谷成章『あゆひ抄』（おほむね上　安永七［一七七三］年）における、

又曰あめつちのことたまはことわりをもちてしづかにたてり．　（四ページ）

や、本居春庭『詞八衢』（上巻　文化五［一八〇八］年）における、

詞のはたらきはいかにともいひしらずいとも〳〵くすしくたへなるものにして、（以下略）。　（一一ページ）

などの言から読み取るべきかもしれない。今日から見れば、いささか神秘的な表現ではあるが、日本語文法を発見してしまった人間の感慨がそこからにじみ出ているように思われる。

一方、西洋の言語との出会いも、中世末から江戸時代にかけての日本語研究にとって特筆すべき出来事である。キリシタン時代のラテン語・ポルトガル語などの学習は、禁教によって一時途絶えることになるが、その後はオランダ語学習がこれに代わり、その体系的記述は、中野柳圃によりまとめられ、写本で伝わることになった著述「九品詞名目」「三種諸格」「四法諸時対訳」（文化二［一八〇五］年）などに見ることができる＊2。これらは、それぞれオランダ語の品詞、名詞の曲用、動詞の活用を説いており、西洋言語の文法範疇が組織的に研究されれは

じめ、その後も、初めて刊行されたオランダ語文典である藤林普山『和蘭語法解』（文化九［一八一二］年）や、大庭雪斎『訳和蘭文語』（安政三―四［一八五六―五七］年）を代表とする箕作阮甫翻刻『和蘭文典前編』（天保一三［一八四二］年）『和蘭文典後編　成句論』（嘉永元［一八四八］年）の各種翻訳書などが現れることになった。

これらのオランダ語文法研究は、日本語そのものの研究ではないが、オランダ語を理解する際に日本語や漢文との対照をその初期から行うことになり、幕末の大庭雪斎『訳和蘭文語』は、その凡例において、

○此書ハ和蘭ノ学校本ニシテ、独リ其国ノ語法ノミヲ論スト雖モ、其説ハ則チ万国人語ノ定理ナリ。故ニ其法ヲ理会シ了テ之ヲ他ニ及ストキハ、皇邦及ヒ支那ノ語法モ亦タ之ヲ領解スルコトヲ得ン。　（凡例三ウ）

右のとおり、オランダ語を学ぶことが日本語や漢文の理解を助けると述べている。西洋文典の組織を用いた日本語の記述は、江戸時代には、わずかに鶴峯戊申『語学新書』（天保四［一八三三］年）などが見られるばかりだが、このような発想は、明治時代に至り、本格的に引き継がれることになっていく。

以上のように、江戸時代においても、国学者の古典日本語の研究、蘭学者のオランダ語研究の双方が盛んに行われたわけであるが、ひるがえって明治時代の日本語文法研究の特質はどこにあるか。

明治時代は、江戸時代に発見された日本語文法を西洋的な価値観やフィルターを通して語り直す時代であったと言える。しかし当時の洋学者が、オランダ語や英語の文典の枠組みに、無反省な形で日本語を当てはめようとしても、そこには無理が生じる。以下の黒川真頼『皇国文典初学』（一巻　明治六［一八七三］年）は、明治初期におけるこのような状況を述べたものであろう。

文典をまなぶことは、むづかしきことのやうにいへど、然（シカ）らず、世の人の常にいふ詞、おほくは、文典に

かなへり、然れども、文典をまなばざれば、詞の規則をしらず、西洋の国〳〵は、その国〳〵にしたがひて、文典あり、今の世の学者、西洋の学問をして、西洋の文典をまなびて、皇国の文典をも、強て西洋の文典にならひて、作らむと為るは、むづかしくして益なし、西洋といへども、国によりて、詞おの〳〵異なり、皇国は、皇国の詞の規則あり、まなびてその規則をしるべし、しらずばあるべからざるなり　（一オ―ウ）

しかし、国学者の黒川も、文典の記述に当たっては、西洋文典における品詞名を援用している。『皇国文典初学』の序文において、横山由清が、

吾友黒川真頼、ここに思ひよれるよしありて、広く古今雅俗の言語に徴し、遠く欧州諸国の法則に倣ひて、かく皇国の文典を編成したる其労少からず、其功大なりといふべし。

（序二ウ―三オ。引用に際して句読点を補った）

と述べるとおりで、洋学者が西洋文典を模倣した日本語文典を編纂するのと並行して、国学者も西洋文典を学びつつ文典編纂を構想する、それが明治初期の日本語文法研究であった。そして、西洋文典の枠組みと国学者たちによる伝統的な国語研究の蓄積の双方をどのように用い、折り合いをつけていくかが明治前期の課題であった。

1・1　明治前期の日本語研究に対する社会的要請

このような文法研究の状況がなぜ明治前期に現れたのか、ここで当時の日本語が置かれた状況を振り返りながら、確認しておくことにしたい。

開国し、国際政治の荒波の中に否応なしに投げ込まれた日本は、近代化、すなわち日本的西洋化を目指さざる

をえなくなった。その際には、日本人が古くから慣れ親しみ、使い続けてきた日本語も、「近代化」の対象として例外とはならなかった。つまり日本語が、あるべき日本の基盤を作るものの一つとして、強く意識されたのである。しかし、「近代化」が「西洋化」であるとするならば、目指す先は「日本語の西洋化」ということになる。これは、いささか矛盾した表現ではあるが、明治前期の日本語研究は、西洋の価値基準に適った近代日本語の創造とそのための基盤作りという形でこの社会的要請に答えようとした。

森岡健二（一九七二）は、明治時代における近代日本語の成立を、「語彙の更新」「標準語の形成」「言文一致体の成立」の三点から考えている。これらは第一義的には、西洋の学術用語の翻訳や言文一致体による近代小説の創始などというように、具体的な実践を伴った日本語そのものの改革の試みにより牽引されたが、その一方で近代的な日本語辞書や日本語文典の編纂、口語文法の記述などの、日本語研究の方法論的な整備も必要となった。明治初期に「近代的」な日本語文法研究が開始された理由も、以下の三点をから考えることができるだろう。

1・1・1　学術の基盤としての「文法」

西周は、「百学連環」（総論　明治三［一八七〇］年）において以下のように述べる。

> 凡そ世上の万民術をなささるものなし。術の上には必す学あるなれは、世間悉ク学者ならさるなし。（中略）此の如く天下の人皆学術の人ならさるはなし。然れとも真の学術に至りては文学［字］の資なかるへからす。［文学は学術／にあらす。
> （一六ページ。［　］内割注。以下同じ）
>
> 文と道とは元ト一ツなるものにして、文学開クときは道亦明かなるなり。故に文章の学術に係はる大なり

とす。凡そ世上文章家たるものは殆ント其道に近かるへし。韓退之云文は貫道の器なりと。文盛んならすんは道開くるの理なし。［貫道とは文章たるものは道を連貫／して後世までも伝はるを云ふ。］　（一七ページ）

総て事を為す必す目的なかるへからす。其目的立て之を行ふ則ち方略なり、策なり、媒なり。故に学術は元来別つなるものにして、文事を以て学術と云ふにはあらす。其目的を行ふ即ち学術にして、方略及ヒ策、媒等は文事なり。故に文事なきときは学術の助けあることなし。併学術を達するは唯タ文章のみならす、又他に種々あるなり。　（一九ページ）

西の指摘は、近代的な学術研究を行うには、まずその基盤としての「文」が必要であるという問題意識からのもので、実際「百学連環」の中においても、第一編「普通学（Common Science）」の中で、「歴史・地理学・数学」と合わせて「文章学（Literature）」を取り上げ、その中で「語典（Grammar）」にも一節を割いている。なお西周は、「洋字ヲ以テ国語ヲ書スルノ論」（明治七［一八七四］年）においても、文法研究の必要性を説き、以下のように当時の状況を捉えている。

第一語学ノ難事、今ソレ和語ヲ立テ之ヲ用フ誰カ之ヲ欲セサラン、而テ国学者流ハ徒ラニ古文法ヲ用フルヲ知テ実用ニ適スルヲ知ラス、実用ニ適スル者ハ候文（サフロフ）ニシテ既ニ言フ所ト異ナリ、近日此書ノ如ク片仮字交リノ文頗一定ノ文体トナル、然トモ間ニ此書ノ如ク漢語法ヲ用フルアリ、又和語法ヲ用フルアリ其体亦一ナラス、故ニ国学ニ抗スル者ハ遂ニ今ノ俗語ヲ直書シテ所謂テニヲハノ法ヲモ挙テ之ヲ廃セント欲ス、此二家ノ争抗相息マサレハ何ヲ以テ語法ヲ立ルヲ得ン、　（五七四–五七五ページ）

1・1・2　近代日本語の確立のための「文法」

このように学術の基盤としての近代日本語の整備という課題は、さらに日本語文典の編纂を要請した。幕末・明治初期の日本語研究の動きについては、規範としての「文法」という観点から古田東朔（一九八二）が明治前期の状況を整理しており参考になるが、ここでは、そこに紹介されている中から大槻文彦「日本文法論」（明治八［一八七五］年）の記述を取り上げ、確認しておくことにしよう。

当今我国ノ文学ニ就キテ最大ノ欠典トスルハ、日本文典ノ全備セル者ナキナリ。是ナキハ独我国文学ノ基礎立タザルノミナラズ、外国ニ対スルモ真ニ外聞悪シキ事ナラズヤ。（中略）我国古言ノ文典ニ於テハ既ニ先輩ノ著作セル数種ノ書アリテ、之ヲ読メバ其語格整然厳トシテ犯スベカラザル、所謂言霊ノサキハフ霊妙ノ文法今之ヲ頌賛スルヲ待タザルナリ。然レトモ余ヲ以テ之ヲ見ルニ、其数先輩皆只名詞動詞形容詞及ビテニヲハヲ論ジテ、他ノ代名詞副詞接続詞感詞等ハ或ハテニヲハニ混ジ、□ハ更ニ品別スル所ナシ。故ニ各種語学ノ書ヲ観ルニ皆動詞形容詞ノ変化ノミ記シ、其他ニ論及スル者ナキ、是余ガ未ダ全備ノ者ト為ザル所以ナリ。　（一オ。引用に際して句読点を補った）

今其文法ヲ定メントスルニハ、古言今言其難易ノ差アルコト知ルベキノミ。依テ愚案ニハ今ニ当テ先ヅ始メニ一大全備ノ古言文典ヲ編スベシ。古言文典既ニ成ルニ至ラバ、一ハ之ヲ古言高尚学ノ用トシ、一ハ之ヲ今言文典ヲ編スルノ基礎トシ、以テ漸次ニ今言文典ヲ製スルニ及バヾ編作ノ労正ニ其順序ヲ得ル者トスベシ。　（一ウ－二オ）

大槻は、日本語の近代化のために西洋流の文典を編纂することの必要性に言及し、合わせて古典語文典を編纂してから口語文典の編纂に着手するむねを述べている。同様の提言は、同じ年に書かれた渡辺修次郎「日本文ヲ制定スル方法」（明治八［一八七五］年）にも見ることができる。

日本文ヲ制定スルニハ言語文章ヲ同一ニセザルベカラズ。凡ソ外国ノ文章タル必ズ平常ノ言語ト同ジ故ニ平易ニシテ簡便ナリ。全体文章ハ言語ノ記号ナレバ然アルベキ筈ナリ。故ニ今徒ニ正不正ヲ論ゼズ最モ能ク通用スル東京言葉ヲ本トシテ（ヒ（火）ヲシ（日）ト誤ル如キヲ正ス）イロハヲ以テ字ノ順序ヲ立テ第一ニ文法書ト字引ヲ編輯スベシ。勿論数字（カズジ）ノ外漢字ヲ用ヰズシテ専ラ仮名ヲ用フルナレトモ、是迄通用シ来テ用ヰザルヲ得ザル漢語若クハ洋語モ仮名ヲ以テ書シ、学校用ノ書ヲ始メ従来出版ノモノハ漸次ニ改メ、後来出版ノモノハ其文法ニ随テ著セバ、苟モイロハヲ知ル者ニ読メザルナク、旧来言語文章ノ差異モ除キ終ニ一種ノ語ニテ全国ニ通ズルノ美ヲ成スハ疑ヒヲ容レズ。

（一五四ページ。引用に際して句読点を補った）

1・1・3　教育の基礎としての「文法」

このような規範としての「文法」がもっとも効果を上げ、またそれが切実に必要とされた場が、明治初期における教育の現場であった。教科書の変遷という観点からも古田東朔（一九五七）は明治初期の言語教育を取り上げているが、日本語文典については、「表現文法の意図と品詞論の問題」という節で明治初期の状況を紹介している。

明治四年に設置された文部省は、明治五年八月に学制、九月に小学教則を発布した。文法教育について見れば、下等小学第四級（現在の小学校三年前期）から上等小学第一級（現在の中学校二年後期）まで行われるものとされた。その内容を「小学教則」から摘記すれば（七ウ－二〇オ）、以下のとおりである。

【下等小学】

○第四級

　文法　当分欠ク

　　〻〻〻ノ書ヲ用テ詞ノ種類名詞（ナコトバ）ノ変化ヲ授ク尤諳誦ヲ主トス

○第三級

　文法　当分欠ク

　　後詞様詞代詞等ノ諸変化ヲ授クルコト各科読方ノ如シ

○第二級

　文法　当分欠ク

　　働詞ノ活用変化ヲ授ク

○第一級

　文法　当分欠ク

　　接詞副詞歎詞等ノ活用ヲ授ク

【上等小学】

○第八級

　文法　当分欠ク

　　作文ノ活用ヲ授ク

○第七級～○第一級
　文法　当分欠ク
　　前級ノ如シ

ミミミで示されているとおり、当時は標準的な文法教科書がまだ定まっておらず、この部分を埋めるべく、第二部で触れるような明治初期の文法教科書が刊行されはじめることになる。

以上、明治前期、とりわけ維新直後の日本語文法研究の置かれた状況を、どのような社会的要請に基づき研究が進められたのかという観点から概観した。改めてまとめれば、おおよそ以下のとおりとなろう。

a　日本の近代化のためには、学術の基盤としての日本語の整備が必要である。これをより表層のレベルで言い換えるならば、西洋に劣らない辞書や文法書が欲しいという要求となる。

b　日本の近代化を強固なものにするならば、近代的な教育制度を整え、その実践が持続的に行われる必要がある。その中では、当然、日本語の近代的な教育も必要となり、新しい文法書の編纂が望まれる。

c　近代日本語の確立には、近代的な語彙（とりわけ学術用語）の整備とともに、平易な文語文、さらに進んで口語的な書きことばが必要となる。その大枠を示すには、規範となる文法書、すなわち、日本人が日本語で書くための文法書の編纂が当時は急務であった。

1・2　明治後期の日本語研究に見られる方法論的自覚

近代日本語の整備という課題のもと進められた明治前期の文法研究は、大槻文彦の「語法指南」（明治二二

〔一八八九〕年）、『広日本文典』（明治三〇〔一八九七〕年）の刊行をもって、一つの型に到達するに至る。これは、西洋文典の枠組みと伝統的国語研究の蓄積を穏当に折衷した結果で、その経緯と問題点については、第Ⅰ部において文法範疇のとらえ方という側面から論じるが、明治後期に至ると、この大槻の文法研究を乗り越える形で、西洋の言語研究を受容することを契機とした日本語文法研究に対する方法論的自覚が芽生えてくる。

西洋の言語研究のまとまった紹介は、Chambersの百科事典の翻訳である大槻文彦訳『言語篇』（明治一二〔一八七九〕年）に始まるものと考えられ、明治後期の松下大三郎における「普遍文法」の概念や、山田孝雄の「国語の本性」をめぐる言説についても、西洋の言語研究の影響が見られる。

いま松下大三郎の「文典学と語理学とにつきて」（明治二八〔一八九五〕年）について見るならば、

> 完全に文典を学ばむと欲せば、第一には、言語組織の自然の法則、（云ひかふれば、各国語に普く適用することを得る普通法則、即、語理）を学び、第二には、言語組織の人為的法則、（言ひかふれば、或る一国にのみ適用し得べき固有法則、即、語式）を学ぶべきなり。此の二ツは、文典に欠くべからざる事にして、又此の二ツの外には、文典上必要なる事なし。（中略）文典書におきて、音韻、文字等を説くは蛇足なり〔附録として説くならば兎も角も、文典を分ちて音韻及文字、言語、文章の三ツとすなどと云ふは大に非なり〕。（五―六ページ）

右のとおり一般言語学と個別言語学の別と文法論の範囲について説いており、それは以下に示す松下大三郎「言語の構成法を論ず」（明治四二〔一九〇九〕年）におけるような文法研究を「科学」の一分野として位置づけるという明確な意識のうえに成された発言であった。

> 語法学は科学なり。常識に非ず。科学とは何ぞや。科学は知識なり。研究の結果物なり。されど知識は悉

く科学なりとは云ふべからず。明確なる推理の結果に非ざれば科学に非ず。（中略）論理的、統制的、普遍的、此の三者は実に科学必要条件なり。

（二〇–二一ページ）

「普遍文法」の概念は、斉木美知世・鷲尾龍一（二〇一二）が指摘するとおり、大槻文彦訳『言語篇』にもすでに「普通文法（ユニブルサル、グラマ）」という名称で現れており、また言語研究を「科学」としてとらえる見方も、同じく『言語篇』に、

> 抑此学問ノ一科学ト成リシハ稍近世ノ事ニ属シ其名称ト雖モ未ダ一定普通ノモノ無ク之ヲ称シテ或ハ比較文法学（コンパラチブ、グラマ）或ハ比較語学（コンパラチブ、ヒロロジー）或ハ話学（リングイスチック）或ハ言語ノ学問（サイアンス、オフ、ランゲージ）ト謂フ。
>
> （九ページ）

「言語ノ学問（サイアンス、オフ、ランゲージ）」という形で、欧米の言語科学が「サイアンス」の一科を成すことが紹介されている。

松下における「科学」としての言語研究という捉え方は、すでに仁田義雄（二〇〇五）が指摘するとおり、『言語篇』のみならず、明治二〇年前後に広く使用されたSwintonの英文典にも見られる。いまSwintonの"A Grammar containing the Etymology and Syntax of the English Language"（1885）の記述を参照するなら、

> 2. Grammar is the science that treats of the principles of language.
>
> Some principles are common to all languages, and these principles form the science of general grammar; but as the several languages differ widely, it is necessary to have a special grammar for each. Hence *French* grammar, *German* grammar, *English* grammar, etc.
>
> (p.1)

右のように文法学を「科学（science）」として位置づけるとともに、「一般文法（general grammar）」と「個別文法（special grammar）」の別にも言及しており、松下の場合Swintonの影響を考慮すべきであると考える＊3。

ただし、実際の日本語文法研究が西洋の言語研究を踏まえた方法論的自覚をもって成されるようになるのは、やはりさきに引用した松下の研究など明治三〇年前後からで、周知のとおり、山田孝雄『日本文法論』(明治四一［一九〇八］年)も、「文法学」から従来の日本語文典で合わせて説かれることの多かった「声音学・記載法」を除き、文法論の範囲を「言語を思想に応じて運用する法則」を研究する分野に限定するとともに、「文法学」を「単語につきての分解的研究と総合的研究」を行う「語論」と、「語を基として思想発表の方法を研究」する「句論」に二大別している(二一―三ページ)。

なお、山田は、国語の性質について、

泰西の言語学者、多くは世界の言語を其の構造の種類によりて、三とし、孤立語族、附著語族、活動語族とせり。而して我が国語を以て附著語族の中にありとす。(中略)

又言語学者は分析的言語と、総合的言語との二者を区別せり。而して、英語の如きを稍分析的に傾きたるものとし、アリアン系の国語の大部分は総合的言語なりとせり。分析的言語の特徴は前置詞又は助動詞を補助として語想の関係をあらはすものなりといへり。この点を以て英語は殆分析的の言語といふことを得べし。支那語亦同じ。若分析的言語の標本とすべきものありとせむか、わが国語の如きは実に好標本と云ふべきなり。

次に又語の配列の状態によりて区別することを得べし。かの孤立語たる支那語に見よ。かれらは語想の関係を示すに言語の位置を変更して之によりて特別なる意義を寓す。わが弖爾乎波によりて意義を示す比にあらざるなり。之を以て、かれらの文章構造法は吾人の目より見れば、転倒せるものなり。かくて言語を直行式のと転倒式のとに分つことをうべし。(中略)

以上略説せる所のみを以て見ても我が国語は其の語の構造の上よりも語想関係の上よりも単語配列の上よりも支那又は英独諸国の語と背馳せる点あるは明なりとす。
（四―五ページ）

と述べ、松下と異なり、言語が普遍的に共有する性質よりも、日本語が持つ英語・中国語とは異なる性質を強調している。ただし、

凡言語の学自国語のみにて之に比較すべき外国語なきときは起らざるなり。これ実に認識の始は差別なりとの哲理に合す。我が国語の研究も又然るべし。然れども文脈語性を異にしたる他の国語の法則をとりて、この異なれる言語に適用しうべきものなりや否や。
（六ページ）

とも述べるとおり、広く世界の言語全体を俯瞰しながら日本語に即した文法上の範疇を考えようとしている点、西洋の言語研究の影響を受けた発言と考えられる。

以上、西洋の言語理論の受容と日本語文法研究に対する方法論的自覚のあり方を、松下大三郎・山田孝雄の文法研究を一例に概観した。明治後期に至っても、近代日本語の確立のための文典編纂は、明治三四年以降相次いで俗語文典が刊行されるなど、引き続き行われることになるが、それと並行して文法研究に対する方法論的自覚が深化していったことが分かると思う。この点についても、第Ⅱ部以降、具体的に触れることにしたいが、

a　文法論の組織をどのように構想するか。また、文法論上の単位、範疇をどのように立てるか。
b　英語・中国語など他言語との対照を行い、日本語を相対化しながら、改めて日本語の特質に根ざした文法記述をどのように行っていくか。
c　江戸時代の伝統的国語研究と明治以降の西洋文典の影響を受けた日本語文典編纂をどのようにとらえ、それを止揚していくか。

という三点がさしあたり問題になるものと思われる。

このうちのａは、通言語的な方法論の問題につながるが、ｂは、他言語と異なる日本語独自の現象の発見、たとえば明治後期に起きた草野清民らによる総主語論争などをもたらし、ｃは、本書の主題でもある文法研究史の視点を要請することになった。すなわち、明治後期は、西洋の言語研究の文脈の中で、改めて日本語のアイデンティティーが問われる時代であったと言える。

このように、明治時代の文法研究は、近代日本語の創造という現実的な課題を背景に出発したものであった。ただし、日本語文典の編纂は、単に日本語の文語・口語文法を記述するということに止まらず、そのための方法論の深化、具体的には、西洋の言語研究の受容と咀嚼、江戸時代までの研究成果の再評価などを通じた、文法研究はいかに行うべきか、日本語はどのような言語か、などの問題意識を生み出し、このような研究の成果が、現在の国語研究や国語教育の中で用いる基礎的概念の確立をもたらしたことは言うまでもない。その意味で明治時代の文法研究史を考えることは、明治時代という時代のみならず、現代の文法研究を問い直す意義を持つものと考えられる。

2　国語学史の方法論　本書の作業手順

前節では、明治期の文法研究が置かれた状況とその研究史を考える意義について述べたが、次にその歴史を語るにあたって必要となる作業手順を確認しておくことにしたい。

文法研究史は、何を目標にし、どのような態度で記述すべきか。

山東功（二〇〇二）は、明治前期の文法研究史を考えるにあたり、明治以降の国語学史研究を振り返るところから検討をはじめ、明治前期の文法研究史がなぜ等閑視されてきたのかを考えている。その内容を筆者なりに摘記すれば、

・保科孝一『国語学小史』（一八九九）は、進歩史観に立脚するため、明治初期の文法研究は、江戸期の国語学隆盛の時代と明治後期の近代的国語研究のはざまに現れたものとして、記述の対象となっていない。

・山田孝雄は、国語の本性に合致した研究という視点を重視するため、西洋の文典を模倣した明治前期の文法研究は、徹底的に批判されることになる。また、国語学を「国民が自ら話す言葉、すなわち国語に対して行う自覚反省の結果」ととらえるため、外国人の日本語研究も国語学史の対象から除かれる。この種の態度は、『日本文法論』（一九〇八）から『国語学史要』（一九三五）・『国語学史』（一九四三）まで一貫し、その記述には妥当な部分も多いが、明治前期の文法研究の歴史的意義が客観的に語られているとはいえない。

・時枝誠記においては、国語学史が時枝にとっての国語意識史として語られる。この態度は、卒業論文「日本ニ於ル言語観念ノ発達及言語研究ノ目的ト其ノ方法」（一九二四）から『国語学史』（一九四〇）までに通底するもので、西洋文典を模倣した明治前期の文法研究は、国語意識の展開とは無縁のため、時枝の国語学史の視野には入ってこない。

・なお、福井久蔵『日本文法史』（一九〇七）は、国語学史を明治維新を境に二分するとともに、「明治維新後十年間に西洋式日本文典が出現し、次の十年間にその反動として国学的なものや、あるいは折衷的なものも出現、その後大槻文彦によって融合が図られた（一九ページ）」という形で明治期の文法研究に焦点化した

記述が行われる。ただし、学説の系統的整理をもっぱら行うため、その歴史的意義の検討を欠いている。ということになろう。そのうえで、どの立場も明治前期の文法研究史を考えるには不十分なものであり、「国語の本性」「国語意識」などの観念に寄りかかる方法を採らず、古田東朔の一連の研究方法を踏襲し、明治前期の日本文典の資料性を実証的に検討しつつ、その歴史的意味を探る方法を採っている。

一方、矢田勉（二〇〇六）は、「『国語学史』は国語学にとって何故必要なのか」という問いから出発し、国語学史をどのように編成すべきかを論じている。従来の国語学史研究の歴史に関する指摘のうち、本章の内容に関連する点を要約の形でこれを示せば、以下のとおりとなる。

・「国語学史」という学問は、それが要請されてきた事情からは「国語学」という思惟的な性質を持つ学問の性格が大きく関わりつつも、その方法としては、外在の対象を歴史的に記述する学である「国文学史」の影響下に成り立ったという自己矛盾を、始めから孕んでいた。
・記述方法の変遷として、近代の「国語学史」研究史をまとめれば、①伝記的方式、②書目解題方式の二つの柱から成っている。ただし、昭和一〇年代に入ると、研究分野別の記述が目立つようになるが、これも分野式と伝記式の折衷として現れることが多く、その後の概説書に受け継がれていくことになる。
・以上のような状況を踏まえると、国語学史の概説的記述とこれからの専門的研究とは、作業として切り放さざるをえない。両者が別になることによって、専門的研究は自由度を増し、その思想史的な背景の解明や総合的把握のための他分野（日本思想史や国文学など）との学際的研究が期待できることになる。
・一方、概説的研究は、評価的態度を廃し、徹頭徹尾、外在的実体としての学説史を描くことにより、従来その位置づけが難しかった資料群を位置づけることが可能になるなど、大きなメリットを受けることとなる。

なお、この場合の外在的実体としての学説史は、伝記的記述か、あるいは書目解題として記述するかのいずれかとなる。

このように、山東功（二〇〇二）や矢田勉（二〇〇六）の指摘からは、国語学史を考えるには、まず対象となる資料に関して、恣意性を廃した、客観的な整理が前提となることが分かる。そのうえで、他の分野との学際的研究も視野に入れつつ、過去の研究の意義を歴史的に位置づける必要があるということになろう。

それでは、本書では、どのような文法研究史を考えるのか。

もとより筆者のこれまでの研究は、方法論を確立した後に調査研究を開始したわけではなく、現在用いられる文法論上の諸概念をさかのぼり、その源を確認したいという素朴な動機から出発したものであった。そこで、調査をはじめた当初、明治前期の日本語文典における品詞分類の状況を整理する中で感じたことを二点ほど振り返っておきたい。

まず第一は、過去の研究の中にも現代に通用するすぐれた研究があり、かつその一部は埋もれてしまっており、これまで十分に紹介されてこなかったという点である。

筆者が文法研究史の調査を始めた当時も、さきに紹介した福井久蔵や山田孝雄による国語学史に関する著述などがすでに存在し、古田東朔による明治初期の日本語研究に関する一連の論文も公にされていた。しかし、明治期の日本語文典全体の網羅的調査となると十分には行われてはいなかった。また、特定の研究者を取り上げた文法研究の成立過程についても明らかになっていないことが多く、その調査が必ずしも容易ではないということも相俟って、基礎的研究をさらに行う必要性が感じられた。これには、江戸時代の国語学史研究と比べ、明治時代からまだ時を十分に経ていなかったという事情もあるのであろう。

しかし、明治期の文法研究の調査が遅れた最大の原因は、文法研究史が、現代において文法研究を行うための先行研究の確認、すなわち現代の研究に付随した手続きとして行われることが多く、文法研究史として必ずしも自立していなかったというところにあったと思う。大きく見れば、過去の研究をさらに前進させるために現代の文法研究は行われているわけであるから、先行研究の調査も、現代の研究を位置づけるに必要な、言及するに足る研究をピックアップすればそれで足りると一応は言える。ただし、先行研究を収集する範囲が狭ければ、そこから漏れた研究は、研究史上存在しなかったことになりかねない。従来注目されることの少なかった日本語文典の中にも、現在問題とされるテーマについて言及している研究者がおり、そこには素朴ではあるかもしれないが、問題の本質がかえってむき出しの姿で露出していることもあると考えられる。

また今日知られる過去の代表的な文法研究は、その当時の研究状況の中でそれを眺めると、きわめてユニークな存在であることにも、改めて気づかされた。ユニークさがあるからこそ歴史的評価に耐えてきたわけで、これは至極当然のことなのであるが、その一方で、過去のすぐれた研究をもって、当時の文法研究全体の状況を語るのは間違いであるということにも気づかされた。これが第二の点である。

この二点を考えるのが、本書の目的である。すなわち当時の日本語文典の総体を確認することを通して、明治という時代が持っていた文法に対する要求、興味、常識の裾野をまず確認しつつ、このような状況があったからこそ生まれる、今日まで残る代表的な日本語文法研究の生まれた背景とその意味を探ることが本書の目標である。

それでは、どのような作業手順を踏まえて文法研究史研究を行えばよいのか。次に、筆者がこれまで行ってきた作業を振り返りながら、結果的にどのような作業や視点が必要だったかという切り口から文法研究史の方法論を考えることにしたい。さきにも述べたとおり、方法を確立してから研究に着手したわけではないので、これが唯一の方法であることを主張するものではない。どこまでも、筆者がこれまで行った調査の際に取りえた方法から帰納し、あるいは今後必要であると感じている事項を整理したものである。ただし、これから述べる方法は、どのような国語学史研究を行う際にも関係してくる、一定の一般性は持つものであると、筆者は考える。

2・1 調査対象となる著述目録の作成

明治期の日本語文法研究史を考えるに当たっては、まず調査対象となる著述目録を作成する必要がある。これは、調査対象の編年体リストの作成ということで、研究対象を定めるに当たっての生データということになる。ところで、本書は明治期の文法研究を対象とするものだが、当時実際に行われていた日本語研究の画期は、必ずしも「明治元年」という政治史的な区分と一致するものとは限らない。また、明治時代の日本語文法研究に影響を与えた江戸時代の語学研究が存在することも、すでに述べたとおりである。したがって、理想的には、明治時代のみならず、その前後の時代も視野に入れた著述目録の作成が要請されることになり、またその対象となる著述も、狭義の文法書に限らず、広く日本語文法研究に関わる内容を含む文献を渉猟すべきであろう。

しかし実際に編年体の書目を作成しようとすると、参考となる書目がすでに時代や分野により限定されているという現実がある。たとえば、国立国会図書館編『明治期刊行図書目録』を用いれば、江戸時代や大正時代の研究は省かれ、また「日本語」の「文法」の部に収められた著述を抜き出せば、当然、他言語の文法書はもとより、日本語についても辞書や読本の教科書などは漏れることになる。研究者の草稿類もそのほとんどが視野に入ってこない。

本書の第I部第1章では、基本的な書目として、

鈴木一彦・林巨樹編（一九七三）「明治以降日本文法関係書目」

国立国会図書館整理部編（一九七三）『国立国会図書館所蔵明治期刊行図書目録　第4巻　語学・文学の部』

右の二点（以下「文法書目」「国会書目」と略称）を用いて、品詞分類の調査のため編年体の著述目録を作成することにしたが、両者が収録する明治期全体を通じて刊行された文法に関する書物の数は表1のとおりである。

［表1］明治期における文典数の推移

刊年	国会目録	文法書目
明治元年―一〇年	四一	四六
一一年―二〇年	八九	三四
二一年―三〇年	一二四	八七
三一年―四〇年	一四五	一三六
四一年―四五年	二五	三四
刊年不明	一一	―
合計	四三五	三三七

注…「国会目録」は、江戸期の書物の復刻などを含み、また同一の書物が複数記載されている場合もあるが、ここではそれらを含めたのべの数を示した。

これらの文法書の性格は、明治前期に限ってみれば、多くは教育制度が整備されるに従って著された教科書的なもので、また、大槻文彦の「語法指南」のように辞書に附された文典もある。本書においては、日本人の著したものを中心に、原則として次の条件に合う文典を調査対象の基本とした。

a 「文法書目」掲載の文典のうち、「国会目録」にも掲載されているもの。

b 語の分類を示しているもの。

c 明治元年から明治四一年までに刊行されたもの。

明治四一年で区切ったのは、山田孝雄『日本文法論』刊行までの流れを考えようという目論見からである。ただし、本書の各章・節によって、執筆当時の制約により、このすべてを調査したものと、注目すべき文典のみに限って論じたものとがある点、あらかじめお断りしておく。

また、右の方法では、明治以前の日本語研究や日本語文典に影響を与えた外国語研究が漏れてしまい、草稿・稿本の形で現存している文法研究も対象とならず、対象となる時代や著述のジャンルが限られてしまう。そこで、適宜以下の方法で対象とする著述を追加した。

d a〜cの条件に合う明治四二年から明治四五年までに刊行された日本語文典。

e 「文法書目」にのみ掲載されている日本語文典の草稿・稿本類、および教科書文典類。

f 江戸時代の日本語文法研究。

g 江戸時代のオランダ語研究と明治時代の英語研究。

dは、cの基準の補遺で、またeの教科書文典については、

国立教育研究所編（一九六七）『教育文献総合目録　第3集第1　明治以降教科書総合目録第1』

を併用した。またf・gについては、以下の研究書や書目を参考にしながら、当時の文法研究を補っている。

古田東朔・築島裕（一九七二）『国語学史』

杉本つとむ（一九七六）『江戸時代蘭語学の成立とその展開―長崎通詞による蘭語の学習とその研究―』

杉本つとむ（一九七七）『江戸時代　蘭語学の成立とその展開Ⅱ―蘭学者による蘭語の学習とその研究―』

岩波書店（一九八九―一九九一）『国書総目録　補訂版』

国文学研究資料館編（一九九〇）『古典籍総合目録　国書総目録続編』

もとよりこれらの追加した文献は、網羅的な調査に基づくものではない。明治時代の文法研究に影響を与えた江戸時代の国学者の日本語研究、および江戸後期・明治前期の洋学者の言語研究についても、広く文献の調査を行い、対象を確定する必要がある。今後の課題としたい。

2・2　時期の切り出し（ストーリー）

これまで述べたとおり、本書の主題は「明治時代の文法研究史」である。明治時代を現代にまで続く近代的な日本語研究の土台を作った時代として、改めて振り返る意義を筆者が認めるためであるが、ただし、文法研究を江戸と明治で区切る方法が、研究史を考える唯一の方法であるというわけではもちろんない。

たとえば、一九世紀の日本語研究という括りで考えたとき何が見えてくるか。一九世紀初頭、すなわち西暦一八〇〇年頃は、蘭学史の中で西洋の文法研究が本格的に日本に紹介されはじめた時期である。すなわち、中野柳圃がSéwelの文典を参照しつつ、オランダ語文法の記述をより詳細な形で行いはじめた時期で、この時期に用いられた文法用語の中には、「代名詞・動詞」など現在まで使用されつづけている語も複数存在する。この柳圃の研究は、写本の形で後に続く蘭学者に伝わり、日本人のオランダ語理解のレベルをそれまでに比べ、一段と高めただけでなく、オランダ語学習の背後で必ず行われることになるオランダ語と日本語との対照を通じて、日本語理解の深化をもたらしたのは冒頭で述べたとおりである。

このような西洋文典をフィルターとして用いた日本語研究は、江戸期には鶴峯戊申『語学新書』のように限られた研究に止まるが、明治期に入ると、今度は英文典の影響を受けた日本語文法書が陸続と現れることになる。そして、この種の洋風国文典の枠組みを用いつつも、穏健な日本語記述を行う文典として、大槻文彦の「語法指南」や『広日本文典』が最終的に現れることになるのである。この『広日本文典』が刊行されたのが、世紀末の一八九七年で、つまり一九世紀は日本人による西洋文典の受容とその日本語文典への適用が一つの形を取って結実する一世紀であったとも言いうると筆者は考える。

文芸理論の分野では、E・M・フォースター（一九六九）が小説におけるストーリーとプロットについて以下のように述べ、両者を峻別している。

> われわれはストーリーを、時間的順序に配列された諸事件の叙述であると定義してきました。プロットもまた諸事件の叙述でありますが、重点は因果関係におかれます。〈王が亡くなられ、それから王妃が亡くなられた〉といえばストーリーです。〈王が亡くなられ、それから王妃が悲しみのあまりになくなられた〉といえばプロットです。時間的順序は保持されていますが、因果の感じがそれに影を投げかけています。（中略）王妃の死を考えてください。ストーリーならば、〈それからどうした？〉といいます。プロットならば〈なぜか？〉とたずねます。これが小説のこの二つの様相の基本的なちがいです。
>
> （一〇八ページ）

国語学史研究の方法を考えるにあたっても、この両者をまずは区別しておく必要があるだろう。まずは編年体の著述目録を作成し、そこから明治時代、あるいは一九世紀といった起点と終点を定めた、国語学史的に意味のある「事件」として研究者の描きたいストーリーを切り出す。これが第二に必要な作業で、そのためにすでに特定の時代が切り出されてしまった書目を組み合わせて、前後の時代も含めた編年史を再構築する必要があるというのが、前節で取り上げた問題であった。

なお、江戸／明治、一九世紀／二〇世紀というストーリーの区分は、研究の外的要因からの切り出しだが、研究そのものの展開をたどる形で区分を行うこともできるだろう。たとえば、山本正秀（一九六五）は、言文一致運動の史的展開について次のような区分を行っている（三三ページ）。

第一期　慶応　二年（一八六六）―明治一六年（一八八三）……………発生期
第二期　明治一七年（一八八四）―明治二二年（一八八九）…………第一自覚期
第三期　明治二三年（一八九〇）―明治二七年（一八九四）……………停滞期
第四期　明治二八年（一八九五）―明治三二年（一八九九）…………第二自覚期
第五期　明治三三年（一九〇〇）―明治四二年（一九〇九）……………確立期
第六期　明治四三年（一九一〇）―大正一一年（一九二二）……成長・完成前期
第七期　大正一二年（一九二三）―昭和二一年（一九四六）……成長・完成後期

これは、言文一致運動に関わる発言や具体的な実践をもとに時期を区切り、さらにそれを下位分類したもので、慶応年間から第二次世界大戦後までを含む区分となっている。

ちなみに、明治期における日本語文典の編纂も、以下のとおり言文一致運動の時代区分におおむね沿った形で展開していくように見える。

第一期　慶応　二年―明治一六年

（前半）…西周による研究（「ことばのいしずゑ」）、洋式文典の刊行（田中義廉・中根淑など）。

（後半）…国学の流れを汲む伝統文典の刊行（堀秀成・佐藤誠実など）。

第二期　明治一七年―明治二二年

…大槻文彦『言海』の刊行。「語法指南」が折衷文典の一つの形として出現。

第三期　明治二三年―明治二七年

…初期の統語論研究が現れるが（手島春治・高津鍬三郎）、文典編纂は低調。

第四期　明治二八年―明治三二年

…大槻文彦『広日本文典』の刊行。教科書文典のスタイルが定着（三土忠造『中等国文典』など）。

第五期　明治三三年―明治四二年

（前半）…俗語文典編纂の開始（松下大三郎・金井保三など）。統語論研究の隆盛（岡田正美・岡倉由三郎・草野清民など）。

（後半）…山田孝雄『日本文法論』・三矢重松『高等日本文法』などの刊行。

この種の研究史に内在する展開から時代を切り出すという方法は、すでにストーリーに収まらず、次に触れるプロットの問題に踏み出しているとも言えるが、いずれにせよ、文法研究史を語る際に起点と終点を決め、資料を時系列に配列するという作業は、必要不可欠である。どのような歴史を描こうとするのかに合わせ、時代区分をカレンダーに求めるのか、政治的・社会的事件を基準にするのか、あるいは研究史の画期となる著述や研究者の出現によるのかなど、さまざまな方法の中からまず選び取る必要があろう。

なお、本書の第Ⅰ部第1章では、明治期の日本語文典を品詞分類の観点から分類するが、その際、対象にした文典は、以下のとおりである。

品詞分類の調査を行った日本語文典リスト(第Ⅰ部第1章)

＊刊年は初版。所蔵注記のないものは国立国会図書館所蔵本。なお、書名の前に(口)を付したものは、口語文典の意。

明治 三年(一八七〇)	西周	「ことばのいしずゑ」(宗高書房西周全集本)
明治 四年(一八七一)	中金正衡	『大倭語学手引草』(内閣文庫本)
明治 六年(一八七三)	高田義甫・西野古海	『皇国文法階梯』
明治 六年(一八七三)	黒川真頼	『皇国文典初学』
明治 六年(一八七三)	馬場辰猪	(口)『Elementary Grammar of the Japanese Language』(横浜開港資料館本)
明治 七年(一八七四)	田中義廉	『小学日本文典』
明治 七年(一八七四)	渡辺約郎	『皇国小文典』
明治 七年(一八七四)	藤沢親之	『日本消息文典』
明治 九年(一八七六)	中根淑	『日本文典』
明治 九年(一八七六)	小笠原長道	『日本小文典』
明治一〇年(一八七七)	春山弟彦	『小学科用日本文典』

明治一〇年（一八七七）藤田維正・高橋富兄　『日本文法問答』
明治一〇年（一八七七）里見義　『雅俗文法』（静嘉堂文庫本）
明治一〇年（一八七七）堀秀成　『日本語学階梯』
明治一〇年（一八七七）藤井惟勉　『日本文法書』
明治一〇年（一八七八）旗野十一郎　『日本詞学入門』
明治一一年（一八七八）物集高見　『初学日本文典』
明治一二年（一八七九）加部厳夫　『語学訓蒙』
明治一二年（一八七九）拝郷蓮茵　『ちまたの石ふみ』
明治一二年（一八七九）佐藤誠実　『語学指南』
明治一三年（一八八〇）大矢透　『語格指南』
明治一四年（一八八一）大槻修二　『小学日本文典』
明治一五年（一八八二）阿保友一郎　『日本文法』
明治一七年（一八八四）弘鴻　『詞の橋立』
明治一八年（一八八五）近藤真琴　『ことばのその』
明治一八年（一八八五）権田直助　『語学自在』（『続史籍集覧（明治二七年）』所収。福井（一九三四）の成立年に従う）
明治二二年（一八八九）谷千生　『詞の組たて』

明治二二年（一八八九）大槻文彦　「語法指南」（大修館書店復刻『日本辞書言海』本）

明治二三年（一八九〇）岡直盧　『国語指掌』

明治二三年（一八九〇）佐藤雲韶　『普通文典』

明治二三年（一八九〇）落合直文・小中村義象　『日本文典』

明治二三年（一八九〇）手島春治　『日本文法教科書』

明治二三年（一八九〇）那珂通世　『国語学』（刊記なし。「文法書目」の刊年に従う＊4）

明治二四年（一八九一）大和田建樹　『和文典』

明治二四年（一八九一）帆足正久　『国語独案内』

明治二四年（一八九一）関根正直　『国語学』

明治二四年（一八九一）高津鍬三郎　『日本中文典』

明治二四年（一八九一）岡倉由三郎　『日本新文典』

明治二四年（一八九一）飯田永夫　『日本文典問答』

明治二五年（一八九二）大久保初雄　『中等教育国語文典』

明治二五年（一八九二）今井彦三郎　『語格新書』

明治二五年（一八九二）田中勇吉　『校用日本文典初歩』

明治二五年（一八九二）木村春太郎　『日本文典』

明治二五年（一八九二）大宮宗司・星野三郎　『日本小文典』

明治二六年(一八九三)小田清雄　『応用日本文典』

明治二六年(一八九三)秦政治郎　『皇国文典』

明治二六年(一八九三)村田鈔三郎　『国語文典』

明治二六年(一八九三)大川真澄　『普通教育日本文典』

明治二六年(一八九四)林甕臣　『開発新式日本文典』

明治二七年(一八九四)井田秀生　『皇国小文典』

明治二七年(一八九四)西田敬止　『応用日本文典』

明治二八年(一八九五)遠藤国次郎・平野秀吉・田中勇吉　『実用文典』

明治二八年(一八九五)岡崎遠光　『日本小文典』

明治二八年(一八九五)峰原平一郎　『普通文典』

明治二九年(一八九六)新保磐次　『中学国文典』

明治二九年(一八九六)大宮兵馬　『日本語法』

明治二九年(一八九六)柏木重聡　『東文典』

明治三〇年(一八九七)岡直盧　『中等教育国文典』

明治三〇年(一八九七)中島幹事　『中学日本文典』

明治三〇年(一八九七)渡辺弘人　『新撰国文典』

明治三〇年(一八九七)塩井正男　『中学日本文典』

明治三〇年（一八九七）大槻文彦　『広日本文典』

明治三一年（一八九八）三土忠造　『中等国文典』

明治三一年（一八九八）杉敏介　『中等教科日本文典』

明治三一年（一八九八）白鳥菊治　『中学教育新撰日本文典』

明治三一年（一八九八）中邨秋香　『皇国文法』

明治三一年（一八九八）味岡正義・大田寛　『中等教育皇国文典』

明治三二年（一八九九）瓜生篤忠・瓜生喬　『国文法詳解』

明治三二年（一八九九）下田歌子　『女子普通文典』

明治三二年（一八九九）後閑菊野・佐方鎮　『女子教科普通文典』

明治三二年（一八九九）高田宇太郎　『中等国文典』

明治三二年（一八九九）大平信直　『中等教育国文典』

明治三二年（一八九九）大林徳太郎・山崎庚午太郎　『中学日本文典』

明治三二年（一八九九）鈴木忠孝　『新撰日本文典』

明治三三年（一九〇〇）佐藤仁之助　『中学文典』

明治三三年（一九〇〇）森下松衛　『中学国文典』

明治三三年（一九〇〇）杉敏介　『日本小語典』

明治三三年（一九〇〇）普通教育研究会　『中学教程新撰日本文典』

明治三三年（一九〇〇）永井一孝　『国語法階梯』

明治三四年（一九〇一）松平円次郎　『新式日本中文典』

明治三四年（一九〇一）芋川泰次　『日本文法教科書』

明治三四年（一九〇一）金井保三　（口）『日本俗語文典』

明治三四年（一九〇一）高木尚介　『中等皇国文典』

明治三四年（一九〇一）小林稲葉　（口）『新編日本俗語文典』

明治三四年（一九〇一）前波仲尾　（口）『日本語典』

明治三四年（一九〇一）松下大三郎　（口）『日本俗語文典』勉誠社復刻『校訂日本俗語文典』

明治三四年（一九〇一）石川倉次　（口）『はなし　ことばの　きそく』

明治三四年（一九〇一）草野清民　『草野氏日本文法』

明治三四年（一九〇一）藤井籛　『日本文典』

明治三五年（一九〇二）吉田弥平・小山左文二・小島政吉　『国文典教科書』

明治三五年（一九〇二）佐々政一　『日本文典』

明治三五年（一九〇二）三石賤夫　『日本文典』

明治三五年（一九〇二）糸左近　『雅俗対照和漢乃文典』

明治三五年（一九〇二）新楽金橘　『中等教育実用日本文典』

明治三六年（一九〇三）横地清次郎　『国文法教科書』

明治三六年（一九〇三）教育学術研究会　『師範教科国語典』
明治三六年（一九〇三）金沢庄三郎　『日本文法論』
明治三六年（一九〇三）明治書院編輯部　『女子日本文典』
明治三七年（一九〇四）鈴木暢幸　（口）『日本口語典』
明治三七年（一九〇四）千勝義重　『用言図解国語早わかり』
明治三七年（一九〇四）松本亀次郎　（口）『言文対照漢訳日本文典』
明治三七年（一九〇四）畠山健　『中等日本文典』
明治三七年（一九〇四）芳賀矢一　『中等教科明治文典』
明治三八年（一九〇五）六盟館編輯所　『国文典表解』
明治三八年（一九〇五）井上友吉　（口）『清人適用日本語典』
明治三八年（一九〇五）宮脇郁　『論理的日本文典大意』
明治三八年（一九〇五）和田万吉　『日本文典講義』
明治三九年（一九〇六）龍文館編輯部　（口）『校訂日本俗語文典』
明治三九年（一九〇六）高橋龍雄　（口）『漢訳日語文法精義』
明治三九年（一九〇六）岸田蒔夫　（口）『日清対訳実用日本語法』
明治三九年（一九〇六）吉岡郷甫　（口）『日本口語法』
明治四〇年（一九〇七）児崎為槌　（口）『漢訳高等日本文典課本』

明治四〇年（一九〇七）林治一	『日本文法講義』
明治四一年（一九〇八）岡澤鉦次郎	『教科参考日本文典要義』
明治四一年（一九〇八）三矢重松	『高等日本文法』
明治四一年（一九〇八）山田孝雄	『日本文法論』宝文館復刻本

第I部の第2章以降は、このリストから適宜問題となる文典を取捨選択し、あるいは、前後の時代の著述、関係する草稿や異版類、外国語文典などを追加しながら、問題のありかをさぐっていくことにする。

2・3　扱う資料の選択（静的視点）

各種の書目の中から時期や対象となる文典の属性に基づいて、時系列に配列した編年体の調査対象リストを作成したあとは、どのような観点から文法研究の歴史を語るか視点を定めなければならない。以下は、まず最初に、編年体に配列した文法書を静的に総体として把握する場合の視点について触れる。

2・3・1　図と地

ゲシュタルト心理学で取り上げられる概念に「図と地」がある＊5。客観的に変化しない二つの部分が、ある時には「図」となり、ある時には「地」としての役割をもって交代して見えるという現象で、ルビンの壺がその例として有名であろう。

一方が「図」として認識されると、他方は「地」としてしか認識されないということで、いま従来の明治期文法研究史に対する理解をこれに例えるなら、さしずめ明治期の代表的文法研究（大槻、山田、松下など）が「図（＝壺）」で、その他の文法書が「地」ということになるだろう。ただし、代表的な文法研究を背景化し、「地」に後退させると、今度は当時刊行された数多くの文典類が、向かい合った人の顔のように「図」として立ち現れるわけで、文法研究史においても、「図」ばかりでなく「地」に着目すると何が見えてくるかを考えてみる必要があるように思う。

具体的に言えば、山東功（二〇〇二）が、結語で「従来はあまり評価されてこなかったこれらの文法研究（筆者注――明治前期日本文典）に対して、むしろ当時の思想潮流に極めて合致したものであったという歴史性に着目し、いたずらに価値判断を下すのではなく、文法研究の歴史性自体を示す典型例として、これら明治前期の日本文典を位置付けるべきである（二八七ページ）」と述べるのは、「図」のみに着目した文法研究史研究の限界や誤りを踏まえたうえでのことだろう。

本書においても、明治期の文法研究を価値判断を下す前にまず総体としてとらえるということを行いたい。そのうえで、そこからどのような「図」が見えてくるのかを検討していく。

2・3・2　考察対象となる文典・研究者と関連する資料群

以上のように「図」と「地」を入れ換えながら、明治時代の文法書の全体像を把握する一方で、個々の著述を精密に読解する作業が必要であることは言うまでもない。個々の文典の記述を今日的な文脈で捉えるだけでは、内容の誤った理解につながる恐れがある。刊行された文典に先行する草稿・稿本類、あるいは雑誌掲載論文の検討も行いつつ、その文典の持つ同時代的意味を確認することがまず必要となるだろう。

これは、本来であれば、編年体の書目作成の段階で視野に入れるべきものとは思うが、実際には、個々の文典の理解を深める過程で改めて問題となってくる事柄である。最終的に刊行された文法書により構成される平面的な「図」の背後には、その途中で行われた研究者の数々の思考が隠れている。

たとえば、西周の文法研究を理解するには、「ことばのいしずゑ」のみを読み込んでも不十分で、その他の草稿類と連関させて初めて、「ことばのいしずゑ」の意図も理解できるようになる。つまり、一つの著述を山の頂に例えるならば、その裾野に当たる同じ著者がそれ以前に書いた先行する資料群についても、把握しておかなければならない。また、文典中で用いられる用語については、他の研究との関係を見極めるために、書目作成と平行して、文法用語索引の作成も必要になるかもしれない。

2・4　プロットを考える視点（動的視点）

次に、個々の文法研究を動的な流れの中で把握する場合の視点を考えよう。

2・4・1　研究者相互および研究者と社会状況の関係

まず第一に、前節で触れたような或る一つの研究が刊行される過程を問題にする際には、その著述の著者が直接的に影響を受けた先行研究や、文典編纂の契機となった社会状況などを視野に入れなければならない。具体的に言えば、

a　その著述に引用されている、あるいは参考文献一覧に掲載されている先行研究の有無、および明示はされていないが、著者の背景に想定される語学的知識の内実。

b　著者が具体的に有していた人間関係。著者の属していた学統、学校、組織などが、最初の手掛かりとなるが、場合によっては、日記等を確認しつつ、実際の交流のありさまを探る必要も存在する。

c　著者の置かれた立場から確認、または想定される文法研究に対する具体的な社会的要請。

などが、まず問題になる。このうちのb・cは、国語研究そのものに収まらない伝記的研究の形になるだろうが、ある研究が現れるに至る理由を考えるには、文法研究そのものの内実の検討も必要だが、人的関係の側面からそれが補強できる場合もあると思われる。

また、辞書編纂のための文法論の作成、標準語の制定や言文一致体の確立を目的とした文法研究など、明治時代においては、切迫した時代的要請が、文法研究の動機として存在することも多い。この種の事項についても、考慮する必要があるだろう。

2・4・2　特定の枠組みから見た研究の系譜

次に、そのような直接的な関係を離れて、ある枠組みを設定し、その中で研究の展開を考える方法がある。たとえば、

d　具体的な文法的概念、たとえば「文法単位・品詞分類・活用記述」といった枠組みの中で、その記述の類型と展開を考える。

e　文法書の著述者の属性、たとえば「母語」「専門とする学問領域」の相違といった枠組みの中で、その記述の類型と展開を考える。

などが、とりあえず問題になろう。このうちdは、近代的な文法概念を用いて網を掛ける方法を例に挙げたが、「テニヲハ」観といった明治以前に問題となったキイワードを用いる場合もあるだろう。またeは、外国人の日本語研究を一つのまとまりとして扱う場合が該当しようが、日本人の研究者においても、その専門分野などの知的背景は問題になろうし、またその母語（方言）の相違なども、個々の研究の深層で影響を与えている場合があるかもしれない。

以上の切り口は、その一例であり、研究者の依って立つ言語観からたどるなど、他にも文法研究の展開を或るプロットのもと記述する方法はあるだろう。その切り口を発見することが、「歴史」を語るうえでまず必要となると考える。

3　国語学史と国語学　本書の立場

さきに引用した矢田勉（二〇〇六）は、以下のような経験談を紹介している。

私自身の経験であるが、さる大先輩に、国語学史を研究したところで、研究対象である先人より偉くなることは出来ないのだから、国語学史という分野はつまらない、という趣旨のことを聞かされて驚いたことがあった。国語学史に関しても重要な業績をあげている方の言であったから、驚きは尚更であった。これは、「幾ら文学を研究しても、作家より偉くなれない」というのと同断の言であるけれども、私が多少なりとも国語学史に関わる事柄を考えるときには、必ず引っかかっている言葉である。その答えへの道筋を見つけようという試みの拙い結果が、本稿である。（五五五ページ）

この矢田氏の経験談は、国語学史研究に携わる人間ならば、たしかにそういう雰囲気がある、あるいはあったと、共感するところも多いのではないか。この種の発言に答えるためには、国語学史の目標とするところについて、改めてこちらから提示する必要があろうが、ここでは国語学史そのものの位置づけに限って、最後に付言しておきたい。

時枝誠記「国語における変の現象について」（一九四九）は、観察主体（研究者）が、観察的な立場にたって、二つ以上の事物の比較対象から一方を正常、一方を異常と感じる意識が「変」と定義するとともに、その観点から国語における「変」を以下の三類に分類する。

a　同一言語主体が同一言語体系（体系的変）
b　同一言語主体が異なった言語体系（様相的変）

c　異なった言語主体における変（方処的変・歴史的変）

このうち、a・bの「変」の現象は、同一の言語主体に属するものなので、言語の主体的意識に還元することができるが、cは異なる言語主体に属するものなので、そうはいかない。時枝は、この種の研究を、言語研究以外の、人間文化の伝承、分布を研究する学の一部を構成すると考える。ただし、伝統的な国語学では、方言研究（方処的）・国語史（歴史的）をその一部と認めているし、また、時枝氏もこれらの研究を意味のないものといっているわけではない。ただ、厳密に扱えば、これらは時枝氏が考える「国語学」には属さないというわけである。なお、国語学史については、「国語に関する学説史として、当然思想史の一部を構成すべきものである」と述べており、これも厳密には「国語学」には属さないという立場である。

時枝は、以上のような立場に立ちつつも、国語の事実を考えるのに役立つという見地から、方言・国語史・国語学史の研究を国語学に付帯して研究し、講ずることの必然性にも言及するが、そのこと自体が、国語学史という研究領域の確立にマイナスに働いてきた部分もあるのではないか。

筆者は、国語学史は、日本語そのものを研究する国語学・日本語学と補いあいながらも、自立した研究分野として位置づけたい。思想史のみならず、国内外における言語研究史とも連携しつつ、国語研究の歴史の記述を、今後、さらに深化させたいと考えるからである。思想史や言語学史と連携しうる自立した国語学史の構築は、必ず行わなければならない課題である。

ここまで、明治期文法研究史の意義と方法について、筆者がこれまで行ってきた研究に基づき、概観した。以下は、これを踏まえながら、以下の順に明治期の文法研究史のかかえる問題点を確認していきたい。

a　明治期日本語文法研究史の全体像1――明治時代の品詞論とその源流　（第Ⅰ部）
b　明治期日本語文法研究史の全体像2――明治時代の統語論における文法単位の設定　（第Ⅱ部）
c　明治期日本語文法研究史の種々相　（第Ⅲ部）

このうち、a・bでは、現在用いられる文法的概念をキイにしながら、当時の研究状況を考える。具体的に言えば、第Ⅰ部では、品詞分類および名詞の格、動詞の活用などの記述、第Ⅱ部では、文の成分・節（clause）の扱いという枠組みを設定し、明治期の日本語文典を概観したい。これは、明治期の日本語文法研究が、参照した西洋文典の枠組みをどのように理解し、またそれを用いながら、日本語の文法を記述したのかという点に注目するためである。日本固有の文化をいかに異文化の文脈の中で語るかという問題が、文法の記述という一つの課題を通してどのように処理されたかを考えることになろう。

またcに対応する第Ⅲ部では、西周と松下大三郎を取り上げ、彼らの研究に影響を与えた先行研究や人物にも留意しつつ、その文法研究の特質を明らかにする。両者に共通するのは、明治期に影響力を持った大槻文彦とはまた異なった形で、西洋の言語研究と江戸時代の伝統的国語研究の双方を咀嚼した研究を行った点で、とりわけ西周の文法研究については、その研究の詳細が十分に共有されておらず、したがってその評価もいまだ不十分である。西周の残した草稿類の検討を行いながらその意義を考えることにする。

なお、第Ⅲ部の後半では、語史的な観点から「品詞」「主語・述語」という文法用語の歴史を俯瞰し、研究全体の補いにしたい。

＊1　引用に際しては、適宜現行の字体に改めた。以下同じ。

＊2　中野柳圃の著述のうち、奥書から成立年が分かるのは、「四法諸時対訳」のみである。片桐一男（一九八五）は、「三種諸格編」は「四法諸時対訳」に書名の言及があるためそれ以前、「九品詞名目」は「四法諸時対訳」よりも後の成立と推定している。

＊3　松下は、『改撰標準日本文法』緒言において「一　私は少年の頃、当時最も世に行はれて居つた中等教育日本文典［落合小中村／両先生合著］とスキントンの英文典の二書を読んで其の体系の甚しいのに驚いた。英文典は之を一読すれば和英辞典さへ有れば曲りなりにも英文が作れる。然らば英米人に日本文典と英和辞典とを与へれば日本の文が作れるかといふと、そうは行かない。これ実に日本文典の不備からである。」と述べている。

＊4　関根正直『国語学』の刊年については、斉木美知世・鷲尾龍一（二〇一四）を参照のこと。

＊5　P・ギョーム（一九五二）などを参照のこと。

I

明治期日本語文法研究史の全体像 1

明治時代の品詞論とその源流

第1章
品詞分類における伝統的国語研究と西洋文典の利用

1　はじめに

第I部では、明治時代における日本語文法研究を品詞論の観点から俯瞰することにしたい。

西周「百学連環」（第一編　一八七〇年）は、「Literature（文章学）」の項目において「Grammar（語典）」について解説し、その分野を「Orthography（音法）」「Etymology（語法）」「Syntax（句法）」「Prosody（韵法）」の四種に分けている。この区分は、西が翻刻に携わった『伊吉利文典』（原本　一八五〇年）とも共通しており＊1、このうちの品詞論に当たる「Etymology（語法）」をどのように記述するかが、明治前期の日本語文法研究にとって大きな課題となった。

具体的に言えば、当時の文典が範とした西洋文典の枠組みを利用しながら、どのように日本語を記述するかがまず問題となったが、日本語の語性に合った品詞分類を行うには、江戸時代の伝統的国語研究を参照する必要も生じた。これに対する解答となったのが、大槻文彦の「語法指南」（一八八九年）で、西洋文典の枠組みと伝統的国語研究の成果の双方を穏当に折衷しており、その品詞分類は、それ以後の日本語文典に大きな影響を与えた。

しかし、大槻の「語法指南」は、辞書のための文法という実用性をも考慮したものであったため、後に『広日本文典』『広日本文典別記』（一八九七年）という形で改めてまとめられてはいるものの、なおその記述には方法論的に不十分な点があることも否めない。つまり、大槻の文典は、明治前期の日本語文典の到達点であると同時に、明治後期の理論的な文法研究の出発点でもあるわけなのである。

なお以下は、教科書文典から理論的な研究までを一まとまりに扱い、まず品詞分類のあり方から明治時代の文法研究の全体像を大きく把握したい。その上で、品詞の認定や活用の記述などの各論に関して問題点を指摘していくことにする。

2　明治時代の日本語文典における品詞分類の問題

明治時代の日本語文典は、品詞の分類法から見ると、伝統的語分類を踏襲する「伝統的文典」と西洋の品詞分類を利用する「洋式文典」に大別することができる。この内、前者は江戸時代の国学者たちの語分類を受け継ぐもので、左の堀秀成の文典がその例である。

言（コト）（形言（カタチゴト）・様言（サマゴト）・合言（アハセゴト）・居言（スヱゴト）・略言（ハブキゴト））……いわゆる体言の類（副詞の一部も含む）
詞（コトバ）……………………いわゆる用言の類
辞（テニヲハ）……………………いわゆる助詞・助動詞の類

（堀秀成『日本語学階梯』明治一〇［一八七七］年）

勿論、江戸時代の語分類と一口に言っても、富士谷成章・鈴木朖・富樫広蔭など、それぞれに語の分類法や各語類に所属させる語の扱いが異なっている。しかし、明治期の伝統的国語研究を受け継ぐ文典には、堀の文典のように富樫流の「言・詞・辞」三分類を基本として、大きく体言の類、用言の類、助詞・助動詞の類の三者を立て、さらにその中を下位分類していくものが多い。

これに対して、西洋文典の品詞分類を利用しながら日本語の品詞分類を行うものを、ここでは「洋式文典」と呼ぶことにする。この「洋式文典」には、品詞分類上、西洋の品詞分類に準拠するもの（Ⅰ）と、伝統的語分類を利用して改変を加えるもの（Ⅱ）の二者に分けることができる。前者の「洋式文典Ⅰ」としては、左に示した田中や中根の文典などがあるが、

名詞・形容詞・代名詞・動詞・副詞・後詞・接続詞・感歎詞

（中根淑『日本文典』明治九［一八七六］年）

これは、右のように日本語に存在しない西洋の冠詞を省き、前置詞を「後詞・後置詞（いわゆる助詞類を指す）」などと改めた品詞分類を行うもので、助動詞は西洋文典の体裁にならい動詞の一種と考えるため、独立した品詞としては扱われていない。同様に形容詞も西洋における形容詞に合わせ、現在の形容詞・形容動詞のみならず、連体詞および名詞に助詞「の」の付いたものなど、連体修飾成分すべてを含んだものになっており、日本語の記述としては不適当な面も見られる。また、品詞の分類法に関しては、

名詞ハ文章中ノ主本タル者ニシテ、日・月・星・辰（中略）ヨリ、禍・福・善・悪（中略）ニ至ル迄、凡指シテ以名クベキ者、皆之ヲ名詞ト云フ。

（中根淑『日本文典』上巻二七ウ）

右のように、個々の品詞の意味・働きに関する説明はあるものの、統一的な分類基準は示されていない。これは、「洋式文典Ⅰ」がオランダ語や英語の文典の品詞分類を利用するだけで、その背後にある分類原理をその記述に

反映させなかったためで、日本語の品詞分類を考えるにあたり西洋の品詞分類の原理が一般に問題となるのは、明治も後期になってからである。

このように「洋式文典Ⅰ」は、西洋文典の利用により新しい日本語文典の体裁を示すことができたが、一方では西洋文典の枠組みに従いすぎたため、日本語の文典として改良すべき点も持ち合わせていた。しかし、この点を考慮して、西洋文典の体裁と共に伝統的国語研究の成果も取り入れ、日本語独自の品詞分類を考える日本語文典も編纂されていた。それが「洋式文典Ⅱ」である。

名詞・動詞・形容詞・助動詞・副詞・接続詞・天爾遠波・感動詞

（大槻文彦「語法指南」明治二二［一八八九］年）

「洋式文典Ⅱ」の代表的なものとしては、右の大槻文彦「語法指南」があるが、その品詞分類は、古田東朔（一九七六）において解説しているように、左のような伝統的語分類と西洋の品詞分類の対照によって得られた品詞の名目を、そのまま羅列したものと言うことができる。

①伝統的語分類と西洋の品詞分類が対応する「名詞・動詞」
②伝統的語分類と西洋の品詞分類に内容の異なりはあるものの、対応のある「形容詞・天爾遠波（前置詞）」
③西洋の品詞分類にのみ存在する「副詞・接続詞・感動詞（間投詞）」
④伝統的語分類では助詞の類とともに「辞」とされるが、西洋では一品詞として立てられない「助動詞」

大槻の品詞分類は、助詞・助動詞を品詞として立てることにより、名詞の格、動詞の法・態・時制などの記述を、助詞・助動詞の意義の問題にすりかえてしまったという点はあるものの*2、大槻以前の文典との比較において、日本語を考えるにより便利な品詞分類を提供することができたと言えるであろう。しかし、語とはいかなる単位か、品詞はいかに分類するかなどという、文法論にとっての基本的問題に言及するには未だ至っていない。その意味においては、大槻の文典も近代的な文法論としては不十分と言える。

ところで、明治時代の状況を考えると、語という単位の位置付けや品詞の分類法などの問題を考えるには、まず江戸時代以来の伝統的語分類と西洋の品詞分類の解釈・検討が必要だったと思われるのだが、実は大槻もこの点に関しては『広日本文典別記』（明治三〇［一八九七］年）において言及している。

（略）。体言トハ、語尾ノ活用セヌ語ノ意ニテ、名詞之ニ属シ、用言トハ、語尾ノ活用スル語ノ意ニテ、動詞之ニ属シ、形状言（形容詞）モ、之ニ入ル、助辞トハ体言、用言、ノ外ナル一切ノ単語ヲ、雑糅包括シタルモノニテ、即チ、副詞、接続詞、弖爾乎波、感動詞、ノ如キ活用ナキ語モ、助動詞ノ如キ活用アル語モ、コレニ属ス。扨、体トイヒ、用トイフハ、元来、支那ニテ、事物ノ「性、理、」静、動」等ニイフ名目ナルヲ、姑ク、名詞、動詞、（形容詞、）ノ、活用有無ノ類別ニ借用セルナリ。（支那ニテハ、実字、虚字、ナドイフ。）然ルニ、世ノ文典中ニ、副詞、接続詞、感動詞、ノ如キヲモ、其語尾、活用セネバトテ、妄ニ、体言ノ中ニ加ヘテ、体辞ナド名ヅクルアルハ、体用ノ字義ヲモ解セズ、当初、命名シタル人ノ趣意ヲモ誤解セルフザナラム、是等ノ語ヲバ支那ニテハ、助辞、助字、ナドトコソイヘ、実字ト同一ニ見ルベクモアラズ。

（五三節）

ここには、大槻なりの体言・用言・辞の解釈があり、更にそれを大槻自身の品詞分類と対応させることによって、結果的に品詞の大分類をも示していると考えることができる。最初に大槻の文法を本格的文法研究の出発点と述べたのは、この意味からであり、そしてまた、大槻以外の「洋式文典Ⅱ」においても、程度の差こそあれ、同じように伝統的語分類と西洋の品詞分類が解釈され、利用されているのである。

そこで、第1章では、明治期の洋式文典を中心に、伝統的語分類と西洋の品詞分類がいかに理解されていたかについて考察していくことにしたい。そして、その過程を通じて、まず品詞分類のタイプごとに見た当時の日本語文典の量的分布を概観するとともに、品詞の分類法や語の単位としての位置付けなどという近代的な文法意識の展開が明治期にどこまで発達したのかについても明らかにしていく。

3　調査対象とした日本語文典と分類方針

今回調査した日本語文典は、序章で示した、

a　「文法書目」掲載の文典のうち、「国会目録」にも掲載されているもの＊3。

b　語の分類を示しているもの。

c　明治元年から明治四一年までに刊行されたもの＊4。

右の方針に、

d　著者が日本人のもの。

e　品詞分類等に大きな変化がない限り、一人の著者からは一文典をとる。

を加えて、選びだしたものである。調査上の便宜からd・eを加え、日本語文典の数を限定することにしたため、明治期に刊行された国会図書館所蔵本の全数調査にはなっていないが、当時の日本語文典における品詞分類を知るには、これで十分であろうと思われる。

また、当時の文典には、文語を対象とするもの、口語を対象とするものの二種があり、用途も学校教育用のもの、外国人用のものなど様々であるが、とりあえず区別せずに考察の対象とした。山田孝雄に代表される理論的な文法研究についても、明治期の品詞分類の状況を広く見ていくため一括して扱うことにしたい。

なお、伝統的語分類と西洋の品詞分類の利用の方法から見た日本語文典は、結論から先に述べると、

1　伝統的語分類をとるもの。
2　西洋の品詞分類を利用して定めた品詞を羅列するもの。
3　西洋文典を利用した品詞分類を伝統的語分類の下位分類として位置付けるもの。
4　西洋の品詞分類と伝統的語分類は性質が異なると考え、両者を利用した品詞分類を別々に行うもの。
5　西洋の品詞分類と伝統的語分類を考慮しつつも、独自の分類を行うもの。

大きく右の五種に分けることができると思われる。そこで、本章では順を追ってこの五種を見ていきながら、明治期の洋式文典における品詞の分類法と品詞（単語）の単位としての位置付けについて考えていくことにしたい。

文典の引用に際しては、原則として文典名を示さず、（大槻22）のように著者名と刊年で示したので、書名等に関しては、本章末尾の一覧を参照されたい。

4 伝統的語分類と西洋の品詞分類の利用法から見た明治期の日本語文典

4・1 伝統的語分類をとるもの

【Aグループ】

◎体言・活用言（ハタラキコトバ）・後置詞（テニヲハコトバ）　（里見10）
◎体言（タイゲン）・用言（ヨウゲン）・形状言（ケイジヤウゲン）・助詞（ジョシ）　（佐藤12）

Aグループは、「伝統的文典」の例として挙げた堀の文典と同様に、「体・用・辞（テニヲハ）」の三分類を基本とした江戸時代の国学者の分類を受け継ぐものである。ただし、明治期に入ると、西洋文典を意識した記述が見られるようになり、たとえば里見（10）は、「辞（テニヲハ）」に「後置詞（テニヲハコトバ）」と西洋風の表記をあてるとともに、その頭注には、

> 英人アシトン氏曰語格の論吾も同意なり元来日本語は一種特別の物にして西洋諸邦の文法とは大いに性質を殊にしたり然るに近来西洋風に綴りし文典あれども甚不都合なれば吾は見る事を好まざるなり且又往々語格を誤りし処も少からず其性質を殊にするの詞を以て強て洋風に摸擬したるの致す処なり　（上巻三オ）

と記し、西洋人の言語研究も視野に入れつつ、あえて伝統的語分類を取っていることが分かる。

また、佐藤（12）は「辞（テニヲハ）」を「助詞」と呼び、これはIグループの黒川（6）に共通するが、黒川が助詞・助動詞類を「助詞」と呼ぶのに対して、佐藤は一部の副詞も「助詞」に入れるなど、明治前期の日本語文典においては「辞（テニヲハ）」類の内容に異同が存在する。この点については、第2章で改めて論じる。

なお、大槻修二（14）は、「装詞」の語を用い、富士谷成章の用語との関連が考えられる。ただし、成章の

「装」が用言の総称であるのと異なり、大槻修二の「装詞（サウシ）（ヨソホヒコトバ）」は、連体修飾・連用修飾機能を持つ「連体言・連用言」の二類から成る、伝統的語分類とは異なる観点から定義された語類で、大槻文彦の文法研究との関係を検討する必要があると思われる。

4・2　西洋の品詞分類を利用して定めた品詞を羅列するもの

【Bグループ】

◎名詞／ナコトバ・形容詞／サマコトバ・代名詞／カハリコトバ・動詞／ハタラキコトバ・副詞／ソヘコトバ・接続詞／ツギコトバ・感詞／ナゲキコトバ　（田中7）

◎名詞・代名詞・動詞・形容詞・副詞・後詞・接続詞・感歎詞　（飯田24）

Bグループは、「洋式文典Ⅰ」の例として取り上げた中根の文典と同種のもので、明治前期に数多く刊行された。このグループは、総じて西洋文典の体裁に忠実で、助動詞を一品詞として立てず、名詞の格、動詞の法・態・時制などの文法範疇の記述も合わせて行うことが多い。このうち田中（7）は、助動詞のみならず助詞に対応する品詞も立てず、格助詞・係助詞を格を表示する「名詞」の語尾として処理し、それ以外の助詞は「接続詞・副詞・感詞」に分類している。これは江戸期の鶴峯戊申『語学新書』の扱いに類似するが、この種の助詞を一品詞と認めない文典は、明治前期においても少数である。

なお明治後期に至ると、Cグループ以下の文典に圧倒されてこのグループの文典数は減少し、また、那珂（23）が動詞・形容詞を用言としてまとめるように、伝統的語分類の方法を一部に取り入れるものも存在する。

【Cグループ】

◎名詞・動詞・形容詞・助動詞・副詞・接続詞・天爾遠波・感動詞 （大槻22）

Cグループは、「洋式文典Ⅱ」の一例として掲げた「語法指南」（大槻22）を嚆矢とするもので、明治後期には、学校教育用もしくは中国人に対する日本語教育用の文典を中心に最も多く著されたものである。品詞分類上の特徴は、助詞・助動詞を品詞として立てる点で、Bグループに比べると、伝統的国語研究の方法も多く利用されている。ただし、立てる品詞の数や品詞の配列に関して、すべての文典が大槻と一致しているわけではなく、大槻が名詞の一種として扱った代名詞・数詞を一品詞に数えるものや、伝統的語分類の方法にならい、助詞・助動詞類を「助詞」などの名の下に一括する味岡・大田（31）のような文典も存在する。しかし、このような細かな相違は見えるものの、各品詞の名目をただ羅列するだけで、その分類法を示さない点はみな共通している。大槻は、このような品詞の示し方について、

衆語ヲ、先ヅ、体言、用言、助辞、ト大別スルコト、悪シトニハアラネド、此ノ概別ニテ、能事了ルベキニアラズ、必ズ復タ、其ノ下ニ、小別（八品詞）ヲ立テヽ、更ニ詳説セズハアルベカラズ。然ルトキハ、先ヅ、体、用、助、ニ大別シテ説クコト、何等ノ必要モナキヤウニテ、徒ニ、一ノ煩ヲ設クルニ過ギザルベク、初メヨリ、直ニ、八品詞ヲ、各独立ニ説クコト、却テ、甚ダ簡明ナルヲ覚ユ。 （『広日本文典別記』五四節）

右のように実用を重視した便宜的なものと考えていたようだが、大槻以降には大槻が品詞として認めなかった接尾語の類までを「接詞」として並べる塩井（30）のような文典も現れ、総じて品詞を並べることに力点がおかれている。

【Dグループ】

◎動詞・形容詞・名詞・代名詞・副詞・接続詞・感動詞・関係詞・補助詞・附加詞 （高津24）

◎名詞・代名詞・指詞・動詞・存在詞・形容詞・特別形容詞・準形容詞・状態詞・数詞・添詞・特別添詞・副詞・助動詞・助詞・接続詞・転接詞・感歎詞 （宮脇38）

Dグループも Cグループと同様に、助詞・助動詞にあたる品詞を立てるものだが、独特な品詞を示すため別扱いにした。具体的には、高津（24）のように、いわゆる助詞・助動詞を関係詞（格助詞・係助詞・副助詞の一部）、補助詞（助動詞・副助詞の一部・接尾語の一部）、附加詞（接頭語・接尾語の一部）という独自の三品詞に分類するものや、

存在詞（例　あり、なし）特別形容詞（稀に、漠然と）準形容詞（稀なり、漠然たり）状態詞（痩せたり〔てあり〕、聳えたり〔てあり〕）添詞（走る〔馬〕、峰の〔雪〕、この〔本〕）特別添詞（皆〔よく聞け〕） （宮脇38）

右の宮脇（38）のように新しい品詞を立てるものがある。この内、高津の分類は、助詞・助動詞の機能からの分類と考えられるが、宮脇は、個々の品詞を形態・意義・職能という複数の観点からばらばらに見ており、統一性を欠いている。

4・3　西洋文典を利用した品詞分類を伝統的語分類の下位分類として位置付けるもの

4・3に属する文典は4・2と異なり、西洋文典を利用した品詞分類を伝統的語分類の下位分類として位置付

けるものである。これには、伝統的語分類をどう解釈するかによって、いくつかのグループが存在する。

【Eグループ】

◎名詞・代名詞・働詞・形容詞・副詞・接続詞・感嘆詞・助辞（木村25）

◎名言・代名言・副言・接続言・動詞・形容詞・辞／てにをは（静辞・動辞）（小田26）

Eグループは、品詞を羅列するため、一見4・1に属する大槻の品詞分類と大差ないように思われるが、「詞・辞」もしくは「言・詞・辞」という伝統的語分類が品詞術語上に反映している点が異なっている。これは、伝統的語分類を日本語の品詞分類に積極的に利用し、結果的に品詞の大分類を示すもので、明治前期では大矢（13）が同様の品詞分類を行っているが、これを更に進めて西洋文典を利用した品詞分類を伝統的語分類の下位分類として位置付けるのが、次に示すF・G・Hグループである。

【Fグループ】

◎体言（名詞・代名詞・副詞・接続詞・歎詞）・用言（作用言・形状言）・助辞（動助辞・静助辞）（落合23）

Fグループは、西洋文典を利用した品詞分類を伝統的語分類の下に位置付けるもので、右の落合のように、体言に名詞・副詞・接続詞・感動詞、用言に動詞・形容詞、助辞に助詞・助動詞を対応させる。このグループが利用する伝統的語分類は、2節で取り上げた堀秀成の語分類と同様のもので、体言・用言・助辞はいわゆる「活用しない自立語・活用する自立語・附属語」にほぼ対応し、形態的に解釈されていると考えられる。但し、体言・用言・助辞それ自体の定義に関しては、はっきり述べない文典もあり、助動詞を用言に、感動詞を辞に所属させるなどのゆれも見える。

◎主辞（働かぬもの〔名詞・指詞・数詞・副詞・接詞〕・働くもの〔動作詞・形状詞〕）・助辞（働かぬ助辞・働く助辞）　（岡倉24）

しかし、一方では右の岡倉のように、体言・用言・助辞という三分類を単に名目として利用するのではなく、一歩踏み込んで品詞の分類基準として定義しなおしていく動きも見られる。その意味では、この時期に伝統的語分類の原理を解釈・明示することを通した形態的特徴に着目した品詞分類が行われ始めたと言い得るかもしれない。そして、このような形態的な品詞分類は明治以降も引き継がれ、文節という単位の導入という面で一線を画するものの、後の橋本文法にまでつながっていくものと思われる。なお、FおよびEグループの文典は、Cグループと同様に教科書用の文法書に多く見られ、量的にもかなりの勢力を持っている。

【Gグループ】

◎体言《タイノコトバ》（体言／なことば・代言／なかはり）・用言《ヨウノコトバ》（働言／はたらきことば・質言／さまことば・兼言／かねことば）・助言《テニヲハ》〔助言（格言／くらいことば・続言／つなぎことば・定言／きめことば）・添言／そへことば・歎言／なげきことば〕　（西3）

◎体辞（名詞・代名詞）・用辞（動詞・形容詞）・助辞（副詞・接続詞・感歎詞・媒介詞・隷属詞・附加詞）　（中島30）

Gグループは、Fグループ同様西洋文典を利用した品詞分類を伝統的な体・用・辞の三分類の下位分類と考えるものだが、辞に副用語の類を含める点が異なっている。たとえば、中島の文典では、体辞を「有形と無形とに拘はらず、事物の本体を見はすもの」、用辞を「事物の働きざま、若くはその模様等を見はすもの」、助辞を「独立してその意味を有するものにあらず、全く体辞と用辞との中間に関係し、或はいつれかにか、一方に附属して、その意味を補助するもの」と定義した上で、副詞・接続詞・感動詞・助詞・助動詞・接尾語の類を助辞として扱っている。このような考え方をする文典は、明治前期では西周の『ことばのいしずゑ』（西3）と近藤真琴の『ことばのその』（近藤18）があるだけで少数派であるが、既に述べたとおり品詞分類ではCグループに属する大槻も、辞の解釈に関してはこの考え方を取っている点興味深い。大槻は、副用語の類を辞とする根拠として、これらの語が中国においても実字ではなく助字として捉えられている点などを挙げているが、江戸時代においても鈴木朖『言語四種論』（文政七［一八二四］年）が「独立テ詞ヲ離レタルテニヲハ・詞ニ先ダツテニヲハ」として副詞・接続詞・感動詞の類を「テニヲハ」の一類として挙げている。

しかし、このように副用語の類を辞と考えると、辞はもはや形態的な非自立性からは定義できず、それに代わる位置付けが必要になってくる。中島における「助辞」は、「体辞・用辞」という相手を持つことにより、はじめて「体辞・用辞」を修飾する、「体辞・用辞」を関係付ける、「体辞・用辞」に下接して意味を補うなどの機能を有するという、機能的な非独立性から「助辞」を定義していると思われるが、副用語を辞に含める解釈は、立脚点は異なるものの、後の時枝文法においてふたたび現れることになる。

【Hグループ】

◎体言（タイゲン）／すわりな（物名言（ブツメイゲン）／ものな・時日名言（ジジツメイゲン）／ときな・数量名言（スウリヤウメイゲン）／かずな・形容言（ケイヨウゲン）／さまな・不定言（フテイゲン）／うかめな・指示言（シジゲン）／さしな・助体言（ヂョタイゲン）／すわりでには）・用言（ヨウゲン）／うごきな（作用言（サヨウゲン）／しわざごと・助用言（ヂョヨウゲン）／

うごきでには・形状言（ケイジヤウゲン）／ありさまごと）　（谷22）

◎不変化語（名詞・代名詞・接続詞・数詞・副詞・感嘆詞・助辞・接辞）・変化語（動詞・形容詞・助動詞）／◎独立語（名詞・代名詞・数詞・副詞・接続詞・感嘆詞・動詞・形容詞）・附属語（助働詞・助辞・接辞・感嘆辞）　（糸35）

このグループは、F・Gグループと異なり、活用の有無から品詞を二分した後、更に下位分類していくものである。江戸時代の伝統的国語研究との関係から言えば、Fグループが富樫広蔭、Gグループが鈴木朖の語分類と類似するのと同様に、Hグループは、すべての語をまず「体言・用言」に二分する点、東條義門『玉緒繰分』（天保一二［一八四一］年跋）の系譜に連なるものと言える。

ただし、この内の糸（35）は、活用の有無から「不変化語・変化語」に二分する分類法と同時に、「独立語・附属語」というFグループに共通する語の大別も行っている。伝統的な「詞・辞」や「体・用」を形態論的な相違として解釈するという段階から、「独立」性や「変化（活用）」の有無という品詞分類の基準を明示するようになっている点、明治三〇年代に入り、品詞分類の原理が精密化している状況が見て取れる。

4・4　西洋の品詞分類と伝統的語分類は性質が異なると考えるもの

4・3で取り上げた文典は、西洋文典を利用した品詞分類を伝統的語分類の下位分類として位置付けていたが、両者の利用法はそれだけではない。4・4では、両者を性質の異なる分類と考える文典を中心に、品詞あるいは語がどのように捉えられていたか見ていくことにする。

【Ｉグループ】

◎体言・活用言・天仁遠波／◎名詞・代名詞・接続詞・副詞・動詞・形容詞・助働詞・感嘆詞・助辞・接辞（関根24）

Ｉグループは、伝統的語分類を形態的分類、西洋文典を利用した品詞分類を性質の分類と考えるものである。たとえば、関根は日本語を「形態の上」から「体言・用言・天仁遠波」の三種、「性質」の上から名詞から接辞までの十種に分類した上で、「名詞・代名詞」は「体言」に、「動詞・形容詞・助働詞」は「用言」に、「助辞・接辞」は「天仁遠波」に所属させている。そして、「副詞・接続詞」に関しては、

本体　ただ・もはら・かならず／また・かつ・そもそも
変体　遠く・早く・時に・更に・総て・極めて／然らば・さらば

右のように活用しない「本体」のものと、名詞・動詞・形容詞から転成した「変体」のものに分け、体・用両言に属するとし、感動詞は終助詞・間投助詞も含めた「体言・天仁遠波」双方にわたる語類として扱っている。このように伝統的語分類を形態的分類と考える点はＦグループと一致し、また、副用語の類を本来のものと派生してきたものに分けて扱う方法も、Ｆグループで既にとられてはいたが、西洋文典を利用した「副詞・接続詞」などの品詞を性質によるものとして、伝統的語分類との質的な差を考える点はＦグループと大きく違うところである。ただし、性質による分類というのが意味・機能などのいかなる基準によるのかについては、はっきりとした形で示していない。

【Jグループ】

◎体言（助体言）・用言（助用言）／◎名詞・代名詞・形容詞・動詞・副詞・接続詞・感動詞　（峰原28）

峰原の分類は、Iグループ同様、伝統的語分類を形態上の分類、西洋文典を利用した品詞分類を性質上の分類と考えるものである。しかし、終助詞の類を感動詞とするものの、他の助詞・助動詞類を品詞として立てていない点、Iグループと扱いが異なっている。

峰原は「国語を形の上より分類して、活く詞と活かぬ詞との二種とす」と述べ、用言・体言に二分した上で、用言（助動詞も含む）の種類と活用、体言（助詞も含む）の種類について触れ、それを受けた形で、「国語を性質の上より分類」した品詞の説明に入っている。そして、各品詞の語構成に関して、「狩り」を用言名詞、「静なり・花の（都）」を体言形容詞、「早く」「最も」をそれぞれ用言副詞・体言副詞とするなど、体言・用言を詞の材料と見た説明を行っている。そして、名詞・動詞の説明に関しては、

名詞の格
主格「花は・花が・花」など
定限格「花の」など
賓格「花を・花に・花と」など
同主格「（〜は）花なり」
並立格「花と（鳥）」など
独立格「花よ」

動詞の法
断言法「（少年は運動を）好む」
連続法 甲種「（学を）励み、（業を習ふ）」
乙種「（花）咲きて、（鳥鳴く）」
連名法「行く（人）」
前提法 甲種「（花）咲かば、（鶯鳴かむ）」
乙種「（風）吹けば、（花が散る）」
命令法「（書を）読め」

右のように名詞の格・動詞の法など、西洋文典の方法も大きく取り入れている。峰原は格や法の説明において、「花は」のような形を名詞「花」に助体言「は」が添えられたものとしており、「花は」で一詞であるとは言っていないが、伝統的体言・用言・助体言・助用言などを、品詞とは性質の異なる一段下のレベルのもの（形態素相当）と考え、詞をほぼ文節に相当する大きさで捉えているのは確かであろう。これは、後の松下文法における「原辞」と「詞」の区別の先駆をなすものと見ることができ、注目に値する。

4・5　西洋の品詞分類と伝統的語分類を考慮しつつも、独自の分類を行うもの

ここまで取り上げた4・2から4・4までの文典では、西洋の品詞分類と伝統的語分類を解釈・応用しながら品詞を分類していた。その中には、注目すべき扱いをするものもいくつか見られたが、伝統的な「詞・辞」「体言・用言」あるいは西洋における品詞の名目を前提としている点では、みな共通していた。しかし、明治後期に至ると、それらを参考にしつつも根本から品詞分類を考える文典が現れる。それが以下に示すKグループである。

【Kグループ】

このグループの代表としてまず取り上げなければならないのが、山田孝雄の『日本文法論』（山田41）である。山田がそれまでの日本語文典と異なるのは、「単語とは言語に於ける、最早分つべからざるに至れる究覚的の思想の単位にして、独立して何等かの思想を代表するものなり」と述べるように語を単位として考えている点である。そして、品詞分類にあたっては、西洋の品詞分類がそのままでは日本語に適用できないことを強調した上で、

富士谷成章と岡澤鉦次郎の語分類について検討している。この内岡澤の文典は、文素論（文の成分論）を「主素（格成分）」「従素（叙述成分）」「限定素（連用成分）」「装定素（連体成分）」の四成分から説く当時としては極めて進んだもので、山田同様Kグループとして扱うべきものであるが、語の分類に関しては、

◎言〔体言（正体言・準体言）・用言（作用言・形状言）〕・辞（静辞・動辞）　（岡澤41）

詞と辞、活用の有無などの基準に従う伝統的な方法を取っている＊5。しかし、山田はこのような形態的特徴から品詞分類を行う方法を批判し、文中における働きに着目した次のような品詞分類を示している。

◎観念語｛自用語（概念語〔体言〕・陳述語〔用言〕）・副用語〔副詞〕｝・関係語〔助詞〕　（山田41）

これは、おおむね富士谷成章の「名・装・挿頭・脚結」という四分類に一致するが、助動詞の類は、独立した単語ではなく複語尾として扱っている。

このような助動詞を語と認めない立場に対して、助詞も語と考えないのが松下大三郎の『日本俗語文典』（松下34）である。松下は、詞を「観念を表はす声音にして言語の分つべからざる成分なり」と定義したうえで、助辞を「詞にそふ時はその助辞と詞とを合せて一詞とみるべきもの」と述べ、文節の大きさに相当する「春が」のような形を一詞と考える。これは、西洋の品詞を「説話の部分」と考えたためで、Jグループの峰原の扱いを一歩進めたものと言えるが、この段階では後の『改撰標準日本文法』と異なり、まだ詞以下の単位にあたる「原辞」に相当する単位は立てていない。また、品詞の分類に関しては、

◎相関詞｛主要詞（体詞〔名詞・代名詞〕・用詞〔動詞・形状詞〕）・関係詞（後置詞・接用詞・接続詞）｝・
　独立詞（間投詞）　（松下34）

最初に相関詞と独立詞に二分したり、副詞・連体詞にあたる語を形状詞と考えるなど、独自の方法をもって行っ

ている。特に後者の扱いは、用詞の活用を形態だけでなく、機能からも見るためのもので、副詞は第二活段（連用形相当）、連体詞は第三活段（連体形相当）専用の用詞としている＊6。

以上のように、山田と松下の特徴は、語（詞）を単位の面から位置付ける、品詞分類の基準として文中における機能を考える、というところにあるが、助詞の扱いをめぐって語（詞）という単位に対する考え方の違いが現れている。

5 結論

ここまで明治期の洋式文典における品詞分類について、伝統的語分類と西洋の品詞分類の利用法という観点から眺めてきた。今、本章で取り上げた日本語文典のうち、洋式文典における品詞の分類法を改めてまとめれば、およそ次のようになろう。

a 伝統的語分類と西洋の品詞分類を利用して、日本語における品詞を定める。

b aで得られた各品詞を伝統的語分類の下位分類として位置付ける。

① 伝統的語分類における「詞・辞」を形態的な自立・非自立の差と捉える。

② 伝統的語分類における「詞・辞」を意義・機能的な自立・非自立の差と捉える。

c 伝統的語分類を語の形態的分類、西洋の品詞分類を語の性質による分類と考え、両者を質的に異なるものと考える。

これを前節で示した文典のグループ分けに対応させると、aがC・Eグループ、b①がFグループ、b②がGグループ、cがI・Jグループとなり、C・E・Fグループが数の上では他を圧倒している。C・E・Fグループの品詞分類は、品詞の大分類を示すか否かという点で異なってはいるが、立てる品詞そのものには差はあまりなく、Cグループに当時影響力があったと思われる大槻の文典が属することも相俟って、当時の一般的な分類になっていたと言えよう。しかし、その一方で伝統的語分類と西洋の品詞分類を利用した品詞分類の限界も見えており、語を単位として定義付け、品詞の分類法を明確に示すというような文法研究の精密化も必要とされていた。4・5で取り上げた山田や松下の文典の持つ意義は、まさしくその点にあったと言える。

ところで、現代の文法論においても、品詞の分類法、とりわけ助詞・助動詞や副用語の位置付けは大きな問題であるが、明治時代の日本語文典も、伝統的な「詞・辞」をどう解釈・再定義するかということを通じて日本語の品詞分類における問題点を明らかにし、また、様々な解決策を示している。その意味では、明治時代の日本語文典について改めて考えてみることも、現代の文法研究を考えるうえで意義のある作業であると言えよう。

付表　明治期日本語文典における品詞分類一覧

注……23・12は、明治二三年一二月刊行の意味。初版の年月を示し、写本の場合は成立年を掲げた。なお、「助辞（動助辞・静助辞）」という表示は、「助辞」が「動助辞・静助辞」に下位分類されることを意味する。なお、二種類の品詞分類を示すときは、間を／で区切った。

【Aグループ】

6・8	高田義甫・西野古海	皇国文法階梯	体言・用言・受辞
10・8	里見義	雅俗文法	体言・活用言・後置詞

10・9	堀秀成	日本語学階梯	言・詞・辞(動辞・静辞)
11・7	物集高見	初学日本文典	体言(実体言・虚体言・代名言)・用言(作用言・形状言)・接辞
12・3	拝郷蓮茵	ちまたの石ふみ	言・詞・辞
12	佐藤誠実	語学指南	体言・用言・形状言・助詞
14・5	大槻修二	小学日本文典	名詞・動詞・装詞・テニヲハ
17・12	弘鴻	詞乃橋立	体言・用言・体言受辞・用言受辞・係結辞・助辞
18	権田直助	語学自在	体言・用言(作用言・形状言)・助辞(体辞・用辞/上辞・下辞)
23・5	佐藤雲韶	普通文典	体言(代名言)・用言(作用言・形状言)・助辞
23・5	岡直盧	国語指掌	体言・用言(作用言・形状言)・接辞
24・5	帆足正久	国語独案内	体言・用言・助辞
26・4	大川真澄	普通教育日本文典	体言・活用詞・後置辞
26・8	秦政治郎	皇国文典	体言・用言・助辞(体助辞・用助辞)
37・1	千勝義重	用言図解国語早わかり	体語・用語・弖爾遠波

【Bグループ】

4・12	中金正衡	大倭語学手引草	実名詞/体言・形容詞・代名詞・動詞/用言・副詞・後置詞・接属詞・感嘆詞/投間詞
6	馬場辰猪	Elementary Grammar of the Japanese Language	Noun・Adjective・Pronoun・Verb・Adverb・Postposition・Conjunction・Interjection
7・1	田中義廉	小学日本文典	名詞/ナコトバ・形容詞/サマコトバ・代名詞/カハリコトバ・動詞/ハタラキコトバ・副詞/ソヘコトバ・接続詞/ツギコトバ・感詞/ナゲキコトバ
7・4	渡辺約郎	皇国小文典	体言/実名詞・代名詞・数詞・形容詞・用言/動詞・副詞・接続詞・間投詞
7・5	藤沢親之	日本消息文典	実名詞・代名詞・形容詞・動詞・副詞・後置詞・接続詞・投間詞

9・3	中根淑	日本文典	名詞・代名詞・形容詞・動詞・副詞・後詞・接続詞・感歎詞
9・10	小笠原長道	日本小文典	名詞／ナコトバ・代名詞／カヘコトバ・形容詞／サマコトバ・動詞／ハタラキコトバ・副詞／ソヘコトバ・後詞／アトコトバ・接続詞／ツナギコトバ・嘆息詞／ナゲキコトバ
10・2	春山弟彦	小学科用日本文典	名詞・形容詞・代名詞・動詞・副詞・後置詞・接続詞・感詞
10・3	藤田維正・高橋富兄	日本文法問答	名詞・代名詞・形容詞・動詞・副詞・後詞・接続詞・感詞
10・10	藤井惟勉	日本文法書	名詞・代名詞・形容詞・動詞・副詞・後詞・接続詞・感詞
11・1	旗野十一郎	日本詞学入門	名詞・形容詞・代名詞・動詞・副詞・接続詞・感詞
23	那珂通世	国語学	体言・用言・副言・後置言・感動言
23・12	手島春治	日本文法教科書	名言・代名言・用言（作用言・形状言・助用言）・副言・後置言・接続言・感歎言
24・4	大和田建樹	和文典	名詞・動詞・形容詞・副詞・後詞・接続詞・感詞
24・10	飯田永夫	日本文典問答	名詞・代名詞・形容詞・動詞・副詞・後詞・接続詞・感歎詞
29・3	新保磐次	中学国文典	名詞・代名詞・後詞・接続詞・感歎詞・動詞・形容詞・副詞
34・3	前波仲尾	日本語典	名詞・代名詞・形容詞・動詞・てには・副詞・接続詞・感動詞
34・5	松平円次郎	新式日本中文典	名詞・代名詞・動詞・形容詞・副詞・後置詞・接続詞・感歎詞
35・2	新楽金橘	中等教育実用日本文典	天爾乎波・名詞・代名詞・動詞・形容詞・副詞・接続詞・感動詞

【Cグループ】

22・5	大槻文彦	語法指南	名詞・動詞・形容詞・助動詞・副詞・接続詞・天爾遠波・感動詞
25・2	大久保初雄	中等教育国語文典	名詞・動詞・形容詞・助活詞・副詞・接続詞・天爾乎波・感動詞
25・8	今井彦三郎	語格新書	名言・代名言・作用言・助用言・形状言・後置言・副言・感歎言
27・1	西田敬止	応用日本文典	名詞・代名詞・数詞・感詞・形容詞・副詞・接続詞・動詞・天爾遠波
28・2	岡崎遠光	日本小文典	名詞・代名詞・動詞・助動詞・助詞・形容詞・副詞・接続詞・感詞

30・10	塩井正男	中学日本文典	名詞・代名詞・動詞・形容詞・助動詞・副詞・接続詞・感動詞・助詞・接詞
31・4	白鳥菊治	中学教育新撰日本文典	名詞・代名詞・動詞・形容詞・助動詞・副詞・接続詞・感動詞・弖爾乎波・冠詞
31・4	三土忠造	中等国文典	名詞・代名詞・動詞・形容詞・助動詞・副詞・接続詞・助詞・感動詞
31・7	味岡正義・大田寛	中等教育皇国文典	名詞・代名詞・動詞・助詞(静助詞・動助詞)・形容詞・副詞・接続詞・感歎詞
32・2	大林徳太郎・山崎庚午太郎	中学日本文典	名詞・代名詞・動詞・形容詞・助動詞・副詞・接続詞・感動詞・助詞
32・7	大平信直	中等教育国文典	名詞・代名詞・数詞・動詞・助動詞・形容詞・副詞・接続詞・感詞・接辞・弖爾乎波
32・11	下田歌子	女子普通文典	名詞・代名詞・数詞・副詞・接続詞・感歎詞・動詞・形容詞・助詞(活動助詞・不活動助詞)
33・2	佐藤仁之助	中学文典	実名詞・代名詞・動詞・形容詞・副詞・接続詞・感歎詞・助詞(動助詞・静助詞)
33・3	森下松衛	中学国文典	名詞・代名詞・動詞・形容詞・副詞・接続詞・感動詞・助詞(動助詞・静助詞)
34・8	草野清民	草野氏日本文法	名詞・指詞・数詞・形容詞・動詞・助動詞・副詞・弖爾波・接詞・感詞
34・8	石川倉次	はなし　ことばのきそく	なことば・かえことば・わざことば・さまことば・すけことば・そえことば・つなぎことば・あとことば・なげきことば
34・8	芋川泰次	日本文法教科書	名詞・代名詞・動詞・形容詞・助動詞・副詞・接続詞・助詞・感動詞
34・9	高木尚介	中等皇国文典	名詞・代名詞・数詞・動詞・助動詞・形容詞・副詞・関係詞・感動詞
35・9	三石賤夫	日本文典	名詞・代名詞・数詞・動詞・助動詞・形容詞・副詞・天爾波・接続詞・感動詞

35・10	佐々政一	日本文典	名詞・形容詞・代名詞・動詞・助動詞・副詞・接続詞・天爾波・感動詞／感嘆詞
35・12	吉田弥平・小山左文二・小島政吉	国文典教科書	名詞・代名詞・動詞・形容詞・関係詞・助動詞・副詞・接続詞・感動詞
36・2	横地清次郎	国文法教科書	名詞・代名詞・動詞・形容詞・副詞・助動詞・助詞・接続詞・感歎詞
36・10	明治書院編輯部	女子日本文典	名詞・代名詞・動詞・形容詞・副詞・感動詞・接続詞・助動詞・助詞
36・11	教育学術研究会	師範教科国語典	名詞・代名詞・動詞・形容詞・副詞・助動詞・助詞・接続詞・感動詞
36・12	金沢庄三郎	日本文法論	名詞・代名詞・数詞・動詞・形容詞・助動詞・副詞・接続詞・弖爾乎波・感動詞
37・3	畠山健	中等日本文典	名詞・動詞・形容詞・副詞・助詞(動助詞・静助詞)・接続詞・感動詞
37・7	松本亀次郎	言文対照漢訳日本文典	名詞・代名詞・動詞・形容詞・助動詞・助詞・副詞・接続詞・感歎詞
37・12	芳賀矢一	中等教科明治文典	名詞・代名詞・数詞・形容詞(形容動詞)・動詞・助動詞・副詞・接続詞・感動詞・助詞
38・1	六盟館編輯所	国文典表解	名詞・代名詞・動詞・形容詞・助動詞・助詞・副詞・接続詞・感動詞
38・7	井上友吉	清人適用日本語典	名詞・代名詞・動詞・形容詞・助動詞・副詞・接続詞・助詞・感嘆詞
39・4	龍文館編輯部	校訂日本俗語文典	名詞・数詞・代名詞・動詞・形容詞・助動詞・副詞・接続詞・助詞・感嘆詞
39・7	高橋龍雄	漢訳日語文法精義	名詞・代名詞・動詞・形容詞・副詞・接続詞・感動詞・助動詞・助詞
39・8	岸田蒔夫	日清対訳実用日本語法	名詞・動詞・形容詞・助動詞・助詞・副詞・接続詞・感動詞
40・1	林治一	日本文法講義	名詞・代名詞・動詞・形容詞・助動詞・副詞・接続詞・感動詞・助詞
40・5	児崎為槌	漢訳高等日本文典課本	名詞・代名詞・動詞・形容詞・助動詞・関係詞・副詞・接続詞・感動詞

【Dグループ】

24・6	高津鍬三郎	日本中文典	動詞・形容詞・名詞・代名詞・副詞・接続詞・感動詞・関係詞・補助詞・附加詞
33・6	永井一孝	国語法階梯	名詞・代名詞・動作詞・存在詞・状態詞・添詞・副詞・接続詞・助用詞・弖爾乎波・感動詞
38・1	宮脇郁	論理的日本文典大意	名詞・代名詞・指詞・動詞・存在詞・形容詞・特別形容詞・準形容詞・状態詞・数詞・添詞・特別添詞・副詞・助動詞・助詞・接続詞・転接詞・感歎詞

【Eグループ】

13・8	大矢透	語格指南	体言／名詞・代名言・用言／働詞・形状言／(形容詞・副詞)・接続詞・感動言・助辞
25・11	木村春太郎	日本文典	名詞・代名詞・働詞・形容詞・副詞・接続詞・感嘆詞・助辞
26・3	小田清雄	応用日本文典	名言・代名言・副言・接続言・動詞・形容詞・辞／てにをは(静辞・動辞)
29・6	柏木重総	東文典	名詞・代名詞・形容詞・動詞・接続詞・副詞・感投詞・分辞・打消辞・助辞・段落辞・附属辞
31・7	中邨秋香	皇国文法	名詞・副詞・動詞・形容詞・助動詞・接尾語・助辞(手仁乎波・声音)
33・6	普通教育研究会	中学教程新撰日本文典	名詞・代名詞・数詞・動詞・形容詞・動助辞・静助辞・副詞・接続詞・感嘆詞
35・5	小林稲葉	新編日本俗語文典	名詞・代名詞・動詞・形状詞(副詞・形容詞)・接体詞・接用詞・接続詞・間投詞・助辞(動助辞・静助辞)
37・1	鈴木暢幸	日本口語典	名詞・代名詞・数詞・形容詞・動詞・助動詞・副詞・接続詞・感歎詞・接辞

【Fグループ】

12・2	加部厳夫	語学訓蒙	体言(名詞・代名詞・接続詞)・用言(動詞・形容詞・副詞)・枝辞・葉辞
23・1	落合直文・小中村義象	日本文典	体言(名詞・代名詞・副詞・接続詞・歎詞)・用言(作用言・形容言)・助辞(動助辞・静助辞)
24・6	岡倉由三郎	日本新文典	主辞［働かぬもの(名詞・指詞・数詞・副詞・接詞・感詞)・働くもの(動作詞・形状詞)］・助辞(働かぬ助辞・働く助辞)
25・1	大宮宗司・星野三郎	日本小文典	言{体言［本言(名詞・代名詞)・末言(副詞・接続詞・嘆辞)］・用言(作用言・形状言)}・辞(体辞・用辞)
25・8	田中勇吉	校用日本文典初歩	体言(名詞・代名詞・歎詞・副詞・接続詞)・用言(作用言・形状言)・助辞(働助辞・静助辞)
26・4	林甕臣	開発新式日本文典	名詞(実名詞・代名詞)・動詞(作用動詞・存在動詞・形状動詞)・霊辞
26・5	村田鈔三郎	国語文典	体言(名詞・代名詞・副詞・接続詞・歎詞)・用言(作用言・形状言)・助辞
27・3	井田秀生	皇国小文典	体言［本言(名詞・数詞・代名詞)・準言(副詞・接続詞・感嘆詞)］・用言(作用言・形状言)・辞(動助辞・静助辞)
28・7	遠藤国次郎・平野秀吉・田中勇吉	実用文典	体言(名詞・代名詞・歎詞・副詞・接続詞)・用言(作用言・形状言)・助辞
30・3	渡辺弘人	新撰国文典	体言［実体(普通名詞・固有名詞・代名詞)・虚体(無形名詞・副詞・接続詞・感歎詞)］・用言(作月言・形状言)・辞(辞の用言・辞の体言)
30・7	岡直盧	中等教育国文典	主詞［静詞(名詞・代名詞・副詞・接続詞・感歎詞)・動詞(作用動詞・形状動詞)］・属辞(属静辞・属動辞)
31・2	杉敏介	中等教科日本文典	体言(名詞・代名詞・数詞・副詞・接続詞・感歎詞)・用言(動詞・形容詞・助動詞)・助辞(属辞・接辞)
32・3	高田宇太郎	中等国文典	体言(名詞・代名詞・副詞・接続詞・感歎詞)・用言(作用言・形状言)・助辞(助体辞・助用辞)

32・4	後閑菊野・佐方鎮	女子教科普通文典	体言(名詞・代名詞・副詞・接続詞)・活用言(動詞・助動詞・形容詞)・助辞(天仁遠波・感歎詞・添詞)
32・6	瓜生篤忠・喬	国文法詳解	主語［体言(名詞・代名詞・副詞・接続詞)・用言(動詞・形容詞)］・助語［体言(助静詞)・用言(助動詞)］
32・1	鈴木忠孝	新撰日本文典	体言(名詞・代名詞・副詞・接続詞・歎詞)・用言(作用言・形状言)・助辞(静助辞・動助辞)
38・1	和田万吉	日本文典講義	主要辞［働かざるもの(名詞・代名詞・数詞・副詞・接続詞・感嘆詞)・働くもの(動詞・形容詞)］・助辞(働かざるもの・働くもの)
39・1	吉岡郷甫	日本口語法	単語［体言(名詞・代名詞・数詞)・用言(動詞・形容詞)・副詞・接続詞・感歎詞］・助辞(助動詞・天爾乎波)

【Gグループ】

3以前	西周	ことばのいしずゑ	体言(体言・代言)・用言(働言・質言・兼言)・助言［助言(格言・続言・定言)・添言・歎言］
18・9	近藤真琴	ことばのその	なことば・はたらきことば(わざことば・さまことば)・をごと(てにをは・つなぎことば・そへことば・なげきことば)
30・2	中島幹事	中学日本文典	体辞(名詞・代名詞)・用辞(動詞・形容詞)・助辞(副詞・接続詞・感歎詞・媒介詞・隷属詞・附加詞)

【Hグループ】

22・4	谷千生	詞の組たて	体言(物名言・時日名言・数量名言・形容言・不定言・指示言・助体言)・用言(作用言・助用言・形状言)
33・1	杉敏介	日本小語典	体言(名詞・代名詞・数詞・格詞・副詞・接続詞・感歎詞・後置詞)・用言(動詞・形容詞・助動詞)

34・7	金井保三	日本俗語文典	言葉の終りが変化せぬ言葉(名詞・代名詞・数詞・接続詞・副詞・感詞・てにをは)・変化する(動詞・助動詞・形容詞)
35・11	糸左近	雅俗対照和漢乃文典	不変化語(名詞・代名詞・接続詞・数詞・副詞・感嘆詞・助辞・接辞)・変化語(動詞・形容詞・助働詞)／独立語(名詞・代名詞・数詞・副詞・接続詞・感嘆詞・動詞・形容詞)・附属語(助働詞・助辞・接辞・感嘆辞)

【Iグループ】

6・10	黒川真頼	皇国文典初学	名詞・動詞・助詞／名詞・数量詞・代名詞・形容詞・動詞・助詞・副詞・接続詞・嗟歎詞
15・4	阿保友一郎	日本文法	体言・用言・助辞／名詞・代名詞・動詞・形容詞・副詞・後置辞・形状辞・助動辞・接続辞・感歎辞
24・6	関根正直	国語学	体言・活用言・天仁遠波／名詞・代名詞・接続詞・副詞・動詞・形容詞・助働詞・感嘆詞・助辞・接辞
29・3	大宮兵馬	日本語法	用言・用辞・体言・体辞／動詞・形容詞・名詞・代名詞・助動詞・後詞・副詞・接続詞・感歎詞
34・2	藤井籛	日本文典	体言・用言・弖爾乎波／名詞・代名詞・動詞・形容詞・助動詞・関係詞・副詞・接続詞・感嘆詞・接詞
41・11	三矢重松	高等日本文法	独立詞(体言・用言)・附属辞(助辞)／独立詞(名詞・代名詞・動詞・形容詞・副詞・接続詞・感動詞)・附属辞(助動詞・てにをは)

【Jグループ】

28・8	峰原平一郎	普通文典	体言(助体言)・用言(助用言)/名詞・代名詞・形容詞・動詞・副詞・接続詞・感動詞

【Kグループ】

34・4	松下大三郎	日本俗語文典	相関詞{主要詞(体詞[名詞・代名詞]・用詞[動詞・形状詞])・関係詞(後置詞・接用詞・接続詞)}・独立詞(間投詞)
41・7	岡澤鉦次郎	教科参考日本文典要義	言[体言(正体言・準体言)・用言(作用言・形状言)]・辞(静辞・動辞)
41・9	山田孝雄	日本文法論	観念語{自用語(概念語[体言]・陳述語[用言])・副用語[副詞]}・関係語(助詞)

＊1 古田東朔(一九五八b)を参照のこと。

＊2 服部隆(一九八六)を参照のこと。

＊3 「文法書目」は、鈴木一彦・林巨樹編「明治以降文法関係書目」(一九七三)、「国会目録」は、国立国会図書館整理部編『国立国会図書館所蔵明治期刊行図書目録』(一九七三)。

＊4 山田孝雄『日本文法論』は、明治三五年に上巻が刊行されているが、ここではその全体が刊行された明治四一年までを一つの区切りと考え、調査対象にした。

＊5 山田孝雄が批判するにあたって使用した岡澤の文典は、『初等日本文典』(明治三三[一九〇〇]年)であると考えられるが、学説に大きな変化がないので、ここではより詳しい『日本文典要義』(岡澤41)を引用する。

＊6 ただし、後の『改撰標準日本文法』(昭和五年訂正版[一九三〇])では品詞の分類法を改め、「副詞・副体詞」を立てている。

第2章

明治前期のテニヲハ観　助詞の定義と下位分類を中心に

1　はじめに

第1章では、明治期の日本語文典における品詞分類を概観しながら、伝統的国語研究と西洋文典の枠組みが当時どのように利用されたかを考えた。第2章以降も、同様の視点から品詞の各論および活用記述の実態をさらに探っていくことにしたいが、まず本章では、服部隆（一九八六）において取り上げた明治前期の日本語文典の問題のうち、当時の文典におけるテニヲハの分類を、助詞の定義と下位分類を中心に改めて論ずる。

すでに触れたとおり、古田東朔（一九七六）では、大槻文彦「語法指南」（明治二二［一八八九］年）における品詞分類のうち、「天爾遠波（筆者注—ほぼ現在の助詞に対応）」は、当時の西洋文典直訳式の文典が、格助詞を名詞の格変化、接続助詞を接続詞などと分属させたり、あるいは前置詞になぞらえ「後詞」などとしていたものを、国学者流の「助辞（てにをは）」の扱いに従い改めてまとめ直したもの、「助動詞」については、西洋文典で動詞の下位に位置付けられていた類を名目のうえで独立させ、そこに活用する「助辞（てにをは）」を当てはめたものとし、いずれも自立語の類と同列に扱うことの問題点について言及している。

本章でも、明治前期の日本語に内在する助詞・助動詞の問題点については、古田東朔（一九七六）と同様の見解を取る。ただしここで考えてみたいのは、この種の国学系・洋学系双方の文法研究が対照されるにあたり、どのような視点が助詞・助動詞の範囲の確定やその下位分類に影響したのかという点である。そもそも今日的な助詞・助動詞の定義が存在しない当時にあって、背景の異なる国学系・洋学系の二つの方法が「折衷」されるには、西洋文典の枠組みが日本語の助詞・助動詞の記述に当たり、どのように理解されたのかという点はもとより、そもそもこの助詞・助動詞という類の確立に先立って存在する江戸時代的な「テニヲハ」が、当時どのように認識されていたのかが前提となるからである。

そこで以下は、明治前期の文法研究が伝統的なテニヲハをどのような形で再編成していったか、

ア　国学系の日本語文典における「テニヲハ」の範囲。

イ　西洋文典の影響を受けた洋学系日本語文典における「テニヲハ」の処理。

の二点を中心に、国学系・洋学系双方の研究の中から代表的文典を取り上げ、両者の関係に留意しつつ、問題点を整理することにしたい＊1。

2　江戸時代・明治前期の国学系文法研究におけるテニヲハ観

まず、明治前期における国学系の伝統的文法研究が、どのような範囲の語類をテニヲハと認め、またそれをいかに下位分類していたかについて、助詞を中心に概観したい。

2・1　江戸時代の文法研究におけるテニヲハ観

表1は、当時の文法研究の中から、筆者がテニヲハの範囲と助詞の下位分類を考えるに当たり注目したい文典を抜き出したものである。

このうち富士谷成章『あゆひ抄』（安永七［一七七八］年）および鈴木朖『言語四種論』（文政七［一八二四］年）は、明治初期のテニヲハの分類にも影響を与えた江戸期の研究で、テニヲハの範囲およびその下位分類を考える際の基準としては以下の点が指摘できる。

［表1］江戸時代・明治前期の国学系文法研究におけるテニヲハ

著者名		富士谷成章		鈴木朖	
書名		あゆひ抄		言語四種論	
刊年		一七七八		一八二四	
格助詞	の・を	脚結	家	テニヲハ	詞ノ中間ノテニヲハ
係助詞	は	脚結	家	テニヲハ	詞ノ中間ノテニヲハ
係助詞	や・か	脚結	属	テニヲハ	詞ノ中間ノテニヲハ
副助詞	だに	脚結	家	テニヲハ	―
接続助詞	ば	脚結	家	テニヲハ	詞ノ中間ノテニヲハ
接続助詞	て	脚結	身	テニヲハ	―
準副助詞	ながら	脚結	家	テニヲハ	―
終助詞	か	脚結	属	テニヲハ	詞ノ後ナルテニヲハ
終助詞	な	脚結	属	テニヲハ	―
間投助詞	よ	脚結	属	テニヲハ	―
接尾辞	さ	脚結	隊	―	
接尾辞	ら	―	―	―	
助動詞		脚結（倫・身）		テニヲハ	
副用言		挿頭		テニヲハ	

権田直助	詞の真澄鏡 詞の経緯図解教典入門	一八七四	辞(体辞)											辞(用辞)	辞／体言（属体辞）
			体言受辞			用言受辞			体言・用言受辞	用言受辞	体言・用言受辞	体言受辞			
			雑	疑	雑	雑			疑	請	歎	雑	助		
			係辞		—	係辞		—							
黒川真頼	日本小文典	一八七二	助詞									—	×	助詞(動詞の助詞)	副詞
			係詞		名詞動詞を兼ねて受くる助詞	動詞の助詞		名詞の助詞	係詞	動詞の助詞		—	名詞		
			—		助詞転成副詞	助詞転成接続詞		助詞転成副詞	—	—	助詞転成間投詞				
物集高見	初学日本文典	一八七八	接辞									×	—	接辞（体言ヲ承ル接辞／作用言ヲ承ル接辞）	—
			指示辞	疑辞	両辞	一種接辞	現在辞	両辞	疑辞	禁止辞	嘆辞	形状言	—		
			体言ヲ承ル接辞			作用言ヲ承ル接辞		体言ヲ承ル接辞／作用言ヲ承ル接辞				—			—
物集高見	日本小文典	一八八四	てにをは									×	—	てにをは	副詞
			する辞								なげき辞	形容詞	—		

注：「—」は記載なし。「×」は他品詞の項目で、接尾辞・語尾などとして言及されるもの。なお、接尾辞の「さ」は形容詞語幹に接続するもの、「ら」は名詞・代名詞の複数を表すものである。

まず富士谷成章『あゆひ抄』については、今日の助詞・助動詞・補助動詞・活用しない接尾辞を「脚結（あゆひ）」としてまとめ、さらに「属・家」が助詞、「倫・身」が助動詞・補助動詞、「隊」が接尾辞に対応する分類を示している。その下位分類には今日とは異なる部分も存在するものの、助詞・助動詞の類をもれなく取り上げており、助詞と助動詞については、活用の有無にも言及する。テニヲハの範囲を考えるうえでの一つの基準となっていると言いうる。

一方鈴木朖『言語四種論』は、感動詞類を「独立タルテニヲハ」、副詞類を「詞ニ先ダツテニヲハ」と定義しており、助詞・助動詞とともに副用言（成章の「挿頭」）をも含めて、テニヲハと考えるところが特徴的である。本章で問題とする助詞・助動詞の扱いとは直接には関わらないが、「テニヲハ」あるいは「辞」の下位に副用言を位置付けるか否かは、品詞分類上、明治以降にも引き継がれる問題である。なお助詞は、その用いられる位置から「詞ノ中間ノテニヲハ」と「詞ノ後ナルテニヲハ」に分かたれ、助動詞は「詞ノ跡ヲ承テキレモシ．又働キテ下ニツヾキモスル事．活語ノ終リノテニヲハノ如クナル」ものとされる。助詞を「単語と単語をつなぐ」類と「単語に付属し切れる」類とに分ける観点は、明治初期の助詞の扱いにも見え、注意される。

2・2　明治前期の国学系文法研究におけるテニヲハ観　権田直助の位置

次に明治前期の国学系のテニヲハ観を示す代表例として、古田東朔（一九七六）も言及する権田直助の著述の中から、『語学自在』に先立って刊行された『詞の真澄鏡詞の経緯図解教典入門』（明治七［一八七四］年）の記述を取り上げる。権田の語学研究は、江戸期の研究を広く参照していると考えられるが＊2、テニヲハの記述を行うに際しては、大きく伝統的な三つの視点を利用していると筆者は考える。『詞の真澄鏡詞の経緯図解教典入門』は、体言の分類図である『詞の真澄鏡』と用言の活用表である『詞の経緯の図』の解説書であるため、テニヲハの記述としては分かりにくい点もあるが、適宜『語学自在』も参照しながら概観することにしたい＊3。

2・2・1　語分類の中におけるテニヲハ

権田直助『詞の真澄鏡詞の経緯図解教典入門』には、語分類全体を説明する記述がなく、「体言・活詞・辞」を列挙し、その下位分類や活用の有様を解説するのみである。しかし、『語学自在』の記述も参照すれば、おおよそ図1のような語分類を行っていると考えられる（括弧内は『語学自在』の用語を補った）。

いま語分類の視点からテニヲハの扱いに着目すれば、「体・用」という活用の有無によりまず「体辞」と「用辞」が二分され、「用辞」はその活用のタイプからさらに作用言型と形状言型に分類されている。この分類基準は、「体言・用言」の区別、「作用言・形状言」の区別にも用いられるもので、権田の語分類が「活用」という統一的な基準に基づき行われていることがここから確認できる。

［図1］権田直助の語分類

- (言)
  - 体言
    - 有形体言・無形体言・仮体言・転用体言・合体言……名詞の類
    - 属体辞……副用言・不定代名詞・一部の接尾辞の類
  - 活詞(用言)
    - 作用言……動詞の類(ラ変動詞は除く)
    - 形状言……形容詞・ラ変動詞の類
- 辞(助辞)
  - 体辞
    - (上辞―感歎・疑問・接続・指示・助勢・通用)＝属体辞
    - (下辞)―歎・疑・願・請・助・雑……助詞の類
  - 用辞
    - (作用言)―将・令・被・去・而・登云……助動詞の類(作用言型活用)
    - (形状言)―不・来・有・可・不可・如……助動詞の類(形状言型活用)

ただし「体辞」には、助詞類に対応する「下辞」だけでなく、副用語の類に対応する「上辞」も含まれる点が注意される。「上辞」は、『語学自在』では、「詞の上に附きて用く辞」で「真澄ノ鏡に載せたる、属体辞(キコトバニツケルテニヲハ)是なり」とされ、「体言」の下位に位置する「属体辞」と同じ語類を指している。「属体辞」の内訳を『詞の真澄鏡』に従って示せば、以下のとおりとなる。

感歎辞……あはれ、あや、あに、いざ、いで、やよ　(感動詞)
疑問辞……なに、いかに、いづれ、あに、など、等　(不定代名詞)
接続辞……また、はた／もし、けだし／たとへば、よし／すなはち／しからば／かくて、等　(接続詞)
指示辞……これ、それ、ここ、そこ、かの、かく　(指示代名詞［連体詞的・副詞的語も含む］)
助勢辞……い、さ、か、け、た／うち、さし、ひき、かき、とり　(接頭辞)
通用辞……いと、あながち、かつら／ことさら、等　(副詞)

「属体辞」に属するのは、副用言・代名詞・接頭辞の類で、体言・用言の上に位置し、体言・用言を修飾する語類という位置づけであろうが、この種の語類が「体辞」と「体言」に二重に所属する形をとるのは、鈴木朖『言語四種論』のようなテニヲハに副用言を含める立場を踏まえつつも、助詞・助動詞とは異なる語類と考える感覚が働いているためと考えられ、国学系の語学研究における副用言の位置づけの問題がここに現れていると考えられる＊4。同時に、テニヲハの扱いという観点からは、権田における「言・辞」の区別は必ずしも「語の自立性」により行われていないことが確認できよう。

2・2・2　活用表の中におけるテニヲハ

一方テニヲハは、体言および用言の各活用形にどのように接続するかという視点からも分類される。これが「受辞」という概念で、『詞の経緯の図』では、以下のような「受辞」が示されている。

将然言………む、ず、す、る／ばや、なむ、等
連用言………き、けり、ぬ、つ、たり／こそ、は、も、ぞ、なむ、こそ、ながら、て、等
截断言………らむ、らし、めり、べし、まじ、なり／や、な、よ、ぞ、かし、しも、等
連体言………なり、ごとし、なす／か、や、が、ぞ、を、は、こそ、より、と、も、に、のみ、だに、等
已然言………ば、ど、ども、や、か、等
請（截断）……や、かし、等
体言…………なり、てふ／や、よ、か、の、が、と、より、は、も、に、を、と、より、のみ、まで、等

これは、本居春庭『詞八衢』（文化五［一八〇八］年）の活用表における各活用形の「受くるてにをは」を大

幅に増補するとともに、「体言」についても「受辞」を列挙したものである。助詞・助動詞によっては、体言・用言の両者に接続するもの、あるいは異なる活用形にまたがって接続するものなどもあり、記述そのものは煩瑣な感も否めないが、テニヲハを「接続の対象」という基準から分類する感覚が、ここには認められる。

2・2・3　係り結び研究の中におけるテニヲハ

最後に「係辞」について触れる。「係辞」は、『詞の真澄鏡詞の経緯図解教典入門』では「上より係りて、下の詞を截断して、止らしむる辞」とされ、萩原広道『てにをは係辞弁』（嘉永二［一八四九］年）における用語を踏襲したものと考えられる。広道の「係辞」は、本居宣長『詞の玉緒』（天明五［一七八五］年）における係り結びを起こすテニヲハ「は・も・徒・ぞ・の・や・何・こそ」に対して付けられた名称であるが、連体形と呼応する「係辞」を「ぞ・や・か」とし、係助詞ではない「の・何」を除いた点は宣長の研究を訂正するものの、その一方で終止形と呼応する「係辞」を「徒」のみとし、「徒」をすべての終止形と呼応する助詞、具体的には「は・も・て・に・を・の・ば・ど・で・より・まで・へ」等の総称とした点、係り結びの本質を誤解しており、この理解が権田にも引き継がれている。

助詞を分類するうえで係助詞を格助詞・接続助詞類と分離できるか、すなわち「係助詞の機能」を正確に把握できるか否かが、明治初期のテニヲハ分類においては鍵となっていると言える。

2・3　洋学者との交流が認められる国学系研究

以上、権田におけるテニヲハ観を三つの観点から確認したが、このような伝統的テニヲハ研究の成果は、どのような形で明治時代の近代的文法研究に取り入れられていったのか。これを考えるには、洋学者と人的交流があり、また自身の文法研究にも西洋文典の影響が見られる黒川真頼および物集高見のような国学者の存在に注目する必要がある。以下は、両者の研究を助詞を中心としたテニヲハの扱いに限って、確認しておくことにする。

2・3・1　黒川真頼の研究

黒川真頼は、黒川春村に入門し、後に師家を嗣いだ国学者で、明治初期に文部省において『語彙』の編纂等に携わったことは周知のとおりである。文法研究としては、品詞の全体的な記述を行うものとして『日本文典大意』・『日本小文典』（明治五［一八七二］年）、『皇国文典初学』（明治六［一八七三］年）などがあり、すでに近藤政行（一九九四）、浜口直也（二〇一二）が大槻文彦との関係等について論じている。ここでは記述がもっとも詳細な『日本小文典』を取り上げ、そのテニヲハ観を確認しておきたい＊5。

『日本小文典』におけるテニヲハの記述は、権田直助と共通する点も多いが、品詞をまず「名詞・動詞・助詞」に大分類したうえで、それらの下位分類、あるいは複合により、最終的に「名詞（体言）・数量詞・代名詞・助詞（てにをは）・動詞（用言・作用言）・係詞・形容詞（形状言）・副詞・接続詞・間投詞」の十品詞を認めており、品詞分類上、西洋文典の影響が見られる点が異なる。

また表1のとおり、テニヲハの扱いに関しても、細部において異同が見られる。まず語分類の観点からは、「テニヲハ」の代わりに「助詞」という名称を使用し、それを助詞・助動詞類の総称に用いている点が指摘できる。ただし黒川は、「副詞」として本来の副詞の他、動詞・形容詞・助詞から転成した副詞を認め、「うかびながら流る」「西京より帰る」「にほひだに残らず」のような名詞・動詞等に下接し、述語に連用的に係る働きを付与する助詞を「助詞転成副詞」とする。つまり先に示した三品詞が材料となり、それが複合して十品詞の文法的機能を持った表現が生じるという立場を取っており、権田の副用言の扱いとは、国学系の語分類と西洋文典の品詞分類を積極的につなぐ点が異なっている。なお、現在の助詞・助動詞を活用の有無から最初に二分するという扱いは行っていない。

また用言の活用とテニヲハの関係については、「名詞の助詞（名詞を受くる助詞）」「動詞の助詞（動詞を受くる助詞）」の他に、「名詞動詞を兼ねて受くる助詞」を別途立てる点が注意される。権田においては、用言の活用形の用法記述の視点から「受辞」が扱われていたのに対して、テニヲハ（黒川の「助詞」）を下接する相手の品詞性から分類する意識が生じている。この三分類は、先に挙げた先行研究が指摘するとおり、大槻文彦の「天爾遠波」分類に影響を与えたと考えられる。

なお「係詞」は、権田の「係辞」に当たるもので、他語との接続から見れば、「名詞動詞をかねて受くる助詞」に所属すると考えられるが、実際には「助詞」の項目では触れられず、係助詞および格助詞「が・の・に・を」については、もっぱら「係詞」の項目で解説される。黒川は、

> 文法とはいかなるものぞと云ふに、何事にても決定して云はむとすれば、決定する係詞ありて、それに云ひかけて結び、定めぬことを云はむとすれば、定めぬ係詞ありて、それに云ひかけて言語を結ぶ、これを文

章法と云ふ、されば係詞は文法の本にして、結詞は文法の末なり
（二三五ページ）

と述べるとおり、文法研究において「係詞」と「結詞」という係りと結びの関係を重視し、両者は、黒川の考える「文法」の骨格となる「法の本・法の末」としての機能を果たす。格助詞の一部を「係詞」と考えるなど今日から見れば問題も残るが、統語的な観点をテニヲハの分類・記述に持ち込む点が特徴である。なお、この種の統語的な関係を示さない接尾辞類は、『日本小文典』においては「助詞」として扱われていない。

2・3・2　物集高見の研究

物集高見は、国学者物集高世の子として生まれ、平田鉄胤の門に入り国学を学ぶとともに、洋学の学習も行った。明治初期には教部省へ出仕し、その後東京大学から文学部准講師を命ぜられ、一九年には東京大学文科大学教授に任ぜられた。文法研究としては、『初学日本文典』『日本文法問答』（明治一一［一八七八］年）、「日本小文典」（明治二一［一八八八］）、「日本文語」（明治二三−二四［一八九〇−一八九一］年）などがあり、山東功（二〇〇二）がその史的位置づけを行っている＊6。

表1に示した物集の文典のうち、『初学日本文典』は、「体言」の「格・数」、「用言」の「法・時」に言及するなど西洋文典の影響を受けたものだが、語分類については伝統的な語分類観を踏襲し、「テニヲハ」の類を「接辞」と呼ぶとともに、助詞・助動詞・一部の接尾辞をそこに含める。権田のような「接辞」を活用の有無から二分する扱いは行わないが、意味的観点から細分するところが特徴で、この分類には、父物集高世の『辞格考抄本』の影響が認められると山東（二〇〇二）は指摘する。

用言の活用との関係からは、「接辞」を「体言ヲ承ル・作用言ヲ承ル・形状言ヲ承ル」という観点から三分しており、「作用言（動詞）」と「形状言（形容詞）」を分けるものの、原理的には権田に通じる。なお、係助詞の類は、「は・ぞ・なむ・こそ」を格助詞「が・の・を・に・へ」とともに「指示辞」、「や・か」を「疑辞・反辞」に収めており、係助詞としてのまとまりよりも意味的分類を優先している。

一方「日本小文典」では、以下のように、

日本の言語は、形の上よりいへば、語尾の、動かぬものと、動くものと、他の語に附属する、短きものとの、三種ありて、語尾の動かぬを、体言といひ、動くを、用言といひ、他の語に附属するを、弖爾乎波といふ。また、性質の上よりいへば、名ことば、かへ詞、わざ詞、さま詞、そへ詞、つなぎ詞、なげき詞、てにをはと、名づけらるゝ、八種のものあり、今は、其八種のものをいふなり。（一二ページ）

伝統的語分類を「形」の上からの分類、西洋文典の影響を受けた八品詞分類を「性質」の上からの分類と位置付ける。西洋文典の枠組みを受け入れるとともに、黒川が伝統的語分類における「名詞・動詞・助詞」の三類が複合等により十品詞に分かれるとした考え方とも共通点を有する点が注意されるが、伝統的語分類と西洋流の品詞分類を、それぞれ形態の分類、性質（機能）の分類と考える点、明治後期の三矢重松に影響を与えている＊7。

「てにをは」の分類については、格助詞・係助詞・接続助詞の類を「するゑ辞」、間投助詞の類を「なげき辞」とするとともに、助動詞を「たすけ辞」、接頭辞・接尾辞を「つけ辞」とする。辞書に付された文典ということもあり、助詞を接続する相手の品詞性から分類することはなく、また係り結びに関する記述もない簡潔な記述となっている。ただし、「名ことば」の「くらゐ」、「わざ詞」の「いひかた」など、名詞の格や動詞の法に関する記述があり、格については格助詞・係助詞、法については一部の接続助詞が、その用法とともに記述されている。

以上、明治前期の国学系の文法研究におけるテニヲハ観を概観した。その分類上の問題点を、助詞の場合を中心に列挙すれば、以下のとおりとなる。

ア　テニヲハを活用の有無から二分するか。

イ　テニヲハを下接する相手の品詞性から分類するか。

ウ　テニヲハを係り結びや文中において現れる位置（文中・文末）などの統語的機能から分類するか。

この種の基準が西洋文典の影響を受けた洋学系の日本語文典においてどのように利用されることになるか、次節で確認していくことにする。

3　明治前期の洋学系の文法研究におけるテニヲハ観

3・1　江戸時代後期・明治前期の西洋文典における格と法の記述

蘭・英文典などの西洋文典における記述の枠組みは、江戸時代後期・明治初期にどのような形で理解されていたか。江戸時代に初めて刊行された蘭文典である藤林普山『和蘭語法解』（文化一二［一八一五］年）は、オランダ語の品詞分類について、その原理の観点から以下のような説明を行う。

　蓋シ性言（冠詞）。名言（名詞・形容詞）。代言（代名詞）。分言（分詞）ノ四ツハ六格（性言篇ニ記ス）ニ従ヒ。活言（動詞）ハ三世（活言篇ニ出ツ）ニ由テ変スレトモ添言（副詞）。接言（接続詞）。上言（前置詞）。感言（間投詞）ノ四ツハ。絶テ転スルコトナシ

（巻之上「言辞総括」括弧内は筆者注）

これは、オランダ語の品詞分類を、図2のような原理で説明するものであり、西洋の言語の形態論的特徴を正確に把握していると言える。

〔図2〕『和蘭語法解』の品詞分類

語形変化する
　格(六格)に従って語形変化(曲用)する……名詞・形容詞の類
　時制(三世)に従って語形変化(活用)する……動詞の類
語形変化しない……副詞の類

それでは、江戸時代から明治初期にかけての西洋文典は、オランダ語・英語の語形変化をどのように扱っていたのか。助動詞の記述に関わる動詞の時制については、第5章で取り上げるので省略し、いま助詞の記述に関連する名詞の格および動詞の法について、その分類を訳語に現れるテニヲハとともに示せば、おおよそ表2・3のとおりとなる。

まず格の記述については、オランダ語文典の場合、『和蘭語法解』の時代には、ラテン語に合わせて六格を立てるのが一般的であったが*8、古田東朔（一九七六）が挙げる『訓点和蘭文典』（安政四［一八五七］年）や、表2・3で取り上げた『訳和蘭文語』（安政三［一八五六］年）などの『和蘭文典』系の翻訳文典に至ると、オランダ本国における格の記述の変化に伴い、四格が標準的な記述となっている。また英文典においては、『格賢勃斯英文典直訳』（明治三［一八七〇］年）のような三格を立てる記述が明治時代を通じて一般的だが、明治初期には、四格を立てる『ピネヲ氏原板英文典直訳』（明治三［一八七〇］年）のような文典も存在する。

一方動詞の法については、すべての文典を通じて不定法・直説法・命令法が立てられる。また、オランダ語における接続法、英語における仮定法は、日本語との対照に当たり、どのような条件表現を配当するかが問題となる。なお、可能態の表現を法の一種として扱う文典も複数存在し、この点が現代の標準的な英文法等と異なるところである。

［表2］江戸時代後期・明治前期の西洋文典における「格」

（名詞の格）			主格	属格	与格	対格	呼格	奪格
藤林普山	和蘭語法解	一八一二	主格…は、が、や、の、も、ぞ、こそ、φ、なるもの 注・「φ」は「無助詞」の意。	生格…の、が	与格…に、と、へ	役格…を	呼格…よ、や、かな	奪格…より、から、で、に、にて、において、によりて、等
大庭雪斎	訳和蘭文語	一八五六	第一格…ガ、（ハ、ノ）	第二格…ノ	第三格…ニ	第四格…ヲ	—	—
永嶋貞次郎訳	ピネヲ氏原板英文典直訳	一八七〇	主格…φ、ハ、ガ	持格…ノ	—	賓格…φ、ニ、ヲ	不関係格…φ	—
大学南校助教訳	格賢勃斯英文典直訳	一八七〇	主格…ガ	領格…ノ	—	物体格…ヲ	—	—

［表3］江戸時代後期・明治前期の西洋文典における「法」

（動詞の法）			不定法	直説法	命令法	仮定法	可能態	接続法	肯定	否定	分詞
藤林普山	和蘭語法解	一八一二	不定法…φ	直説法…φ	使令法…命令形	—	許可法…得、能〜スル、（コトガデキル）	附説法…所、雖モ、ナラバ、等	不無法…φ	不有法…不	—
大庭雪斎	訳和蘭文語	一八五六	不定法…φ	顕示法…φ	命令法…命令形	—	—	疑示法…カノコト、ガシ	—	—	—

永嶋貞次郎訳	ピネヲ氏原板英文典直訳	一八七〇	不定法…φ	直説法…φ	命令法…命令形	疑問法…若シモ〜ナラバ	成就法…能フ	—	—	—	分詞法…（現在）ツツ、（第一過去）シ、（第二過去）タ所デ
大学南校助教訳	格賢勃斯英文典直訳	一八七〇	不定法（例示なし）	直説法…φ	使令法…命令形	附属法…ナラバ	許可法…得ル	—	—	—	—

注…「φ」は「終止形」の意。なお、オランダ語の接続法は、「可能であると思われる希望または推定を説述する」形で、仮定法の表現にも用いられる。

3・2　江戸時代後期の洋学系文典におけるテニヲハ観

以上のような西洋文典の記述の枠組みは、江戸期の鶴峯戊申『語学新書』（天保四［一八三三］年）により、初めて日本語の記述に利用された。鶴峯は、藤林普山『和蘭語法解』等を参考にしながら、「実体言（名詞）・虚体言（形容詞）・代名言（代名詞）・活用言（動詞）・連体言（分詞）・形容言（副詞）・接続言（接続詞）・指示言（後置詞）・感動言（感動詞）」の九品詞を立てるとともに（括弧内は筆者注）、「実体言」に「能主格・所生格・所与格・所役格・呼召格・所奪格」の六格、「活用言」に「現在格・過去格・未来格」の三格を認め、日本語の文法記述を行っている。いま、その記述の内包する問題点を、テニヲハの扱いという観点から見れば、おおよそ以下のとおりとなろう。

3・2・1　西洋文典における名詞の格・動詞の法の理解

表4のとおり*9、鶴峯は、「実体言」の格のみならず、「活用言」の時制や法に伴う表現をすべて「格」と呼んだ。これは、西洋文典における名詞の曲用としての「格」のみならず、動詞の活用までを含むもので、西洋文典の枠組みを日本語文典に適用した当初から、「格」の概念が変容している点がまず確認できる。

［表4］江戸時代後期・明治前期の洋学系文法研究における「格・法」の理解

著者名		鶴峯戊申		田中義廉		中根淑		西周	
書名		語学新書		小学日本文典		日本文典		ことばのいしずゑ	
刊年		一八三三		一八七四		一八七六		一八七〇頃	
格助詞	の・を	×	格	×	名詞の格	後詞	―	助言	格言
係助詞	は								定言（第一種）
	や・か			―	―				
副助詞	だに	形容言		―	―				定言（第二種）
接続助詞	ば	接続言	格	×	動詞の法		動詞所属ノ後詞		続言（第一種）
	て			―	―				続言（第二種）
準副助詞	ながら	形容言		接続詞					
終助詞	か	×	助辞	×	動詞の法	助動詞		―	―
	な	形容言		副詞					
間投助詞	よ	感動言		感詞				助言	？歎言
接尾辞	さ	×	実体言	×	名詞・代名詞	―	―	×	体言
	ら							助言	？添言
助動詞		×	格	×	助動詞	×	助動詞	―	
副詞類		形容言		副詞		副詞		助言	添言

大槻文彦	日本文典草稿	一八八二頃	承接言			×	承接言	—	—	×	助用言	連用言
			第一類	第二類	第三類	接尾語	第二類			接尾語		
大槻文彦	語法指南	一八八九	天爾遠波			×	天爾遠波	副詞	感動詞	×	助動詞	副詞
			第一類	第二類	第三類	接尾語	第二類			接尾語		

注：「—」は記載なし。「×」は他品詞の項目で、接尾辞・語尾などとして言及されるもの。なお、接尾辞の「さ」は形容詞語幹に接続するもの、「ら」は名詞・代名詞の複数を表すものである。

また、名詞の格については、宣長の係結び研究を受け継ぎ、係助詞による係りをオランダ語の主格と同一視して「能主格」に位置づける。具体的には、「能主格」は「第一（は・も）」「第二（ぞ・の・や・か）」「第三（こそ）」の三格に分かれ、それぞれ「結辞」との呼応が示されている。もとよりこの種の係りの機能は、西洋的な主格の機能とは異なるが、『和蘭語法解』においても、主格を「は・が・や・の・も・ぞ・こそ」等を用いて訳しており、この扱いを踏襲したものと考えられる。

一方、動詞の時制については、「現在（φ・めり・らん・べき・らし等）」「過去（全過：つ・ぬ・たり・けり・き等、未過：ば・ども等）」「未来（ん・まし・ば等）」の三時制を「格」の名のもとに認めている。オランダ語における「未完了過去（未過・Onvolkomen voorleden tijd）」と「完了過去（全過・Volkomen voorleden tijd）」の相違を用語のうえでは用いながらも日本語の記述には適用せず、未完了・完了双方の助動詞を「全過」として扱うとともに、「未過」に「行けば・行けども」などの、接続助詞「ば・ども」を用いた条件形を挙げるなど、オランダ語文法の理解においては、疑問の点も見られる。

3・2・2　名詞の格・動詞の法に収まらないテニヲハの扱い

このように格助詞・係助詞については、「実体言」の「格」の項目においてその用法の記述が行われたが、鶴峯における「格」に収まらないその他のテニヲハは、「形容言」「接続言」「感動言」に分属させられた。

形容言……「形容言は、用言の活くさまを先形容していふことばにて、たとひ多くの辞をへだつるも、かならず下の用言までかゝるなり」（二四六ページ）

接続言……「接続言は、切れたる辞の下におきて上下を連ねつゞくる辞也、されば接続言にあへば定まれる結辞も格をたがへて下につゞくることあり。これ接続言の格也」（二六〇ページ）

感動言……「感動言は、すべてうれしき悲しきにつきて、心にふかく感ぜらるゝ時のなげきの声あなやよかなまた警欬警蹕など也」（二七一ページ）

これらの品詞の定義は右のとおりで、名詞・動詞に下接し、述語を「形容（修飾）」する副助詞は「形容言」とされ、動詞の活用形に付き、条件節を作る接続助詞は、「ば・ども」は動詞の「格」としても重複して言及されるが、すべて「接続言」の中に収められることになった。なお、終助詞・間投助詞は、疑問の「か」が動詞の「法」、禁止の「な」が「形容言」として説かれるものの、おおむね「感動言」として処理されている。

以上のようなテニヲハの扱いは、助詞として一類にまとめる今日的な記述から見ると、不統一の感を免れないが、見方を変えれば、助詞を西洋文典の枠組みに従った機能的な意味から、副助詞類、接続助詞類、終助詞・間投助詞類の三類に分類したとも言える。

3・2・3　語という単位の認識　テニヲハを単語と認めるか、接尾辞として扱うか

なお、「実体言」の「格」の中で説かれる格助詞・係助詞類や、「活用言」の「格」に関わる助動詞類は、特定の品詞に収められることがなく、「助辞」という名称のもと、品詞の資格を持たない存在として扱われている。この点については、すでに野村篤司（一九六八）が以下の点を指摘しているが、

・鶴峯は、言語をまず「辞」と「助辞」に二大別する。
・鶴峯における「九品」は「辞」を、「九格」は「助辞」を分類したものである。
・鶴峯は、「語」を一定の「格」（文法的形態）をもって、文の中に位置づけられるものと考えており、一方「辞」は造語成分であって、自立性の有無は問題とならない。
・つまり、「語」から「助辞」をとりはずし、そこから得られた「辞」と「助辞」を分類したものが、鶴峯における「九品」「九格」である。

鶴峯のこの立場をそのまま実行すれば、テニヲハはすべて「助辞」に所属するはずである。しかし実際には、テニヲハは「辞」と「助辞」の双方に収められており、鶴峯における「語」と「辞」・「助辞」という単位観は不徹底なものに終わっている。いずれにせよ、西洋文典の文法範疇を日本語に応用するためには、語とは何か、助詞・助動詞は語の資格を持つか、助詞・助動詞と接尾辞との差異はどこにあるか、などの問題をいかに解決するかが、原理的に要請されることになると言えよう。

このように鶴峯の語学研究は、山田孝雄（一九四三）が、

要するに、鶴峯の企ては国語学史上破天荒の試みとして、注目すべきものなれど、その説く所は和蘭文法

を無理に模倣せしに過ぎざるものにして、国語の学問としては全く失敗に終れるものなり。たゞ、彼によりて吾人が教へられたることは漫然外国文法を直訳的に国語に充てたりとて、何等の効も無く、かへりて、国語の知識を混乱せしむるものなりといふ反対の教訓と、しかも外国語の研究には国語と異なる見地の存するものなりといふ他山の石としての警告と刺戟とを与へたることなり。（七四三ページ）

と述べるとおり、主格名詞と動詞の格関係を日本語における係り結びの統語的機能と同一視したこと、副助詞・接続助詞・終助詞類を副用言に分属させたことなど、日本語の語性に従った記述とは言いがたい部分が存在し、批判も多い。

ただし、西洋文典における格や時制などの文法範疇が、日本語においてどのように表現されるのかといった対照言語学的な観点からは、鶴峯のような研究も無意味とは言えず、また明治初期には、古田東朔（一九五八a）が指摘する古川正雄『絵入智慧の環』（明治三［一八七〇］年）などが『語学新書』を参照するなど、後世に与えた影響も認められる。今日的評価とは別に、明治前期における文法研究を考えるに当たっては、その内容を検討する必要のある文典と言える。

以上、江戸時代から明治初期にかけての西洋文典における名詞の格と動詞の法に関する記述と、その枠組みを日本語文典に適用した最初の研究、鶴峯戊申『語学新書』の内容を概観した。このような西洋文典の枠組みを日本語に適用した洋学系の文法研究において、明治以降、テニヲハはどのように扱われていくのか。さきに掲げた国学系文典におけるテニヲハ観を考える視点ア〜ウに加え、さらに以下の点が問題になると考えられる。

エ　西洋文典における名詞の格、動詞の法を正しく理解しているか。

オ　西洋文典が立てる文法範疇に収まらないテニヲハをどう処理するか。

カ　テニヲハを語と認めるか、接尾辞として処理するか。

3・3　明治前期の洋学系文典におけるテニヲハ観

3・3・1　明治初期の西洋文典直訳式文典

それでは、明治前期の西洋文典直訳式文典において、テニヲハはどのように扱われていたか。鶴峯戊申同様に西洋文典の枠組みに日本語を当てはめる形で文典を編纂したのが、田中義廉『小学日本文典』（明治七［一八七四］年）である。田中の『小学日本文典』は、「名詞・形容詞・代名詞・動詞・副詞・接続詞・感詞」の七品詞を立てるが、助詞に対応する品詞を認めない。そのためテニヲハの類は、「名詞の格」の項において格助詞・係助詞、「動詞の法」の項において接続助詞の一部に言及するとともに、「副詞・接続詞・感詞」の項目に残りの助詞類を分属させる方法を取る。基本的には鶴峯戊申と類似の記述であるが、「名詞の格」を示す格助詞・係助詞類については、「第一格は、文章中の、主となるべき名詞に属して、其作動を示すものなり。○此格に六体あり。第一　ガの字を附加するものなり（八ウ）」と述べるように、「字」という名称で言及するのみで、文法単位としての位置付けははっきりしない。なお助動詞については、動詞の下位に「助動詞」を立てる点が鶴峯と異なる。

一方中根淑『日本文典』（明治九［一八七六］年）は、

> 今人西洋ノ文章ニ拘泥シ、遂ニ・ガ・ノ・ニ・ヲ・ヲ名詞ノ格ト誤認シ、而・テ・ト・ノ類ヲ以接続詞トス（中略）然レ共吾ガ国ノ語法、上古ヨリ今日ニ至ル迄、前後上下未曾混淆セザル所以ノ者ハ、則後詞ト助動詞トヲ其ノ間ニ交ヘ、以其ノ義ヲ達スルニ由ルノミ、
>
> （下巻四〇ウ－四一オ）

と述べ、西洋文典の前置詞に対応する「後詞」を立て、「助動詞」を「動詞」の下位分類として位置付けるとともに、格に関する記述を行わない立場を取る。中根の記述を読むと、格助詞による名詞の格表示と、係助詞による係り結びの現象の相違をどこまで正確に捉えていたのか疑問の点もあるが、西洋文典直訳式の日本語文典においても、鶴峯や田中とは異なり、助詞類を「後詞」として一品詞に数える立場が存在することが確認できる。

ただしここで問題となるのは、「後詞」の範囲である。中根は終助詞・間投助詞の類を「助動詞」と捉え、「後詞」とは考えていない。これは国学系の研究の流れから見れば、鈴木朖『言語四種論』のテニヲハ分類における「詞ノ中間ノテニヲハ」のみを「後詞」と認定していることになるが、西洋文典おける前置詞の定義に従って「後詞（後置詞）」を考えても*10、前置詞が左のオランダ語文典・英文典のように名詞を他の語とつなぐものと考えられているため、「後詞」は、語と語をつなぐ、すなわち「詞ノ中間ノテニヲハ」に所属するテニヲハとして認定されることになる。

§166. Om de betrekking tusschen twee zelfstandige naamwoorden, of ook tusschen een werkwoord en zelfstandig naamwoord aan te duiden, bedient men zich van woorden, die den naam van voorzetsels dragen, omdat zy gemeenlyk voor de zelfstandige naamwoorden geplaatst worden.

（『和蘭文典　前編』）

（私訳―二つの実名詞、または動詞と実名詞の間にある関係を示すためには、通常、実名詞の前に置かれるため前置詞の名を持つ語類が用いられる。）

ART. 39. A PREPOSITION is a word that is used to show the relation of nouns or pronouns to other words;

（『ピネヲ氏原板英文典』）

（私訳―前置詞は、名詞または代名詞と他の語との関係を表すために用いられる語である。）

このように、「後詞」の類を前置詞に準えて一品詞として立てても、依然として助詞の範囲とその下位分類に問題が残されているのが、明治前期の状況であると言える。

3・3・2　西周の研究

幕末にオランダ語・英語を学び、『伊吉利文典』の翻刻校閲やオランダ・ライデン大学留学を体験した西周は、明治元［一八六八］年、沼津兵学校頭取となり、その後兵部省に出仕した。文法研究に関しては、上京後、私塾育英社で行った「百学連環」の講義においてすでに学術を行う手段としての文字・文章を重視していたが、自身も「ことばのいしずゑ」（明治三［一八七〇］年以前）、「日本語範」（明治一二［一八七九］年）などの日本語文典の草稿を執筆した。

このうち「ことばのいしずゑ」は、日本語の品詞を大きく「体言・用言・助言」の三類に分け、これを最終的に「体言（名詞）・代言（代名詞）・働言（動詞）・質言（形容詞）・兼言（分詞）・格言（格助詞）・続言（接続助詞）・定言（係助詞・副助詞）・添言（副詞）・歎言（感動詞）」の十品詞に分類するものである＊11。西の大分類における「助言（テニヲハ）」は、格言から歎言までの助詞および副用言を含むもので、副詞類をテニヲハと考える点、鈴木朖『言語四種論』のテニヲハ観と一致する。

ただし助詞については、

みつには　つなぎことば、かみに　あげつる　てにをは　こゝにては　くらいことばと　なづけ　なことばの　くらいを　さだまる　ものを　さし、また　ひとくさの　はたらきことばに　つきて　きりと　きり

とを　むすぶ　ものを　つなきことばと　いふ、ハ　ド　ドモの　ごとし、

よつには　きめことば、こは　つなぎことばの　ひとくさにて　なごとばにも　はたらきことばにも　つき　また　あだし　ことばにも　つきて　ひときりの　きめを　しめす　ことばを　さす、ハ　モ　ゾ　コ　ソの　ごとし、

（『全集』六一四ページ）

と述べ、名詞に下接してその格を定める「格言　くらいことば」、動詞に下接して、現在の文または節に当たる「きり（句）」と「きり」を結ぶ「続言　つなぎことば」、名詞・動詞の双方に下接して、一文の述部における断定作用（きめ）と関わる「定言　きめことば」の三種に分類し、格助詞、接続助詞、係助詞・副助詞の分離に成功している。

このような分類が可能になった背景は、西洋文典における名詞の格、動詞の法を正しく認識し、それを日本語の記述に取り入れるとともに、格や法に関わるテニヲハを、下接する語の品詞性という観点から整理することが可能になったためと思われる*12。また、「ことばのいしずゑ」の成立以前には、「格言・定言」をともに「位言」と呼ぶ段階のあったことが、その下書きを書き付けた西周文書「稿本（四）」から分かるが、その副助詞類に関する記述においては、

実辞ニ属スル或ハ第三ノ位辞ト名ク［割注―ノヲニト等は第一／ハモゾコソハ第二］其位置第一位辞ノ次第二位辞ノ上ニ在リ或ハ直ニ第一位辞ノ上ニ在リ

（『稿本（四）』四一オ）

とあり、「の・を・に」のような格助詞を「第一ノ位辞」、「は・も・ぞ」のような係助詞を「第二ノ位辞」、「だに・さへ・すら」のような副助詞を「第三ノ位辞」と呼び、係助詞と副助詞の区別は、助詞相互の承接順から行われていたと考えられる。すなわち、西のテニヲハ分類の特徴は、名詞・動詞等に下接しながらどのように各種

の文法範疇を示すかという点のみならず、テニヲハ相互の承接順も合わせて検討することで、格助詞・係助詞・副助詞を分類するというところにある。これは明治前期においては、優れた助詞分類の一例と評価できる。

なお、終助詞・間投助詞の類は、「ことばのいしずゑ」においては、「歎言」に所属すると考えられるが、詳しい記述がないため詳細は不明である。また助動詞についても、後の「日本語範」では、文語の「助用言」として「有ル・為ル・也」のみを挙げ、他の助動詞類は動詞の語尾として捉えているように見えるが、「ことばのいしずゑ」の段階でどのような記述を行うつもりだったのかは、こちらも判然としない。

西周の文法研究は、いずれも公刊されることなく終わったため、その後の研究にはっきりとした影響を与えた痕跡は見られない。ただし、沼津兵学校頭取を勤めていた際の同僚に『日本文典』の著者中根淑がおり、中根は次に述べるとおり大槻文彦の「文法会」にも参加している。中根が西の文法研究をどの程度まで把握し、文法会における議論に参加していたのか、興味の尽きないところである。

3・3・3　大槻文彦の研究

大槻文彦が、明治五［一八七二］年文部省に出仕し、その後『日本辞書言海』の編集刊行に努めたことは、広く知られるところであろう。文法研究もこの辞書編集と連動しており、その成果は、『日本辞書言海』に収録した摘録「語法指南」（明治二二［一八八九］年）、および『広日本文典』『同別記』（明治三〇［一八九七］年）により知ることができる。

大槻が、文法書執筆にあたり、明治一一［一八七八］年から横山由清・中根淑・内田嘉一・南部義籌・片山淳

吉と文法会を開き、議論を重ねたことは有名であるが、小岩弘明（二〇〇五）が明らかにしたところによれば、

・実際には、明治九年一二月から明治一一年七月まで文法会が一六回開催されたこと（前期文法会）。

・従来指摘されてきた文法会は、明治一一年一〇月から明治一五年四月まで五七回開催されたこと（後期文法会）。

・文法会には、黒川真頼が前期・後期通じて一六回、横山由清が三〇回、中根淑が四七回、南部義籌が三九回、那珂通世が二九回参加していたこと。

・各回の討議内容が一部記録に残っていること。

などが文法会の実態として分かってきており、前期の第五回以降、討議内容に示された品詞名が国学系の名称に変わることから、黒川および横山の存在によって文法会における国学系研究の影響が強まっていく面が見られると小岩弘明（二〇〇五）は指摘する*13。

大槻の品詞分類は、冒頭でも示したとおり、「語法指南」においては洋学系の名称を用いるが、助詞についてはあえて「天爾遠波」の名称を用い、

第一類　名詞ニ属クモノ……………格助詞類

第二類　種々ノ語ニ属クモノ……係助詞・副助詞類

第三類　動詞ニ属クモノ…………接続助詞類

の三類に下位分類するとともに、終助詞「な（禁止）」を副詞、その他の終助詞・間投助詞類を感動詞として扱っている。

以上のような「天爾遠波」の三分類は、すでに指摘したとおり黒川真頼の「助詞」分類からの影響関係を認め

ることができると思うが、終助詞・間投助詞類を「天爾遠波」と認めないのは、「天爾遠波」が「言語ノ中間ニ居テ、上下ノ語ヲ承接シテ、種々ノ意義ヲ達セシムル語」と定義されるためと考えられる。これは、中根淑にける「後詞」の範囲と同様に、鈴木朖『言語四種論』における「詞ノ中間ノテニヲハ」に一致するとともに、英文典における前置詞との対応も考えたためであろう。実際、「語法指南」の前段階の原稿である「日本文典草稿巻七」においては、「天爾遠波」を語と語をつなぐ意からの命名と考えられる「承接言」と呼ぶとともに、

承接言一門ノ語ハ洋語ニ比スレバ甚異類ナルモノナリ先、第一類ノモノハ英語ニイフ名詞ノ格トイフモノニ当ル然レドモ英語ニハ其意義アリテ其語無ク［割注―但シ持格ノ如キ／ハ略其形アリ］言語ノ位置ニ依リテ定ム但シハヨリマデ等ハ格トハセズシテ前詞トス又羅甸ニテハ是等ノ格ヲ全ク名詞ノ語尾ノ変化ニ依リテ顕ハスガ故ニ和語ト略相同ジクシテヘヨリマデ等ニ至ルマデ皆変化ニ具ハリテ共ニ名詞ノ格トセリ故ニ第一類□全ク羅甸語ノ名詞ノ格［割注―即語尾ノ変化／ニテ成ルモノ］ニ当ツベシ　又第二類ノ語ハ其性質意義略連用言、即、洋語ノ副詞ノ如クニシテ上ニアル語ニ己ガ意義ヲ添ヘテ更ニ次ニ来ル用言ノ意義ヲ調理セリ［割注―此類英語ニテハ多／ク副詞ニ訳スベシ］　第三類ノ語ハ英語ニハ多ク接続詞ニ当ツベク羅甸ニハ多□名詞ノ接続法ニ当ツベシ但シツヽハ英語ニテハ現在分詞ノ語尾ニ当ツベクテハ過去分詞ノ語尾ニ当ツベクバハ動詞ノ接続法ニ当ツベシ

（九〇ページ）

右のとおり、第一類の「承接言」を名詞の格と前置詞、第二類を副詞、第三類を動詞の法や接続詞などと対照しながら、その機能に言及している。終助詞・間投助詞類については、後の松下大三郎『改撰標準日本文法』が「形式感動詞」と認めるような立場もあり、またその定義を行うためには、山田孝雄『日本文法論』が係助詞・終助詞の双方を「句その者に関する」助詞のうちの「述素に関する」ものと位置付けるとおり、述語の統語的機

能に関する詳細な分析が必要となってくる。今日的な助詞の範囲とは異なるが、大槻の定義する「天爾遠波」は、当時としては最大公約数的な助詞の扱いであったと言えよう。

また、大槻が準副助詞「ながら」を接尾辞と考える点も注意される。「語法指南」における「接尾語」の定義は、以下のとおりで、語に品詞性を付与する造語要素と考えられている。

常ニ他語ノ尾ニ属キテ熟語トナルモノニテ、他語ヲ名詞トスルアリ、動詞トスルアリ、形容詞トスルアリ、副詞トスルアリ、而シテ、亦、漫用スベカラズ、スベテ、慣用ノ例ニ拠ルベシ。（七四ページ）

接頭辞・接尾辞については、西周「ことばのいしずゑ」が「なことばの　くみあはせの　こと」において、「かうふり（冠）」「くつ（履）」の名で名詞の派生語を作る接頭辞・接尾辞に言及しており、また大槻も自身の翻訳した文部省百科全書『言語篇』（明治一二［一八七九］年）において*14、

・文字の類化　言語ノ連合上ニ於テ其互ニ合ハザル文字ヲ併合スル時ハ其文字中ノ一字ヲ改メテ以テ他ト相似サスルコトアリ母韻ヲ脱落シタルガ為ニ二個ノ互ニ相合ハザル文字ノ連合シ来ルトキモ亦然リトス此法則ノ行ハル、ハ前置詞及ビ他ノ接頭語ヲ用ヰテ結成シタル羅甸語希臘語ヨリ転化シタル言語ニ於テ最モ著明ナリトス　（五五ページ。傍線は筆者による）

(原文—*Assimilation.*—When the comoposition of words brings incompatible letters together, one of the two is assimilated to the other. The same takes place when the falling-out of a vowel allows two incompatible articulations to come together. The operation of this law is conspicuously seen in words from Latin and Greek, compounded with prepositons and other prefixes; p. 24)

・又土耳其語ノ動詞ノ如キハ此錯雑セル器械的ノ構造ノ最高点ニ達シ終始其変化ノ透明スル者ナリ例ヘバ

sev トイフ語根ハ loving トイフ不定ノ意義ヲ有シ其不定法ノ sev-mek ハ to love ノ意義ヲ有シ之ニ接尾語ヲ挿入スルトキハ其形態ヲ変ズルコト凡ソ四十回ニ至ルベシ　（九二ページ）

（原文—But this composite mechanical structure reaches its climax—remaining all the while prefectly transparent—in the Turkish verb. Thus, the root *sev* has the indefinite meaning of loving, and the inf. is *sev-mek*, to love; which then, by the insertion of certain suffixes, can take on as many as forty forms or voices, p. 29）

右のとおり、すでに prefix・suffix を「接頭語・接尾語」と訳しており、語の資格を持たず、造語要素のレベルにとどまる接頭辞・接尾辞の性質を理解したうえで、大槻は「ながら」の扱いを考えていると思われる。

大槻が動詞・名詞双方に下接する「ながら」を「接尾語」と考える理由は、「日本文典草稿　巻七」によれば、同様の性質を持つ係助詞・副助詞と異なり、「其上ノ語ニ粘合シテ熟語トナリコレヲ除ケバ其文ヲ成サ」ないためで（九〇ページ）、文法的機能の相違に依るものである。いずれにせよ、伝統的なテニヲハのどこまでを助詞と考え、どこからを接尾辞類とするかという問題が、助詞類の定義と関係しながら、新たに浮上したと言える。

これは、「助動詞」の扱いについても同様で、大槻は、それ以前の西洋文典直訳式の文典が動詞の時制や法の記述の中で扱っていた助動詞類を積極的に一品詞と認めるが、大槻の「助動詞」が果たして単語としての資格を持つ語なのか、むしろ接尾辞と考える方が適当なのかについては、明治前期においても問題となる点と言えよう。

4　まとめ

ここまで、明治前期の文法研究が伝統的なテニヲハをどのような形で再編成していったのか、国学系・洋学系双方の研究から代表的文典を取り上げながら概観した。いま、明治前期における助詞の範囲と下位分類の問題に絞れば、以下の点が指摘できよう。

ア　明治前期における国学系の文法研究では、テニヲハを「体言を受ける」「用言を受ける」「体言・用言の両者を受ける」という下接する相手の品詞性から分類する方法が行われた。これが洋学系の文法研究にも影響を与え、助詞を他語または助詞相互の承接からシステマティックに分類する方法への道を開いた。

イ　ただし、国学系の研究においては、右のような分類法を一方で用いながら、係助詞と格助詞を「係辞」などの名称のもと同一視する扱いも同時に認められる。この点を正すのは、西洋文典における名詞の格や動詞の法の概念を正確に理解するとともに、名詞の格は体言のみを受けるテニヲハ、動詞の法は用言のみを受けるテニヲハが示し、体言・用言双方を受ける係助詞は格や法には直接は関わらないというような、洋学系の概念と国学系のテニヲハ観を重ね合わせることのできた西周や大槻文彦の研究に至ってからと言える。

ウ　副助詞については、西周における「定言」、大槻文彦における「天爾遠波第二類」のように係助詞とひとまとめに扱われるようになるが、西周のみは、助詞相互の承接順から係助詞と副助詞の相違に言及している。

エ　終助詞・間投助詞の類は、語と語をつなぐのではなく、文末において文法的意味を付加する機能を持つため、洋学系の文典では、「後詞」「天爾遠波」から除外されることが多い。

オ　品詞として扱われる語の資格を持つテニヲハと、語以下の接尾辞的なテニヲハの境界の問題が、研究の精密化に伴い問題となってくる。これは、国学系の研究の中においても問題にならないわけではないが、明治前期においては、西洋文典との対象から文法論における単語の定義が重要な問題として浮上しはじめていると言える。

旧来のテニヲハが終助詞・間投助詞も含めた現代語の助詞とほぼ同じ範囲で再編され、その名称も「助詞」という名で定まるのは、浜口直也（二〇一一）が指摘するとおり、おおむね明治三〇年代以降のことである。その意味においては、西周や大槻文彦の文法研究もいまだ未完成のものと言えるのかもしれない。しかし、明治前期においては、西洋の言語と性質の異なる日本語を西洋文典の枠組みで記述するため、日本語に存在するテニヲハをどのように扱うかが喫緊の課題であり、その形態論的特徴については国学系の研究の参照が、統語的機能については洋学者による西洋文典の本質的理解が要請された。本章で取り上げた各研究者のテニヲハ観は、そのような国学と洋学の交渉の一端を示すものであり、最終的に助詞の範囲を定め、下位分類を施すことができた点は、明治前期における文法研究の到達点として、評価に値するものであると言える。

ただしその一方で、名詞の格、動詞の時制・法などといった西洋文典の定める文法範疇を日本語においてどのように認めるか、そしてそのような統語機能を帯びた文法論上の語をどのような単位として設定するかについては、助詞・助動詞の記述に一定の型が出来たことにより、かえって先送りされた印象も否めない。これらの問題は、明治後期に山田孝雄や松下大三郎等によって、日本語文法論の基本的課題として、改めて問題とされることになるのである。

＊1　明治前期の国語研究における国学者と洋学者との交渉については、服部隆（二〇〇六）においていくつかの例を示した。本章は、その内容を「テニヲハ」、特に助詞類の扱いに絞って、改めて考えたものである。

＊2　『詞の真澄鏡詞の経緯図解教典入門』では、参考にした江戸時代の研究として以下を挙げている。本居春庭『詞の八衢』、本居宣長『詞の玉緒』、富士谷成章『あゆひ抄』、東條義門『活語指南』『山口栞』『玉緒繰分』、鶴峯戊申『語学新書』、鈴木朖『活語断続譜』、林圀雄『詞の緒環』、牧村光香『語格指掌図』、落合直澄『活語大成図』、黒沢翁満『言霊のしるべ』、長野義言『玉緒末分櫛』、鈴木重胤『詞の捷径』、物集高世『辞格考』、富樫広蔭『八衢捷径』

＊3　『詞の経緯の図』（井上頼圀・逸見仲三郎増補訂正・明治二四［一八九一］年）は、逸見の識語によれば、明治七年初刻本、同八年再訂本、同一二年訂正本などを校合して作った定本で、『語学自在』（井上頼圀・逸見仲三郎校合訂正・明治二七［一八九四］年。近藤瓶城編『史籍集覧　第五冊』近藤出版部（昭和五［一九三〇］年）に所収）は、福井久蔵（一九三四）によれば明治一八［一八八五］年の成立という。

＊4　江戸時代の国学系の研究においては、鈴木朖『言語四種論』のように「テニヲハ」に副用語を含める立場とともに、富樫広蔭『詞玉橋』のような「辞」に副用語を含めないという立場の両者が存在する。

＊5　調査に当たっては、『黒川真頼全集　第六』を使用した。なお、柴田光彦編『黒川文庫目録』（柴田（二〇〇〇））には、『日本小文典』が「小文典　原稿本」という名称で記載されているが、「震災後の照合の印」は付されていない。

＊6　「日本小文典」は、明治一六［一八八三］年に脱稿し、明治二一［一八八八］年刊行の辞書『ことばのはやし』に収められた。なお、「日本文語」の成立時期については諸説が存在するが、本章では、山東功（二〇〇二）がその成立を明治二三−二四年と推定する説に従っておく。

＊7　三矢重松との関係については、第Ⅲ部第3章「松下文法の単語観」において指摘した。

＊8　藤林普山『和蘭語法解』におけるオランダ語の格理解については、服部紀子（二〇一四・二〇一七）を参照のこと。

＊9　大槻文彦「日本文典草稿　巻七　承接言」は、小岩弘明（二〇一一）所収の翻刻を用いた。

＊10　『和蘭文典　前篇』は、Maatschappy tot Nut van 't Algemeen（共益会社）の"Grammatica of Nederduitsche Spraakkunst", 2de dr., 1822. のうち、箕作阮甫翻刻本（天保一三［一八四二］年）を用いた。

＊11　西周「ことばのいしずゑ」の成立過程については、第Ⅲ部第1章「西周の文法研究における品詞分類」を参照されたい。

＊12　西周における名詞の格および動詞の法に関する記述と助詞の分類との関係については、第Ⅲ部第2章「西周の文法研究における句（sentence）」においてその一部に言及した。

＊13　大槻の公刊した論文・書籍、草稿類、小岩弘明（二〇〇五）が示す文法会の討議内容に見られる品詞名を整理すれば以下の表5のとおりとなる（参考として、大槻文彦の兄修二の『小学日本文典』、文法会メンバーである那珂通世の『国語学』からもその品詞名を挙げた。両文典とも大槻の文法研究からの影響が認められる）。なお、「日本文法論」は『洋々社談』第七号所収の論文、「言海　草稿」は山田俊雄（一九八〇）、「日本文典草稿　第三・第四」「副詞」は一関市博物館所蔵本、「日本文典草稿　巻六・巻七」は小岩弘明（二〇一一）の翻刻を用いた。また、『支那文典』の位置付けについては、永野賢（一九九一）所収の「大槻文彦の『支那文典』編述の意図―その口語文法研究史における意義」、および田鍋桂子（二〇〇一）を参

［表5］大槻文彦の用いた品詞名

「日本文法論」（明治八年）	名詞	代名詞		動詞	形容詞		副詞		接続詞	テニヲハ	感詞
「言海　草稿」（明治八年）	（名）									承接言	
『支那文典』（明治一〇年）	名詞	代名詞	数詞	動詞	形容詞	助動詞	副詞		接続詞		感詞
前期文法会（明治一〇年～一一年）第四回まで	名詞	代名詞	数詞								
前期文法会（明治一〇年～一一年）第五回以降	体言	代体言		用言	形状言 形状用言	助用言	副言		接続言	辞言	感歎言
後期文法会（明治一二年～一五年）	体言	代体言		用言 動作言	形状言			連体言	接続言	承接言	
「日本文典草稿」（明治一五年頃？）第三・第四	体言			動作言	形状言	助用言	連用言	連体言		承接言	感動言
「日本文典草稿」（明治一五年頃？）巻六・巻七	体言	代体言		動作言 （用言）	形状言 （用言）	助用言	連用言	連体言	接続言	承接言	感動言
「副詞」（不明）	体言	代体		動作言	形状言		連用言		接続言		
「語法指南」（明治二二年）	名詞 （体言）	（代名詞）	（数詞）	動詞 （用言・作用言）	形容詞 （形状言）	助動詞	副詞		接続詞	天爾遠波	感動詞

『広日本文典』（明治三〇年）	名詞（体言）	（代名詞）	（数詞）	動詞（用言・作用言）	形容詞（形状言）	助動詞	副詞		接続詞	弖爾乎波	感動詞

【参考】

〈大槻修二〉『小学日本文典』（明治一四年）	名詞			動詞			装詞			テニヲハ（承接言）	
				（作用言）	（形状言）	（脚結言）	（連用言）	（連体言）			
〈那珂通世〉『国語学』（明治二三年）	体言			用言			副言			後置言	感動言
				（動作言）	（形状言）	（幇助言）					

照のこと。

*14 文部省百科全書『言語篇』に対応する原文は、国立国会図書館所蔵の William & Robert Chambers, "*Chambers's Information for the People*", 4th ed., vol. II. London & Edinburgh, 1875. を用いた。

第3章

明治時代の形容詞・形容動詞論　品詞の定義と語の認定法の観点から

1　はじめに

第3章では、品詞の各論のうち、明治時代における形容詞・形容動詞の扱いを、品詞の定義と語の認定法の両面から考える。

形容詞は、前章で考えた助詞と同様に、西洋文典の枠組みに日本語をあてはめようとした場合、問題の生じる品詞である。日本語の形容詞が、用言としての性質を持つのに対して、西洋諸語の形容詞は名詞性を持ち、英語であれば、名詞の前に立って修飾語となったり、あるいは名詞と同様にbe動詞の補語になる性質を持つ。そのため、西洋文典の影響を受けた明治前期の日本語文典においては、連体修飾機能を持つ語句が広く「形容詞」として捉えられることになり、日本語形容詞の記述としては不完全なものとなった。

これを江戸時代の伝統的な語学研究と同様に用言として捉えたのが大槻文彦「語法指南」（明治二二［一八八九］年）で、これにより日本語の「形容詞」記述に関わる問題は、一応の解決を見るに至った。ただし、「形容詞」を用言として捉えたため新たに生じたのが、連体修飾専用の連体詞の扱いである。文語文典の場合は、語源的に分解すれば処理可能ではあるが、明治後期に口語文典の編纂が始まると、連体詞をどう記述するかは新たな課題となった。

また、形容詞と同様の機能を持つ形容動詞の扱いについても、明治期全般にわたって問題となっている。とりわけ品詞分類を行う以前の問題として、そもそも「静かなり・だ」のような形容動詞は一語として扱うべきなのかという、文法単位としての「語」の認定を考える必要が生じた。現在では、いわゆる学校文法においては、形容動詞を立てる扱いが一般的となっているが、日本語の記述を行うに際してどのように形容動詞を扱うかについては、なお考えるべき問題が残っていると思う。その意味でも、明治期の形容詞・形容動詞論を概観することを通して、当時の品詞分類や単語認定をめぐる議論を再確認する作業は、現代においてもその価値を失っていないと考えられる。

そこで、第3章では、明治期における形容詞・形容動詞を、

ア　用言の一種と認められる日本語の形容詞と、名詞に近い性質を持つ西洋の形容詞を、性質の違うものとして認識しているか。

イ　日本語の形容詞を用言と捉らえた場合、連体詞の類をどう扱うか。

ウ　形容動詞を品詞分類上どのように位置付けるか。

エ　形容動詞を形容詞の一種と捉らえた場合、一語相当の単位として扱っているか。また、何をもって語と認定しているか。

右の四点から考えたい。これらは、文典の編纂された時期や文語・口語のどちらを対象とするかといった面から相互に錯綜しながら各文典に現れてくるが、以下は便宜的に、明治時代の「形容詞」論と明治時代の形容動詞論

の二節に分けて論じていくことにする。

2 明治時代の「形容詞」論

2・1 明治前期における「形容詞」の定義と範囲

第1章では、明治期の品詞分類を可能なかぎり網羅的に概観することを目指したが、本章では、その中から品詞分類上のタイプを考慮した以下の六文典を選び、これを中心に明治前期における「形容詞」論の流れを見ていくことにしたい。

田中義廉『小学日本文典』（明治七［一八七四］年）……洋式文典Ⅰ
中根　淑『日本文典』（明治九［一八七六］年）……洋式文典Ⅰ
堀　秀成『日本語学階梯』（明治一〇［一八七七］年）……伝統的文典
大矢　透『語格指南』（明治一三［一八八〇］年）……洋式文典Ⅱ
近藤真琴『ことばのその』（明治一八［一八八五］年）……洋式文典Ⅰ
大槻文彦「語法指南」（明治二二［一八八九］年）……洋式文典Ⅱ

まず、当時の文典がどのような語類を「形容詞」と認めていたかについて見よう（表1）。一見して分かるように、文典のタイプと「形容詞」の範囲の間には、およその対応関係が存在する。

［表1］明治前期における「形容詞」の範囲

	田中	中根	堀	大矢	近藤	大槻
文典のタイプ	洋Ⅰ	洋Ⅰ	伝統	洋Ⅱ	洋Ⅰ	洋Ⅱ
形容詞連体形	○	○	○	○	○	○
形容詞のその他の活用形			○	○	○	○
形容動詞連体形	○	○		○	○	
形容動詞のその他の活用形				○	○	
動詞連体形	○	○				
数詞	○	○				
連体詞		○				
名詞＋「の」	○	○				
合成名詞の前項	○	○				
接頭辞	○	○				

注…田中の「動詞連体形」には、「動詞＋たる・べし」を含む。また、堀に関しては「詞」、大矢に関しては「形状言」の中で扱われているものを挙げる。

この内、「伝統的文典」に属する堀の文典は、「詞（＝用言）」を「言ノ下ニ属キ其ノ言ノ作用トナリテ動クヲ云」うと定義し、この中に「物ノ形容ヲ云フ詞」と定義される「志支久ノ活詞」を立てる（なお「形状言又ハ形容詞ナド云も是ナリ」とも付言する）。この類は、語例として「長シ」「短シ」「広シ」「狭シ」などの例を挙げ、「未然段（＝未然形）」「続詞段（＝連用形）」「断止段（＝終止形）」「続言段（＝連用形）」「已然段（＝已然形）」の各活用形を提示していることから、現在の形容詞に該当することが確認できる。

このように形容詞を用言と見る考え方は、江戸時代以来の形容詞観を引き継いだもので、明治前期においても、物集高見『初学日本文典』（明治一一［一八七八］年）、佐藤誠実『語学指南』（明治一二［一八七九］年）、権田直助『語学自在』（明治一八［一八八五］年）など＊1、堀同様の扱いをする「伝統的文典」が見られる。

これに対して、西洋の文典をそのまま模倣する「洋式文典Ⅰ」の中には、「形容詞」の扱いに問題があるものが多い。


形容詞は、名詞の現したる、動、植、事、物の性質形状を、精く示すものにして、常に、名詞の前にあり。（巻二一五オ）

たとえば、田中義廉『小学日本文典』では、「形容詞」を右のように定義し、

赤キ、高キ、宜シキ、美シキ……形容詞連体形
大ナル、暖ナ……形容動詞連体形
定リタル（事）、流ル、（水）……動詞連体形
右ノ（手）……名詞＋「の」
赤（糸）、甘（酒）、一（身）……合成名詞の前項
真（砂）、小（川）、初（陣）……接頭辞

以上のような連体修飾の機能を持つ語類や、語構成上、修飾要素になる造語要素を広く「形容詞」と認めている。

また、中根淑『日本文典』においては、「形容詞」は以下のように定義され、

形容詞ハ、大抵名詞ノ上、或ハ下、若クハ文中ニ在リテ、事物ノ大小長短精粗厚薄等ノ形状ヲ精密ニ形スル物ナリ、（上巻四四ウ）

一見「形容詞」を連体成分のみに限っていないように見えるが、例として示す語群は、「古ビタル」「余ノ」「是ノ」などの連体成分、「一（所）」などの造語要素、さらに「御（輿）」「（友）達」などの接頭辞・接尾辞など多

岐にわたり、基本的態度は田中と変らない。

このような扱いが生じる理由は、西洋の形容詞を名詞の修飾成分になるものと捉らえ、それに合せて日本語の形容詞を処理しようとしたためで*2、この結果、連体修飾機能を持つ語類が広く「形容詞」として扱われる一方で、形容詞・形容動詞の活用形は、連体形は「形容詞」、連用形は「副詞」、終止形は「動詞」という具合に解体されてしまうことになった*3。

これに対して、伝統的語分類も利用した「洋式文典Ⅱ」に属する大槻文彦の「語法指南」では、「形容詞」は「名詞ノ後ニ附テ、其形容、性質、情意等、ヲイフ語（一二三ページ）」と定義され、

英語ノAdjectiveハ、大抵、名詞ニ冠ラセテ、其形状性質ヲイヘリ。我ガ形容詞モ、名詞ノ形状性質等ヲイフハ、相同ジケレドモ、語ノ成立ニ至リテハ、甚ダ相異ナリテ、語尾ニ、変化アリ、法アルコト、動詞ノ如クニシテ、且、常ニ、名詞ノ後ニ居テ、文ノ末ヲモ結ベリ。（二八ページ）

との注記にもあるとおり、「伝統的文典」同様、用言の一種と考えられるようになる。その結果、「洋式文典Ⅰ」が「形容詞」とした語群の内、「流ル丶」は動詞の連体形、「右ノ」は「名詞＋の」ということになり、「新」「初」「真」「御」などについては、

国語ニテ生得ノAdjectiveヲ求メバ、新、初、真、御ナドイフ一類ノ語ナラム。サレド、是等ノ語ハ、何レノ名詞ニモ冠ラスベキニアラズ、其慣用ニ限レル所アリ、且、独立ニハ用キズ、必ズ熟語トナリテ文中ニ出ヅ、故ニ、今ハコレヲ接頭語トシタリ。（二八ページ）

とあるように、「接頭語」として扱われることになる。これは、田中・中根などの初期の文典における「形容詞」の扱いが反省された結果で、明治二〇年代に入ると、同様の扱いを行う洋式文典が増加していく。

このような大槻の態度は、日本語の形容詞を記述する上では穏当なものと考えられる。確かに名詞+「の」のような文の成分から、接頭辞のような自立性を持たない形態素相当の接辞までを等し並に「形容詞」と認めることには問題があり、このような語種を整理することはどうしても必要だからだ。しかし、「形容詞」を用言に限ってしまうと、連体詞を所属させる枠がなくなるため、別の問題も生じてくる。

連体詞は、明治前期の文典のほとんどが文語文典であることもあって、基本的には分解して説明することが可能である。実際、大槻も「この」のような連体詞は、「こ（代名詞）+の（助詞）」と捉えている*4。ただし、口語文典の現れる明治後期においては、この種の扱いは難しく、さきに挙げた中根の文典のような「形容詞」の一種と考える立場も含めて、問題は再度浮上することになる。

2・2 明治後期における「形容詞」の定義と範囲

明治後期においては、大槻の「語法指南」および『広日本文典』（明治三〇［一八九七］年）が世間に流布し、それを通して西洋直訳式の品詞分類の問題点が自覚されたため、基本的には「形容詞」を用言の一種として捉える見方がほぼ定着する。

たとえば、山田孝雄の『日本文法論』（明治四一［一九〇八］年）は、日本語の品詞を以下のように分類し、「形容詞」を「事物の性質状態の静止的観念として超時間的に心内に画かれたるをあらはせる実質用言」（二三一ページ）と定義している。この品詞分類は、分類の基準を明示しない大槻などと比べ、はるかに進んだものだが、実際に「形容詞」とされる語類の範囲は、大槻と基本的には変らない。

観念語（自用語（概念語……体言、陳述語……用言）、副用語……副詞）、関係語……助詞

ただしその一方で、異なった観点から「形容詞」を定義する文典も、明治後期にわずかながら存在する。以下は、それらを紹介しながら、問題点を確認していくことにする。

まず、明治前期の「洋式文典I」と似た扱いをするものとして、松平円次郎の『新式日本中文典』（明治三四［一九〇一］年）がある。この文典は、「形容詞」の項目で形容詞・形容動詞の活用を示すと同時に、以下のような語類も活用しない「形容詞」として挙げている。

代名詞状形容詞（指示形容詞　コノ、コ（トシ）、サ（程）、或（人）、毎（年）、疑問形容詞　何（程）、幾（日））

数量形容詞（数形容詞　五（年）、量形容詞　多クノ（水））

これは、「形容詞」の機能として連体修飾の働きを重視するためで、明治前期の田中・中根の文典同様、連体詞や合成名詞の前項までが「形容詞」として扱われている。ただし、本来の形容詞・形容動詞に関しては、活用を認めているので、「形容詞」を連体修飾語に限った田中・中根などの文典とは扱いが異なってくる。つまり「形容詞」に活用するものと、連体修飾専用のものの二種を認めたところに松平の文典の特徴がある。

なお、松平に近い「形容詞」の扱いをする文典としては、本来の形容詞の他に、「しづかな」「生れた（小児）」

「すべての」「ある（人）」「日本の（景色）」などを他品詞から転来した「形容詞」として認める金井保三の『日本俗語文典』（明治三四［一九〇一］年）や、「この」「その」「こんな」「あんな」などを「指示形容詞」と考える吉岡郷甫の『日本口語法』（明治三九［一九〇六］年）などが存在する。

これに対して、「形容詞」を連体修飾語に限って考えるのが、前波仲尾の『日本語典』（明治三四［一九〇一］年）である。

語根　……やすい
くつ　……やすい、やすく
てには……やすい　しな　を

前波は、まず「国語　を　くみたてる　要素」を右の三類に分けた上で、これら「語根」「くつ」「てには」が組み合わさって「詞」が構成されると考える。そして、形容詞に関しては、

やすい　しな　が　ある　……形容詞
こちらの　しな　が　やすい　……動詞
しなもの　を　やすく　うる　……副詞
やすいの　を　かう　……名詞

右のように連体・終止・連用形をそれぞれ「形容詞」「動詞」「副詞」とするとともに、準体助詞の「の」の下接する形を「名詞」と考えている。このような形容詞の活用を解体する考え方は、明治前期の田中・中根の文典に共通するが、前波の場合は、初版のはしがきにおいて「さて、この　語典　を　書いた　わけ　は／国語　には　活用　の　ない　こと—／動詞　にも、形容詞　にも　活用　の　ない　こと　を　明したい　から　ばかり

で　ある。（一ページ）」と述べ、用言の各活用形を「語根（やす）」と「くつ（―い・く）」に分解しつつ、両者の結合体（やすい・やすく）を文中における統語的機能から品詞分類を行っているものと考えられ、「詞」の材料として「語根」「くつ（＝語尾）」「てには（＝助詞）」の三種を設定している点、文法上の単位を定めようという意識が感じられる。この前波の文典は、きわめて独特のもので、他に類例は見られないようである。

一方、前波とは逆に「形容詞」の範囲を非常に広く取る文典に松下大三郎の『日本俗語文典』（明治三四［一九〇一］年）がある。表2は、松下が示す「形状詞」の語尾変化表から、活用に相当する「縦的変化」の部分を取り出したものだが、まず気が付くのが「能活」「雑活」という形で副詞・連体詞を処理している点である。この内、「其ノ」のような連体詞は、松平・吉岡なども「形容詞」として扱うが、「早速」「静々ト」を「形状詞」と考え、副詞を品詞として立てない点は独特である。

［表2］松下大三郎『日本俗語文典』における「形状詞」の語尾変化表

	縦的変化							
	第一活段	第二活段 一	第二活段 二	第三活段	第四活段	第五活段	第六活段	第七活段
久活	○	クテ	ク(ウ)	イ		ケレ	○	ケリャ(キャア)
爾奈活［静］	○	ニ		○	ナ	○	○	○

能活	○	○	早速	○	早速ノ	○	○	○
雑活	○	○	ソンナニ	○	ソンナ	ソンナラ	○	ソンナラ
	○	ヨクテ	ヨク(ヨウ)	イイ	イイ	ヨケレ	○	ヨケリャ(ヨキャア)
	○	静々ト	○	○	○	○	○	○
	○	○	○	○	其ノ	○	○	○

注…「第一活段」以下の活用形は、左から未然形・連用形・終止形・連体形・仮定形・命令形・仮定形＋接続助詞「ば」の融合形、を意味する。

このような扱いが生じる理由は、松下の『日本俗語文典』が「形状詞」の属する「用詞」類を、「語尾変化の如何にかかはらず、観念を活動的に表はす詞」（二九ページ）とし、活用の有無をもって体言・用言を定義しないためで、従来見過ごされがちだった連体詞類の位置付けが行えるようになった点は評価できるが、一つの活用形しか持たない副詞や連体詞を「形状詞」と認めることが品詞分類上妥当かについては、疑問も残る。なお松下も、後の『改撰標準日本文法』（昭和五［一九三〇］年）では、扱いを改め、「副詞」「副体詞（連体詞）」を立てている＊5。

以上、明治時代における「形容詞」の定義と範囲を概観した。全体を見ると、以下の点が指摘できると思う。

ア　日本語の形容詞を「用言」と捉える考え方は、大槻の「語法指南」を一つの区切りとして一般化する。

イ　ただし、明治期全般にわたり、連体詞が一品詞と認められないため、「形容詞」の定義・範囲に関して、口語文典を中心に混乱が見られる。

なお、前波のように「形容詞」を連体修飾語と同義に考える立場や、松下のように情態副詞「早速」に「早速

／早速ノ」という活用を認める立場については、文法論上「詞」をどのような単位として位置付けるかという問題とも関わってくると思われる。この点については、最後のまとめで触れることにしたい。

3　明治時代の形容動詞論

3・1　明治前期における形容動詞の扱い

ここまで、明治時代における「形容詞」という品詞が、どのように定義され、どのような範囲の語を含んだかについて考えたが、今度は視点を変えて、いわゆる形容動詞が品詞分類上どのように扱われてきたかについて見てみたい。

明治前期においては、既に見たとおり、形容動詞の連体形を「形容詞」、連用形を「副詞」と考える「洋式文典I」の類が存在した。このような中、明治前期の文典の中で最も早く形容動詞全体の活用表を示すのは、水谷静夫（一九五一）も示すとおり、大矢透の『語格指南』（明治一三［一八八〇］年）である。大矢は、「形状言」を「第一種」「第二種」に分け、「第二種」の例として、表3のような三類を挙げている。

［表3］大矢透『語格指南』における「形状言」の活用表

	一転 連用言	二転 将然言	三転 截断言	四転 連体言	五転 已然言	六転 希求言
第一　深	く	から	かり	かる	かれ	かれ
第二　明(あきらか)	に	なら	なり	なる	なれ	なれ
第三　確乎	と	たら	たり	たる	たれ	たれ

形容動詞に関しては、田中・中根などの「洋式文典I」の他にも、西周が『ことばのいしずゑ』（明治三［一八七〇］年以前）で、「体言」に属する「形象辞」として、「アキラカ」「ユタカ」などの形容動詞語幹を挙げるが、これに対して、大矢は、

> 第二種（の形状言）ハ形状言活用ノ変態ニシテ第一種ノ連用言（形容詞連用形）ノ有ト合シテ活用スルモノト形状言ノに及とヲ帯ブルモノゝ有ト合シテ活用スルモノトノ三様アリテ各将然言截断言連用言及ヒ已然言ノ四転ヲ為ス
> （四九オ－ウ。（　）内は筆者注）

と述べ、「あり」の付属した形としながらも、形容詞カリ活用、形容動詞ナリ活用・タリ活用のすべての活用形を示している。なお、形容動詞の活用表は、近藤真琴『ことばのその』（明治一八［一八八五］年）や、阿保友一郎『日本文法』（明治一五［一八八二］年）などにも見られるが、近藤はタリ活用を示さぬ点、阿保は終止形・連体形のみを認める点、大矢と扱いが異なる。

形容動詞の活用表は、古くは江戸時代の富士谷成章『あゆひ抄』（安永七［一七七八］年）の装図に見られるが、形容動詞を用言として位置付ける考え方は、富士谷以降、主流にはならなかった。そのような中、大矢が形

容動詞の活用表を示し、とりわけ「形状言」の「連用言」として「に・と」の語形を示している点は、注目されるところである。ただし、大矢のような形容動詞の活用表を示す文典においても、「語」を文法論上の単位としてどのように位置付けるかに関しては、はっきりした言及は見られない。

以上、明治前期の文典における形容動詞の扱いを見たが、当時も動詞「あり」との融合により生じた表現として、形容動詞という類の意識が存在したことはうかがうことができる。ただし、それを一語として認めるか否かについては、未だ定まらない状態であったと言えよう。

3・2　明治後期における形容動詞の扱い　形容動詞を複数の単位に分解する立場

次に明治後期における形容動詞の扱いについて考えることにする。

明治後期には、大きく分けて、①形容動詞を複数の単位に分解して扱う立場、②形容動詞を一語相当の単位として扱う立場の二種がある。このような対立は、表面的には、明治前期にも存在したが、明治後期の場合は、この種の問題が「語」や「詞」の文法単位としての位置付けと関連する形で論じられるところに特徴がある。まず①の形容動詞を一語と認めない立場の例として、大槻の「語法指南」から取り上げることとしよう。

大槻は「副詞」の項において、以下のような形で形容動詞に言及する。

> 副詞ニハ、に、らに、かに、らかに、やかにナドイフ接尾語ヲ用ヰルモノ多シ、(中略)。又、にニ終ハルモノノ中ニ、不規則動詞ノ「有リ」に連レルトキ、にトありト約マリテ、なりトナルモノアリ、(中略)、是等ノ語尾ノ変化ハ、即チ「有リ」ニ同ジ。（四六ページ）

これは、「副詞」の中に接尾語「―に」で終わる「既に」「終に」「しづかに」「あきらかに」などの語群があること、そして、その一部が動詞「あり」と合して、「静なり」「明なり」というように活用することを述べたものである。つまり、大槻は、「しづかに」のような形容動詞連用形は「副詞」だが、「静なり」のような終止形は、「副詞」と「あり」とが合した二語相当のものと考えていたわけである。この扱いは『広日本文典』においても同様で、明治後期においては教科書的な文典を中心に多く見られる。

また、山田孝雄『日本文法論』（明治四一［一九〇八］年）も、形容動詞を「副詞」の項で取り上げている。山田の「副詞」論は、定義や分類の面で見るべき点が多いものだが、形容動詞の扱いに限れば、以下のような言及が見られる（四六七―四七七ページ）。

まず山田は、大槻のような「しづかに」「あきらかに」などの「―に」「―と」を含んだ形を「副詞」と見る考え方に反対する。これは、「副詞」の一部に、

おほよそにこそおもしろしと見給ひしが、（四六九ページ）
おほよそ人たるものは、

砂川やすらすら走る月の魚（四七〇ページ）
たけのすらすらと高き人

上のような「―に」「―と」をとる形・とらない形の両形が存在するものや、

かりそめのかくれがとはたみゆめれば、（四七二ページ）
あやしき不用の人なり。（四七三ページ）

さらに「―の」をとって名詞の修飾語となるものがあるため、助詞「―に」「―と」「―の」までを含めて一品詞

と考えると、統一的な説明ができなくなるためである。そして、「おほよそ」「すらすら」のようなそのまま文中で使えるものだけでなく、「かりそめ」「不用」「静か」「明らか」のような「助詞」の「―に」「―と」に助けられて用言の装定に立つものも「副詞」と認めている。

山田の文法論では、「単語」は「言語に於ける、最早分つべからざるに至れる究竟的の思想の単位にして、独立して何等かの思想を代表するもの」と定義される。その点から見ると、「静か」「明らか」のような自立性の低い単位を「副詞」という「単語」として認定する点については疑問も残るが、山田は、一般に語として認められる「名詞」も、格助詞などの助けがなければ文中で十分働くことができない、という例を挙げながら、問題はないとしている。

以上のように、山田は大槻と異なり、形容動詞語幹のみを「副詞」と認めるわけで、「静かなり」「関関たり」のような語尾を伴った形は、「副詞＋に・と（助詞）＋あり（形式用言）」という形に分解して考えられることになる。

一方、形容動詞語幹を「体言」と考える文典も存在する。

語
- 言
  - 体言……正体言・準体言
  - 用言……作用言・形状言
- 辞　…………静辞・動辞

たとえば、岡澤鉦次郎『日本文典要義』（明治四一［一九〇八］年）は、「語」を「文ヲ構成スル単位」と定義したうえで、右のように「伝統的文典」流に分類するが、形容動詞語幹は、この内の「準体言」に属するとしている（一四七―一五四ページ）。そして、「あきらかに」のような連用形は「準体言＋に（定素静辞）＊6」、「ましろなり」のようなその他の活用形は「準体言＋なり（繋合動辞）＊7」というように分解して扱われることになる。

岡澤は、そもそも副詞という品詞を立てないわけだが、彼にしてもいわゆる名詞と形容動詞語幹の相違は、「正体言」「準体言」という形で意義的な側面から認識している＊8。結局のところ、形容動詞語幹を「体言」と見るか、「副詞」と見るかは、品詞分類を何を第一基準として行うかによっていると言えよう。つまり、岡澤のように活用の有無という形態的特徴を優先すれば「体言」になり、山田が言うような「依存観念にして属性観念をあらはして『に』といふ助詞に伴はるゝ」点、つまり主に意義・職能を優先すれば、「副詞」になるというわけである。

なお、岡澤は、「語」分類においては形態的特徴によった伝統的方法を踏襲しているが、一方で文の成分に相当する「文素」を立てて、「主素（格成分）」「従素（述語成分）」「装定素（連体成分）」「限定素（連用成分）」の四種に分類している。つまり、文中における職能の問題は、「文素」論で扱えるため、「語」分類をもっぱら形態的基準によって行っているとも考えられる。この点においても、岡澤の「文素」にあたる単位を立てない山田の考え方と、立場を異にしている。

以上、形容動詞を複数の単位に分解して扱う文典を見た。形容動詞語幹を「副詞」と見る大槻・山田の立場と、「体言」と見る岡澤の立場の両者があったわけだが、「語」の文法単位としての定義付けから、形容動詞が分解して扱われるという面では、大槻に比べて、むしろ山田と岡澤の親近性が確認できる。ただし、形容動詞語幹のような自立性の低い単位を「語」として認めることができるかという点に関しては、後述するように別の立場も存在している。

3・3 明治後期における形容動詞の扱い 形容動詞を一語相当のものと見る立場

次に形容動詞を「形容詞」の一種として捉らえ、一語相当の用言として扱う文典について見ることにしよう。既に3・1で見たとおり、明治前期にも、大矢透の文典のように形容動詞を一語と見る立場は存在した。明治後期においてこの種の立場をとる文典としては、筆者の知る範囲では、以下のようなものを挙げることができる。

峰原平一郎 『普通文典』(明治二八［一八九五］年)
柏木重聰 『東文典』(明治二九［一八九六］年)
瓜生篤忠・瓜生喬 『国文法詳解』(明治三二［一八九九］年)
松下大三郎〈口〉『日本俗語文典』(明治三四［一九〇一］年)
石川倉次〈口〉『はなしことばのきそく』(明治三四［一九〇一］年)
畠山 健 『中等日本文典』(明治三七［一九〇四］年)
松本亀次郎〈日〉『言文対照漢訳日本文典』(明治三七［一九〇四］年)
芳賀矢一 『中等教科明治文典』(明治三七［一九〇四］年)
宮脇 郁 『論理的日本文典大意』(明治三八［一九〇五］年)
井上友吉〈日〉『清人適用日本語典』(明治三八［一九〇五］年)
吉岡郷甫〈口〉『日本口語法』(明治三九［一九〇六］年)
林 治一 『日本文法講義』(明治四〇［一九〇七］年)
児崎為槌〈日〉『漢訳高等日本文典課本』(明治四〇［一九〇七］年)

三矢重松　　　　　　　　　　　　　　　　　　　　『高等日本文法』　（明治四一［一九〇八］年）

（文典名の前に〈口〉〈日〉とあるのは、〈口〉＝口語文典、〈日〉＝日本語教育用文典の意。）

右に挙げた文典の内、芳賀の『中等教科明治文典』は、形容動詞に初めて「形容動詞」の名を与えたものだが*9、芳賀の「形容動詞」は語源的に見て、動詞「あり」と複合したものを言い、形容詞カリ活用をも含んでいる。このような形容動詞と形容詞カリ活用を同類のものと捉える考え方は、既に見た大矢においても同様である。

また、これらの文典は、品詞分類上、形容動詞を「形容詞」「形状詞」などという名前で扱う、つまり一語相当のものと考えるわけだが、「語」という単位の定義を明確に行ったうえで、形容動詞を一語と認定している文典は多くない。むしろ、口語文典や日本語教育用の文典が目に付くことからもわかるように、説明の必要上、形容動詞類に言及しているという色彩が濃いようである。

このような中、「語」の定義に関して一歩踏込んだ発言をし、その結果として形容動詞を扱う文典として、峰原平一郎の『普通文典』（明治二八［一八九五］年）を挙げることができる。峰原の文典は、伝統的語分類を「国語を形の上より分類」したもの、西洋式の品詞分類を「国語を性質の上より分類」したものと定義し、それぞれ「体言・助体言（＝助詞）・用言・助用言（＝助動詞）」「名詞・代名詞・形容詞・動詞・副詞・接続詞・感動詞」という分類結果を挙げている。

この種の伝統的語分類と西洋の品詞分類の理解は、峰原以前にも見られるものだが*10、峰原に特徴的なのは、この二つの分類法をまったくレベルの異なったものと考え、西洋流の品詞を自立する形式に限っている点である。具体的に言えば、「狩り」を「用言名詞」、「早く」を「用言副詞」、「最も」を「体言副詞」と呼び、「体言・用言」を品詞より一段レベルが下がった「詞」の材料（形態素相当）と見た説明を行っている。

このような考え方は、当然、彼の「形容詞」の扱いにも及んでくる。峰原は、「形容詞」を「名詞、代名詞の性状を表す詞」と定義した上で、以下のように大きく二種に分類する。

用言形容詞……雑行格用言の変化を有する形容詞

例：よし、あし、広し、長し、面白し、哀し

（四九―五〇ページ）

体言形容詞……体言に助用言のなり、たり、及、助体言ののを添へたるものよりなる形容詞

例：静かなり、親切なり

皎皎たり、青青たり

花の（都）、露の（命）

（五〇―五二ページ）

これは、材料が「用言」か「体言」かという点からの分類で、「用言形容詞」は現在の形容詞に相当するが、「体言形容詞」は形容動詞、および「〜のごとき」「〜のやうなる」の意味を持つ「名詞＋の」の形に対応することになる。「花の」「露の」を品詞論上どう位置付けるかについては、議論の余地もあるが、形容動詞を伝統的語分類からは「体言＋助用言」の二単位、西洋式の品詞分類では一単位と考えていることは確かであろう。これは、伝統的語分類を形態素（morpheme）レベルの分類、西洋式の品詞分類を語（word）レベルの分類と捉えたためと思われ、形容動詞の扱いとしては、非常にすっきりしたものになっている。

なお、三矢重松『高等日本文法』（明治四一［一九〇八］年）も、

形態上の分類…………是我が国古来の分類法にして、主として語尾変化の有無により分てるものなり。

性質職掌上の分類……此の分類法は其の初、蘭学者が外国の書を読むに当り彼我東西文法の対比より起れる

ものなり。

と述べた上で（三二一―三三ページ）、「体言」出自の「形容詞」として、「ナリ活」の「明なり」、「タリ活」の「漠然たり」などを挙げている＊11。

また、松下大三郎『日本俗語文典』（明治三四［一九〇一］年）は、峰原同様「詞」を自立する形式に限って考える。松下は、「詞」を「観念を表はす声音にして言語の分つべからざる成分（四ページ）」、「助辞」を「詞に密着して其の詞の職任を助くる声音」で、「詞にそふ時はその助辞とを合せて一詞とみるべき」ものと考え（四八―四九ページ）、「名詞・代名詞・動詞・形状詞・後置詞・接用詞・接続詞・間投詞」の八品詞を立てる。彼の立てる品詞の中には、「接用詞」のようにやや問題のものもあるが＊12、助詞・助動詞を品詞として立てていないことからも、「詞」を原則として「春が」「来れば」のような文節相当の単位として捉えていると言える。

ただし、形容動詞の扱いに関しては、松下の場合、峰原とやや違った処理を行っている。彼は現在の形容動詞に相当する「形状詞・爾奈活」として「静ニ」「静ナ」のみを挙げ（表2参照）、「静ダ」「静ナラ」の形を「形状詞」として認めない。これは、「静ダ」の類を「ダ（助辞）」が下接した「動詞」と考えるためで、語源的に「あり」が抽出できるものを「動詞」と考えたとも解釈できる。ただし、「静ナ」はなお「形状詞」とされており、形容動詞の扱いとしては、統一性に欠ける。

以上、明治時代における形容動詞の扱いを、複数の単位に分解する立場、一語相当のものと認める立場に分けて、概観してきた。全体を見渡すと、およそ以下のことが確認できると思う。

ア　明治前期の「洋式文典Ⅰ」では、「形容詞」「副詞」として形容動詞連体形・連用形が取り上げられる。

イ　一方、明治前期においても、形容動詞を動詞「あり」が融合してできたものとして、形容詞カリ活用も含めて、活用表の形で示す場合がある。

ウ　明治後期においては、形容動詞を一語と認めない立場、認める立場の両者がある。前者の場合、形容動詞は、「副詞」または「体言」と、「にあり」「なり」などが結合したものとして扱われる。

エ　形容動詞を一語と認める立場の場合、「形容詞」「形状詞」の一種として取り扱われる。ただし、何をもって一語と認めるかは、必ずしも明確でない。

オ　ウ・エの立場の違いを越えて、「語」や「詞」の文法単位としての位置付けに言及する文典が、明治後期には現れてくる。

この内、ウ・エに見られる扱いの違いは、オのような性格を持った文典から見ると、「語」や「詞」という術語を、西洋における「word（語）」の意味で用いるのか、「morpheme（形態素）」相当の意味で用いるのかの違いにより生じるということになる。なぜなら、「静かだ」が一語だと判定する際は、「語」は西洋における「word（語＝最小自由形式）」の意味で用いられているわけであるし、「静かだ」が「静か＋だ」の二語だと判定される際は、「語」は「morpheme（形態素）」相当の単位として捉えられているからである。

この種の語の認定法の問題は、明治期の文法論のみの問題にとどまらず、現在でもなお立場の違いが存する重要な問題である。そして、最終的には品詞の分類法にも関わってくる。以下のまとめの節で、この点について論じることにする。

4　まとめ

以上、明治時代における形容詞・形容動詞の扱いを、品詞の定義と語の認定法の両面から考えた。それぞれの文典における扱いの違いがなぜ生じるのか、その理由を形容詞・形容動詞・連体詞の三種に分けて改めて整理するならば、おおよそ以下のとおりとなろう。

まず形容詞については、その担う文法的機能を連体修飾機能に限定して捉えるか、あるいは連用修飾や述語としての機能も、日本語においては形容詞に認めるかという点が明治前期には問題となった。これは、西洋文典における「形容詞」の機能を当時もっぱら連体修飾機能に求めたためであるが、その一方で、品詞認定の際に語が帯びる文法機能をどのようなレベルで認定するかという観点にも関わってくると思われる。

水谷静夫（一九五七）は、品詞を分類する際の観点として、

①　シンタクスの観点から単語相互の関係にだけ目をつける。

②　シンタクスの用語を使わず単語自身の性質にだけ目をつける。

③　右の二つの態度を併用する。

という三種を挙げるが、このうちの①の立場を取れば、品詞分類における語を実際の文中に実現したword-form（語形）のレベルで捉え、形容詞についても、連体形（美しい花）・連用形（美しく咲く）・終止形（この花は美しい）を異なった文法機能を持つ「形容詞・副詞・動詞」という別品詞の語として認定することも理論上は可能であろう。もちろん西洋の「形容詞」と異なり、用言としての性質を持つ日本語の形容詞の場合は、語をlexeme（語彙素）レベルで捉え、②ないし③の立場を取り、連体形・連用形・終止形を形容詞の活用形（潜在

的に持つ機能に対応する語形）として処理する方が便利なのであるが、明治前期の洋式文典の形容詞記述は、この①の立場を取ったと考えることもできるのである。このような背景があるため、日本語の形容詞を用言として捉える立場が一般化した明治後期に至っても、前波仲尾『日本語典』に限られはするが、ふたたび形容詞の活用を解体する立場が現れることになる。

一方、形容動詞については、右の問題に加え、「静かな／に／だ」のような語形を一語として認定するか、あるいは語尾の「な／に／だ」などを単語と認め、語幹「静か」から切り離すかが、明治後期に至って問題となってくる。形容動詞語尾「な／に／だ」のような自立しない要素を語幹から切り離すか否かは、ただちに語（word）をどのような文法単位として認定するかという問題につながるが、関連する問題を第Ⅱ部第１章で扱うので、ここでは形容動詞語幹の扱いについてのみ付言しておくことにする。

形容動詞「静かだ」を「静か＋だ」と二語に分解する立場をとった場合、「静か」はどのような品詞に所属させればよいのか。その所属先は、大きく「体言」類と「副詞」類の二種に分かれると思われる。すでに第１章で概観したとおり、明治期には、伝統的な語分類における「体言」を活用しない自立語と認める文典が多数存在し、形容動詞を語幹と語尾に分解する際にも、その語幹を大きく見れば「体言」の類として扱う文典が存在した。岡澤鉦次郎『日本文典要義』は、この立場を明言する文典の代表であろう。

その一方で、山田孝雄『日本文法論』は、

体言用言は、其の実質は従来諸家のと略類似せり。然れども余がこの二種の別は意義に於いてそれらとは大に異なる点あり。吾人の体といひ用といふは、かの契沖師などの用法に同じく、之を独逸語にていはゞSubstantiva 又は Gegenstandswörter は体言に当たり、Attributiva 又は Merkmalswörter は用言に当るなり。

論理学上の語にていはば主として主位に立つは体言、賓位に立つは用言なり。この点に於いては従来の諸家の説ける如く語形の変化の有無はとはざるなり。

（一六〇ページ）

と述べ、「体言」を活用の有無ではなく、「実体と思惟する」概念を表すものと考えるため、この種の実体概念を示しえない形容動詞語幹は、属性観念を表す「副詞」と認定されることになる。なお、形容動詞類を一語と認める松下大三郎も、後の『改撰標準日本文法』において、

世間には「体」といふことを名詞といふ意味に考へる人が多い様であるが、日本の旧い学者の体言と云つたのは名詞といふ意味ではない。旧い学者は、意義の実体だけを表す部分が意味の運用を表す部分と明瞭に分れて居るものを体言と云ひ、運用を表す部分と一処になつて居るものを用言と云ひ、運用を表す部分だけ分れて居るものを助辞と云つた。

（四八四ページ）

と述べ、「体言・用言」の別を活用の有無に求めない点は、山田孝雄の認識と共通点を有しており、形容動詞語幹の扱いとも関連する明治以降の「体言」認識の問題として興味深い。

なお連体詞については、その語数が少なく、多くが文語文典であったこともあり、語源的に分解するか、あるいは形容詞の一種として位置付けるかとその扱いが安定していない。注五に示したとおり、ようやく明治末期に高橋龍雄・松下大三郎『帝国文典』が「連体（形容）詞」の名称を用いるに至った状況である。ただし、形容詞の一種として扱う場合は、原理的には連体形のみを持つ活用語を認める結果となるわけで、「活用」という現象を語形・機能の側面からどのように定義するかという問題につながってくる。

以上、本章で取り上げた問題を、形容詞・形容動詞・連体詞に分けて整理した。その背後に「品詞」「語」「活用」といった文法論における基本概念が横たわっていることが確認できたが、この点については、次章以降にお

いても適宜触れていくことにしたい。

＊1　権田直助『語学自在』においては、「形状言」の中にラ行変格活用の動詞「あり」「をり」「はべり」を含める点が他の文典と異なる。ただしこれも、江戸期の鈴木朖『言語四種論』(文政七［一八二四］年)の扱いと共通しており、伝統的国語研究の流れを引くものである。

＊2　明治以降の形容詞論とオランダ語のBijvoeglijke naamwoordenおよび英語のAdjective理解との関係、とりわけ名詞修飾機能と叙述機能の両者を持つ西洋文典における「形容詞」が、日本語文典における「形容詞」「連体詞」認定に与えた影響については、金銀珠(二〇〇六)に詳しい。

＊3　中根の『日本文典』が形容詞の終止形を「動詞」として扱う。田中の『小学日本文典』は、「形容詞」の語尾を「助動詞」と考えているようだが、語尾の付いた終止形全体をどう扱うかはっきりした説明がない。

＊4　連体詞の一部を代名詞・形容詞の中でまとめて扱う文典も、わずかながら存在する。たとえば、西周『ことばのいしずゑ』(明治三年［一八七〇］以前)は、「代言(代名詞)」の一種として「冠代言」の「アダシ・オナジ・オフジ」、「兼言」の「カカル・シカル・ナル・アル・アラユル・アルトアル・イハユル・ハカナル」を挙げる。また、加部巌夫『語学訓蒙』(明治一二［一八七九］年)は、「冠形容詞」として「定冠詞」の「コノ」、「不定冠詞」の「アル(人)・オヨソ・ソレ」を挙げている。

＊5　柎岡正浩(一九九二)がすでに指摘しているとおり、『改撰標準日本文法』における「副体詞」の名称以前にも、高橋龍雄・松下大三郎『帝国文典』(明治四二［一九〇九］年)が、「或る人」「所謂文明」「巨大の戦艦」などを「連体形容詞」の名称で形容詞の一種として位置付けており、これを略して「連体詞」と呼んでいる。

＊6　「定素静辞」とは、「語」を連体および連用の機能を持った「文素(文の成分)」に屈折させる助辞をいう。「の」「に」「と」がこれに属する。

＊7　「繋合動辞」は、いわゆる断定の助動詞に相当する。他に「たり」がある。

＊8　「正体言・準体言」を岡澤は以下のように定義する(一四六－一四七ページ)。

正体言……所謂「物事ノ名」・スナハチ・最広義ニ於イテノ
「もの」ノ名ニ入ルベキモノ
準体言……形状状況等ノ名・スナハチ・最広義ニ於イテノ
「ありさま」ノ名ニ入ルベキモノ

なお、この意義上の性質に伴う用法上の区別は、

文ノ主素（格成分―筆者注）トシテ立チ得ラル、ト然ラザルトニアリテ、「正体言」「準体言」ハ、スナハチ、其ノ別チヲ成スモノナリ。

と述べている。

＊9　「形容動詞」という術語そのものは、既に大槻文彦が『広日本文典別記』（明治三〇［一八九七］年）一三二節で、西洋の形容詞と混乱しないために、日本語の形容詞を「形容動詞（Attributive verb）」と呼ぶ方が良いとも考えられるむね、述べている。また、松平円次郎『新式日本中文典』（明治三四［一九〇一］年）においても、活用を持った「形容詞」の意味で、「形容動詞」が用いられている。ただし、双方の「形容動詞」とも現在の形容詞ク活用・シク活用にあたる点、実態が異なる。

＊10　第Ⅰ部第1章で触れた【Ⅰグループ】の関根正直『国語学』（明治二四［一八九一］年）など。ただし、関根の場合は、伝統的語分類の下位分類として、西洋式の品詞分類を位置付ける。

＊11　ただし、三矢は、峰原と異なり、西洋流の「性質職掌上の分類」の中に附属辞（助動詞・てにをは）を含め、自立し得る形式に限っていない。

＊12　「接用詞」とは、「あめがふるカラ路が悪くなる」「空は晴れたケレドまだ路は悪い」のような論理的関係を示す接続助詞を言う。なお、「後置詞」は、「其の事に就イテ」「私に取ッテノ恩人」などの形式語を言い、名詞に下接する助詞を含まない。

第4章
明治時代の活用研究

1　はじめに

ここまで明治時代の品詞分類が蘭・英文典などの西洋文典の枠組みと江戸時代以来の伝統的国語研究の双方を視野に入れながら、現在用いられる品詞分類の大枠を定めていったことを確認した。このような中、動詞の活用記述については、江戸時代の伝統的活用表が現在にまで、少なくとも学校文法の世界ではほぼそのまま引き継がれているように見える。もちろん、動詞の活用を記述する際にも、明治期の文典は、西洋文典の方法、すなわち動詞の活用を「法・態・時制」の観点から記述するという方法を参照し、利用しようと試みたが、それらは必ずしも十分には利用されずに今日に至っている。

第4章では、このような問題意識から、明治時代の活用研究の状況を調査するとともに、その現代的意味を探っていくことにしたい。具体的には、考察の対象を動詞における「活用形の認定法」に絞り込み、明治期の文典の実状に合わせて、

ア　伝統的な活用論の位置付け

イ　西洋式の「法」や「時制」の扱い

の二点に注目していく。

このうちアは、伝統的な活用の概念をどういう形態論的レベルの現象として捉らえているかという問題である。たとえば、伝統的な活用表に従えば、「行く。」「行き、…」のような自立し得る形式も、「行か（ない）」「行け（ば）」のような助詞・助動詞を伴って初めて自立する形式も、ともに動詞の一活用形ということになる。しかし、活用を語が文の成分として用いられる際の屈折現象（inflection）と捉らえるならば、「行か」「行け」には活用形としての資格がないことになるし、またこの種のものも含めて活用形を認定するのならば、それは「語」ではなく語の材料、すなわち「形態素」レベルの形態変化と捉らえられなければならない。このような問題を明治期の文典がどう扱っていたかがまず問題となる。

また、イは、西洋式の「法（mood）」や「時制（tense）」から見た動詞の記述を行うか否か、そして行う場合にはそれを伝統的な活用記述とどう関係付けるかという問題である。英語等においては、「時制（現在・過去・未来）」や「法（直説法・仮定法・命令法）」という観点から動詞の形態変化が記述されるが、一方、日本語では、「連用・終止・連体」というような統語的断続関係が活用において問題となる。つまり、一口に「活用」といってもそれぞれの活用形が担う機能には相違がある。この両者を関係付ける際には、伝統的な活用形に対する認識とともに、西洋流の「法」という概念をどう理解し、日本語の記述に用いるかという視点も必要となろう。これは実際にどのような活用形を認定するかという問題にも関わってくる。

なお、日本語の活用に関しては、この他にも活用から見た動詞の分類法や、形容詞・形容動詞における活用記述など取り上げるべき問題も多いが、これらの検討については、別の機会に譲り、動詞における活用形と法の扱いに絞って考えていくことにしたい。

2 江戸時代における活用形の扱い

江戸時代には、富士谷成章・本居宣長の研究を始めとして、多くの活用研究が成されたが、ここでは明治時代への影響力の強さという点から、本居春庭とその後継者達の研究に絞って概観することにしたい。

本居春庭の『詞八衢』（文化五［一八〇八］年刊）は、本居宣長の「活用言の冊子」を出発点にして、鈴木朖の『活語断続譜』の影響も受けつつ、成立していったものとされる＊1。具体的には、動詞を活用のタイプから「四段の活（ラ変を含む）・一段の活・中二段の活・下二段の活」および「変格の活（カ変・サ変・ナ変）」の五類に分類するとともに、その語形変化を以下のように整理する。

表1は、春庭の示す「四種の活の図」の中から一部を抜粋したものだが、四段の活に関しては「未然／連用／終止・連体／已然」に対応する四段、一段の活に関しては「未然・連用／終止・連体／已然」の三段、中二段の活に関しては「未然・連用／終止／連体／已然」の四段というように、語尾の形態に着目しながら、動詞のタイプごとにその活用を整理している。

［表1］本居春庭『詞の八衢』における活用表

四段の活	飽	ずぬ かでん じまし	てつる きけりし けん つゝぬる き しか なば	めりらし くらんと べきとも	かなを までより に	ば けど ど
一段の活	射	ずぬ いでん じまし	てつる けりし けん つゝぬる き しか なば	めりらし いるらんと べきとも	かなを までより に	ば いれど ど
中二段の活	起	ずぬ きでん じまし	てつる けりし けん つゝぬる き しか なば	めりらし くらんと べきとも	かなを くるまでより に	ば くれど ど

注…活用表を引用する際は、スペースの都合から、原則として四段活用・上一段活用・上二段活用を取り上げた。また、説明に不都合のない範囲で適宜簡略化も行った。表2以降も同様の改変を加える点、注意されたい。

春庭が立てる活用の段の数は、動詞のタイプごとに異なり、その点、形態の変化に忠実であると言える。しかし、各タイプの活用段をその用法から対照・整理したため、結果的に「未然・連用・終止・連体・已然」の五段を動詞の活用形として認めているとも言える。なお、それぞれの段の用法を春庭の説明に従いながらまとめると、次のようになる。

未然形に相当する段……てにをはが付く
連用形に相当する段……用言へ続く・てにをはが付く
終止形に相当する段……切れる・てにをはが付く

連体形に相当する段……「ぞ・の・や・何」の結び・体言へ続く・てにをはが付く
已然形に相当する段……「こそ」の結び・てにをはが付く

以上が春庭の示す活用表であるが、第一に指摘できるのは、春庭が考える活用の段の用法には、語（＝文の成分）レベルのものと形態素レベルのものとが混在しているということである。具体的に言えば、「切れる・体言へ続く・係の結び」などは語レベルの機能、「てにをはが付く」というのは形態素レベルの用法ということになる。

ただし、春庭は四段動詞の未然形について、「第一の音かさたはまらはそのまゝにては未ダ語をなさず」とも述べ、助辞の助けを借りないと、自立した表現と成らないことを指摘している。春庭の言う「語」が近代的な意味での「語（word）」とは考えにくいが、未然形が単独では文の成分として働かない点については、認識していたと言えよう。

また、春庭は命令形に相当する活用の段を立てないが、これについては「下知の詞」の項目で触れ、四段動詞は「第四の音けせてへめれ」がそのまま命令形になるが、一・二段動詞の場合は、イ段あるいはエ段の語尾に「よ」を添えて、命令の意味が表されるとしている。これは、命令形語尾の「よ」を「てにをは」として扱ったためと見られ、命令表現は、動詞のタイプごとに異なる活用段から説明されることとなった。なお、ナ変の命令形語尾「ね」の場合も、已然形語尾「ぬれ」と同段に収められており、特に一段を立てない＊2。

以上のような春庭の活用研究は、さらに東條義門によって発展継承されていく。義門は、春庭の立てた活用の段に名称を与え、さらに動詞の活用を以下のように整理する。

［表2］東條義門『和語説ノ略図』における活用表

		将然言	連用言	截断言	連体言	已然言	希求言
中二段活	起	き		く	くる	くれ	きよ
一段の活	着	き		きる		きれ	きよ
四段の活	引	か	き	く		け	

表2は、義門の「和語説ノ略図」（天保一三［一八四二］年刊）に示された活用表だが、まず気付くのが命令形に相当する「希求言」が新たに立てられ、活用の段が六つに増えている点である。これによって、春庭が已然形の段に収めていたナ変の已然形「ぬれ」と命令形「ね」が分離されるとともに、また春庭が接辞的なものとして扱った下二段・中二段・一段活の命令形語尾「よ」も活用語尾として処理されるようになった。

また、義門は各活用形にその代表的用法から取った名称を付けるが、

将然言（シャウゼンゲン）・コレカラドーリーヤト初メカケル．コレカラユクサキノコトヲ云．但シコレハ一端ニツキシバラク名ヅケタル名目也．未然言ナドヤウニ云テモ可ナリ．コレハマヅ挙テ二一隅ヲ一示ス二三隅ヲ一トイヘル風情ナリトシレ．花サカバト云ヘバサカヌサキニ云ルニテ・カノサケバト云ルハチヤントサイテスンダヲ云已然言（ソレハ）ニ対スル名目ナリ．（初巻・一オ）

右の『活語指南』（天保一五［一八四四］年刊）からの引用でも分かるとおり、将然言と已然言に関しては、助詞「ば」が下接した際の全体の意味・用法から命名している。各活用形に名前を付けること自体は、説明の便宜からも理解できることであるが、春庭がそのままでは語を成さないとした未然形に、助詞「ば」の下接した際の

機能から「将然言」と命名した点は、未然形が単独で語レベルの機能を持つよう誤解されるおそれもあり、問題のある処置と考えられる。

以上、春庭と義門の活用研究を概観したが、その特徴は以下のようにまとめられよう。

ア　春庭・義門が認める各活用形の用法には、語（＝文の成分）レベルのものと、形態素レベルのものとが混在している。

イ　ただし、春庭は、未然形に対する言及、命令法の扱いなどから見て、「語」と「語の材料（形態素）」というレベルの違いを認識していると思われる。

ウ　春庭と義門で活用形の数が異なるのは、どこまでを命令形語尾と認めるかという、形態論的記述法の違いによる。

なお、この春庭から義門に至る研究をもって、江戸期における活用記述の大枠は完成したと一般的には考えられるが、実はこの義門流の活用形を六種認める活用表がすぐ普及したというわけではない。たとえば、時期は前後するが、富樫広蔭「辞玉襷」（文政一二［一八二九］年）は、活用形として「未然段・続詞段・断止段・続言段・已然段」の五種のみを認め、命令形を立てていない。そこで次は、これら江戸時代の活用研究が明治時代にどのような影響を与えていったかについて見ていくことにする。

3 明治前期における活用形の扱い

明治時代の文法研究は、大きく見ると、大槻文彦の「語法指南」(明治二二［一八八九］年）の刊行を境に一応の安定期を迎える。そこで、ここでは明治二五年までを明治前期としてとりあえず区切るとともに、品詞の分類法から、「言・詞・辞」(堀秀成『日本語学階梯』）などの江戸時代的な語分類に従う「伝統文典」と、「名詞・形容詞・代名詞・動詞・副詞・接続詞・感詞」(田中義廉『小学日本文典』）というような西洋式の品詞分類を取り入れた「洋式文典」に大きく二分し、活用形の扱いを見ることにする。

3・1 伝統文典の場合

明治前期は、西洋文典の枠組みに従った文法研究が行われるようになった時期だが、その一方で江戸時代の研究を引き継ぐ文典も、複数刊行された。章末の付録にこの種の文典が立てる活用形を示したが、これを見て気付くのは、大槻修二以外の文典においては、命令形に相当する活用形が立てられていないということである*3。たとえば、堀秀成『日本語学階梯』(明治一〇［一八七七］年）は、表3のような活用表を示すが、これは江戸時代の富樫広蔭の活用表を引き継ぐもので、命令形に相当する段を立てておらず、ナ変の命令形語尾「ね」は已然段の中に収められている。

［表3］堀秀成『日本語学階梯』における活用表

	未然段	続詞段	断止段	続言段	已然段
四段活詞	カ	キ	ク	ク	ケ
一段活詞	ニ	ニ	ニル	ニル	ニレ
上二段活詞	キ	キ	ク	クル	クレ

また、佐藤誠実『語学指南』（明治一二［一八七九］年）も、堀と同様に五つの活用形を認めるが、その他に「命令言」という項目を立て、活用の種類ごとに、以下に示す活用形が命令言となるむね述べている。この扱いは、本居春庭の「下知の詞」の扱いと共通すると思われる。

羅行四段一格（ラ変に相当）　↓已然言
加行変格　↓将然言
奈行変格　↓第四ノ音「ネ」（活用表では已然言に配当）
四段　↓已然言
一段・中二段・下二段・佐行変格　↓将然言＋「ヨ」

このように、明治前期の伝統文典においては、春庭・富樫流の五活用形を立てる活用観が基本的には引き継がれており、義門のような命令形を立てる立場は取られていない＊4。

3・2　洋式文典の場合

洋式文典は、品詞分類などの際に西洋文典の枠組みを利用する文典である。その意味では、江戸時代的な活用表を用いず、西洋文典にならって「法」や「時制」という観点だけから活用の記述を行うことも原理的には可能である。実際、ビー、エッチ、チヤンブレン（B. H. Chambelain）『日本小文典』（明治二〇［一八八七］年）のような外国人の日本語研究では、次ページのように、動詞の活用を「法」と「時化（時制）」の二面から記述しており、活用は語、すなわちそのまま自立しうる文の成分レベルの現象として捉えられている。

一方、日本人が編纂した洋式文典においても、動詞の法や時制について言及するものは多い。しかし、法・時制の扱いは様々であるし、また付録に示したように活用形の立て方も文典ごとに異なる。そこで以下は、伝統的な「活用形」の立て方と西洋的な「動詞の法」の扱いから、典型的と思われる文典四種を取り挙げ、内容を検討していくことにしたい。

直説法
- 現在……ゆく
- 已然……ゆけり
- 第一過去…ゆきゝ
- 第二過去…ゆきたり
- 第三過去…ゆきたりき
- 第四過去…ゆきぬ・ゆきつ
- 未来……ゆかん・ゆきなん
- 過去未来…ゆきたらん・ゆきぬらん・ゆきつらめ

曲説法
- 現在関係……ゆけば
- 過去関係……ゆきしかば・ゆきたれば
- 現在推量……ゆかば・ゆきなば
- 過去推量……ゆきたらば
- 現在実許可……ゆけど
- 現在推量許可…ゆくも・ゆきても
- 過去許可……ゆきしかど・ゆきたれど・ゆきしも
- 希望……ゆかばや

命令法……ゆけ

注…第一規則働詞・諾然之部（＝肯定表現）の活用表から一部を抜粋した。

3・2・1　中根淑『日本文典』（明治九年）

まず取り上げるのは、中根淑『日本文典』における活用の扱いである。中根は、「規則動詞ハ、語尾ヲ変ジテ、種々ノ意味ヲ形ス」と述べ、表4のような活用表を掲げている。

この表は、動詞の分類からは一見伝統的な活用表を踏襲しているように見える。しかし、「阿」から「衣」までの各段に配当されている形式を見ると、「一・二段」動詞における「靡き」の語尾「―る・れ」が活用表に入れられておらず、これは果たして語尾変化の表なのかという疑問が生じる。

［表４］中根淑『日本文典』における活用表

		阿横行	伊横行	宇横行	衣横行
四段ノ働キ	飽	カ	キ	ク	ケ
一段ノ働キ		射			
中二段ノ働キ	起	キ	ク		

実は、中根の文典では、この種の語尾は助動詞として扱われる。具体的に言えば、中根は、西洋文典の体裁に従って動詞の法と時制を説くが、後者については時制の助動詞として左のような類を挙げ、語尾の「―る・れ」は、過去・未来の助動詞とともに現在の助動詞として位置付けられている。

充分過去……ケリ・ケル・ケレ／キ・シ・シカ
充分現在……タラ・タリ・タル・タレ／ナラ・ナリ・ナル・ナレ
充分未来……ン（ム）・メ／ナン・ナメ／メリ・メル・メレ／マシ・マシカ／ラン・ラメ・ラシ

不充分過去…リ／ヌ・ヌル・ヌレ／ツ・ツル・ツレ
現在…ル・レ・ラク／ツヽ／ラル・ラレ
不充分未来…タラン・タラメ／ナラン／ヌラン・ヌラメ・ヌベシ／ツラン・ツラメ／ケン・ケメ・ケラシ

このように中根における「活用＝語尾変化」の捉え方は独特であり、一・二段動詞の靡き部分を活用語尾と認めないが、しかし見方を変えれば、表４は、動詞「飽く」「射る」などを構成する語基部分「飽き」「射」の形態変化表と捉え直すこともできるように思う＊5。すなわち、語基「飽き」の場合は、「飽か・き・く・け」と母音交替しながら助動詞が下接し、一方「射」の場合は、語基は形を変えずに助動詞が下接するというわけである。

以上のように解釈すると、中根の活用表は語基の異形態を整理したものであり、語尾はむしろ中根の挙げる助動詞部分であるということになる。これは、中根自身が考えた「活用」の観念とは異なるが、このような解釈をして初めて、中根の活用表の意味が最も正確に理解できると思われる。

3・2・2　田中義廉『小学日本文典』(明治七年)

田中義廉『小学日本文典』は、西洋式の法や時制を説く点は中根と共通するが、活用形の認め方については、伝統的活用研究との類似点も多い。

田中は、「動詞の活用」の項において、表5のような活用表を示すが、活用形の配列・名称に違いはあるものの、結果的に未然形から命令形までの六活用形を認めるとともに、それぞれに接続する助詞・助動詞を説いている点については、義門流の活用表の枠組みに近いと見て良い。

［表5］田中義廉『小学日本文典』における活用表

		第一転	第二転	第三転 第一行	第三転 第二行	第四転 第一行	第四転 第二行
四段活用	飽	アカ バ○ムン ○ズ ヌ ジ	アキ テ○ヌタ タリシ ケリ	アク ベキ ベク○ナリ○ニ○ コト○ト 等		アケ ヨ○バ ドドモ	
中二段活用	起	オキ バ○ムン ○ズ ヌ ジ	オキ テ○ヌタ タリシ ケリ	オク ベキ ベク	オクル ナリ○ ニ○ コト○ト	オキ ヨ	オクレ ヨ○バ ド ドモ
一段活用	鋳	イ バ○ムン ○ズヌ ジ	イ テ○ヌタ タリシ ケリ	イ ベキ ベク	イル ナリ○ ニ○ コト○ト	イ ヨ	イレ ヨ○バ ド ドモ

［表6］田中義廉『小学日本文典』における動詞の「法・時制」

	第一現在	第二現在・半過去	過去	第一未来	第二未来
不定法	ス(為)	セシ‖	シタリ⦀	セン‖	スルデアラン⦀
直説法	予ガス	予ガセシ‖	予ガシタリ⦀	予ガセン‖	予ガスルデアラン⦀
命令法	汝ヨセヨ				
接続法	スレバ スルナレ バ スルトモ	セシナレバ セン トモ スレドモ	シタレバ シタリ トモ シタレドモ	セナバ センナラ バ セントモ	スルデアラバ スルデアラントモ

疑問法	スルカスルヤ	セシカセシヤ	シタルカ シタリヤ	センカセンヤ	スルデアランカ スルデアランヤ

ただし、伝統的な活用研究と異なるのは、それぞれの「転・行」の用法が西洋式の「法・時制」などと関連付けて説かれることである。

田中は表6に示したような動詞の法および時制を説くが、それぞれの語形は、以下に示すように、各活用形あるいはそれに感詞「ヨ」、接続詞「バ・ドモ」、助動詞「タリ・ン」などが下接することによって表現されるとする。

第一転……バに結合して接続法をなす、○ムンに結合して未来を示す、○ズヌジに結合して否不を示す、
第二転……名詞となるもの、○テに結合して接続を示す、○ヌタタリシケリに結合して過去を示す、○他の詞と連合して集合名詞の体をなすもの。
第三転……現在の不定法にして、動詞の本体なり、○名詞となるもの、○ベキベクナリニコトト等に結合するもの、
第四転……命令法なり、○バドドモに結合して接続法を示す、（七オ）

助詞類を感動詞・接続詞扱いする点については「詞」という単位の設定に関して疑問も感じるが、今日的観点から見れば、表6の法・時制の表現がそのまま文の成分（＝語）となる形式であるのに対して、表5に示した活用形は、そのような表現の材料、すなわち形態素のレベルに位置するものと考えられる。つまり、田中においては、語の文法単位としての位置付けは明確に成されていないものの、西洋的な動詞の法・時制の記述と伝統的活

用記述を質的に異なるものと捉らえることにより、両者を関係付けていると言えよう。

3・2・3　大槻文彦「語法指南」（明治二二年）

大槻文彦の「語法指南」も、田中同様、動詞の法を説くものだが、法の捉らえ方が田中とやや異なる。大槻は、表7のような活用表を掲げている。

この活用表で注目されるのは、まず活用のタイプから見た動詞の分類において、伝統的な「四段・一段」などを用いず、「第一類」から「第四類」までの五十音図によらない用語を用いている点である。大槻はこの点に関して、四段活用においては語尾が四段にわたり変化するので伝統的な名称も一理あるが、一段活用においては「―る、―れ、―よ」と語尾が変化するにもかかわらず「一段」と命名することになり、釣り合いを欠くと指摘している。

［表7］大槻文彦「語法指南」における活用表

規則動詞	第一類(四段活用)	第二類(下二段活用)	第三類(中二段活用)	第四類(一段活用)
直説法(截断・終止) 第一変化即本体	(行)ゆ―く	(得)う	(生)い―く	(鋳)い―る
分詞法(連体) 第二変化	ゆ―く	う―る	い―くる	い―る
接続法 已然 第三変化	ゆ―け ―ば	う―れ ―ば	い―くれ ―ば	い―れ ―ば
接続法 将然 第四変化	ゆ―か ―ば	え ―ば	い―き ―ば	い ―ば
折説法 熟語法(連用) 名詞法(仮体) 第五変化	ゆ―き	え	い―き	い
命令法(希求) 第六変化	ゆ―け	え―よ	い―きよ	い―よ

また、活用形の扱いについては、

　又、従来、五階ノ名称ヲ、将然言、連用言、截断言、(又、終止言)連体言、已然言、トセリ。是等ノ名称、好カラヌニモアラネド、尚、論ズベキコトアリ。先ヅ、其本語ニ、用言トイフ名ヲ付シテ、又、其活用ニ、将然言、連用言、ナドト、言ノ字ヲ付スルハ、言中ニ言アルコトトナリテ、甚ダ初学ノ迷ヒヲ惹キ易シ、(中略)、又、文ノ「掛リ、」結ビ、」ノ如キモ「ぞ、や、か、ノ掛リハ、連体言ニテ結ビ、こそ、ノ掛リハ、已然言ニテ結ブ、」ナドイフコトトナルモ、不都合ナリ、既ニ、連体トハ、他ノ体言ニ連ル語ナリト釈キテ、又、ぞ、や、か、ノ「掛リ」ヲ結ブ（截断ス）トイヒ、已然ハ、過ギ了レル意ヲイフト釈キテ、又、こそノ「掛リ」ヲバ、現在ノ意ニテ結ブコトトモナル、齟齬極マレリ。（二一ページ）

と述べ、各活用形にその一部の用法から命名することの不合理を説くとともに、「第一変化」から「第六変化」

までの、用法とは無関係な名称を使用している。なお大槻は、活用形を配列する際、未然形ではなく終止形を「第一変化」とし筆頭に置いているが、これは、終止形を動詞の本体と考えるためで、全体として五十音図的発想から抜けだそうという志向が強い。

ところで大槻においても、動詞の「変化（活用）」とともに、「直説法・分詞法・接続法……」などの「法」が説かれ、両者は、「直説法ニハ、第一変化ヲ用ヰ」るというように、形態と用法という形で関係付けられている。ただし、大槻の立てる法は、田中とはその内容が異なっている。大槻は、法を「動詞ノ変化ニ因リテ生ズル語気ノ態度」と定義し、ラテン語における「直説法・可成法・接続法・命令法・不定法・名詞法・分詞法」という法は、動詞本体の形態変化によって表示されるとする。これに対して、日本語にラテン語式の法をそのまま導入すると、

例へバ、「勤メらる」トイヘバ、直説法トナリ、「勤メらるる」トイヘバ、分詞法トナリ、「勤メらるれば」トイヘバ、接続法トナル。サレバ、此ノらるヲ、助動詞ナラズトシテ、「勤メラル」と密着セル「勤ム」の可成法ナリトセバ、其変化ノらるる、らるればヲバ如何ニカセム、法ニ法アリトイフコトヤアルベキ。

（一九ページ）

右の引用のような問題が生じるので、法を立てる場合には、日本語の語性に合せなければならないと強調する。具体的には、表8のように、連体法および連用中止法を「分詞法」「折説法」と名付け、自立用法を持つすべての活用形に法を対応させるとともに、「動詞+助詞・助動詞」から成る表現については、田中・中根が立てる「疑問法」「不成法」を法から外し、接続法のみを認めている。

［表8］大槻・田中・中根における動詞の「法」

	動詞単独				動詞の複合派生		動詞＋助詞・助動詞		
	直接法	命令法	分詞法	折説法	熟語法	名詞法	接続法	疑問法	不成法
	書ヲ読む	書ヲ読め	読む書	書ヲ読み…	読み人 読み果つ	読みヲ 覚ユ	書ヲ読めば 書ヲ読まば	書ヲ読むか	書ヲ読まず
大槻	○	○	○	○	○	○	○	×	×
田中	○	○	△	×	△	△	○	○	×
中根	○	○	△	×	×	×	×	○	○

注…△印は、法としては立てられぬものの、「分詞」の項目で言及があるもの。

確かに、動詞本体の語尾変化に合せて日本語の法を考える必要は存在する。しかし、これは大槻が自立性を持たない助詞（天爾遠波）・助動詞を「単語」と認めたための結果であって、これらを語基に下接する接辞と考えるなら、動詞に助詞・助動詞が下接して構成される表現形式も、法や時制などの観点から一つのパラダイムにまとめることが可能であろう。

以上見てきたように、活用を動詞本体の語形変化として捉らえ、その用法を動詞の法として記述するという点は、大槻は田中と共通する。ただし、接続法を除く動詞の法は、助詞・助動詞の意味・用法の問題として切り離して記述するため、法の内実は田中・中根と異なっている。

3・2・4　落合直文・小中村義家『日本文典』（明治二三年）

落合直文・小中村義象の『日本文典』は、「体言」の下位分類に「名詞・代名詞・副詞・接続詞・歎詞（感動詞）」を立てるもので、品詞分類上、西洋文典の影響が認められる。しかし、動詞の時制については「助辞」の用法の項目で説明し、動詞の法については特に言及していない。

［表9］落合直文・小中村義家『日本文典』における活用表

	第一変化	第二変化	第三変化	第四変化	第五変化
書	か	き	く	く	け

表9は、「用言の変化」の項目に掲げられた動詞の活用表である。各活用形は、その名称だけを見ると大槻などと同様の観点から立てられているように見えるが、その実質は江戸時代の富樫広蔭などに見られた伝統的五活用形と変るところがない。事実、落合は、

第一変化を未然段といふ。

未然段とは、未だ然らずといふ義にて、将に然せむとする意と、然せざる意とを、かねたる段なり。

第二変化を続用段といふ。

続用段とは、用言につゞくといふ義にて、用言より用言につゞくには、必ずこの段よりするなり。

第三変化を断止段といふ。

断止段とは、断れて止るといふ義にて、語の切れて、下につゞかざるをいふなり。（六七－六八ページ）

などというように、各「変化」の用法を伝統的な活用段の定義により説明している。

以上、明治前期における活用形の扱いについて見てきたが、全体を整理すれば、おおよそ以下のようになろう。

ア　伝統文典においては、江戸時代の活用表の枠組みがほぼそのまま利用されるが、その場合には、本居春庭・富樫広蔭のような活用形を五種類認める立場が引き継がれ、東條義門のように命令形を立てる文典はほとんどない。

イ　洋式文典は、法・時制の扱いからさらに下位分類される。このうち、中根は、動詞の活用を語基部分の形態変化と捉らえ、伝統的活用表とは異なった活用形の認定を行う。この場合、動詞の語尾部分は時制の助動詞として扱われ、法についても言及する。

ウ　これに対して、田中・大槻は伝統的活用表に準拠しながら動詞の語形変化や助詞・助動詞の承接を説明し、その上で動詞の具体的用法を「法」という形で記述する。ただし大槻は、田中や中根が法として認めた「疑問法・不成法」を法から外すとともに、新たに連用中止法などを法と認めるため、法の捉らえ方に違いが存在する。

エ　落合の文典は、品詞分類上は洋式文典に属するが、動詞の活用記述においては伝統的活用表をほぼそのまま踏襲する。法や時制は動詞の問題としては捉らえられておらず、その一部は、助詞・助動詞の意味の問題として記述される。なお、明治前期の洋式文典では、ウとエの立場の文典数がほぼ拮抗している。

4　明治後期における活用形の扱い

ここまで明治前期における活用研究を見てきたが、活用形の立て方に関しては、大槻文彦の「語法指南」の刊行をもって、ほぼ出そろったと言える。ただし、明治前期の国文典が文語文典であったのに対して、明治三〇年代以降には口語文典の編纂が始まり、活用の扱いに新しい動きも見られる。そこで、以下は、大きく「文語文典」と「口語文典」に分けて、引き続き活用形の立て方について考えたい。

4・1　文語文典の場合

明治後期の文語文典における活用形の扱い方は、付録に示したとおりだが、これらは明治前期の国文典の内、田中・大槻のような動詞の法を説く文典、落合のような伝統的活用表を踏襲する文典の範囲にほぼ収まると思われる。以下は、まず大槻の活用研究がその後どう展開したかという点から見ていくことにする。

大槻は、『広日本文典』（明治三〇〔一八九七〕年）において「語法指南」で示した活用表を以下の表10のように修正する。まず、法の名称を「直接法・分詞法・折説法」から「終止法・連体法・中止法」に変更するとともに、係結びにおける連体形の結びと已然形の結びを「第二終止法・第三終止法」として「第二・第三活用」に配当している。

［表10］大槻文彦「語法指南」・『広日本文典』における活用表

広日本文典	活用形名	第一活用	第二活用	第三活用	第四活用	第五活用	第六活用
	語例	(行)ゆ―く	ゆ―く	ゆ―け	ゆ―か	ゆ―き	ゆ―け
	対応する法	第一終止法	第二終止法 連体法	第三終止法	不定法	名詞法 連用法 中止法	命令法
語法指南	活用形名	第一変化	第二変化	第三変化	第四変化	第五変化	第六変化
	語例	(行)ゆ―く	ゆ―く	ゆ―け―ば	ゆ―か―ば	ゆ―き	ゆ―け
	対応する法	直説法	分詞法	接続法已然	接続法将然	名詞法 熟語法 折説法	命令法

さらに最も大きく変ったのが「接続法」の扱いである。「語法指南」で「接続法」として扱っていた「行けば・行かば」の形を法から外し、未然形（第四活用）については、

不定法。動詞ノ第四活用ヲ用ヰテ、他ノ助動詞、弖爾乎波、等ニ連続セシメムガ為ノ一法ナリ、其用、定マラズ、故ニ、不定法トイフ。（第一四七節）

と述べ、新たに対応する法として「不定法（フヂヤウ）」を立てている。「語法指南」においては、熟語法を除いて、法はすべて自立する形式の用法として扱われていたが、『広日本文典』では、不定法を立てたことにより、自立せず、なおかつ用法の定まらない法を認める結果となった。これは、法の位置付けを根本的に変える扱いと思われる。

これに対し、大槻と異なり、明治前期の田中のように「動詞＋助詞・助動詞」の形式も含めて法を考えていく文典も存在する。たとえば、岡倉由三郎『日本文典大綱』（明治三〇［一八九七］年）は、動詞の語幹と語尾を"tat-u""k-iru"のように切り分け、語尾部分の交替する母音の数から動詞を九種に分類するとともに、活用形に関しては表11のように、一・二段動詞およびカ変・サ変に命令形を認めないものの、大槻と同様に六種の活用形を認める。

［表11］岡倉由三郎『日本文典大綱』における活用表

	終止形	連体形	実在連助形	仮定連助形	連用形	命令形
第二種　正格四段	たつ……ウ	たつ……ウ	たて……エ	たた……ア	たち……イ	たて…エ
第六種　上二段	おく……ウ	おく…ウる	おく…ウれ	おき……イ	おき……イ	欠
第八種　上一段	き……イる	き……イる	き……イれ	き………イ	き……イ	欠

ただし、動詞の法については、

平叙法……花咲く。　　　　鳥鳴く。
想察法……花咲くめり。　　鳥鳴くらん。
断定法……花咲くなり。　　鳥鳴くなり。
願望法……花咲かなむ。　　疾く行かまほし。
思惟法……明日帰らむ。　　疾く行かまし。

右の表11および用例のとおり、動詞および動詞に助動詞の下接した右のような五つの法を認めており、大槻とは扱いが異なる。これは、法を「叙述する姿（＝話し手が叙述内容に対してとる心的態度）」と捉えるためと考えられ、現在のモダリティー論に通じる考え方と思われる。

また、三矢重松『高等日本文法』（明治四一［一九〇八］年）では、

［表12］三矢重松『高等日本文法』における活用表

		第一変化	第二変化	第三変化	第四変化	第五変化	第六変化
四段	書	か	き	く	く	け	け
上一段	著	き	き	きる	きる	きれ	き
上二段	起	き	き	く	くる	くれ	き

表12のように動詞の活用を形態的観点から六種の活用形を立てて記述するとともに、その用法については動詞の法の項目において説明している。

三矢における法の扱いで注目されるのは、法をまず「直説法・命令法・前提法」に三分したのち、さらに直説法を「終止法・連用法・連体法」に分けている点である。連用法・連体法はすでに大槻も法として認めているが、それを直説法を統語的な断続関係から下位分類したものとして位置付ける点が特徴的である。

なお、西洋の「接続法」に対応する「前提法」を「仮定・確定」および「順態・逆態」という二つの観点から記述している点も注目される。このような扱いは、大槻と異なり、動詞や助詞・助動詞単体を「語」と認めず、

「ふらば・ふれば」というように動詞に助詞が下接した文節相当の形を「語」と考えたため可能になったもので*6、大槻がこの種の表現を『広日本文典』において法から外したのと対照的である。

法
- 直説法
  - 終止法……書を読む。　字を書き、書を読む。
  - 連用法……書きやすし　進むを退く
  - 連体法……書く筆
- 命令法　書を読め。
- 前提法
  - ……仮定……雪ふらば、寒からむ。（順態）　雪ふるとも、寒からじ。（逆態）
  - ……確定……雪ふれば、寒し。（順態）　雪ふれども、寒からず。（逆態）

このように岡倉と三矢は、動詞に助詞・助動詞が下接した形式を法として認めていく立場を取るが、岡倉が主に推量系の助動詞の下接によるモダリティー表現を法と考えたのに対して、三矢は動詞の活用形および接続助詞の下接による統語的断続表現を法と考えた点、法の認識の仕方に違いが見られる。

以上、動詞の法を説く文語文典について概観した。これらの文典は、動詞の語形変化を六種の活用形を立てて記述する、動詞の用法を「法」という観点から捉らえる、という点で共通点を有するが、このような動詞の記述は、明治後期においては主流とはなっていない。実は、明治前期の落合のように伝統的な活用表をほぼそのまま踏襲し、法や時制は助詞・助動詞の用法の問題として説くものの方が多いのである。

たとえば、岡澤鉦次郎『教科参考日本文典要義』（明治四一［一九〇八］年）では「未定活・連用活・終結活・連体活・已定活」の五活用形、山田孝雄『日本文法論』（明治四一［一九〇八］年）では「原形・未然形・

連用形・連体形・已然形・命令形」の六活用形を立てるが、動詞の法については言及していない。特に山田の場合は、助動詞を複語尾と捉らえ単語と認めない立場を取るため、西洋的な法・時制の枠組みで動詞の語形変化を記述することも、原理的には可能であったと思われるが、実際には「統覚作用の運用を助くる複語尾」の項目において複語尾の意味・用法として記述を行っており、大槻のような助動詞を認める立場とその記述法は結果的に変らない。

この岡澤・山田のような活用形の扱いは、教科書文典を中心に多く見られる。この中で、芳賀矢一の『中等教科明治文典』(明治三七［一九〇四］年)は、「未然形・連用形・終止形・連体形・已然形・命令形」という六活用形を立てており、今日学校文法で行われる活用形の名称・配列と一致する。管見では、この名称・配列を用いるのは明治時代には芳賀の文典のみであるが、その後いわゆる学校文法においては文部省『中等文法二』(昭和一九［一九四四］年)などもこの名称を踏襲し、今日まで使用されることとなった。

4・2 口語文典の場合

最後に口語文典における活用の扱いを考える。明治三四年以降、複数の口語文典が編纂されたが、これらの文典が立てる活用形を見て気付くのは、伝統的な五ないし六活用形を立てる枠組みから比較的自由な点である。

まず、前波仲尾の『日本語典』(明治三四年)であるが、この文典は日本語には活用がないと主張する。前波は日本語を組み立てる要素として「語根・くつ(接辞)・てには」の三者を認めるとともに、動詞を「語根」に「くつ」が付着したものと考える。

具体的には、正格動詞の場合は、語根“mi”にくつ“-r. -ta. -ou, -sase-r, -rare-r”が付いて動詞の相（時・使動・所動）を表し、変格動詞の場合は、現在時では語根“yom”単独で、その他の相ではくつ“-da, -ou, -se-r, -re-r”が付いて動詞の相を表すとする。ただし、変格動詞に“-se-r”等が付着する際は、語根が“yom”から“yoma”に変化するが、これはくつが付着する際に生じる随伴母音で、活用ではないと述べている。

	現在	過去	未来	使動	所動
正格動詞	mi-r	mi-ta	mi-ou	mi-sase-r	mi-rare-r
変格動詞	yom	yon-da（ta）	yom-ou	yoma-se-r	yoma-re-r

前波の活用観は、五段動詞の語幹を子音終わりと考える点、未然形末尾の“-a-”を接辞のための随伴母音と考える点など、外国人による日本語研究に通じる点があり興味深い。なお、動詞の連体形は「動詞状形容詞」、「読んで」のような形式は「動詞状副詞」と考えており、伝統的な活用形は、複数の品詞に解消している。

一方、その他の文典の中には、文語文典同様、五ないし六段の活用形を立て、動詞の活用を記述するものも見られるが、その中で保科孝一『日本口語法』（明治四四年）は、口語の実態に合わせて、活用形の立て方を修正している。具体的には、表13のように口語動詞の語形変化に合わせて、活用形を七種に増やすとともに、「第一活用形」から「第七活用形」までをそれぞれ「否定形・連用形・終止形・連体形・仮定形・命令形・未来形」と名付けている。

［表13］保科孝一『日本口語法』における活用表

	第一活用形	第二活用形	第三活用形	第四活用形	第五活用形	第六活用形	第七活用形
五段活用	聞カ(ナイ・ン)	=キ(テ)	=ク	=ク	=ケ(バ)	=ケ	=コ(ウ)
上一段活用	起キ(ナイ・ン)	=キ(テ)	=キル	=キル	=キレ(バ)	=キ(ロ)	=キ(ヨウ)

ただし保科は、このような活用表は文語に合わせたものであって、口語独自の活用表を考える場合には、終止形と連体形を区別する必要がないこと、助詞・助動詞の下接を必須とする否定形・未来形・仮定形は活用表から除く方が良いことなどについて言及している。

なお、松下大三郎『日本俗語文典』(明治三四［一九〇一］年)は、「用詞(用言)」の語形変化を記述するに際して、以下のような異なった方法を取る。

	縦的変化						横的変化				
	第一活段	第二活段	第三活段 第四活段	第五活段	第六活段	第七活段	第一転用 (雑活)	第二転用 (雑活)	第三転用 (雑活)	第四転用 (四段活)	第五転用 (雑活)
		一 二									
四段活［書］	カ	キ イテ	ク	ケ	ケ	キャア	カン	カウ	イタ	キャアガル	クンダ
一段活［用］	イ	イ イテ	イル	イレ	イロ	イリャア	イン	イヨウ	イタ	イヤガル	イルンダ

松下は、日本語の用言は縦横自在に語尾変化するとし、「縦的変化」を「活用」、「横的変化」を「転用」と呼ぶ。具体的に言えば、「書く」は「書カ・キ・ク……」と縦に活用するとともに、「書ク・書カン・書カウ・書イタ……」と横にも転用し、転用した「書イタ」はさらに「書イテ・書イタ・書イタラ」と縦に活用するというのである。

このうち縦的変化（活用）における各活段は、第二活段「ふいて〈副格〉」、第三活段「ふく。〈終止格〉」、第四活段「ふく（カゼ）〈連体格〉」などの用言の「格」を示すとともに、第一活段・第五活段等においては助辞が接続して実際の文中で用いられる。また横的変化（転用）は、動詞に助動詞が下接したものと一般に説明される形式で、第二転用「書かう〈未来〉」、第三転用「書いた〈過去〉」のような時制表現、第一転用「書かん」のような否定表現、第五転用「書くんだ」のような話し手の判断の表現などが含まれる。

また、右の活用表では省略したが、「静々ト」「其ノ」は、それぞれ「第二活段」「第四活段」のみを使用する活用しない「形状詞」として活用表中に掲げられており、この種の副詞・連体詞を「用詞（用言）」として捉える扱いは、活用を形態変化の有無ではなく、相当する文法機能から認定している点から注意される。

このような活用表は、後の『改撰標準日本文法』（昭和五［一九三〇］年）に比べると、「書く・書いて」のような語（＝文の成分）レベルの形式と「書か」のような形態素レベルの形式とが同列に論じられるなど、活用段の立て方や語という単位の認め方に未整理な部分が認められる。また、「其ノ」のような語形は「副体詞」として認定されるに至る。しかし、江戸時代以来「活用」として捉えられてきた、用言の切れ続きに関わる語形変化を縦軸に位置付けるとともに、時制や話し手の判断を示す表現を「転用（派生）」として横軸に位置付けた点は、伝統的活用表と西洋的な動詞の記述法を折衷する試みとして評価できる。

以上、明治後期の国文典における活用形の扱いを見てきたが、最後にまとめれば、以下のようになろう。

ア　動詞の法を説かない文典が増える。この種の文典では、明治前期同様、伝統的活用表が踏襲され、時制や法は助詞・助動詞の意味・用法の問題として説明される。

イ　動詞の法を説く文典のうち、大槻は特定の用法と対応しない「不定法」を認めたため、法の位置付けを曖昧にした。これに対して、岡倉や三矢は、法を自立しうる形態にのみ認め、モダリティーあるいは統語的断続関係の表現と捉える。

ウ　口語文典では、伝統的活用表に縛られないものが現われる。このうち、前波は活用を語形態の内部変化と捉らえ、接辞付加により語構成を行う日本語に活用を認めない。一方、松下は、動詞の形態変化を二次元に展開し、従来から記述されてきた動詞の断続関係と西洋的な時制・法表現を活用と転用という形で位置付ける。

5　まとめ

ここまで、明治時代における動詞の活用の扱いを特徴的な文典に絞って概観してきた。それぞれの文典の特徴については既にまとめたとおりだが、活用という現象を考えるにあたり明治期全般にわたって問題となったのは、以下の三点であったと思う。

第一に、どういう形態変化を「活用」と考えるのかという点である。活用を最も狭く定義すれば、前波のように、伝統的に活用として捉えられていた現象は、原則的には接辞の付加として説明できるということになる。すなわち、「活用」ということばを英語の"sing/sang/sung"のような語基内部の形態変化に限る前波のような立場を取るか、あるいは接辞付加も含めて活用と考えるかということがまず問題になっていくる。また、その際には、「語幹」と「語尾」をどう切り分けるかという点も合せて考える必要が生じるだろう。

第二は、活用の生じるレベルである。西洋における動詞の活用形はすべて語としての資格を持つ自由形式(free form)であるが、伝統的活用表の立てる活用形には自由形式、拘束形式(bound form)の双方がある。そのため、両者を同列に扱おうとすると、活用の記述に混乱が生じる。

この点に関して、田中などの明治前期の洋式文典は、伝統的な活用形を法や時制表現の材料として捉らえ、伝統的活用表では動詞の形態変化を記述し、動詞の用法は法や時制の問題として説くという形で、両者を関係付けている。しかし、語の定義が明確には成されなかったため、各活用形やそれに下接する助詞・助動詞が語としての資格を持つのかどうかがはっきりせず、結局、法や時制表現を助詞・助動詞の意味の問題として記述する文典が大勢を占めるに至った。ただし、三矢の文典においては、「語」を「詞辞の結合」から成る文の成分と定義する立場を取るため、動詞の法を「語」レベル、伝統的活用形を「形態素」レベルのものとして扱うことに成功している。

第三は、西洋文典における活用形と日本語の活用形の間にある機能的相違の問題である。欧米の言語における法・時制・人称に関する語尾変化は、すべて「屈折(inflection)」の現象として捉らえられる。ところが、日本語の動詞の場合は、複数の助詞・助動詞が承接しながら法や時制の表現を構成するとともに、終止・連体というような文法的断続関係も合せて示さなければならず、一次元的な活用表でそれを記述するのは不可能である。大槻が「法ニ法アリ」と述べた理由はまさにこの点にある。

この両者の統合を行うには、助詞・助動詞の機能と、動詞本体との承接関係をまず記述する必要がある。そのような観点から見れば、山田の複語尾論のような助詞・助動詞の意味・用法の記述も、活用研究にとって必要なプロセスだったと言えるかもしれない。しかし、同時に、松下のように断続関係を「活用」、法・時制表現を「転用」とし、両者を二次元に展開して記述するという方法も存在した。これは、今日から見れば、西洋から輸入した「法」という概念を松下なりの立場で「屈折」と「派生 (derivation)」に分解して位置付けたとみなすことができる。

動詞の活用研究については、明治以降も、松下の「詞の相と格」の論や佐久間鼎・三尾砂の活用研究など、特徴ある研究が現れる。しかし、その一方で伝統的活用表も引き続き用いられており、状況は明治時代と本質的には変っていない。明治期の活用研究は、確かに様々な矛盾や問題を抱えていたが、それはそのまま現代における活用研究の課題なのである。

付録　明治時代の国文典が立てる活用形(注・表中の○印は、動詞の項目で「法」について説くもの。)

1　明治前期(伝統文典)

明治一〇年	里見義	雅俗文法		将然言、連用言、截断言、連体言、既然言
明治一〇年	堀秀成	日本語学階梯		未然段、続詞段、断止段、続言段、已然段
明治一一年	物集高見	初学日本文典		将然、連用、仮体、截断、連体、已然
明治一二年	佐藤誠実	語学指南	○	第一階／将然言、第二階／連用言、第三階／終止言、第四階／連体言、第五階／已然言
明治一四年	大槻修二	小学日本文典		第一転、第二転、第三転、第四転、第五転、第六転、第七転、第八転

明治一八年	権田直助	語学自在		将然言、連用言、截断言、連体言、已然言
明治二五年	大宮宗司・星野三郎	日本小文典		第一変化／未定段、第二変化／続用段、第三変化／断止段、第四変化／続体段、第五変化／接続段

2　明治前期(洋式文典)

明治七年	田中義廉	小学日本文典	○	第一転、第二転、第三転(第一行・第二行)、第四転(第一行・第二行)
明治七年	渡辺約郎	皇国小文典	○	未来動詞、実名詞、他動詞、命令動詞、俗語未来動詞
明治九年	中根淑	日本文典	○	阿横行、伊横行、宇横行、衣横行
明治一〇年	春山弟彦	小学科用日本文典	○	第一転、第二転、第三転、第四転、第五転
明治一〇年	藤田維正・高橋富兄	日本文法問答	○	第一階、第二階、第三階、第四階、第五階
明治一〇年	藤井惟勉	日本文法書	○	第一転、第二転、第三転(第一行・第二行)、第四転(第一行・第二行)
明治一一年	旗野十一郎	日本詞学入門	○	将然言／第一転、連用言／第二転、截断言／第三転、続体言／第四転、既然言／第五転、希求言
明治一二年	加部厳夫	語学訓蒙		用前、用々、用断、用体、用後
明治一三年	大矢透	語格指南		第一転／将然言、第二転／既然言・体言・連用言、第三転／方然言・截断言、第四転／連体言・体言、第五転／已然言、第六転／希求言
明治一五年	阿保友一郎	日本文法	○	第一転、第二転、第三転、第四転、第五転
明治一八年	近藤真琴	ことばのその		いひはじめ、いひかけ、いひきり、いひつゞけ、いひめぐらし
明治二二年	大槻文彦	語法指南	○	第一変化・本体／直説法、第二変化／分詞法、第三変化／接続法已然、第四変化・接続法将然、第五変化／折説法・熟語法・名詞法、第六変化／命令法
明治二二年	谷千生	詞の組たて		続用第一活、続用活、切断活、続用第三活、続体活、続体第二活、希求活
明治二三年	那珂通世	国語学		終止格、形容格、接続格、命令格、思料格、重言格
明治二三年	手島春治	日本文法教科書		直説格／断止格、形容格／連体格、接続格、仮定格、命令格、連用格／不定格
明治二三年	落合直文・小中村義象	日本文典		第一変化／未然段、第二変化／続用段、第一段結／第三変化／断止段、第二段結／第四変化／続体段、第三段結／第五変化／已然段
明治二四年	斎藤晋春	国語学指南		将然言、連用言、断止言、連体言、已然言
明治二四年	大和田建樹	和文典		一階／将然言、二階／連用言、三階／終止言、四階／連体言、五階／既然言

明治二四年	飯田永夫	日本文典問答		未然段、続用段、断止段、続体段、已然段
明治二四年	高津鍬三郎	日本中文典		将然言、連用言、終止言、連体言、已然言
明治二四年	関根正直	国語学	○	第一階／断言法、第二階／連名法、第三階／既然法、第四階／将然法、第五階／熟語法・重言法、第六階／命令法
明治二五年	大久保初雄	中等教育国語文典	○	第一階／直説法、第二階／分詞法、第三階／接続法已然、第四階／接続法将然、第五階／折説法・熟語法・名詞法、第六階／命令法
明治二五年	今井彦三郎	語格新書		未然格、連用格、截断格、連体格、已然格、命令格
明治二五年	木村春太郎	日本文典	○	第一転、第二転、第三転、第四転、第五転
明治二五年	田中勇吉	校用日本文典初歩		未然段、連用段、終止段、続体段、已然段

3　明治後期(文語文典)

明治二六年	小田清雄	応用日本文典		将然態／未然格、連動態／連用格、截断態／終止格、続名態／続体格、既然態、希求態／命令格
明治二六年	大川真澄	普通教育日本文典		将然段、連用段、截断段、連体段、既然段
明治二六年	村田鈔三郎	国語文典		第一段／未然言、第二段／連用言・居名詞、第三段／終止言・断止言・截断言、第四段／連体言、第五段／已然言
明治二六年	秦政治郎	皇国文典		第一格／応然言、第二格／連用言、第三格／仮合体言、第四格／切断言、第五格／連体言、第六格／既然言
明治二七年	西田敬止	応用日本文典		第一格／将然言、第二格／連用言、第三格／仮体言、第四格／截断言、第五格／連体言、第六格／已然言
明治二七年	林甕臣	開発新式日本文典		断止格、断止続名格、続名格、続動格、下二令被合活、ら一有合活、ばども格
明治二七年	井田秀成	皇国小文典		第一変化／未然段、第二変化／連用段、第三変化／断止段、第四変化／続体段、第五変化／既然段
明治二八年	岡崎遠光	日本小文典		第一段／将然言、第二段／連用言、第三段／終止言、第四段／連体言、第五段／已然言

明治二八年	遠藤国次郎・平野秀実・田中勇吉	実用文典		第一変化／将然格、第二変化／続用格、第三変化／終止格、第四変化／続体格、第五変化／已然格
明治二八年	峰原平一郎	普通文典	○	一段、二段、三段、四段、五段
明治二九年	新保磐次	中学国文典		将然言、既然言、連用言／続用言、連体言／続体言・分詞、絶定言／終止言
明治二九年	柏木重総	東文典	○	主根法、指定法、仮定法、想像法
明治二九年	大宮兵馬	日本語法		一の変化／将然格、二の変化／連用格、三の変化／截断格、四の変化／連体格、五の変化／已然格、六の変化／命令格
明治三〇年	大槻文彦	広日本文典	○	第一活用／第一終止法、第二活用／連体法・第二終止法、第三活用／第三終止法、第四活用／不定法、第五活用／中止法・連用法・名詞法、第六活用／命令法
明治三〇年	渡辺弘人	新撰国文典		第一階／未然言・将然言、第二階／続用言・連用言、第三階／切止言・截断言、第四階／続体言・連体言、第五階／已然言
明治三〇年	岡直盧	中等教育国文典		第一変化／未然言、第二変化／連用言、第三変化／終止言、第四変化／連体言、第五変化／已然言
明治三〇年	岡倉由三郎	日本文典大綱	○	終止形、連体形、実在連助形、仮定連助形、連用形、命令形
明治三〇年	中島幹事	中学日本文典		未然段、続用段、末尾段、続体段、已然段
明治三三年	大林徳太郎・山崎庚午太郎	中学日本文典		第一段／将然言、第二段／連用言、第三段／終止言、第四段／連体言、第五段／已然言
明治三三年	大平信直	中等教育国文典		第一変化／将然、第二変化／連用・重句、第三変化／終止、第四変化／連体、第五変化／已然
明治三二年	下田歌子	女子普通文典	○	将然法、連用法、終止法、連体法、已然法
明治三二年	高田宇太郎	中等国文典	○	未然法／接辞格、連用法／中止格・名詞格、終止法／第一係結格、連体法／第二係結格、已然法／第三係結格、命令法／詞辞合格
明治三二年	後閑菊野・佐方鎮	女子教科普通文典		第一段／未然格、第二段／連用格、第三段／終止格、第四段／連体格、第五段／已然格、第六段／使令格
明治三二年	瓜生篤忠・瓜生喬	国文法詳解		将然格、連用格、終止格、連体格、已然格、命令格
明治三二年	鈴木忠孝	新撰日本文典		第一変化／未然段・将然段、第二変化／続用段・連用段、第三変化／断止段・終止段・截断段、第四変化／続体段・連体段、第五変化／已然段

明治三三年	佐藤仁之助	中学文典		将然言、連用言、終止言、連体言、已然言、命令言
明治三三年	森下松衛	中学国文典		未然段、連用段、終止段、連体段、既然段、命令段
明治三三年	普通教育研究会	中学教程新撰日本文典		第一活用／未定態、第二活用／連用態、第三活用／断止態、第四活用／連名態、第五活用／既定態、第六活用／命令態
明治三三年	杉敏介	日本小語典	○	未然法、連句法、断止法、連体法、已然法、命令法
明治三四年	松平円次郎	新式日本中文典	○	終止言、連体言、已然言、将然言、連用言
明治三四年	草野清民	草野氏日本文法		第一階、第二階、第三階、第四階、第五階
明治三四年	芋川泰次	日本文法教科書	○	不定法、連用法、中止法、名詞法、終止法(第一終止法・第二終止法・第三終止法)、連体法、命令法
明治三四年	高木尚介	中等皇国文典		将然段、連用段、終止段、連体段、既然段、命令段
明治三四年	藤井籛	日本文典		第一転／将然、第二転／連用、第三転／終止、第四転／連体、第五転／已然、第六転／命令
明治三五年	新楽金橘	中等教育実用日本文典	○	第一段／不定法・接続法、第二段／連用法、第三段／終結法(一・二・三)、第四段／連体法、第五段／接続法
明治三五年	三石賤夫	日本文典		第一／将然・否定、第二／連用・中止・名詞、第三／終止、第四／連体、第五／既然、第六／命令
明治三五年	佐々政一	日本文典	○	第一変化、第二変化、第三変化、第四変化、第五変化
明治三五年	吉田弥平・小山左文二・小島政吉	国文典教科書		将然段、連用段、終止段、連体段、已然段、命令段
明治三五年	糸左近	雅俗対照和漢之文典	○	第一段／将然形、第二段／連用形、第三段／終止形、第四段／連体形、第五段／過現形、第六段／命令形
明治三六年	横地清次郎	国文法教科書	○	未定形、連用形・中止形、終止形、連体形、接続形、命令形
明治三六年	明治書院編輯部	女子日本文典		第一段／将然段、第二段／連用段・仮体段、第三段／終止段、第四段／連体段、第五段／已然段、第六段／命令段
明治三六年	教育学術研究会	師範教科国語典		将然段、連用段、終止段、連体段、已然段、命令段
明治三六年	金沢庄三郎	日本文法論	○	将然言、連用言、終止言、連体言、已然言、命令言
明治三七年	芳賀矢一	中等教科明治文典		未然形、連用形、終止形、連体形、已然形、命令形

明治三八年	宮脇郁	論理的日本文典大意		未定形、連用形、中止形、終止形、連体形、既定形、命令形
明治三八年	和田万吉	日本文典講義		将然体、連用体、終止体、連体体、既然体、命令体
明治三九年	三土忠造	新訂中等国文典		将然段、連用段、終止段、連体段、已然段、命令段
明治四〇年	林治一	日本文法講義	○	第一活用、第二活用、第三活用、第四活用、第五活用、第六活用
明治四一年	三矢重松	高等日本文法	○	第一変化、第二変化、第三変化、第四変化、第五変化、第六変化
明治四一年	岡澤鉦次郎	教科書参考日本文典要義		未定活、連用活、結終活、連体活、已定活
明治四一年	山田孝雄	日本文法論		原形、未然形、連用形、連体形、已然形、命令形
明治四三年	堀江秀雄	日本文典問答	○	第一変化、第二変化、第三変化、第四変化、第五変化、第六変化
明治四四年	明治中学会	言文一致国文法講義	○	第一活用、第二活用、第三活用、第四活用、第五活用、第六活用

4 明治後期(口語文典)

明治三四年	前波仲尾	日本語典		(日本語に活用を認めず)
明治三四年	石川倉次	はなしことばのきそく		むすびとめる/なことばにつゞく、かりさだめの「ば」につゞく/いゝとめればさしずとなる、ほかのわざことばにつゞく/いゝすえればなことばとなる、うちけしの「ぬ」につゞく、をしはかりの「ー」につゞく
明治三四年	金井保三	日本俗語文典	○	終止法、形容法、条件法、仮想法、中止法、請求法
明治三四年	松下大三郎	日本俗語文典	*	第一活段、第二活段(一・二)、第三活段、第四活段、第五活段、第六活段、第七活段
明治三四年	小林稲葉	新編日本俗語文典		不定格、体詞格・中止格・続用格、終止格・続体格、連続格、将然格、命令格
明治三九年	岸田蒔夫	日清対訳実用日本語法		将然段、連用段、終止段/連体段、接続段/命令段
明治三九年	鈴木暢幸	日本口語文典		第一活用形/動詞本形、第二活用形/形容詞形、第三活用形/連助形、第四活用形/連用形・名詞形・中止形、第五活用形/句節形

明治四二年	臼田寿恵吉	日本口語法精義	○	第一活段／将然法・否定法、第二活段／連用法・中止法・名詞法、第三活段／終止法、第四活段／連体法、第五活段／仮定法、第六活段／命令法
明治四三年	吉岡郷甫	改訂日本口語法		第一活用形、第二活用形、第三活用形、第四活用形、第五活用形／否定形、連用形・中止形・名詞形、終止形・連体形、仮定形、命令形、未来形
明治四四年	保科孝一	日本口語法		第一活用形／否定形、第二活用形／連用形、第三活用形／終止形、第四活用形／連体形、第五活用形／仮定形、第六活用形／命令形、第七活用形／未来形
明治四五年	橋本文寿	実際的口語法	○	将然段／否定法、連用段／中止法・名詞法、終止段、連体段、仮定段、命令段

＊松下は、「法」ではなく「格」の名称を用いる。

＊1　尾崎知光（一九八三）を参照のこと。

＊2　江戸時代の活用研究における命令形の扱いについては、遠藤佳那子（二〇一三）を参照のこと。

＊3　大槻修二『小学日本文典』は、「第一転（未然形）・第二転（辞が下接する連用形）・第三転（連用中止形）・第四転（終止形）・第五転（辞が下接する終止形）・第六転（連体形）・第七転（已然形）・第八転（命令形）」という八種の活用形を立てる。

＊4　明治前期の活用研究における命令形の扱いについては、遠藤佳那子（二〇一七）を参照のこと。

＊5　この部分の「語基」の定義は、森岡健二（一九九四）に従う。

＊6　三矢の単語観については、第Ⅲ部第3章の「松下文法の単語観」において触れたので参照されたい。

第5章

明治期の日本語研究における時制記述

1 問題のありか

文（sentence）は、それが実際の文章や談話の中で使用されるとき、特定の時制を帯びたものとして解釈される。このような時制意識は、日常の言語運用の基盤を成すものであるが、それをより強く自覚するのは、古語や外国語に触れた時であろう。第5章では、江戸後期以降のオランダ語文典・英文典における時制記述を押さえたうえで、明治期の文語文法を扱った日本語文典を主に取り上げ、当時の日本人が、動詞および助動詞の記述に際して日本語の時制をどのように捉えていたかを考えることにする。

江戸・明治期の文法書における時制の記述を考えるには、複数の要因を視野に入れなければならない。まず第一は、時制記述がどのような枠組みに基づいて行われているかという点である。明治以降の日本語文典、とりわけ西洋文典の体裁を模範としたいわゆる洋式文典においては、時制の記述も当初は蘭・英文典の影響下にあるはずである。その日本語文典がどの蘭・英文典を下敷きにしているかをまず見極める必要があるとともに、そこに日本語の表現に合わせたどのような工夫が加えられているかを、検討する必要がある。

また、蘭・英文典を使用するに当たっては、その翻訳書も参照されたと考えられるが、その際に問題となるのが、対象となる言語の時制表現に対してどのような日本語訳が充てられているかという点である。オランダ語・英語の時制表現に対応させられている日本語は、文語、口語のどちらなのか。さらに文語の場合には、使用される過去・完了・推量の古典語助動詞が、翻訳者によってどのようなものとして捉えられているのかといった、基盤とされる文語の位相の問題も関わってくる。

もとより、各言語における時制の記述は、その実態に即して行われなければならない。したがって、文法書に記載された時制の枠組みには、先行学説の継承などから生じる実態とのずれも存在するであろう。また、外国語の時制を日本語に翻訳する際には、翻訳のために作られた人工的な表現も時として使用されると考えられる。しかし、明治以降の文法学説史や、近代文体——欧文直訳体や明治普通文など——の成立史を考える際には、この種の文典における記述を押さえておくことも重要と考えられる。

そこで以下は、江戸後期以降の蘭・英文典、明治期の日本語文典の順に、その時制記述を概観していくとともに、可能な範囲で、当時の文体との関わりについても触れていくことにしたい。

2　江戸後期・明治前期の西洋文典における時制の記述

江戸・明治前期の西洋文典における時制記述については、蘭文典については杉本つとむ（一九七六・一九七七）・斎藤信（一九八五）など、英文典については佐藤良雄（一九六九）・飛田良文（二〇〇八）などの研究があり、また蘭・英文典双方の時制記述の推移については岡田和子（一九九六）がその流れを整理している。そこでここでは、国文典との比較に必要な範囲で、当時の洋文典における時制記述の枠組みと、そこで各時制表現に充てられた日本語訳について概観しておくことにする。

2・1　蘭文典における時制の記述

江戸期におけるオランダ語研究のうち、時制の体系を扱う早い例としては、中野柳圃「四法諸時対訳」（文化二［一八〇五］年）を挙げることができる。斎藤信（一九八五）によれば、この書は、現在写本の形で江馬本・若林本が伝わっており、著述に当たっては、Willem Séwel の“*Nederduytsche spraakkonst*”が利用されているとのことである*1。

一方、刊行された蘭文典としては、藤林普山『和蘭語法解』（文化九［一八一二］年）と大庭雪斎『訳和蘭文語』（安政三－四［一八五六－一八五七］年）に時制の記述を見ることができる。このうち普山の『和蘭語法解』は、V. J. Peyton が著した英文典“*Nieuwe Engelsche spraakkonst*”や前述の Séwel の文典をもとに編纂されたもので*2、また大庭雪斎の『訳和蘭文語』は、Maatschappij 版“*Grammatica, of Nederdutsche spraakkunst*”および“*Syntaxis, of woordvoeging der Nederdutsche taal*”を翻訳したものである。いま、これら三者における時制記述を整理すれば、おおよそ表1のようになる。

各文典の記述には、オランダ語の術語・日本語の訳語の充て方や、未来形の下位分類などについて異同があるが、大枠では、「完了現在・過去・完了過去」の三時制を過去時制として位置付ける点で共通する。

［表1］蘭文典における時制

	現在	完了現在	過去	完了過去	不完了未来	不完了過去未来
現在の用語と実例	ik leer	ik heb geleerd	ik leerde	ik had geleerd	ik zal leeren	ik zou leeren
中野柳圃「四法諸時対訳」（文化二［一八〇五］）	Tegenwoordige tijd 現在…ϕ	Volmaakte voorleden tijd 過去…つ	Onvolmaakte voorleeden tijd 過去ノ現在…ϕ、き	Meer dan volmaakte voorleden tijd 過去ノ過去…つ、き	Toekomende tijd 未来…ん	Tweede toekomende tijd 未来ノ過去・不定…べし、てまし
藤林普山『和蘭語法解』（文化九［一八一二］）	Tegenwoordige tijd 現在…ϕ	Volkomen voorleden tijd 全成過去…たり、けり、き	Onvolkomen voorleden tijd 未成過去…き、た	Meer dan volkomen voorleden tijd 過去過去…てあった、（たより前に～し）た、たり	Toekomende tijd 未来…う、んと思ふ	
大庭雪斎『訳和蘭文語』（安政三－四［一八五六－一八五七］）	Tegenwoordige tijd 方今時…ϕ	Volmaakt verledene tijd 既往時…たり、た	Onvolmaakt verledene tijd 帯既往時…し	Meer dan volmaakt verledene tijd 過既往時…たりし	Toekomende tijd 将来時…であらう	Tweede toekomende tijd 帯将来時…たであらう

注…ϕは助動詞なしの意。なお、「四法諸時対訳」は、右記の他、完了未来、完了過去未来を立て、合計八時制を示す。

このうちオランダ語の完了現在は、形は英語の現在完了形と類似するが、

完了現在…是過去ノ全ク成タル所以ニシテ

他ノ時刻、若クハ他ノ業作ヲ目スルコトナク、説話スル時ニハ、全ク過去リ了レル事ヲ示ス

（『和蘭語法解』巻之中・三四オ「全成過去」）

（『訳和蘭文語』巻中・一四六「既往時」）

過去………是過去ノ全ク成ラズ現在ヘカヽル意アル所以ニシテ

説話スル事、其説話ノ時ヲ過去（ル）トモ、尚ヲ其説話スル時刻ニ継続シ、他事ノ始マル時ニ、未タ全ク過去リ了ラサル業作ヲ示ス

（『和蘭語法解』巻之中・三四オ「未成過去」）

（『訳和蘭文語』巻之中・一四五「帯既往時」）

右のような、過去時制との定義の比較からも分かるとおり、動詞の表わす動作・変化が現在および過去において既に完了してしまったものと当時は理解されており、この点、注意が必要である（現代オランダ語においても、口語の過去の表現に用いられるのは、もっぱら完了現在の形である）。

また、各時制を翻訳する際に用いられる日本語の助動詞については、「四法諸時対訳」『和蘭語法解』が文脈に応じて複数の訳を示すのに対して、『訳和蘭文語』では翻訳法の固定化のきざしが見られる。このような固定化は、柔軟な翻訳を妨げる一面を持ちながらも、オランダ語の時制表現に対するいわば「定訓」として機能し、オランダ語学習の効率化を促した面もあるかと思う。なお、用いられる助動詞の範囲も、文語系の「たり・つ・き・けり・む・べし・まし」などが「たり・し」に整理されていくとともに、口語系の「た・であらう」が併用され、幕末・明治初期の直訳文体の原型が形成されてきている。

2・2　英文典における時制の記述

次に、幕末から明治期にかけての英文典における時制の記述を概観しよう。英文典については、現在完了の位置付けから、表2のようなA類とB類とに分けられる。このうち、A類は、表1の蘭文典同様、「現在完了・過去・過去完了」を一つのグループとしてまとめるものであるが、慶應義塾で用いられた『ピネヲ氏原板英文典直訳』が現在完了を「第二ノ過去（Second past）」と位置付けるのに対して、大学南校で使用された『格賢勃斯英文典直訳』では、現在完了を「過去（Perfect）」、過去を「半過去（Imperfect）」と位置付けている。この点後者は、原語に「Perfect」が現れる点が注目されるが、「Perfect・Imperfect・Pluperfect」を一つのグループとしてまとめ、現在・未来と対立させている点は、『ピネヲ』と類似の扱いと考えられる。

［表2］英文典における時制

		現在の用語と実例								
		現在 I love	現在完了 I have love	現在進行 I am loving	過去 I loved	過去完了 I had loved	過去進行 I was loving	未来 I shall love	未来完了 I shall have loved	未来進行 I shall be loving
A	永嶋貞次郎訳『ピネヲ氏原板英典直訳』（明治三［一八七〇］）	現在 Present tense …φ	第二ノ過去 Second past tense …た		第一ノ過去 First past tense …し	第三ノ過去 Third past tense …たりし		第一ノ未来 First future tense …であろう	第二ノ未来 Second future tense …たであろう	

分類	訳書									
A	大学南校助教訳『格賢勃斯英文典直訳』（明治三［一八七〇］）	現在 …φ	過去 Perfect …た		半過去 Imperfect …し	大過去 Pluperfect …たりし		第一未来 …う、であろう	第二未来 …たであろう	
B	手塚律蔵・西周助閲『伊吉利文典』（原本 一八五〇刊）	Present tense			Past tense			Future tense		
			Perfect	Imperfect		Perfect	Imperfect		Perfect	Imperfect
	芦田束雄訳『スウキントン氏英文典直訳』（明治二〇［一八八七］）	現在 Present …φ	充分現在 Present perfect …た		過去 Past …し	充分過去 Past perfect		未来 Future …であろう	充分未来 Future perfect …たであろう	
	嶋文次郎訳『邦文英文典』（明治三一［一八九八］）	現在 Present tense			過去 Past tense			未来 Future tense		
		不定 Indefinite	完了 Perfect	連続 Continuous	不定	完了	連続	不定	完了	連続

＊さらに『邦文英文典』は、Perfect continuous（完了連続：I have been loved, etc.）を各時制に立てる。

一方B類は、現在・過去・未来の三時制に完了（Perfect）や進行（Imperfect）を組み合わせるもので、手塚律蔵・西周助閲『伊吉利文典』がその早い例であるが、「Perfect（充分・完了）」の概念が定着してくるのは、スウィントンの文典や、ネスフィールドの文典を翻訳した『邦文英文典』以降のことになると考えられる。とりわけネスフィールドの文典は、時制（現在・過去・未来）とアスペクト（不定・完了・連続）を組み合わせ、英語動詞の活用を記述している点、後述する明治三〇年代以降の国文典にも様々な影響を与えており、注目される。

なお、各時制を翻訳する際に用いた日本語の助動詞類については、網羅的な調査を今回行えなかったが、おおむね大庭雪斎『訳和蘭文語』における訳語をほぼそのまま踏襲するようである。すなわち明治二〇年代までは、幕末の欧文訓読法が一定の影響力を保っていたと考えられる。

3　国文典における時制の記述

3・1　明治前期の国文典における時制の記述

以上、幕末から明治期にかけての西洋文典における時制記述を概観したが、次に明治前期の国文典における状況について考えたい。

この期の国文典のうち、第1章で類型を示した西洋式の品詞分類に準拠する「洋式文典」においては、時制の記述に関しても、西洋文典の影響が色濃く見られる。表3は、この種の洋式文典における時制の扱いを整理したものだが、明治一〇年まではほとんどの文典が洋文典同様に動詞の項目で時制の記述を行っている。ただし、一一年以降になると、助動詞の分類の中で過去・現在・未来の助動詞に言及するなど、時制が動詞の活用・運用から助動詞の意味分類の問題に移行しはじめ、この傾向は明治後期にはさらに強くなるのだが、いずれにせよ、何らかの形で時制の記述を行っていると言える。

［表3］明治前期の国文典における時制に言及する品詞の推移

	時制に言及する			時制に言及しない	合計
	動詞の項で言及する	助動詞の項で言及する	動詞・助動詞双方で言及する		
明治　元年～一〇年	一一	〇	〇	一	一一
明治一一年～二〇年	三	二	〇	〇	五
明治二一年～二四年	四	三	三	〇	一〇

それでは、明治前期の国文典においては、日本語の時制はどのような枠組みを用いて記述されていたのか、それを整理すると、おおよそ表4のようになる。

［表4］明治前期の国文典における時制

	現在の用語	現在	完了（存続）	完了（確述）	過去	完了＋過去	未来	完了＋未来	過去＋未来	完了・過去＋未来
A	古川正雄『絵入智慧の環』（明治三［一八七〇］）	めのまへのとき…φ	第二の過去…り、ぬ、つ、たり		第一の過去…き、にき、けり、にけり		第一の未来…む、らん、べし	第二の未来…けん、ぬらん、つらん		
A	中金正衡『大倭語学手引草』（明治四［一八七一］）	現在…φ		過去…た	半過去…し	大過去…たりし	未来…であらふ	第二未来…たであらふ		
A	大槻文彦「語法指南」（明治二二［一八八九］）	現在…φ	第一過去…つ、ぬ、たり		第二過去…けり、き	第三過去…てけり、にけり、等	未来…む			
B	手島春治『日本文法教科書』（明治二三［一八九〇］）	現在…φ	完成…ぬ、つ、たり		過去…き、けり	過去完成…にけり、てけり、等				
B	那珂通世『国語学』（明治二三［一八九〇］）	現在…φ	完了…ぬ、つ、たり		過去…き、けり	完了過去…にき、てき、等	未来…む、らし、らむ	完了未来…なむ、てむ、たらむ		

C	D		
田中義廉『小学日本文典』（明治七［一八七四］）	西周「ことばのいしずゑ」（明治三以前［一八七〇］）	中根淑『日本文典』（明治九［一八七六］）	西周「日本語範」（明治一二［一八七九］）
第一現在…φ	あさきげんざい…φ	現在…φ、つつ、らる	現在…文・φ…口・φ
第二現在…し、ぬ	ふかきげんざい…り、たり	充分現在…たり、なり	全現在…文・り、たり…口・てゐる
	あさきかこ…つ、ぬ	不充分過去…ぬ、つ	過去…文・ぬ、つ…口・た
過去…たり	ふかきかこ…き、けり	充分過去…けり、き	全過去…文・き、けり…口・てあつた
	かさなれるかこ…たりけり、にけり、等		重過去…文・にき、たりけり、等…口・てあつてあつた
第一未来…ん	あさきみらい…む	充分未来…ん、まし、なん、めり、らん、らし	未来…文・む…口・う
第二未来…であらん、つらん、たるならん等	ふかきみらい…なむ	不充分未来…たらん、ならん、ぬらん、ぬべし、つらん、けん、けらし	全未来…文・なむ、てむ…口・であろう
	かこみらい…けむ、にけむ、てけむ、等		過去未来…文・けむ、にけむ、てけむ…口・たであろう

表4のA・Bは、さきに確認した表2の英文典の枠組みに対応するもので、このうちAの古川正雄『絵入智慧の環』は『ピネヲ』、中金正衡『大倭語学手引草』は『格賢勃斯』の英文典における時制記述に準拠しており、

過去の「き・けり」と完了の「つ・ぬ・たり」をともに「過去」時制の下位分類として位置づける点共通する。

一方、明治二〇年以降には、Bの手島春治『日本文法教科書』、那珂通世『国語学』のような時制(現在・過去・未来)とアスペクト(完了)を組み合わせた時制記述を行う文典が現れる。この種の記述は明治一〇年代後半から用いられはじめたスウィントンの文典の影響を受けたものと考えられるが、とりわけ那珂が「Perfect」に「完了」の用語を充てている点は注意される。なお、大槻の「語法指南」は、Aに分類したが、完了の「つ・ぬ・たり」を「第一過去」とする点、『ピネヲ』と配列が異なっている。

これに対して、C・Dは、洋文典と時制の記述に相違が見られるものである。このうちCの田中義廉『小学日本文典』は、蘭文典を下敷きにして編纂されたものと考えられるが、時制に関しては「たり」を「過去」、「し・ぬ」を「第二現在」とする。田中の「第二現在」は「一に半過去といふ」とされ、「現今なしたる作動の、漸く終りたる瞬間を示し、或既になしたる仕業を、目今説話する時限を示すもの(巻三・一六オ)」と定義されている*3。「し」を元来過去の表現である「き」から「第二現在」に転じたものと述べていることからも、『伊吉利文典』など英文典における現在完了の概念が影響したものかとも考えられる。いずれにせよ時制の分類に関しては、当時の蘭文典・英文典のどちらとも異なっている。

なお、Dの中根淑『日本文典』は、田中の『小学日本文典』とともに当時一定の影響力を持った国文典と考えられるが、完了の「たり」を「充分現在」、完了の「つ・ぬ」を「不充分過去」とし、両者を異なる時制として位置づける点、注目される。中根は、維新後、西周が頭取を務めた沼津兵学校で教鞭をとっており、西の日本語文典稿本である「ことばのいしずゑ」「日本語範」と、未来形を除き、時制の記述がほぼ一致するところからも、影響関係が認められると思う。ちなみに、西周の時制の定義を「ことばのいしずゑ」の下書きと考えられる西周文書「稿本（四）」から引用すると以下のとおりとなり＊4、中根が用いる「充分・不充分」の語は、西の「ふかき・あさき」に対応するものとして理解すべきものと考えられる。

ふかきげんざい…深キ現在トハ又ノ名常磐（ヒタフル）ノ時トイヒテ物ノ働ノ続ク様何時変ハラズアルヲ示スナリ○サルカラニ自ラノ物ノ永フルニ永ラタルヲモ又真ノ天地ノハルケキニ貫キ立タルヲモ著スニ用ヒテ彼所ニハ山崎（ソバ）テリ　川流レタリ　道伝レリ　真止レリ　ナト云フ類ナリ

あさきかこ………浅キ過去トハ目ノ前ニ過キ去リタル働（キ）ヲ現ハス○ツはツク又ヒトツフタツノツト同胞ニテ働キノ一ツキレツキタルヲ現ハシ又ヌハシヌイヌヌルヌケルナトト同胞ニテ働キノナクナリタルヲ現ハス

ふかきかこ………是ハ後ノ重レル過去併ニ過去未来ト共ニ儒文ノ時ト名ケ尋常ノ話ニハ用フルコトナク昔物語ニ用ヒテ時既過キ去テ其働ノ跡スラモ残ラサルヲ示ス者ニテ昔男アリケリナト書クヲ正シキ例トス

（二五オ・ウ）

西周は当初、大庭雪斎『訳和蘭文語』系統の蘭文典でオランダ語を学習したと考えられるが、後に手塚律蔵・西周助閲『伊吉利文典』の翻刻とも関係しており、両者の枠組みを勘案しながら、日本語における時制表現を独自に模索していったと考えられる。

以上、明治前期の国文典における時制記述の枠組みを検討したが、各時制に充てられた実際の用例に注目すると、古典語の助動詞を網羅するため、過去完了時制に「にき・にけり・てき・てけり」など、未来時制に「らむ・らし・べし」などを配当し、蘭・英文典よりも多様な助動詞およびその承接形を挙げる文典が多いことが分かる。中古語までを含んだ文語における助動詞の用法を、洋文典的な時制の枠組みで記述しようという試みが、そこに認められ、このような記述を行う際には、伝統的な国学系の語学研究も参照されたものと推測される＊5。

一方、中金の『大倭語学手引草』や田中の『小学日本文典』が挙げる用例では、欧文直訳的な時制表現との類似が認められる。このうち後者の『小学日本文典』は、凡例によれば「日常普通の詞を挙げて、其用法変化等を示す」ために編纂され、「和歌謡曲等に用ふる如き高格の詞」は『大文典』にゆずるとされており、例示する助動詞類を欧文直訳体的なものを中心に狭く限ったのかもしれない。なお、田中は『小学日本文典』に先立って文部省編『小学読本』の編集も行っているが、そのなかに見られる時制表現は表5のようになる＊6。

［表5］文部省編『小学読本』の時制表現

	し	けり	たり	た	り	ん	む	つ・ぬ	であらん
全用例数	六七	八	三二四	一	一九三	八五	一	○	○
終止形(相当)の用例数	三五	一	一一六	○	一五二	七三	○		
終止形以外の用例数	三二	七	二〇八	一	四一	一二	一		

注…「し」が終止法として用いられた場合は、終止形(相当)の用例に数えた。なお、終止形「き」の用例は全く無い。

いま表5のうち過去および完了の用例について見れば、「けり」の用例が、

〈けり〉…誰となく、此男子を、善人なりと、呼なしけり　（巻三・一二オ）

などとわずかに見られるものの「つ・ぬ」の用例はなく、おおむね『小学日本文典』の時制記述の範囲に収まり、もっぱら「し・たり」が用いられている。ただし、田中が『小学読本』の編纂に当たって利用したとされるウィ

ルソンリーダーで対応する箇所を確認すると*7、以下のように、「第二過去」の「し」が過去形・現在形の部分に、また「過去」の「たり」が過去形・現在完了形の双方に対応するなど、原本の時制と忠実には対応せず、欧文直訳式に英文に合わせて時制表現を訳し分けたわけではないようである。

〈し〉……汝は、文庫の中を、捜せしや、然り、其処にも、あらざりし　（巻二・一八オ）
Did you get the book that you went for? No, sir. I could not find it.　(Second Reader Part III. Lesson III.)

…其外、汝は、何を見しや　（巻一・一三オ）
What else do you see?　(First Reader Part III. Lesson IV.)

〈たり〉…鳥が、逃げ去りたるとき、森の中に飛び入りたり　（巻一・一四オ）
When it got out it flew off to the woods.　(First Reader Part III. Lesson V.)

…日暮になりたり　（巻一・二九オ）
Now the sun has gone down, and it will soon be dark.　(First Reader Lesson XXIV.)

3・2　明治後期の国文典における時制の記述

明治後期は、山田孝雄『日本文法論』・三矢重松『高等日本文法』や、口語文典の松下大三郎『日本俗語文典』など、特徴ある文法研究が出始める時期であるが、教科書文典に限ってみれば、時制記述の枠組みは、おおむね前期と同じ状況であるといえる。すなわち、さきに見た英文典のA・Bの枠組みを用いながら、そこに時制系の助動詞を配当する記述が多く見られる。ただし、明治後期に広く用いられたネスフィールドの文典が国文典にも影響を与えたこと、日本の古典語の助動詞を細かに分類していくためには、過去時制と完了時制を区別する必要があることなどから、表6に示したように、教科書文典においても、完了系の助動詞「たり・り・つ・ぬ」を過去時制から分離する文典がだんだんと多くなってくる＊8。

具体的な、時制の記述においては、表7に例示したとおり、大槻文彦『中等教育日本文典』が『語法指南』同様、完了の助動詞を「過去」時制として位置付けるA類の分類を取るが、用いる文法用語には変化も見られる。

［表6］明治後期の国文典における「たり・り・つ・ぬ」の扱い

	「たり・り・つ・ぬ」を		その他	合計
	過去時制の下位分類とする	過去時制と区別し現在完了とする		
明治二五年～二九年	三	〇	四	七
明治三〇年～三四年	九	三	二	一四
明治三五年～三九年	二	三	一	六

＊「その他」には、「たり・り・つ・ぬ」と「き・けり」をともに過去時制として下位分類しないものと、「たり・り」を「不充分現在・全現在」、「つ・ぬ」を「充分現在・小過去」などとし、それぞれ別の類に所属させるものとの二種がある。

［表7］明治後期の国文典における時制

		現在	完了（存続）	完了（確述）	過去	完了＋過去	未来	完了＋未来	過去＋未来	完了・過去＋未来
A	大槻文彦『中等教育日本文典』（明治三〇［一八九七］）	現在 …φ	半過去 …つ、ぬ、たり		過去 …けり、き	大過去 …てけり、たりけり、等	未来 …む	半過去＋未来 …てむ、たらむ	過去＋未来 …けむ	大過去＋未来 …てけむ、たりけむ
A	三矢重松・清水平一郎『普通文法教科書』（明治三四［一九〇一］）	現在 …文・φ …口・φ	第一過去 …文・り、たり …口・てゐる、た	第一過去 …文・つ、ぬ …口・た	第二過去 …文・き …口・た	第三過去 …文・にき、たりき …口・た、てゐた	未来 …文・む …口・う	第一過去想像 …文・つらむ、たるならむ …口・たらう、てゐるだらう	第二過去想像 …文・けむ …口・たらう	第三過去想像 …文・にけむ、たりけむ …口・たらう、てゐたらう
B	三土忠造『中等国文典』（明治三一［一八九八］）	現在 …φ	現在完了 …つ、ぬ、たり		過去 …き、けり	過去ノ完了 …てけり、たりけり、等	未来 …む	未来完了 …てむ、たらむ、等	過去ノ推量 …けむ	
B	芳賀矢一『中等教科明治文典』（明治三七［一九〇四］）	現在 …φ	現在完了 …たり、り、（ぬ）		過去 …き	過去完了 …たりき	未来 …ん	未来完了 …たらん		

また同じA類に属する三矢重松・清水平一郎『普通文法教科書』では、第一過去に「近過去・半過去・現在完了」、第三過去に「大過去・過去完了」の異称を挙げるとともに、第一過去に属する「たり・り」と「つ・ぬ」の間に意味上の差を認め、対応する口語をそれぞれ別に付けるなど、記述がより詳細になってきている。

また、B類の三土忠造『中等国文典』・芳賀矢一『中等教科明治文典』は、明治前期のスウィントンの英文典を下敷きにした手島・那珂と同様に、過去・現在・未来と完了を組み合わせた区分を行うものであるが、表6に示したとおり、明治二〇年代後半にはこの種の分類を施す文典は見られないようで、ネスフィールドの英文典の出現を待って、ふたたびこの種の分類が復活したものと考えられる。

この他、時制とアスペクトの組み合わせ方に特徴のある文典もこの期には存在する。新保磐次『中学国文典』(明治二九〔一八九六〕年)は、

現在…φ　　充分現在…ぬ・つ　　不充分現在…たり・り
過去…き・けり　　充分過去…にき・てき・にけり・てけり　　不充分過去…たりき
未来…ん・まし　　充分未来…なん・てん　　不充分未来…たらん(過去のきと推測のんの複合…けん)

右のとおりB類に属する時制区分を行うものであるが、本文中の「備考」において表8のような表も示している。

これは、「時(現在・過去・未来)」と「事情(不定・不充分・充分)」という観点から時制表現に十字分類を施したもので、「事情」において「不充分(継続相)・充分(完了相)」を立てる点、基本的な枠組みは『伊吉利文典』と同様ではあるものの興味深い。類似の分類は、口語文典ではあるが、松下大三郎『日本俗語文典』にも見られ、こちらは「不充分(継続相)」を立てない代わりに、「将然態」を立てる点、アスペクトの分類法が一部

異なっている。新保と松下の類似がどのような経緯で生じたのかは不明であるが、いずれにせよ、明治後期に至って、時制とアスペクトとの両面から動詞による表現を分類する観点が確立しはじめていると考えられる。ちなみに教科書文典ではないが、三矢重松『高等日本文法』（明治四一［一九〇八］年）では、「完了態（つ・ぬ・たり・り）」「存在進行態（たり・り・あり・をり）」「将然態（とす）」の三態をアスペクトに認めており、ちょうど新保と松下の分類を足し合わせたような形になっている。

［表8］新保磐次と松下大三郎における時制・アスペクトの記述

新保磐次『中学国文典』（明治二九［一八九六］）

時 ＼ 事情	不定	不充分	充分
現在	打つ	打ちたり	打ちぬ／勝ちぬ
過去	打ちき	打ちたりき	打ちてき／勝ちにき
未来	打たん	打ちたらん	打ちてん／勝ちてん

松下大三郎『日本俗語文典』（明治三四［一九〇一］）

説話時 ＼ 事情時	現然		既然	将然
現在	行く		行つて居る	行かうト為る
過去	行つた		行つて居つた	行かうト為た
未来	行かう		行つて居らう	行かうト為よう
不定	行く		行つて居る	行かうト為る

さらに明治後期の特徴として挙げられるのは、いわゆる明治普通文、すなわち明治文語の時制体系を記述しようという文典が現れる点である。この期に至っても、大槻の『中等教育日本文典』など中古文語を基盤とした時制記述を行う文典が多いが、たとえば、表8で挙げた新保の『中学国文典』は、緒言において「此の文典は尋常中学校国文科の教科書として自著中学国文読本と連用せしめん為め、大要は亦大日本教育会国語研究組合にて議決せる要領に遵ひて編纂し、文例は重に前記の読本より取れり」と述べ、文語文典ではあるが、中学校用の今文の適用を示すとしている。

ちなみに実際の新保磐次編『中学国文読本　第一』(明治二八［一八九五］年)のうち、新保磐次および協力者三宅米吉が執筆した部分を時制表現の点から整理すると表9のようになるが、過去時制では「き」、完了相では「ぬ」、継続相では「たり・り」が基本で、『中学国文典』が挙げる時制表現の中でも、特に表8に収められた「き・たり・ぬ・ん」が、明治文語の基本的な時制辞と位置づけられていたと考えられる＊9。

［表9］新保磐次編『中学国文読本　第一』における時制表現

	き	けり	つ	ぬ	たり	り	ん	けん(む)
全用例数	七二	二五	二	一五	五四	六一	四二	三
終止形の用例数	一七	一三	一	一三	二〇	四二	三二	一
終止形以外の用例数	五五	一二	一	二	三四	一九	一〇	二

なお、「けり」については、

日も早暮れなんとして、房、総、豆、相の山々も暮色蒼然として次第々々に消えて行く、悲しさも亦一しほなりけり。

（「太平洋の航海」第一・二〇ウ）

嘉兵衛（中略）、道路を開き、言語文字を教へければ、蝦夷日に開け、物産人口日に増加しけり。

（「高田屋嘉兵衛」第一・四一ウ）

などのように、旅行記のような回想を主とする文章や歴史的な叙述にのみ用いられている。

また、芳賀の『中等教科明治文典』（明治三七［一九〇四］年）は過去および完了の表現として「たり・り・ぬ」のみを挙げるが（「ぬ」は「現代の文には終止形の外用ゐること少なし（巻之二・第五章）」とする）、姉妹編である『中等教科中古文典』（明治三八［一九〇五］年）では中古語の時制表現として「けり・つ」をも加えており、中古文語とは異なる明治文語の時制表現における規範が、この時代に至って固まってきていることが分かる＊10。実際、芳賀が編集に加わった第二期の文部省編『尋常小学読本』（明治四三年より使用・通称ハタタコ読本）における文語文の単元に見られる時制表現を整理すると、表10のようになり、「けり・つ」は韻文専用、「ぬ」も過半数が韻文に用いられるなど、はっきりした使い分けの意識が確認できる＊11。もとより小学校用の教科書ではあるが、この種の教科書を使用した世代において明治文語の語法が確立したと言える。

［表10］文部省編『尋常小学読本』（明治四三年より使用）における時制表現

	き	けり	つ	ぬ	たり	り	ん	む・まし
全用例数	二八四	七	五	一五	四〇九	三四七	一九一	用例なし
終止形の用例数	四三	六	四	一四	一四五	二一五	一四八	
終止形以外の用例数	二四一	一	一	一	二六四	一三二	四三	
韻文中の用例数	二〇	七	五	九	一九	一〇	二三	
韻文中の用例／全用例	七・〇%	一〇〇%	一〇〇%	六〇・〇%	四・六%	二・九%	一二・〇%	

4　結論

以上、明治期の国文典における時制記述について概観した。全体を整理すれば、おおよそ以下のとおりとなろう。

ア　教科書文典における時制記述は、明治期全般にわたって、おおむね表2に示した英文典のA・B系統の枠組みを下敷きにして行われる。このうち、B系統は「過去」と「完了」を異なる概念とするもので、明治二〇年代前半にまずスウィントンの文典の影響を受けながら手島春治・那珂通世により行われ、明治三〇年代に至ると、ネスフィールドの文典の流布にともない、三土忠造の文典などが採用し広がった。すなわち、このような過程を経て、国文法における「完了」の概念が確立していくことになる。

イ　文語を対象とした文典においてその記述の基盤となるのは、おおむね中古文語であると言えるが、明治初期においては、田中義廉のように欧文直訳体的な時制表現を基本として記述を行う文典も存在する。これに対して明治後期には、明治三〇年頃を境に、新保磐次・芳賀矢一のような明治文語を意識した国文典が出現する。これらは、教科書編纂との連携など教育上の目的から編纂された側面もあるが、その一方で、この期に至ると、いわゆる明治普通文（明治文語）の語法が固まってきたという理由もあるかと思う。

右のアについては、「き・けり・つ・ぬ・たり」などの助動詞群が英文典の影響の下、「過去」と「完了」という二つの類に分割された点、国語意識の問題として注目される。もちろんこのような素朴な分割ではなお不充分で、山田孝雄『日本文法論』（明治四一［一九〇八］年）は、これらを「回想」をあらわす「き・けり」、「陳述の確め」に関する「つ・ぬ」、「一旦確定せる動作状態について、その結果がなほ存在せる」を示す「たり」などと捉え直していく。このような観点から見れば、明治期の教科書文典における時制記述は、日本語の実態に即していない英文典の模倣に過ぎないという評価もあろうが、山田の『日本文法論』における複語尾論は、複語尾の意味を詳細に検討する一方で、それが動詞と結合しながらどのような時制・アスペクトのパラダイムを形成しているかという、体系性の観点に欠ける面も存する。

実際、山田以外の文典でも、明治一〇年代以降、とりわけ明治後期においては、時制が助動詞の意味分類の問題として扱われることが多く、この点、明治初期における西周の時制記述や、英文典の枠組みから出発して明治文語の時制・アスペクト体系を記述しようと試みた新保磐次『中学国文典』の試みなどは注目に価するものであり、さきに例示した松下の『日本俗語文典』のように、この種の記述、とりわけ完了や進行などのアスペクトの記述は、明治後期の口語文典にも引き継がれていく*12。

またイについては、明治文語と国文典の相互関係という観点から、配当された時制表現に注目してみたが、全体としては中古文語を念頭に置きながら、時制表現を整理する文典が多かった。これは、各文典の編纂目的もさることながら、枠組みは蘭・英文典に借りながらも、具体的な時制表現を列挙するには、国学系の伝統的国語研究を参照せざるを得なかったという経緯もその背景にあるのかもしれない。

もとより文典における記述は、実際の言語表現から帰納されるべきものであるから、明治文語の時制体系を考える際に、具体的な作家・思想家などの文章からではなく、国文典の記述から入るには限界も存在する。しかしその一方で、文語は後天的に学習される言語なので、社会的な影響力を持つ文法書・読本などの教科書類が現れれば、それを契機に語法が確定していく可能性も存すると思う。本章では、一部の文典についてのみ、同一著者の読本と対照するに止まったが、この点に関しては、さらに調査を継続していくことにしたい。

＊1　斎藤信（一九八五）、九六―一一四ページ、および一二六―一三三ページを参照のこと。

＊2　松田（一九九八）、二九六ページを参照のこと。

＊3　『小学日本文典』と蘭文典との関係については、古田東朔（一九五八c）に指摘がある。なお、「半過去」の用語は、中金の『大倭語学手引草』では『格賢勃斯』同様、単純な過去形を指すが、『小学日本文典』では現在完了を意味している。栗野忠雄『スウヰントン氏英文典直訳』（明治二〇［一八八七］年）などスウィントン系の直訳には現在完了（Present Perfect）を意味する「半過去」が見られるが、明治初期にそ

のような用法が見られるかについては、筆者はまだ確認していない。

＊4 西周の「稿本（四）」と「ことばのいしずゑ」の関係については、第Ⅲ部第一章を参照のこと。

＊5 たとえば大槻文彦は、文典の執筆にあたって、黒川真頼・佐藤誠実などの国学者と意見交換を行っていたことが分かっている。詳しくは、小岩弘明（二〇〇五）を参照のこと。

＊6 文部省編『小学読本』の第一巻–第四巻を調査した。

＊7 ウィルソンリーダーの調査には、高梨謙吉・出来成訓監修『英語教科書名著選集　第二巻』所収の「Willson's First Reader」および「Willson's Second Reader」を用いた。

＊8 調査した教科書文典（およびそれに準じて扱ったもの）は以下のとおり。明治二五年…大久保初雄『中等教育国語文典』、今井彦三郎『語格新書』、明治二六年…秦政治郎『皇国文典』、明治二七年…西田敬止『応用日本文典』、明治二八年…峰原平一郎『普通文典』、明治二九年…新保磐次『中学国文典』、大宮兵馬『日本語法』、明治三〇年…大槻文彦『中等教育日本文典』、中島幹事『中学日本文典』、渡辺弘人『新撰国文典』、塩井正男『中学日本文典』、明治三一年…三土忠造『中等国文典』、杉敏介『中等教科日本文典』、白鳥菊治『中学教育新撰日本文典』、松下大三郎・宮本静『中等教程日本文典』、明治三二年…下田歌子『女子普通文典』、後閑菊野・佐方鎮『女子教科普通文典』、高田宇太郎『中等国文典』、明治三三年…杉敏介『日本小語典』、明治三四年…松平円次郎『新式日本中文典』、三矢重松・清水平一郎『普通文法教科書』、明治三五年…佐々政一『日本文典』、明治三六年…明治書院編輯部『女子日本文典』、吉田弥平・小山左文二『新撰国文典』、明治三七年…畠山健『中等日本文典』、芳賀矢一『中等教科明治文典』、明治三八年…和田万吉『日本文典講義』。

＊9 新保磐次『中学国文読本』全十冊は、第一学年は「今時の文」、第二学年は「徳川時代以降の文」、第三学年以上は「中古以来の文」を題材としており、表9に示した『中学国文読本第一』は第一学年の前半部分に当たる。なお、『第一』に収録された文章のうち、新保磐次・三宅米吉執筆以外のものとしては、中村正直「ベルナルドパリツシイ」、福沢諭吉「貴賤貧富の別」、成島柳北「三好九郎兵衛」、那珂通高「勤懶二字の説」などがある。

＊10 芳賀の『中等教科明治文典』と明治時代の文体との関係については、森田真吾（一九九九）が文法教育史の観点からすでに指摘している。

＊11 調査にあたっては、国立国語研究所編『国定読本用語総覧　CD-ROM版』を使用した。

＊12 口語文典における時制記述については、他に外国人の日本語研究、たとえばB.H.Chamberlain "*A Handbook of Colloquial Japanese*" やW.G.Aston "*A Grammar of the Japanese Spoken Language*" などからの影響も考える必要があるかもしれない。

II

明治期日本語文法研究史の全体像 2

明治時代の統語論における単位の設定

第1章

「語」の単位認定

1 はじめに

「語」は、文法論や語彙論の分野で用いられる基本的な術語である。しかし、その用いられ方や定義の観点は、文法論の分野に限ってみても、研究者によって異なるのが現状である。

日本の近代的文法研究は、さかのぼってみれば、欧米の伝統文典における品詞論・統語論の枠組みを受け入れるところから出発した。そして、その枠組みをどう日本語に適用するかという問題は、まず第一に語の定義と密接に関係していた。一般に欧米の伝統文法においては、語は文を構成する要素と考えられ、品詞論における語と統語論における語（文の成分）は、語の単独論と相関論という観点の違いにあるものの、文法単位としては大きさの上で一致するという特徴を持つ。これに対して日本語においては、語が文中において運用される際には、助詞・助動詞の助けを借りなければならない。そのため、欧米の言語と異なり、自立して用いられることのない助詞・助動詞を語と認めるか否かという問題が生じてくる。

以上のように、語という概念をどう捉えるかという問題は、日本語の品詞論・統語論をつなぐ文法論の根幹に関わる重大な問題である。そして、語の定義は、品詞論における助詞・助動詞の扱いと、統語論における文の成分の捉え方に端的に表されると思う。そこで本章では、この点を整理するために、語が品詞論と統語論の双方において、これまでどのように位置付けられてきたかを確認したい。なお統語論研究は、明治後期に至ってようやく本格化してきた分野であり、その問題点を明治期に限定して論じることは難しい。そこで第Ⅱ部では、必要に応じて昭和期まで下りながら代表的な文法研究を取り上げ、問題の所在を明らかにしていく。

2　語の定義に関する諸説

明治時代の文法研究は、すでに述べたとおり、西洋の伝統文典の体裁、すなわち品詞論と統語論という枠組みを受け入れるところから始まった。明治前期においては、この内の品詞論の記述に重点が置かれたが、明治二〇年代になると、手島春治『日本文法教科書』（明治二三［一八九〇］年）や高津鍬三郎『日本中文典』（明治二四［一八九一］年）などのように、文の成分や構造を説くものが現れはじめ、さらに三〇年代には日本語の統語論のみを説く文典が現われるに至る。

この明治三〇年代以降の文法研究を品詞論・統語論における語の扱いという観点から分類すると、おおよそ表1のように整理できると思われる。

［表1］ 品詞論・統語論における「語」の位置付け

		a	b	c
品詞論	助詞あるいは助詞・助動詞を語と認める	○	○	×
統語論	文節に相当する単位を文の成分と考える	○	×	○

まず、品詞論の上で各文法書の違いが現われるのは、助詞・助動詞の類を語と認めるかという点である。助詞・助動詞は、それ自身では自立して用いることのない語類で、これを西洋文典における語（word）と同レベルのものと考えるか否かが語の認定上、問題になる。具体的には、「花が」という表現を「花」と「が」という二語に分けるか、あるいは「が」を屈折を起こす助辞と認め、「花－が」で一語と考えるかという違いがこの点に関して生じる。

また、統語論においては、どのような単位を文の成分と考え、文の構造を分析するかが問題になる。とりわけ助詞の類を文の分析上、どう扱うかは重要である。たとえば、「花が咲いた」における主語は「花が」全体なのか、あるいは助詞を除いた「花」のみなのかという点は、文の構造を分析する手法にも大きく影響してくると思われる。

以下は、このような点に関して、明治後期の文典数種とその後の主要な文法学説を取り挙げ、表1に示したa～cのタイプに分けて見ていくことにしたい。なお、本来ならば、語および文の成分の定義を考えるには、品詞分類や成分の分類についても詳しく検討する必要があるが、本章では主たるテーマ、すなわち両者の単位としての位置付けに問題を絞り、細かい点は説明を省略することにする。

2・1 aタイプ

2・1・1 大槻文彦『広日本文典』

このタイプは、品詞論上、助詞・助動詞を語と認め、統語論においては、ほぼ文節相当の単位を文の成分と考えるものである。

たとえば、明治後期の教科書文法に影響を与えた大槻文彦『広日本文典』（明治三〇［一八九七］年）では、品詞論において「単語」を以下のように定義し、「名詞、動詞、形容詞、助動詞、副詞、接続詞、弖爾乎波、感動詞」の八品詞を認める。

言語ハ、一音、又ハ数音ニテ成ル。「をりをりに、あそぶ、いとま、は、ある、ひと、の、いとま、なし、とて、ふみ、よま、ぬ、かな」トイフ歌ノ中ニテ、右ノ方ニ点ヲ付ケタルガ如ク、個々ニ別ツトキハ十四トナル。斯ク分チタル一ツヲ、単語トイフ。単語篇ハ、其単語ノ種類、用法、等ヲ講ズ。（第一〇〇節）

この「単語」の定義からは、大槻がどのような観点からこれを定義しようとしたのかはっきりしないが、

コヽニイヘル「単語」ハ、英語ノWordニ当ル、「言」ノ一字ニテ、「こと」トノミ訓マバ、正ニ当ラムカ、然レトモ、今ハ、姑ク単語トセリ。（『別記』第五一節）

『別記』に記された上のような発言を見ると、「単語」を英語におけるwordの意味で使っていることが分かる。

しかし、大槻は、欧米の文典において名詞の格、動詞の時制などとして扱われる事象を、主に助動詞・弖爾乎波（助詞）の用法の問題として記述した。そのため、「単語」には、英語の場合と異なり、単独では自立しない語類が含まれることになる。

一方、統語論においては、

> 文章篇（統語論—筆者注）ハ、個々ノ相関係スルヨリ起ル法則、及ビ、其法則ニ拠リテ、文、又ハ句ヲ構成スル法則ヲ講ズ、（第四九二節）

とその研究内容を規定し、文の構造を図1のように図解で示している。

［図1］　大槻文彦『広日本文典』における「文」の図解

「主語 花　「説明語 咲く。

「主語 水は、　「客語 流動物　「説明語 なり。

「修飾語 我が　「修飾語 園の　「修飾語 梅の　「主語 花、（主部—句）　「修飾語 雪の　「修飾語 中に、（句）　「修飾語 逸早く、（句）　「説明語 咲き出でぬ。（句）（説明部）

大槻の文の図解を見ると、文の成分として立てられた「主語・客語・説明語・修飾語」は、名詞述語文における助動詞「なり」のような例外はあるものの、「園の」「咲き出でぬ」というように、原則的には文節相当の大きさで考えられていることが分かる。しかし、すでに見てきたように、品詞論においては自立しない弖爾乎波「の」「が」や助動詞「ぬ」も、ともに語の資格を持つものであった。つまり、品詞論においては、「の」「ぬ」を語と認め、統語論においては「園の」「咲き出でぬ」を語と認めるというように、品詞論における語と統語論における語が形態的に一致していない。

以上のような語の扱いは、品詞論における語と、統語論における語の乖離をそのまま意味する。明治期の統語論は、大槻の立てる「語」の他にさらに「節（clause）」を立てて複文を論じるなど、さらに精密化していくが、大槻に見られるような単語観は、教科書文典においては一定の影響力を持つようになる。

2・1・2　岡澤鉦次郎『教科参考日本文典要義』

次に、このタイプに属するものの、大槻とはやや異なった立場から語をとらえるものとして、岡澤鉦次郎『教科参考日本文典要義』（明治四一［一九〇八］年）を取り挙げることにする。

岡澤は、序論で、

文典学上ノ「文」スナハチ単位文ハ、文典学上ニイフ語ノ結合ニヨリテ成ル。文典学上ニ「語（コトバ）」トイフモノハ、（中略）、単位文ヲ構成スル単位トスルモノヲイフナリ。コノ故ニ、（中略）、他ノ意義ニ使用セラル、「語」［割注―スナハチ、日本ノ語、東北人の語、／軍人ノ語、何某ノ語ナドイフ「語」］ヨリ区別シテハ、単位語トイフ。（二ページ）

引用のように語を「単位文ヲ構成スル単位」と定義し、これを「体言」「用言」「辞」の三類に分類する。この内「辞」は、助詞・助動詞双方を含むため、これらを「語」の一類と捉える点は、大槻と基本的に共通している。

一方、統語論においては、

文ハ、（中略）、構想的結合ヲ成スベキ想材上自然ノ約束ニ従ヒ、其々ノ役目ヲ有スル種々ノ成分ニ分ツコトヲ得ベシ。之ヲ、文ノ分解マタハ想素的分解トイヒ、其ノ分解セラレタル各成分ヲ文素トイフ。

（一〇ページ）

と述べ、「文素」という概念を立てて、文の「想素的分解」（文の分析）を行っている。

主素　限定素　主素　従素
とも　ふたり　こゝに　きたる。

装定素　主素　装定素　主素　従素
けふ　の　かぜ　は　きのふ　の　かぜ　より　さむし。

主素　装定素　主素（準）従素
ひと　は　一種　の　動物　なり。

岡澤の立てる「文素」は、上の例文に示したように、「主素（格成分）」「従素（叙述成分）」「装定素（連体成分）」「限定素（連用成分）」の四種類で、その特徴は、大槻が「主語」「客語」「修飾語」に分けた「名詞＋格助詞」の成分をすべて「主素」としてまとめた点、また大槻の「修飾語」を「装定素（連体）」と「限定素（連用）」とに分けた点にある。しかし、統語論上の単位の立て方は、名詞述語における「なり」を一単位と考える点も含めて、大槻と基本的には共通している。

一方、大槻とやや異なる特徴も存在する。第一に、西洋の語と日本の語は、単位的に一致しなくとも良いと積極的に考える点である。

> （前略）ワガ国語ニテハ、彼（西洋─筆者注）ノ・「インフレクション」ニテアラハス所ヲ、始メヨリ補助語トシテツクリ出サレタル「辞」ニテアラハスベキ、本来的性質ヲ有スルガ故ニ、一語ニテ一文素ヲ成スガ如キ・語ノ分類法ヲ取ルコト能ハザラシムベキ性質ハ、実ニ国語ノ成立ト共ニ備ハレシモノニシテ、（以下

略）。（一四三ページ）

右の引用で岡澤の主張していることは、語がそのまま文素（文の成分）になる西洋の諸語と同様に品詞分類や語の定義を行なうことは、助詞・助動詞の発達した日本語においては不可能であるということである。つまり、日本語の本性に従えば、品詞論上の語と、統語論上の文の成分は、積極的に異なるレベルのものとして捉えて良いというのが岡澤の考えなのである。

第二は、文素同士の結合をどう処理するかという問題である。岡澤は、文素論において「擬語法」という概念を立て、以下のように定義する。

擬語法トハ、一文素モシクハ二ツ以上ノ文素ヲ成スベキ叢語・又ハ句（スナハチ文型ヲ成セルモノ）モシクハ句ノ叢リヲ一語ニ擬シテ、文ヲ構成スル素材タラシムルヲイフ。（三六ページ）

この「擬語法」の概念は、大きく見れば、ある文素が他の文素に機能を変更する現象と、文素と文素の結合体が一文素相当の機能を持つ現象の二つを包含する。

①単位語に比擬して転用されたもの

・ゆき たる ひと は、みな、あめ に ぬれ たり。

・み を そこなふ を かなしむ。

②単位語の造語法に擬議されたもの

・連語の造語法に擬したもの（擬連語法）

・甲 乙 丙 きたる。

・熟成語の造語法に擬したもの（擬熟語法）

現　文部大臣

・ゆき　う

この内、前者に対応する①「単位語に比擬して転用されたもの」は、ある文素が他の文素に機能を変更するもので、橋本文法における「準用」の概念と重なる部分があるように思われる。たとえば、岡澤は動詞の本来的性能を従素（述語）になる点に求めるため、右に示した①の「ゆき　たる」は、擬語法によって従素（述語）から装定素（連体修飾語）へ機能変更したものと考える。なおこのような現象は、一文素から成る成分のみならず、句や節にも生じるから、「み　を　そこなふ」の場合では、擬語法によって従素から体言に機能が変更されたものとされる。

また後者に対応する②「単位語の造語法に擬議されたもの」は、「甲　乙　丙」のような文素と文素の並立や、「ゆき　う」「現　文部大臣」のような補助的あるいは臨時的文素の結合によって、全体が一文素相当の機能を持つものである。たとえば、「行き＝得」の場合、全体として一従素（述語）相当の機能を担っている。

以上のように、岡澤の研究は、語の定義や文素の記述などにおいて大槻に比べより精密化している。とりわけ文素の機能変更や文素相互の結合の現象を「擬語法」として扱っている点、注目される。

2・1・3　橋本進吉「国語法要説」「日本文法論」

aタイプの最後に、橋本文法を取り上げることにする。橋本の学説は文節論から出発し、後に連文節論へと展開していくが、ここでは「国語法要説」（昭和九［一九三四］年）「日本文法論」（昭和一四［一九三九］年）における考え方を中心に概観することにしたい。

橋本は、「国語法要説」において、「文節」を「文を実際の言語として出来るだけ多く句切った最短い一句切」「文を分解して最初に得られる単位であって、直接に文を構成する成分（組成要素）」（六、八ページ）と定義する。この定義からも分かるように、文節は、最小自由形式という形態的単位であるとともに、文の成分として機能する統語論上の単位という資格を持っている。

［図2］　橋本進吉「国語法要説」における「文節」の図解

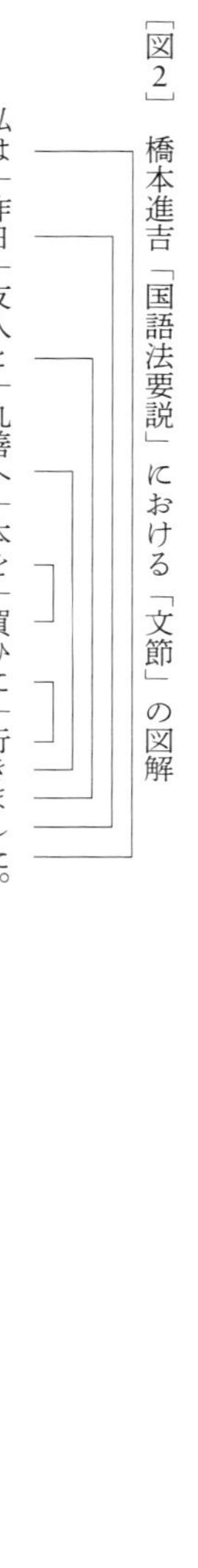

（四七ページ）

実際の文節は、その機能から見ると、図2の「行きました」のような「切れる文節」とその他の文節のような「続く文節」に分かたれ、さらに続く文節は、その承接関係からさらに下位分類される。いま、「日本文法論」における文節の分類を示せば、以下のとおりである。

連体文節　⑴並立　「筆かペン」　⑵従属　「そんなもの」
連用文節　⑴並立　「雨も降るし風もふく」　⑵従属　（名詞＋格助詞、副詞、など）
断止文節　（述語）
附属文節　「学校である」「知つてゐる」

この内、「連用従属文節」は、それまで「主語」「客語」などと呼ばれてきた「名詞＋格助詞」から成る文節の他、副詞、接続詞、「名詞＋係助詞」から成る文節も含み、広く用言にかかっていく文節をまとめている。

一方「語」は、「文節を構成する単位」（『国語法要説』一二ページ）と定義され、さらに文節構成上の性質から、以下の二類に分けられる。

第一種の語：形の上からいつて独立し得る語であるが、又独立しない場合がある。

第二種の語：独立し得ぬ語であつて、いつも独立し得べき語と共に用ゐられる。

この内、「第一種の語」である「詞」には、「体言・用言・副用言・感動詞」が、また「第二種の語」である「辞」には「助詞・助動詞」が所属し、助詞・助動詞の類は、語として認められている。

以上のように、橋本が「語・文節」という二つのレベルを考える点は、岡澤の「語・文素」の扱いと類似する。ただし、「お天気です」における「です」のような名詞に下接する助動詞を一成分と考えない点や、文から直接語を抽出せず「文→文節→語」と段階的に分析する点など、形態的観点から文節や語を定義する点が岡澤と異なっている。

また、文の成分となる文節の構造について詳しく分析していることも特筆できる。とりわけ、『日本文法論』に見られる「準用語」の論では、

如何なる辞がついて、いかなる文節が出来るかは詞の性質によつてきまる。これは各品詞それぞれちがひがあるが、或品詞は時として、文節構成の上に於て他の或る品詞と全く同性質を有することがあり、又或種の辞を加へたものは又或品詞と同様の性質を有する事がある。かやうに文節構成の上に於て或品詞と同資格を有するものを準用語と名づける。（一三二ページ）

と述べ、「準用語」として以下の四類をあげる。

一、体言に準ずるもの……用言の準体法・準体助詞をつけたもの・引用

二、用言に準ずるもの……助動詞を附けたもの
三、副詞に準ずるもの……準副助詞をつけたもの・用言副詞法
四、副体詞に準ずるもの…準副体助詞をつけたもの・用言の連体法

これらは、「行くのは」（用言から体言に準用）、「東京での」（連用語が準副体詞に準用）というように、「詞」が活用や「辞」の付加によってその本来的性能を変ずる現象と考えられる。先に見た岡澤の「擬語法」と重なる部分があるが、文節の構造を詳細に検討し、助詞・助動詞の分類に反映させている点、分析が精密化している。

以上、aタイプの文典を概観した。このタイプの語定義の特徴は、品詞論上の語と統語論上の文の成分が一致しないところにあり、特に岡澤・橋本文法では、「文素」「文節」という単位を新たに立てて、統語論を説いている。

この立場の短所は、品詞論において、名詞の格や動詞の法・時制などの記述を行なうことができなくなり、それらが助詞・助動詞の意味の問題に解消してしまうというところにあるが、一方、「語」と「文素・文節」という二つのレベルの単位を立てることによって、「文素・文節」の形成論が記述されるようになった点は、評価できよう。とりわけ、岡澤・橋本が提唱する「擬語法」および「準用」は、文節相当の単位を基本に日本語文法を考える上で重要な概念と考えられる。

2・2　bタイプ

2・2・1　山田孝雄『日本文法論』

このタイプの文典は、品詞論上、助詞、あるいは助詞・助動詞を語と認めるとともに、統語論においては、これらの付属語を文の成分の外に位置するものと考えるものである。

たとえば、岡田正美『日本文法文章法大要』（明治三三［一九〇〇］年）は、文を以下のように分析する。

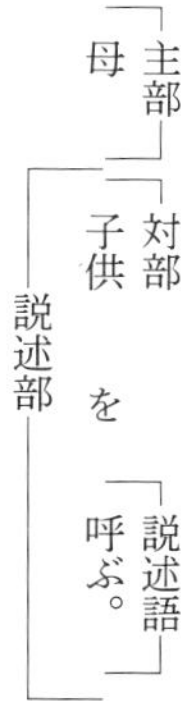

［図3］　岡田正美『日本文法文章法大要』における「文」の図解

主部	対部	説述語
母	子供を	呼ぶ。
	説述部	

岡田の方法は、まず文を「主部」と「説述部」に分割し、さらに「説述部」を「説述語」と「対部」などの「補足部」（主格以外の格成分）に分ける。その際、「子供を」というように文節単位で成分を考えるのではなく、「子供」というような名詞部のみを岡田は文の成分と考える。これは、各成分の機能を論理的あるいは意味的な観点からとらえているためで、助詞は各成分の外側に位置し、成分と成分とをつなぐものとして扱われている。

同様の助詞観は、山田孝雄『日本文法論』（明治四一［一九〇八］年）にも共通すると思われる。山田は、品詞論において「単語」を、

単語とは言語に於ける最早分つべからざるに至れる究竟的の思想の単位にして、独立して何等かの思想を

代表するものなり。　　（七六ページ）

（前略）かく単語は文を組立つる直接の材料として相互の間に相依り相保つ関係を有し、たとへ観念用法上の差はありとも、文の構造材料として一箇体をなせるものならざるべからず。　（七七ページ）

と定義して、単語を「体言」「用言」「副詞」「助詞」の四類に大きく分ける。この内「助詞」は、「観念語に附随して、それらの間の関係を示す」単語とされるが（一五五ページ）、用言に接続する助動詞は、動詞の「複語尾」と考えられ、語とは認められていない。

また文の成分については、「思想と語との関係によりて立てられたある語の職能」を山田は「語の位格」と呼び、以下の八種を掲げている（八〇五ページ以下）。

1　呼格　桜花、ちりかひくもれ。　あらおもしろの歌や。
2　主格　友人は西国へ旅立ちぬ。　鴬がなく。
3　賓格　その答は十五なり。　往時茫として夢の如し。
4　補格　人草を刈る。　友人に文を遣はす。
5　述格　鳥鳴く。　雪消ゆべし。
6　連体格　父の帽子　暖かき風
7　修飾格　ひたすら考ふ。　いと遥かに見ゆ。
8　接続格　見わたす限り山又山。　一尺すなはち十寸なり。

山田文法は、「句論（syntax）」における文の素材を「句（clause）」に求めるため、語の「位格」のようないわゆる成分論は、語の運用論で説かれることになる。そのため、文の成分としての「単語」の相関を、文法論全体のどのような水準で記述するのか、他と比べはっきりしない。ただ、助詞を「文を組立つる直接の材料」である「単語」と見る点や、「位格」に関する記述などから見て、「友人は」「父の」などにおける名詞部のみを「主格」「連体格」と呼び、助詞はその外側に立ち、必要に応じてそれを助けるものと考えていることは確認できる。

2・2・2　時枝誠記『国語学原論』『日本文法　口語篇』

時枝文法は、文の成分、あるいは助詞の扱いという点から見れば、一応bタイプに属すると言えるが、語を定義する観点から見ると、山田文法、橋本文法など他のいかなる文典とも根本的に異なる側面を有する。以下は、まず『国語学原論』(昭和一六［一九四一］年)の記述から見ていくことにしたい。

時枝は、先行する山田文法、橋本文法などにおける単語認定が、原子論的単位観をもって行われていることを批判し、次のように述べる。

> 言語に於ける単語が単位といはれるのは、分析の極に到達した原子的単位の意味に於いてではなく、それは質的単位の意味に於いてでなければならない。質的単位とは、主体的意識に於いて認定せられた一の全体概念であり、統一体の概念である。かゝる概念が予定されるが為に、それを基準として、我々は与へられた音声の連鎖を、二単語の結合であるとか、三単語の結合であるなどと分割することが出来るのである。
>
> (二一九―二二〇ページ)

つまり、「単語」というのは言語を客観的に分析することにより得られる単位なのではなく、言語の分析に先立って主体的に感得できるものなのだと時枝は考えるのである。そして、このような主体的単語観は、言語過程説に従えば、一単語は言語過程の一回的遂行によって成立する、という形で説明されるという。

以上のような単語観に立つ時枝文法は、さらに「単語」を「詞」と「辞」の二類に大別する。

詞：概念過程を含む形式。体言、用言、副体詞、副詞、など。

辞：概念過程を含まぬ形式。接続詞、感動詞、助動詞、助詞、など。

この内、「詞」は、『日本文法　口語篇』（昭和二五［一九五〇］年）によれば、「表現される事物、事柄の客体的表現」「主体に対立する客体化の表現」（五六ページ）とされ、名詞、動詞、形容詞などの他、「お写真」「赤さ」などの接頭語・接尾語も、概念内容を表現するため「詞」とみなされる。

これに対して「辞」は、「表現される事柄に対する話手の立場の表現」「話手の立場の直接的表現であるから、つねに話手に関することしか表現できない」（一三六ページ）とされ、助詞・助動詞の他、接続詞・感動詞もこの類に入るとする。このように時枝文法における「詞・辞」は、aタイプで見た橋本文法などと比べて特異で、これが統語論における文の分析にも反映する形になっている。

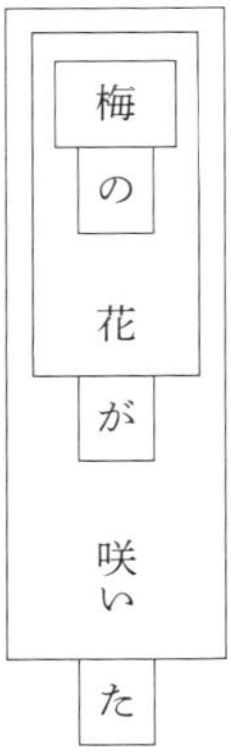

梅の花が咲いた

［図4］　時枝誠記『日本文法口語篇』における「文」の図解

図4は、時枝文法における文の図解であるが、時枝は、まず「詞」と「辞」の結合体を「句」と呼ぶ。たとえ

ば、上の例では「梅の」「梅の花が」「梅の花が咲いた」はすべて「句」と考えることができる。これは、「梅」のような一単語からなるものだけでなく、「梅の花」「梅の花が咲い」なども「詞」と認めるからで、結果として文の構造は入子型構造を成すことになる。

また、時枝文法では、「辞」は「格を示すことはあっても、それ自身格を構成し、文の成分となることはない」(『日本文法　口語篇』一三七ページ)ものとされるので、文の成分および格の概念は、句の中から辞を除いたものについて考えられる。すなわち、

［図5］　時枝誠記『日本文法口語篇』における「格」

述語格

主語格　　述語格

彼　は　勉強家　です。

図5のように、「彼」と「勉強家」はそれぞれ「主語格」「述語格」の関係にあり、さらに「彼は勉強家」は全体として述語格を成すわけである。なお「主語格」は、大きく見ると「補語格」とともに「修飾語格」の一種を成すと、時枝は考えている。

以上、bタイプの文典を見てきた。この内、山田文法は、単語を「文を組立つる直接の材料」と考え、助動詞を語として認めないという立場を取った。しかし、助詞については、「観念語(体言・用言・副詞)」に付属して用いられる非自立性を認めながらも、なお単語としての資格を有するものとして扱っている。

一方、時枝文法は、単語を主体的意識により認定されるものとし、概念過程の有無から「詞」と「辞」の二類

に分割する。時枝の詞辞の論は、言語表現の各レベルで入子型の構造が成立することを主張しており、意味的な観点から見ればこれは事実なのであるが、ただ形態的なレベルを無視して自立語から接辞までを「詞」と考えている点など、文法論における語定義としては無理があるように思われる。

このように山田と時枝の語定義にはくいちがう点もあるが、統語論において助詞、あるいは助詞・助動詞を文の成分の外側に立つものとして扱う点では共通している。この場合、文は、自由形式（free form）である文の成分と、拘束形式（bound form）である助詞・助動詞により構成されることになり＊1、形態的に異なるレベルの単位が統語論において扱われる点、文節相当の単位を文の成分と考えるaタイプとは、文の分析法が異なっている。

2・3　cタイプ

2・3・1　三矢重松『高等日本文法』

このタイプは、助詞・助動詞を語と認めず、統語論における文の成分を文節相当の単位として考えるものである。

たとえば、峰原平一郎『普通文典』（明治二八［一八九五］年）は、「国語を性質の上より分類して、名詞、代名詞、形容詞、動詞、副詞、接続詞、感動詞の七種とす」とし、助詞・助動詞を品詞として認めない。そのため、助詞・助動詞は、名詞の格、動詞の時制などという形で、名詞・動詞などの語形変化として記述されている。

また、同様の考え方をさらに進めたものとしては、三矢重松『高等日本文典』（明治四一［一九〇八］年）がある。三矢は、品詞論においては、以下のような日本語の語分類を示す。

　独立詞：名詞、代名詞、動詞、形容詞、副詞、接続詞、感動詞
　附属辞：助動詞、テニヲハ

この分類は、一見すると助詞・助動詞も単語として認めているように見えるが、統語論における以下の記述を見ると、そうではないことが分かる。

　文は固より詞辞の結合ならざるべからず。而して四部（文の四成分─筆者注）は詞又は詞辞の結合せる者より成る。本篇にありて之を「語」と称す。辞は部をなすこと能はず。（四三七ページ）

三矢は、主語・述語というような文の成分を、詞あるいは詞辞の結合体から成るものとし、それに「語」という名称を与えているのである。つまり、品詞論における詞辞は、語よりレベルの低い単位ということになろう。

このような立場に立って、三矢は、名詞論において格を、動詞論において法を説くとともに、統語論では、文の成分として「主語・叙述語・客語・修飾語」の基本的四成分と、その他のものとして「独立語・接続語」の二成分を立て、文の分析を行っている。

　主語　花こそ　咲け。　正しきが　善し。
　叙述語　夏の　嵐山は　涼しからむ。　正成は　忠臣なり。
　客語　我は　論より　証拠を　取らむ。　我は　笑ふを　喜ぶ。
　修飾語　吹く　風　涼し。　吹かば　飛ばむ。
　独立語　太郎や　御前は　水を　撒け。　ああ　懐かしき　故郷。
　接続語　金剛石　および　ルビーは　日本に　産せず。

右はその例だが、文の成分の基本単位を文節相当の単位としてとらえていることが分かると思う。また、大槻などにおいて一成分（述語相当）とされた助動詞「なり」も、

言語は意義をも論ずべきこと勿論なれど、形式と相俟たざるべからざるを忘るべからず。ナリの動詞を含むは論なけれど、我が国語の形式において附属辞たるは争ふべからず。（四四六ページ）

と述べ、「忠臣なり」で一成分と考えている点、単位の立て方は一貫している。

以上のように、三矢の文典では、語を統語論の基本単位とした。ただし、この場合、三矢が「独立詞・附属辞」と呼ぶものを語以下のレベルのものとして定義してやる必要が生じる。この点については、次の松下文法の説を取り上げながら考えたい。

2・3・2　松下大三郎『改撰標準日本文法』

松下文法の基本的な考え方は、すでに『日本俗語文典』（明治三四［一九〇一］年）に見えるが、ここでは『改撰標準日本文法』（昭和五［一九三〇］年）に従って、その考え方を見ていくことにしたい。

松下は、文法論上の単位として、「断句」「詞」「原辞」の三段階を認める。これらはおおむね、文、語、形態素に対応し、

詞は断句の成分であつて、自己だけの力で観念を表すものである。例へば「山」「我」「往く」「遠し」「或る」「若し」「嗚呼」などの類だ。「山」は「山」だけで一つの観念を表してゐる。そうして「山高し」「人山に登る」などいふ断句に於けるが如くその材料になる。

観念を表すものには詞の外に原辞が有る。「山が見える」「山に登る」の「が」や「に」などは原辞である。これらも観念を表すことは表すが、其れは「山が」「山に」などに於けるが如く、詞へ附いて始めてその観念を表すので「が」「に」単独の力ではない。観念を表しても単独の力で表すのでなければ詞ではない。そういうものは詞の一部を成すだけである。即ち「山」は一詞であるが「が」「に」は一詞ではなく、「山が」「山に」は各一詞である。

（一九―二〇ページ）

この内「詞」は、引用のとおり文の成分となる文節相当の単位、「原辞」はその材料と松下は位置付ける。この結果、「詞」としては、「名詞・動詞・副体詞・副詞・感動詞」のみが認められ、助詞・助動詞は形態素レベルのものと考えられている。また、「詞」を自立形式と考えるため、名詞の格や動詞の法・態・時制などが、名詞・動詞の「副性論」において扱えるようになり、その派生・屈折が詳細に記述されている。

一方、統語論は「詞の相関論」と定義され、「主語と叙述語」「客語と帰着語」「補語と形式語」「修用語と被修用語」「連体語と被連体語」という成分の相関関係を立てて、文の分析を行なっている。

［図６］ 松下大三郎『改撰標準日本文法』における「断句」の図解

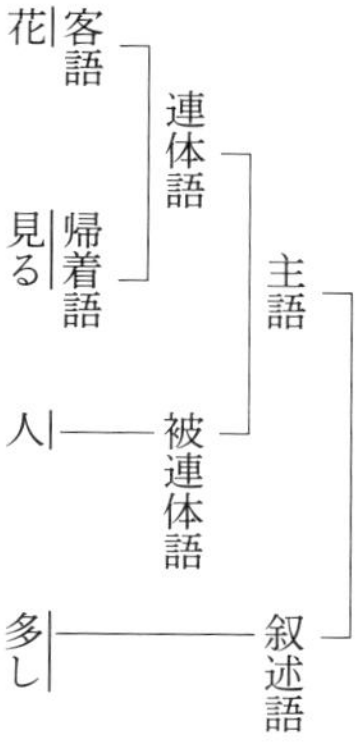

主語　叙述語
連体語　被連体語
客語　帰着語
花　見る　人　多し

その分析法は、図6のように「両分法」（ＩＣ分析に相当）によって行なわれ、各成分の機能は相手成分との相対的関係からの手法で行なわれる点が特徴である。

このように松下文法は、品詞論上の「詞」がそのまま統語論上の文の成分となるところにその特徴があるのだが、もう一つ注意したい点として「連詞」の扱いを挙げることができる。松下は、「詞」を「単詞」と「連詞」に分け、「単詞」は「単一の詞であつて分けると詞でなくなるもの」、「連詞」は「二詞が統合されて一詞となつたもの」（二〇ページ）と定義する。たとえば、「春の風」という表現においては、「春の」「風」は単詞の名詞、「春の風」は連詞の名詞と捉えるのである。しかし、連詞も結局のところ「詞」には違いないので、この立場に立つと、「断句（文）」も見方を変えれば「詞」ということになる。事実、松下は、

> 詞は断句になつても詞である。例へば「花咲く」は断句であつて同時に詞である。之を断句といふのは出来上つた結果から言ひ、之を詞といふのはその材料から言ふのである。（二二ページ）

と述べ、その結果、文の性質論は「詞」の単独論で論ぜられることになった。

以上、ｃタイプの文典について概観した。このタイプの特徴は、「語・詞」を統語論における文の成分と考える点にあったが、同時にこの立場を取ることによって、品詞論において、名詞の格や動詞の法・態・時制などを体系的に記述できる点も特筆できる。ただし、橋本文法の説く準用の現象のように「語・詞」がそのまま文の成分にならない場合を理論的にどう説明するか、また文あるいは節を「連詞」と捉えて良いのかという点については、なお考えるべき余地があると思われる。

3　語の定義の問題

ここまで明治以降における語の定義を、品詞論における助詞・助動詞の扱いと、統語論における文の成分の立て方からa～cのタイプに分けて概観し、その特徴を指摘した。冒頭に述べたように、西洋の伝統文典における「語」は文の構成要素としての資格を持つものであった。この点に関しては、明治以降の日本語研究においても、定義の文言の上では継承されることが多いが、実際に「語」をどのようなレベルの単位として捉えるかは、すでにタイプ分けしたとおり、いくつかのバリエーションがある。これを整理するなら、おおよそ表2のとおりになろう。

表2では、各文典が立てる文法単位を四つのレベルに位置付けてみた。この内、「morphemeレベル」というのは、自由形式(free form)の「花」や拘束形式(bound form)の「が」などを、「語」として同列に扱うレベルで、この場合の「花」「が」は、morpheme(形態素)のレベルにあるものと考えられる*1。

また、次の「wordレベル」は、ここでは欧米の文典におけるwordの定義に合わせて、「花が」のような文節に相当するレベル名として用いた。この内、「wordレベル1」は、「花が」「花を」「花に」というような、wordが文中において取り得る潜在的な語形・機能を抽象したlexeme(語彙素)に相当するものである。その意味でこのレベルの記述は、可能態としてのword(語)を扱うwordの単独論と位置付けることができる。

［表2］　a～cタイプにおける「語」の位置付け

レベル	実例	aタイプ 大槻	aタイプ 岡澤	aタイプ 橋本	bタイプ 山田	bタイプ 時枝	cタイプ 三矢	cタイプ 松下
morpheme レベル	花	語	語	語	語	語	（詞）	原辞
	が	語	語	語	語	語	（辞）	原辞
word レベル 1	花（にをが）	―	―	―	―	―	（詞）＊	詞
word レベル 2	花が（咲いた）	語	文素	文節	―	句	語	詞
clause レベル	花が咲いた	―	文素	（連文節）	句	句	句	詞

注…品詞論において、名詞の格や動詞の法・相を説く。

一方、「wordレベル2」は、「花が咲く」における「花が」のように、実際の言語表現の中でwordが特定の語形・機能をとり実現するword-form（語形）に相当する場合を考えるケースである。文の分析においてwordがどういう文の成分として働いているかを考える場合に相当し、その意味で、このレベルの記述は、現実態としてのword（語）を考えるwordの相関論に関わるものと考えることができる。なお、clauseレベルは、clause

（節）に相当する単位を扱うレベルである。

以上のようにレベル分けを施すと、語の定義とそれに関わる問題点について、次のようなことが指摘できると思う。

ア　「語」の位置するレベル

まず、「（単）語」という用語の用いられるレベルを見ると、a・bタイプの文典が品詞論で扱う語は、すべてmorphemeレベルのものであるということが分かる。この内、aタイプの大槻文法では、「単語」を品詞分類するとともに、文の成分も「主語・説明語」などというように「語」という名称で呼ぶため、品詞論と統語論における語のレベルの相違がはっきりしない。これに対して、岡澤・橋本文法では、文の成分論において、「文素」「文節」という概念を立て、語はそれらを形成する材料と考える。この扱いは、品詞論と統語論における語という用語の不一致という矛盾は避けることができるが、morphemeレベルの単位を語と呼ぶ点は変らないため、欧米諸語における「語」と日本語の「語」はレベル的に異なるものになってしまう。

同様にbタイプの文典も、山田文法では「助詞」、時枝文法では「助詞」「助動詞」を語と認めるため、語はmorphemeレベルの単位を含んでいる。この内、時枝文法では、統語論において橋本の「文節」に対応する形で「句」を立てるが、文の成分を「句」から「辞」を除いたものと考える点、考え方は根本的に異なっている。

これに対してcタイプの文典では、語を文の成分となるwordレベルの単位と位置付け、その結果、品詞論における語と統語論における語が一致する。とりわけ松下文法は、「詞」の材料として「原辞（morpheme）」という単位を新たに立てる点、「詞」の単独論、すなわちwordレベル1において名詞・動詞の格や相を説く点など、日本語の形態論的記述に関して、他の文典より大きく進んでいる。

イ 「語」と「文の成分」

アで述べた、語をmorphemeレベルの単位と考えるか、wordレベルの単位と考えるかという点は、統語論上どう文を分析するかという問題にもつながる。たとえば、bタイプの時枝文法は、「詞」「辞」の包み/包まれる関係を文の構造として記述するため、統語論上、自由形式(free form)と拘束形式(bound form)というレベルの違う形式を文の構成単位として認めることになる。

この時枝文法における入子型の図式は、意味的な観点から見れば、言語表現の各レベルにおいて成立すると思われるが、一方、この立場を取ると、理論的に「詞」相互の関係はすべて「辞」として把握する必要が生じる。そのため、結果的に時枝のような「零記号」を導入するか、あるいは統語論において用言を語幹(詞)と語尾(辞)に分割するという手段を取らざるを得ない。

このように時枝文法は、文法単位を質的観点から捉え、質的に全く異なる「詞・辞」がどのように文を作り上げるかを追及するものだが、その一方で形態論的レベルに関しては、ほとんど頓着しないという特徴を持っている。しかし、文の成分形成、成分の相関、文の運用などの問題を、すべて統語論という同一の水準で処理するのは、統語論に負担が掛かり過ぎるように思われる。

一方、cタイプの松下文法では、品詞論上の「詞」をwordレベルの最小自立形式と捉え、統語論は「詞」の相関論という形で記述される。しかし、この場合に考慮しなければならないのは、品詞論上「詞」たり得るものが常に実際の文中における成分と一致するわけではないという点である。

たとえば、動詞「読む」の基本的性能は述語になる点にあり、実際「書を読む」というようにそのまま文の成分として働くことができる。ところが「書を読むを（楽とす）」という形になると、「書を読む」全体が名詞の性質を持つようになり、格助詞「を」を伴って、述語から目的語相当の成分へ機能が変更される、つまり橋本文法における準用が起きる。

このような現象は、松下文法では「変態品詞」という形で言及されている（『改撰標準日本文法』三一四－三二二ページ）。「変態品詞」は、一つの品詞に二つの性能があって、一方の性能が一方を統率し、統率する方の性能がその品詞の代表的性能を成すものとされ、「書を読むを楽とす」のような変態名詞の他に、「我も人なり」「我ながら恥かし」のような変態動詞・変態副詞などを挙げている。

以上の松下の説は、準用の現象を品詞の単独論で取り扱うものだが、一方、岡澤・橋本文法では、これらを既に触れたように「擬語法」「準用」と名付け、文法的な機構の一つとして記述している。たとえば、岡澤文法においては、「書を読むを」というような表現は、統語論において述語相当の文の成分となる「書を読む」が、品詞論上、体言の資格を持つ表現に変化し、その後助詞を伴ったものとして扱われる。つまり岡澤の「擬語法」は、表現の水準が「文素」から一度「語」へと下がったあと、再度「文素」をなす現象として捉えられている。

また、橋本文法においては、「書を読むを」は、用言「読む」が体言に準用し「を」を伴ったものとされ、その意味では、「準用」は基本的に品詞レベルの現象と言える。しかし、その背景には、文の成分となる文節は、その文節を構成する「詞」の本来的性質（たとえば動詞なら述語になるなど）により決まるという前提があり、その前提が成立しない場合として「準用」の現象が取り上げられた経緯がある。つまり、橋本文法の「準用」も、「語」と「文節」の間の関係にかかわる問題として考えられているわけである。

このように準用の現象は、松下のようにwordレベルの問題として捉えるか、あるいは橋本のようにmorphemeレベルとwordレベルの間の問題として捉えるかという点で、なお考慮の余地があるものの、文節相当の形式を文の成分と考えるa・cタイプの文典にとっては、その成分形成論の観点から重要な問題となる。その点から考えると、aタイプの岡澤・橋本のように、品詞論と統語論において「語」と「文素・文節」という二つの単位を考える文典が、この現象に注目し詳しい解説を行なっている点、注目される。

ウ 「語」と「節」

イで問題にした準用は、橋本文法では文節形成上の問題としてまず考えられた。しかし、準用による機能の変更は、実際には単独の文節のみならず、連文節から成るclause（節）においても適用し得る。明治時代の文法研究におけるclause論の展開については第4章に譲ることにしたいが、ここでは松下文法における「詞」との関連から、問題点を指摘しておくことにしたい。

日本語のclauseの扱いは、統語論において、①clauseとclause以下の文の成分（phraseや語）との間に差を認めるか、②clauseをどのような観点から定義するか、という二点から大きく整理することができると思う。この内、①の観点から見れば、三矢文法や山田文法などは、表2に示したように「句」という名称でclauseを認める立場の文典ということになる。ただし、三矢が主述の完備したものをclauseと見るのに対して（『高等日本文法』四四七ページ）、山田は統覚作用の有無をclauseの条件と考える点（『日本文法論』一一八四ページ）、つまり②において両者は異なるというわけである。

一方、松下文法では、三矢や山田が「句」と呼ぶものは「連詞」であり、これらを特にclauseと考える必要はないという立場をとる。松下における「連詞」は「二詞が統合されて一詞となつたもの」と定義されるが、本質的性質は「単詞」と変るところはない。つまりclauseは、「詞(word)」にほかならないとされるのである。

この立場に立つと、「連詞」たるclauseも、「単詞」同様その品詞を考えることができるようになる。たとえば、「花が咲けば」のようなclauseは、その代表部「咲けば」が動詞なので、全体として「連詞の動詞」と考えられる。つまり、clauseは、内心的(endocentric)構造をなすものとして把握されるわけである。

ただし、この場合問題となるのは、松下が、文も材料という観点から見れば「詞」であると述べている点である。文は、通常clauseの運用から構成されるが、実際にはclause以外の成分、たとえば、題目成分などがその外側に立つ場合も多い。その際、この種の成分とclauseの関係は、むしろ外心的(exocentiric)構造と考えるべきではなかろうか。

以上のように松下における「詞」の定義は、clauseや文の扱いをめぐって問題を含む。統語論においてclauseという段階を考えるべきか、clauseの外側に立つ成分をどう扱うべきかなど、さらに考察を行う必要を感じる。

4 おわりに

ここまで、明治以降の文法研究を概観しながら、語の定義法とその問題点を指摘してきた。最後に次に考えるべき点について触れておきたい。

筆者は、語を最小自由形式と考え、統語論はこの語の相関論として把握するという方法を基本的に取る。つまり、形態的に定義された語から出発し、どこまで文法が記述できるかという問題を考えたい。その際、まず考えなければならないのが、形態論における語構成の理論である。日本語における語は、それを最小自由形式として位置付けた場合、活用や接辞の付加により、実際の文中で複数の機能を持ち得る。この点を記述するためには、従来の形態論における派生（derivation）、屈折（inflection）という概念のみでは不十分で、さらに次章で取り上げる準用という概念を理論的に位置付ける必要がある。

一方、統語論においては、文の成分として実現した語の相関をどのように記述していくかが課題になる。とりわけ、橋本文法の取り上げる補助の成分の扱いや、節の理論的位置付けなどは、文の成分の構成という観点から問題になろう。この内、補助の成分については、従来、「形式語」という形で扱われてきたが、これらの中には「先週から働きどおしだ」「車に酔い気味だ」などのように、準用の機能を持つものも多い。形式語による文の成分形成は、準用論と関係付けながら考察すべき問題と思われる。

＊1　「free form」「bound form」の定義は、本章では森岡健二（一九九四）に従い、助詞類は単語の資格を持たない類として扱うことにする。

第2章

「準用」論の展開

1　問題のありか

「準用」は、橋本文法で提唱された概念である。橋本進吉「日本文法論」（昭和一四［一九三九］年）には、文節の性質に関連して、以下のような記述が見られる。

一、如何なる辞がついて、いかなる文節が出来るかは詞の性質によってきまる。これは各品詞のそれぞれちがひがあるが、或品詞は時として、文節構成の上に於て他の或る品詞と全く同性質を有することがあり、又或種の辞を加へたものは又或品詞と同様の性質を有する事がある。かやうに文節構成の上に於て或品詞と同資格を有するものを準用語と名づける。（一三一ページ）

橋本文法においては、文の構成単位として文節を立て、文節の性質は、基本的には文節を構成する「詞」によって決まる。たとえば、名詞ならば「花が」のように主語になり、動詞ならば「行く。」のように述語になるのが基本である。つまり文節の性質は、品詞論上の語類である詞の性質を引き継ぐ形で考えることができるわけである。

ところが、時として名詞が「花だ。」というように述語になったり、動詞が「行くのが」というように主語になることがある。これは詞が文節の性質を規定するという原則から見れば異例で、また文節の文の成分としての資格を考える上でも見逃せない現象である。そのため、橋本文法では、このような本来の詞の性質が他詞の性質に変更される現象を、特に「準用」と呼び注意するのである。

このように、「準用」は文節（文の成分）の構成法に関わる重要な概念であるが、その意義は従来あまり理解されてこなかったように思われる。たとえば、国語学会編『国語学大辞典』を見ても、準用機能を有する「準体助詞」の項目はあっても、「準用」あるいは「準用語」という項目は立項されていない。つまり文法的概念として必ずしも十分に認知されていないのである。

第2章では、以上のような問題意識から、「準用」およびそれに類似する概念を立てる文法論を、明治以降にまで対象を広げつつ取り上げ、これまで「準用」として記述されてきた事象の範囲をまず確定することにしたい。その上で、「準用」の位置付けに関して若干の私見を述べることにする。

2　準用に関する諸説

2・1　橋本進吉における準用論

まず最初に橋本文法における準用論から検討したい。橋本進吉「日本文法論」は、すでに冒頭で引用したように、「文節構成の上に於て或品詞と同資格を有するもの」を「準用語」と呼び、以下のような例を挙げている。

1　体言に準ずるもの
(a)用言の準体法　連体準用法……………＊1
　　　　　　　　連用準用法………見にゆく
(b)準体助詞をつけたもの……………見るのは（「の・ぞ・から・ほど」を付けたもの）
(c)引用
2　用言に準ずるもの
(a)助動詞を付けたもの…………見られる、見よう、学校だ、少しだ
3　副詞に準ずるもの
(a)準副助詞をつけたもの…………我ながら、見ながら
(b)用言副詞法……………早く来る、静かに歩く
　用言連用法……………＊2
4　副体詞に準ずるもの
(a)準副体助詞（の）をつけたもの……学校の、学校での、少しの
(b)用言の連体法……………見る人、早い時間
（一三一ページ。なお、用例は、説明のため筆者が補った。）

上の橋本の分類は、準用後の品詞性から施されたものだが、動詞「見る」・名詞「学校」を例に取って、準用前の品詞性から整理し直すことにしよう。

［表1］「準用」による品詞性の変化

品詞	語	準用	例
動詞	見る。	体言に準用	：(1)見にゆく(連用準体法)
			：(2)見るのは(動詞＋準体助詞)
		用言に準用	：(3)見よう　(動詞＋助動詞)
		副詞に準用	：(4)見ながら(動詞＋準副助詞)
		副体詞に準用	：(5)見る人　(連体法)
名詞	学校が	用言に準用	：(6)学校だ　(名詞＋助動詞)
		副体詞に準用	：(7)学校の　(名詞＋準副体助詞)

まず、動詞「見る」が準用する場合である。橋本は動詞の基本的性能を単独で述語になる形（終止形）に求めるため、連用形に格助詞が下接する(1)と、連体形が名詞を修飾する(5)の場合を、それぞれ体言・副体詞に準用したものと見る。以上は動詞単独の準用だが、さらに準体助詞が下接する(2)と、準副助詞が下接する(4)も、辞の助けを借りながら全体として体言・副詞に準用したと橋本は考える。なお、(3)の助動詞の下接する形は、必ずしも品詞性の変更を伴わないが、同じく準用語の例に含められている。

同様に名詞「学校」の場合は、基本的性能を連用の格助詞が下接し主語等になる形に求めるため、「だ・です・らしい」が下接して述語になる(6)や、準副体助詞が下接し連体成分になる(7)が準用語として扱われることになる。

以上が橋本における準用論の概要だが、その特徴として次のようなことを指摘することができるだろう。まず第一は、語の品詞性の捉らえ方である。準用は、詞が文節構成上その性質を変化させる現象であるが、その際に何をもって詞の基本的機能と考えるかという問題がある。この点に関しては、用言の場合、「見る。」「早い。」のような単独で述語になる終止形の用法を基本的機能と橋本は考えるが、これは、品詞分類上、用言・副体詞・副詞をそれぞれ「述語になる」「連体修飾する」「連用修飾する」というように統語的機能から定義するためである。しかし、そもそも活用を有するのが用言の基本的性質なのであるから、「連体形（見る人・早い時間）」「連用形（早く来る）」の機能も用言に基本的に備わったものと考えなければ、矛盾が生じる。

次に考える必要があるのは、準用の起きるレベルの問題である。橋本は、準用を「詞に生じる現象」と考えるが、準用する前の詞を観察すると、そこにはレベルの相違が存在するように思われる。

(8)見に行く。　(9)学校の　(10)学校での

まず(8)は、詞が単独で準用する場合である。この場合は、「見る」という動詞が連用形をとり、単独で体言に準用している。

これに対し(9)・(10)は、詞が辞の助けを借りて準用する場合である。橋本は、

準用辞……助動詞、準体助詞、準副体助詞、準副助詞
関係辞……副助詞、接続助詞、並立助詞、格助詞、係助詞
断止辞……終助詞、間投助詞

辞を上のように三類に分類するが、このうちの「準用辞」が下接するのがこれに当る。このうち(9)では、名詞「学校」に準副体助詞「の」が付いて、「学校の」全体が副体詞に準用すると見るので、詞が辞を伴って品詞性を変更していることになるが、(10)の「学校で」は、すでに文の成分の資格を持った連用語で、(9)と同様に扱うことはできない。この点、準用辞の付加する対象をレベルの面から整理しておく必要があると思う。

最後に、屈折（inflection）・派生（derivation）という形態論的概念との関係である。まず屈折と準用の関係

であるが、既に触れたとおり、橋本に従えば「早く（来る）・早い（時）」は、用言「早い」がそれぞれ副詞・副体詞に準用したものということになる。しかしこれらの活用形は用言の屈折形と考えられるので、このままでは屈折と準用の区別が付かなくなるという結果が生じてしまう。

また、品詞性の変更という点からは、準用は派生と類似するが、この点について橋本は、①ある語に接辞が付いたものは、その語本来の品詞性を失うことがある、②ある語に準用辞などの助詞が付いたものは、他の文節を承ける関係においては、自身の品詞性を失わないと述べ＊3、①の派生と②に含まれる準用を明らかに区別している。

具体的に言えば、派生とは、名詞「春」が接辞付加により動詞「春－めく」になるような場合を言い、その際には「春」は名詞性を全く失ってしまい、連体修飾語を承けることができなくなる。これに対して「見る－の－が」のような準用では、動詞「見る」は、準体助詞「の」により後に続く関係においては名詞性を付与されながらも、承ける関係においては「絵を－見る－の－が」というように、格成分「絵を」を承ける動詞性も同時に持っているというわけである。

なお、このような文節の承ける関係に注目すると、準用辞は、

⑾［大学の学生］だ。

⑿［絵を見る］のは（楽しい）。

右の⑾・⑿における「だ」「の」のように、直前の詞「学生」「見る」ではなく、「大学の学生」「映画を見る」というような句（phrase）あるいは節（clause）全体を承けているとも考えられる。しかし、橋本においてはあくまでも単文節レベルの問題として準用は取り扱われ、句・節に準用辞が下接するという解釈は行っていない。

以上、橋本における準用論の特徴を整理したが、全体をまとめれば、次のようになろう。

ア　準用は、詞が品詞性を変更する現象である。

イ　準用は、単文節の内部構成の問題として捉えられる。

ウ　準用は、詞の活用あるいは準用辞の下接により起る。

エ　準用と派生は、前の成分の承け方が変化するか否かにより区別される。

このうちエについては、橋本が語の性質を考えるにあたって、切れ続きの関係のみならず、承ける関係にも着目した点が大いに役立ったと考えられる。ただし、このような承ける関係の保存は、広く助詞一般に見られることなので、準用辞と他の辞との境界線をどこに引くかについては検討の必要がある。

2・2　橋本以前における準用論

前節では、まず橋本文法における準用論を概観したが、次に橋本以前の準用研究を、岡澤鉦次郎と松下大三郎の研究を中心に考えることにしたい。

明治期から橋本までの文法論を概観しても、準用に対応する現象を広く記述する文法研究は数少ない。そのような中、山田孝雄は、用言から体言への準用に関して、ややまとまった記述を残している。具体的には、山田孝雄『日本文法論』（明治四一［一九〇八］年）において、①引用句が全体として体言の資格を持つ場合と、②用言が体言に準用する場合を、体言の取扱を承ける「語の転用」とし、後者の例として、

準体言
　(1)人の喜ぶを見ればうれし。
　(2)喜ぶはよく、怒るはあし。
　(3)怒れるは彼にして、喜ぶは我なり。
目的準体言―(4)花を見に行く。

右のような用例を挙げている（七六三ページ以降）。

このように、「準体」という名称を用いて準用の一部を論ずる点は、山田から橋本への用語上の影響がうかがえる。ただし、山田の記述は、体言への準用に限られ、また「語の転用」の項目は、名詞の代名詞的用法など準用とは質的に異なる内容も含む。その意味では、山田における準用の記述は、橋本に比べ限定的なものと言えよう。

2・2・1　岡澤鉦次郎における準用論

これに対し、準用に対応する概念を「擬語法」という名称で立てるのが、岡澤鉦次郎である。岡澤鉦次郎『教科参考日本文典要義』（明治四一［一九〇八］年）は、文の実際の分析に際して、語あるいは語の結合体から成る「文素」（文の成分）という概念を立て、文を以下のように分解する。

主素　限定素　主素　従素
とも　ふたり　こゝ　に　きたる。
装定素　主素　装定素　主素　従素

けふ　の　かぜ　は　きのふ　の　かぜ　より　さむし。
主素　　装定素　　主素　（準）従素
ひと　は　一種　の　動物　なり。

岡澤の立てる文素は、「主素（格成分）」「従素（述語成分）」「装定素（連体成分）」「限定素（修用成分）」という四種類で、「動物なり」のような名詞述語を二文素に分割する点を見ると、橋本の文節のように形態的観点から定義された単位とは言えない。しかし、岡澤における語と文素の関係は、正体言（名詞）の「かぜ」と静辞（助詞）の「は」から主素「かぜは」が構成されるというように*4、橋本文法の語と文節の関係と並行的で、橋本が文節の構造に関連して問題にした準用の概念が、岡澤においても「擬語法」という形で取り上げられることになる。

岡澤は、擬語法を以下のように定義する。

擬語法トハ、一文素モシクハ二ツ以上ノ文素ヲ成スベキ叢語・又ハ句（スナハチ文形ヲ成セルモノ）モシクハ句ノ叢リヲ一語ニ擬シテ、文ヲ構成スル素材タラシムルヲイフ。（三六ページ）

これは、すでに文素（文の成分）としての資格を持つ文節あるいは連文節相当の表現が、文素の構成上その材料、すなわち語として扱われる現象と言い換えることができる。岡澤は、その実例として以下のような場合を挙げる。

ア　単位語に比擬して転用されたもの
(1) ゆき　たる　ひと　は、みな、あめ　に　ぬれ　たり。
(2) あめ　に　ぬれ　たる　ひと　おほし。

(3)すこし　も　よどま　ず　いひ　とき　たり。
(4)み　を　そこなふ　を　かなしむ。
イ　単位語の造語法に擬議されたもの
(a)連語の造語法に擬したもの（擬連語法）
(5)甲　乙　丙　きたる。
(6)甲　たち　て　まふ。
(b)熟成語の造語法に擬したもの（擬熟語法）
(7)ゆき　う　みち（途）ゆく　ひと
(8)現　文部大臣　文学博士　加藤弘之

このうちアは、既に一文素以上の資格があるものを一語に擬するとともに、その性質を他の文素の機能に変更するもので、橋本文法の準用に対応する概念である。たとえば、(2)の「あめにぬれたる」は、主素（格成分）をなす「あめに」と従素（述語成分）をなす「ぬれたる」が結合した二文素からなる表現だが、全体があたかも一語のように取り扱われ、装定素（連体成分）に転じたものと岡澤は考える。同様に(3)・(4)の「すこしもよどまず」「みをそこなふ」も、それぞれ擬語法により「限定素」「体言」に機能が変更されたものとして扱われている。なお、(1)の「ゆきたる」は一文素からなる表現だが、岡澤は、動詞の本来的性能を従素（述語成分）になる点に求めるため、装定素（連体成分）として働く「ゆきたる」を擬語法によって従素から装定素へ機能変更したものと考える。

またイは、(a)のような文素と文素の並立や、(b)のような補助的あるいは臨時的文素の結合によって、全体が一文素相当の機能を持つものである。このうち(a)は、「甲たつ。甲まふ。」というように本来二文をなすべき表現が一文に省約されたものと考えられ、省約に際して「たちてまふ」という連語的な表現を取ることによって一語に擬せられたものとされる。

これに対して(b)は、「行き＝う」というように形式動詞が下接して、全体として一従素相当の機能を担うような場合で、熟語の構成に擬せられた擬語法と岡澤は考える。

以上が岡澤における擬語法の概要だが、橋本文法の準用との関係からは、次のような点が指摘できよう。まずその名称からも分かるように、擬語法は文素が語のレベルに一度戻る現象であるということである。橋本の準用は基本的には詞の資格変更の現象だったが、岡澤は、二文素以上の結合体も擬語法によって一旦一語相当の表現になり、その上で一文素の機能を持つと考えるのである。もちろん両者が扱う現象は結果的に類似するが、擬語法がどういうレベルで起きるのかという点は、準用と捉え方が異なっている。

これは、橋本の準用が単文節の構成論の中で考えられているのに対して、岡澤の擬語法が句（phrase）や節（clause）も含めた文の成分形成の観点から発想されているためと思われる。すなわち橋本文法においては、詞がどのように文節の性質を規定するかが重要だが、岡澤においては文の基本成分である文素がいかに形成されるかが問題となる。岡澤が橋本と異なり、並立成分・補助成分が結合する過程も擬語法として捉えるのは、そのためと考えられよう。ただし、各語類の本質的機能を、「動詞→述語成分（従素）」というように単一の機能に限定している点は、橋本の準用の考え方に類似している。

このように岡澤の擬語法は、橋本の準用論と発想の面で異なる点も有するが、山田文法の準体と比べて扱う現象の範囲も広く、準用研究のさきがけと評価して差し支えないと思われる。

2・2・2　松下大三郎における準用論

次に松下大三郎における準用の扱いを考えることにしたい。松下大三郎『改撰標準日本文法』(昭和五［一九三〇］年)は、詞(word)を単独で自立する形式に限り、助詞・助動詞を詞と認めない。そのため、詞は橋本の文節に相当する単位となり、準用の現象は、詞の二次的分類である「変態品詞」の項目で記述されることになる。

「変態品詞」とは、一つの詞の中に二つの品詞的性能が認められるもので、具体的には以下のようなものを指す(三一四ページ以降)。

1　変態名詞
　動詞性名詞　書を読むを楽とす。土佐坊斬られのこと
　副体詞性名詞　素的のが有る　例のを下さい
　副詞性名詞　直ぐが善い　又が善からう
　名詞性再名詞　はかなきことのみを思ひ出づ

2　変態動詞
　名詞性動詞　我も人なり彼も人なり。その仁、天の如し。
　副詞性動詞　怨に報ゆるに徳を以てす。我豈敢えてせむや。
　動詞性再動詞　行ひ難し　行くべし　遠かり　はるかなり

3　変態副体詞　氷なす刃

4　変態副詞
　名詞性副詞　我ながら恥かし　花見る毎に風を恨む
　動詞性副詞　人を責めながら自ら改めず

上れば上る程けはし

たとえば、「書を読むを」における変態名詞「読む」は、上部に動詞的性能があるため「書を」を承けることができるが、同時に下部の名詞的性能が発揮されて格助辞「を」が下接する。この場合、全体の品詞性は、上部を統率する下部の名詞性が代表し、結果として「読むを」は動詞性名詞として分類されるというわけである。

このように、松下の変態副詞は準用語に対応する概念で、その語構成も、1の「読むを」「直ぐが」のように詞単独のものや、2の「人なり」・4の「責めながら」のように接辞の付加によって生じるものを挙げるなど、橋本の記述と重なる。ただし、2の「以てす」「行ひ難し」などのように形式動詞の付加する詞を含める点や、

(1)若き時は遊びたきものなり。

(2)友達は選ぶことだよ。

(3)僕は日曜は閑なのだ。

同じく形式名詞「もの・こと・の」から成る、上記の(1)~(3)を変態動詞と認める点は、橋本の準用語より変態品詞の扱う範囲は広い。

また、橋本の準用論においては、

(4)早く来る　(5)学校の　(6)早い時間

右の(4)ような用言連用形を「副詞に準ずるもの」、(5)・(6)のような「名詞+準副体助詞」および用言連体形を「副体詞に準ずるもの」として扱っていたが、松下はこれらを変態品詞とは考えず、詞が格変化し、連用格および連体格の形を取ったものとして扱う。

松下における格変化は、詞の文中における資格を示すもので、名詞のみならずすべての品詞に認められる屈折

現象である。したがって、「早く・早い・学校の」などを詞の格変化と見るということは、これらの語形の機能が準用により生じるものではなく、その詞に本来的に備っているものと松下が考えていたということを意味する。ただし、⑸のような準副体助詞には、「学校との」というように、裸の名詞ではなく、すでに格変化した名詞に下接する場合がある。松下は、このような場合を「格の実質化」と呼び＊5、有格名詞「学校と」が一度無格名詞になり（実質化）、さらにそこに助辞「の」が下接したと考える。すなわち、名詞の格変化（屈折）が二回起きる場合には、名詞連用格→無格名詞という一種の準用が生じるとするのである。

以上のように、松下文法における準用の扱いには、詞を文節相当の単位と考えることから橋本との共通性が見られる。そして、その詞に品詞性を与える必要があることから、変態品詞という概念を立てるに至ったと考えられる。しかし一方では、「詞に格変化を認める」「形式名詞・形式動詞などを立て準用の現象と関係付けて説く」など、説明方法・範囲が橋本と異なる点も存在する。日本語の文法論の中で詞（文節）をどう位置付けるかという観点からも、両者の準用論を対照する必要があると思われる。

2・3　橋本以後における準用論

最後に明治期から橋本文法までの研究を受け、準用論が橋本以降にどう引き継がれ、展開していったかを見ることにする。

2・3・1　佐久間鼎における準用論

まずはじめに取り上げたいのが佐久間鼎の吸着語論である。佐久間鼎『現代日本語法の研究』(昭和二七［一九五二］年)は、単語を「独立する語(詞)」と「付属する語(辞)」に分類する場合、「詞」でありながら句(phrase)に付属しなければ機能を果たさない語類があると述べる。その上で、橋本文法の準用の概念を援用し、

・前に来る語句に何かの品詞の資格を与える
・まったく自立することができるものではなくて、補充の語または句を求める
・「文節」を形づくるということではなくて、一つの句または節を承ける

右に示したような特徴を持つ「吸着語」という類語を立てる(三二五ページ)。佐久間の吸着語は、詞・辞の双方にわたり、具体的には次のような語が挙げられる。

1　名詞的な吸着語

(a)人に関するもの　　ひと、かた、やつ、者(もの)、連中、てあい、……
(b)物に関するもの　　もの、方(ホー)、分(ブン)／の(準体助詞)
(c)事に関するもの　　こと、はなし、点(テン)、かど、次第、件、……
(d)事態・様態に関するもの　　場合、始末、はこび、はめ、具合、様子、……
(e)所に関するもの　　ところ、あたり、辺(ヘン)、方(ホウ)、……
(f)時に関するもの　　とき、うち、あいだ、ころ、おり、時分、……
(g)程度を示すもの　　(いわゆる副助詞)

(h)事由・所存を示すもの　ゆえ、ゆえん、気、かんがえ、つもり、所存、……

2　性状についての吸着語

たい、だ、です、らしい、ない、ような、そうな、みたいな、がちな、くらいな、ほどな

3　副詞的および接続詞的な吸着語

(a)体言にじかにつくもの

だけ・ばかり・ぐらい、かぎり、つきり、ほど、まで、など、なんぞ、なんか、どころか、ゆえ

(b)体言に「の」を添えたものにつくもの

とおり、まま、くらい、ぐらい、かわり、ため、……

4　時に関する吸着語

(a)「する」ならびに「した」につくもの

とき、ところ、際、あいだ、途端、たび、……

(b)「する」の方につくもの

うち、最中、さなか、一方、都度、まえ、……

(c)「した」の方につくもの

のち、あと、あげく、当座、時分、うえ、……

5　条件・理由についての吸着語

以上、上は、かぎり、分、こと、から、……

ゆえ、ため、せいで、もので

これらは、前に来る語句の品詞性を与える語という点で、橋本の準用論を受けており、橋本が具体例を示さなかった部分に関しても、やや踏みこんだ発言をしている。たとえば「性状についての吸着語」の項目では、

「準用」という点の考慮から「準用辞」に編入されてよかろうと橋本氏が考えた助動詞は、やはり一種の吸着語と認めることが出来そうにも思われます。（三三二ページ）

と述べ、動詞的な助動詞に関して留保するものの、「たい、だ、です、らしい、ない、ような、そうな」については、これらを吸着語と認めている。

また、橋本が準用の機能を持つ語を辞に限定したのに対し、佐久間においては詞である形式語も吸着語とする点、特徴的である。すなわち、名詞への準用を例にとれば、

(1)―学校へ―行くのが―

(2)―学校へ―行く―ことが―

橋本においては、準用の機能を持つ語は、(1)の「の」のような助詞（辞）に限られ、準用はあくまでも文節内部の問題として捉えられていた。しかし、佐久間においては、(1)に加えて(2)の「こと」のような形式語（詞）にも準用の機能が認められ、準用の現象は文節内部のみならず、文節が結合する際にも生じるものとして捉えられている。なおこの場合は、一句または節を承ける」という吸着語観から、「の・こと」といった吸着語は、「行く」ではなく「学校へ行く」という句に接続するものと佐久間は考える。

以上のように、佐久間の吸着語論は、考察の対象を形式語にまで広げ、準用の現象を文節構成の問題のみならず、文の成分構成の問題にまで広げたところに特徴がある。ただし、吸着語を「語」ではなく「句」に下接するものと定義したため、文節構成論的な観点から準用をどう捉えるかという点については、詳しい言及はない。

2・3・2　三上章における準用論

以上のような佐久間の準用観は、さらに三上章に引き継がれる。三上章『現代語法序説』（昭和二八［一九五三］年）では、品詞を以下のように分類するとともに、「準詞」という品詞を新設する。

［表2］　三上章『現代語法序説』における品詞分類

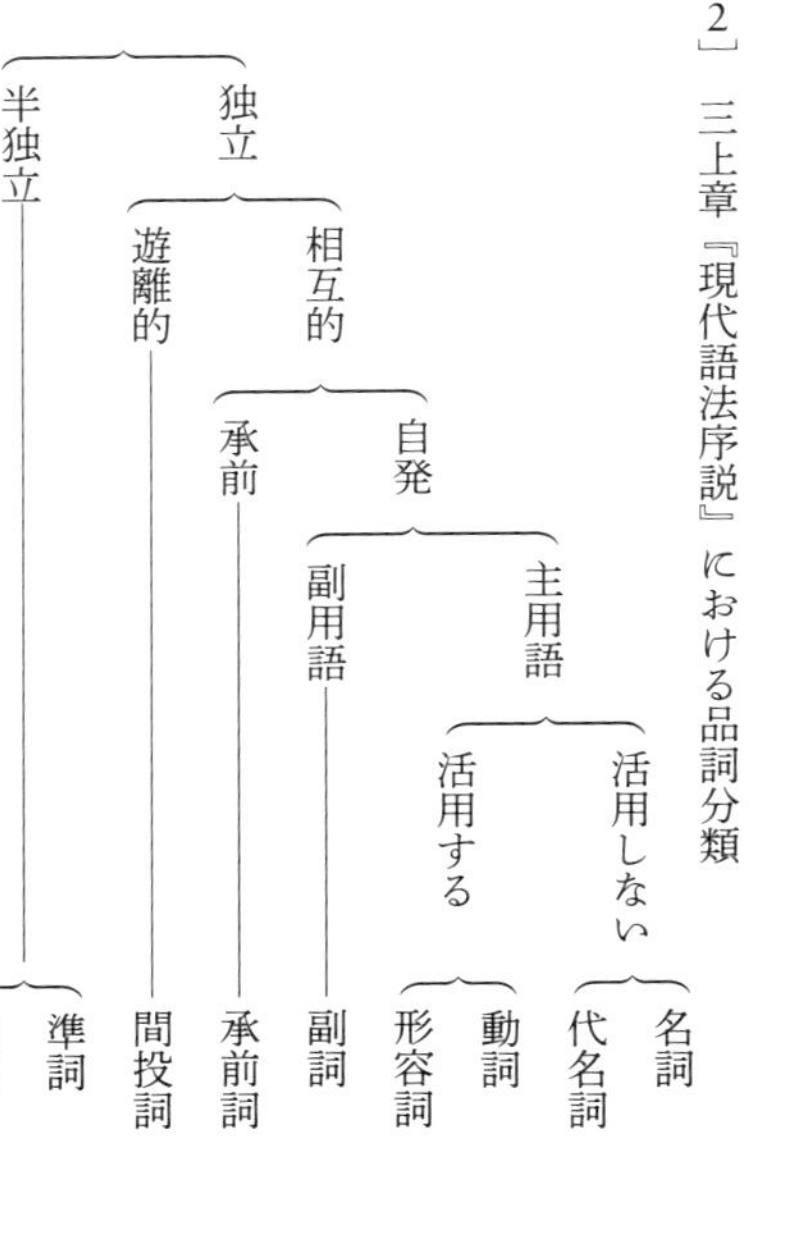

「準詞」は、「それ自身としては独立して使われない小形の語詞で、先行の語句をたゞちに承けて、その全体をあたかも一つの品詞のようにするもの」とされ（六ページ）、さらに「準体詞」と「準用詞」の二類に分けられる。三上の準詞を、『現代語法序説』・『現代語法新説』（昭和三〇［一九五五］年）・『新訂版現代語法序説』（昭

和三四［一九五九］年）から拾っていくと、およそ以下のようになる。

準体詞：ヨリ、カラ（格助詞）／ダケ、マデ、バカリ、ナド、カ、グラヰ（副助詞）／ノ、ホド（準体助詞）／キリ（準副助詞）

準用詞：ト［引用］（格助詞）／ガテラ、ナガラ（準副助詞）／カ（終助詞）／レル、セル、タイ、ダ、ラシイ（助動詞）／タサニ、ゲナ、デアル、ノダ、ノデアル、ミタイナ、ヨウナ、ソウナ、々［畳語］、モノデアル、コトデアル（その他形式語等）

三上の準詞は、橋本文法の準用辞と佐久間文法の吸着語を引き継ぐものだが、実際には、両者の説を修正している部分もある。たとえば、橋本進吉「日本文法論」では、「学校の」のような「名詞＋準副体助詞」から成る語形を副体詞に準用したものとして扱うが、三上章『現代語法序説』はこの点に関して、

この場合「その品詞に準用」というのに本末テントウの起らぬような注意がほしい。（中略）格助詞「ノ」は名詞や名詞句について「花ノ」「美シイ花ノ」などとなって、それらを連体詞（コノ、ソノ、アノ、或ル、イハユルなど）に準用させる、というのは本末テントウに思われる。体言＋格助詞から転成した「コノ」や「ソノ」が体言＋格助詞のお手本にされるのはどうだろう。これは単語の素性だけにこだわって言っているのではなく、このような本末を正しておくことがシンタクス上も有益なのである。（二五ページ）

とし、準副体助詞「の」を体言所属の格助詞とし、準詞から外している。

また、佐久間の吸着語は広く形式語類を含み、また三上も初期においては「ものである」「ことである」などを準詞としているが、三上『新訂版現代語法序説』に至ると、

佐久間先生の吸着語は「自身実質的な意味を欠き、独立の用法を持たず、何か具体的な内容を示す他の

語・句を受けて、それに何かの品詞の資格を与える語をまとめて呼ぶ」（阪倉「日本文法辞典」）のであるが、それらの大部分を添詞とし、一そう形式化の進んだものを準詞とし、進みきったものは活用語尾に繰り入れる。（一六ページ）

と述べ、「コウスルモノダ」「ヨク行ッタコトダ」などは、「別語（とすれば準詞）とすべきかも知れないが、同形のよしみを重んじてしばらく妥協的に添詞に留めておく」として、準詞から外している。

以上が三上の準詞論であるが、その特徴は、佐久間の吸着語論を受け継ぎ、準詞を基本的に句（phrase）に付くものしている点である。その際、準詞と助詞との相違については、三上『現代語法新説』において（九一ページ）、

脚結	転成直前	転成語	独立性
助詞（postposition）	安定	フレエズ	強
準詞（translative）	不安定	フレエズ	中
活用語尾（termination）	不安定	フレエズ	弱
接尾辞（suffix）	種々	単語	種々

右のように助詞が「名詞・代名詞」「用言のファイナル（ヨセ・スル・シヨウ）」「〜スレバ・〜シテ」などの安定した形に下接するのに対して、準詞は「用言連用形・連体形・語幹」などの不安定な形に下接するものとしている。また助動詞の扱いに関しては、基本的には準詞として扱うものの、「た」および「う／よう」は動詞の活用語尾として位置付けている。

以上のように、三上における準詞は、「句」を承けるものとした点、橋本よりも佐久間の影響を強く受けてい

る。また、「自立／非自立」「有活用／無活用」といった橋本的な形態的分類基準を利用せず、辞を活用語尾・助詞・準詞に三分割した点も、橋本の考え方から距離があると言えよう。

2・3・3　森岡健二における準用論

前節で見た佐久間・三上の準用論は、準用を句（phrase）に起きる現象として捉えるところに特徴があった。これに対して、そのような性質を認めつつも、単文節の構成の問題としても準用を考えていくのが、森岡健二の準用論である。

森岡健二『日本文法体系論』（平成六［一九九四］年）は、「語」を文節相当の文の成分と定義するとともに、橋本の準用論を受け継ぎ、「ある品詞が文節構成の上において、他の品詞と全く同性質になる」現象を準用と定義する（四四九ページ）。森岡によれば、橋本が準用辞とした助詞・助動詞の機能は、以下のように整理される。

1　助動詞　　(a)用言のみに付く………派生（例：行かせる）
　　　　　　(b)種々の語に付く………準用（例：学校だ）
2　準副体助詞　(a)体言・情態言に付く…屈折（例：春の、下手の）
　　　　　　(b)連用語に付く………準用（例：成功すればの、学校での）
3　準体助詞………………………準用（例：行くのが、僕のが）
4　準副助詞………………………屈折（例：歩きながら、我ながら）

このように準用辞の一部を派生ないしは屈折の機能を持つ辞として扱うのは、語の運用を以下のように捉えるためである。

［表3］ 森岡健二『日本文法体系論』における「屈折」「派生」の捉え方

動詞		名詞	
屈折	行き　行きながら　行く　行けば　行け……	屈折	花　花が　花を　花は　花の……
派生	行かない 行かせる 行った 行こう 行きそうだ 行く行く …	派生	お花 花だけ 花々 花やぐ …

このうち「派生」は、接頭辞・接尾辞・複語尾（用言所属の助動詞）などの接辞が語基（語の中核を成す形態素）に付いて、派生語（基）を構成する現象で、松下文法の「詞の相」に相当する。森岡は、準用語は派生語と異なり、成分を承ける関係を失わないとし、用言に複語尾が下接した形を一種の派生と捉らえる。そのため、1(a)の「行かせる」のような形式は、準用からはずされることになる。

また、「屈折」は、格助詞・接続助詞などの助辞が語基に付いて、「語」(文の成分)を構成する現象で、松下の「詞の格」に相当する。ある語がどのような屈折をするかは、各品詞ごとに決まっており、2(a)の「春の」や4の「歩きながら」を準用からはずして屈折としたのは、これらが名詞・動詞の本来的機能を担う形と判断されたためといえる。

このような処置の結果、森岡が準用語と認める例を摘記すれば、以下のとおりとなる(四五二―四六〇ページ)。

1　名詞への準用

(a)動詞の準体法

行くがよい、相談するに足りない、来もしない、探しに行く

(b)準体助辞による準体法

上品なのが、入ってからが

(c)副助辞による準体法

来るまでの、子どもなんかが

(d)形式体言による準体法

来るつもりが、書くことが

(e)引用による準体法

明日着くと知らせてきた

(f)並立助辞による準体法

「有ったり無かったり」する、「英語なり仏語なり」を習へ

2　活用語への準用

(a)判断辞による準用

作家です、海らしい、少しだ

(b)形式用言（で＝ある）による準用

我輩は猫である

(c)形式用言（＝する）による準用

勉強をする、…ができる

(d)形式用言（＝なる・＝する）による準用

金色になる、おしまいにする

3　情態詞への準用

(a)情態詞性の形式体言

そのようだ、軽いそうだ、ぎょっとした風だ、待つみたいだ、倒れそうな、故障がちだ

4　連体語への準用

(a)連体助辞「―の」による準用

母からの手紙

(b)形式用言（―という）による準用

Aという町

5　副詞への準用

(a)不定詞＋係助辞（―も・―でも）

幾らでも、なんでも

(b)不定詞＋しても、せよ

何にしても、何にせよ

森岡文法における準用論は、橋本文法を受け継ぎ、語（文節）構成の機構として構想されたもので、とりわけ準用を派生・屈折と対比し、その形態論的な位置付けを明らかにした点は、注目される。ただし、佐久間の吸着語論をも参照し、単文節内部における準用とともに、「来る＝つもりが」「猫で＝ある」のような形式語から成る連文節の準用も認める点、橋本に比べ準用の範囲が拡張されている。

3　準用の範囲と問題点

これまで橋本の準用論を出発点に、橋本以前に準用がどのような形で扱われていたか、橋本以降に準用論がどう受け継がれたか、という二点について概観してきた。以下は、これら「準用論」の展開を踏まえた上で、準用という概念の問題点について考えたい。そこで、まず最初に各研究が認める準用の範囲について整理することにしよう。

表4は、「書く」という動詞を例に、接辞が膠着しながら語（文節）が形成される過程を暫定的に区分けした

ものである。このうち「派生」は、動詞語基に山田文法の複語尾に当る派生辞が下接する段階で、語基には各種の文法的意味が付加される＊6。この種の派生辞は結合の自由度が高く、語の辞書的意味を変化させない。表4の複語尾「せ（る）」の場合も一種の「補助語幹」として動詞に付き、使役態の動詞を作っている。なお、ここでは森岡健二『日本文法体系論』に従い、「語」を「文節（文の成分）」、「語基」を「語の中核をなす形態素（morpheme）」の意味を用い、さらに必要に応じて、派生の段階の語基を「語基1」、屈折の段階の語基を「語基2」と呼び分けることにする＊7。

［表4］ 語(文節)形成と「派生・屈折・準用」の関係

<table>
<tr><th>派生</th><th>屈折</th><th>準用</th><th>再屈折</th></tr>
<tr><td>書か＋せ
語基1 派生辞</td><td>書かせ＋る
語基2 語尾</td><td>書かせる＋らし
語 準用辞</td><td>書かせるらし＋い
語 語尾</td></tr>
<tr><td></td><td></td><td>書かせる＋の
語(文節相当) 準用辞</td><td>書かせるの＋が
語 屈折辞</td></tr>
</table>

このように形を整えられた語基は、実際の文中では、統語的機能を示す形式を伴って語（文の成分）の形をとる。これが次の「屈折」の段階である。屈折は、用言では活用語尾や接続助辞、名詞では格助辞によって行われるのが最も典型的である。

以上で語基から語が構成されたわけだが、実際にはこれがさらに運用される場合がある。この段階が「準用」

である。ここでは、①屈折によって語（文の成分）レベルに至った形式が再び屈折可能なレベルに戻る、②品詞性を場合によって変ずる、という二つの現象の総称を準用とした。したがって、①に着目すれば、「逆屈折」とも呼べ、また②に着目すれば「派生」との類似を指摘することができる。表4では、存在詞系の助動詞「らし（い）」、準体助詞「の」が下接する場合が、この段階に当る。

なお準用した形式は、「再屈折」してふたたび文の成分になる。この場合、語尾や屈折辞の付く対象は「語基2」相当のものだが、一度屈折して語の資格を持ったものなので、とりあえず「語」と呼んでおくことにしたい。

ア　派生・屈折・準用の関係

以上のように派生・屈折・準用を区分けすると、これまで見てきた各準用論は、およそ表5の範囲を準用と認めていると考えられる。

［表5］　各研究における「準用」の範囲

		派生	屈折	準用	再屈折
A	橋本	?	○	○	○
	岡澤	×	○	○	○
B	佐久間	○	×	○	×
	三上	○	×	○	×
C	松下	×	×	○	×
	森岡	×	×	○	○

注…橋本は、助動詞を準用辞と認めるが、具体例を挙げぬため、詳細が不明である。そこで表中では「?」としておいた。

まずAであるが、このグループの特徴は「屈折」の一部を準用と考える点にあり、たとえば橋本は、「学校の」「早く来る」などの傍線部を副体詞・副詞に準用した形と見ている。橋本の準用は、「他の文節を承ける関係が変らない」という特徴を持つが、同様の性質は屈折においても見られる。両者は文節構成上全く機能の異なる現象なので、やはり区別すべきであろう。なお、橋本がこのような準用観を持つのは、各品詞の基本的性能を一つの機能に限定するためで、岡澤の擬語法においてもこの点はほぼ同じ扱いになっている。

次にBだが、このグループは、「派生」で用いられる複語尾系の助動詞を準用機能を持つ語と認めるところに特徴がある。たとえば三上は、「せる・れる・たい」などの複語尾を「だ・らしい」などの助動詞とともに準詞とする。これは、佐久間の吸着語論を受け準詞を「句に付くもの」と考えるとともに、品詞分類上の問題として準用を捉えたためだが、「弟が本を読む」というような句を準詞「せる」によって使役態にした場合、

(1)×［弟に本を読ま］せる　(2)弟に［［本を読ま］せる］

「せる」の付属する句は(1)ではなく、(2)のように「弟に」を含まない範囲になり、「せる」を単に句に付く準詞と定義することには問題が残る。これは、動詞が使役態に派生する際に「弟が→弟に」というように格助辞の変化を伴うためで、「せる・れる・たい」などの接辞は、準用辞ではなく、派生辞に分類する方が自然と考えられる。

最後にCであるが、このグループは、準用を最も狭い範囲に限定する。たとえば、松下は、表4の「派生」と「屈折」をそれぞれ「詞の相」「詞の格」と呼ぶとともに、準用は詞の内部構成の問題として別扱いにしている。また森岡は、松下の「詞の相」「詞の格」を派生・屈折と捉えるとともに、「準用」は、派生・屈折後の文の成分の資格を持った語に適用されると考えている*8。以上のようなCの扱いは、語（word）を文節相当の単位と捉えるとともに、語の運用法や語構成を詳細に記述したところから生まれたものと言える。形態論的な観点か

ら見て、最も妥当な扱いと評価できよう。

なお、準用する際は語の資格に変化が生じることがあるが、その場合の資格としては、①「名詞・動詞」というような品詞性、②「連体成分・述語成分」というような統語機能の二つを考えることができる。この点に関しては、①が「語が潜在的に持つ性質」、②が「語が屈折によって文中で具体的に持つ機能」であることを考えあわせると、「再屈折」と「準用」を峻別するためには、②のレベルの資格変更が起きるとすると具合が悪い。そこで、準用においては①のレベルの品詞性の変更が起きると考えたい。

イ　形式語の扱い

アでは、単文節の構成という観点から、詞が単独で、あるいは辞を伴って準用する場合を考えた。そして、準用の範囲はCグループのように、「一度屈折した語が再屈折する前に起こす品詞性の変更」に限定するのが妥当なむねを述べた。

しかし、このような準用観は、「書かせるらしい」「書かせるのが」などの表現を一語と見ることを前提としている。すなわち、準用機能を持つ「らし（い）」「の」などの辞を一種の形式語（詞）と考え、二語に分解する立場を取るならば、準用という概念をことさらに持ち出す必要はなくなってしまう＊9。その意味で、準用は、文節相当の単位を基本にした統語論においてとりわけ必要な概念と言える。

また一方で、橋本文法ではもっぱら単文節内部の準用が問題となったが、すでに触れたように佐久間・森岡などの準用論では、形式語を用いた二文節にまたがる準用を積極的に取り上げている。形式語は、「自立する詞の形式を持ちながら、辞的な機能を有する」語で＊10、その機能は、準用にとどまるものではないと想像される。

そこで、以下は「動詞＋形式語」から成る表現を例にとり、辞による準用と形式語による準用との関係について見ておくことにしたい。

(a)書き始める、書き終わる／書きやすい、書きにくい／書きそうだ、書きがちだ

(b)書いている、書いてしまう、書いてある、書いてやる、書いてもらう／書いてほしい

(c)書くはずだ、書くわけだ、書くものだ、書くことだ／書くようだ、書くそうだ

右は、述語に立ち得る「動詞＋形式語」の形を、その成り立ちから三つに分類したものである。このうち(a)の形式語は、動詞連用形に付くもので、「始める」のような形式動詞、「やすい」のような形式形容詞、「そう」のような体言的な形式語の三種がある。この種の形式語は、三種の中では最も固く動詞と結び付き、全体で一文節を構成する。

これに対して、(b)・(c)は、前の動詞との結び付きがゆるく、二文節に切ることができるものである。具体的には、「動詞連用形＋て」に形式動詞「いる」、あるいは形式形容詞「ほしい」などが付加する(b)と、動詞連体（終止）形に形式名詞「はず」などが付加する(c)との二者が挙げられる。なお(c)の「よう・そう」は形容動詞的で自立性が低い点、「はず」などと性質がやや異なる。

以上のように形式語を分類すると、準用との関係がある程度はっきりする。すなわち、佐久間・森岡の研究を参照すると、(c)はすべて準用機能を持つとされるが、(a)・(b)では「そう・がち」に準用機能が認められているものの、他は準用の例としては挙げられていない。

(a)・(b)の大部分の形式語は、前の動詞の用言性を変ずることなく、述語のアスペクトや授受関係などを示す働きを持つが、これは、複語尾系助動詞の用法と比べると、おおむね派生の機能に対応すると思われる。さらに、

(d)彼に聞いたところ、学校へ行ってみたものの

右の(d)のような接続表現では、形式名詞から成る「ところ」「ものの」は、接続助詞と同等の機能、すなわち一種の屈折機能を持っているとも考えられる。

結局のところ、形式語の機能は、辞と同様に「派生・屈折・準用」の三種で捉えられ、形式語と辞の区別は、機能ではなく形態的特徴、すなわち自立性の程度でしか判断できない。この立場に立てば、さきにとりあげた「らし（い）」「の」などは、自立性を持たない以上、やはり単文節内部で働く準用辞と考えられるし、また形式語も、派生・屈折・準用それぞれの機能によって分類されるべきものであるということになろう。

4 まとめ

以上、明治以降の準用論の展開を概観してきた。最後に筆者の考え方をまとめるなら、以下のようになる。

ア　語の認定に際しては、松下大三郎・森岡健二の立場を取る。すなわち、文法論上の「(単)語」を文中における「最小自由形式（＝文節）」とし、文の成分の資格を持つ統語論上の基本単位と考える。

イ　準用は、表5で示したようにその範囲を狭く限定する。すなわち、「一度屈折した語が、単独あるいは辞を伴って、再屈折する前に起こす品詞性の変更」と考える。

ウ　準用と派生・屈折の関係について言えば、準用は文の成分を語基相当の資格に戻す点から逆屈折としての性格を持つとともに、品詞性を変ずる点から派生との共通性を有する。ただし、準用は派生と異なり、文節

構成上、承ける関係を保存する。

エ　準用は、基本的には、派生・屈折とともに語（文節）構成上の機構として考える。ただし、形式語にも派生・屈折・準用の機能を認める。

なお今回は、準用の問題を研究史の観点から考えたが、派生・屈折の定義・範囲についても、研究者によって異同が存在する。また、形式語の機能については、さらに用例を採集し、その用法を詳細に検討する必要も感じる。以上二点は、今後の課題としたい。

---

*1　橋本は、用言連体形の準用法として、「行くばかり」を挙げているが、この場合、「行く」に準体の機能があると考えるよりも、「ばかり」が準体の機能を担っていると考える方が良いと思われる。

*2　森岡健二（一九七七）は、「嘆き暮らす」における「嘆き」のような場合を指すか、としている。

*3　橋本進吉「国語法要説」七六ページ参照。

*4　岡澤は、語を以下のように分類する。

体言……正体言（名詞）・準体言（副用語類）
用言……作用言（動詞）・形状言（形容詞）
辞………静辞（助詞類）・動辞（助動詞類）

*5　松下は、格の実質化の例として以下のようなものを挙げる。松下大三郎『改撰標準日本文法』五八〇―五九六ページを参照のこと。

1　連用格の実質化
故郷よりの便り　桜花散りての後　曾ての遊び　日本に於ての高山

2　終止的格の実質化
有つたり無かつたりする。英語なり仏語なりを習へ。

3　一般格の実質化
花見に行きたりしに、花は散りたりければ……

*6　三上章『現代語法序説』のように過去・完了の「た」や

推量の「う」を屈折語尾とする立場が一般的であるが、この部分の「派生」の定義は、松下大三郎『改撰標準日本文法』および森岡健二『日本文法体系論』における「詞の相」「派生」の考え方に従う。

＊7　なお、Bauer, Laurie（一九八八）では、語基一般をbaseと呼ぶとともに、特に屈折直前の語基（語基2に対応）にはstemの用語を用い、両者を区別する。

＊8　森岡は、松下同様、準用を基本的には品詞レベルの問題として捉らえている。ただし、「母への手紙」のような例では、連用成分「母へ」が準用辞「の」により連体成分へ準用したと見ており、部分的に成分レベルの準用（すなわち「準用＋屈折」に当る準用）を認めている。なお、松下は、この種の「の」を実質化した「母へ」に付く格助辞とし、準用辞とは見ない。

＊9　たとえば、渡辺実（一九七一）は、助詞を関係構成の職能を有する語とするため、その種の機能を持たない準体助詞「の」は、形式名詞として扱われることになる。ただし、準用現象を問題にする松下文法においても、準体助詞「の」は形式名詞または形式動詞（「のだ」の場合）として扱われる。「の」に自立性がなくても、名詞性を認めたということであろうか（同様の単語観は、終助詞を形式感動詞として扱う場合にも見られる）。

＊10　森岡健二『日本文法体系論』三一一ページ参照。

第3章

明治時代の「文の成分」論

1 はじめに

「文の成分」という用語は、オランダ語・英語などの西洋文典における統語論（syntax）を日本語に適用するところから生まれたものである。高津鍬三郎『日本中文典』（明治二四［一八九一］年）が「文章の成分」と呼ぶのがその最初期の例であるが、明治後期に至ると、日本語に即した文の成分の記述も行われ始める。「主語」と「述語」という用語については、本書の第Ⅲ部においてやや詳しく論じるが、以下は明治期の日本語文典における文の成分論について、西洋文典における扱いも踏まえながら概観しておくことにしたい。

2 洋文典における文の成分

文の成分に関する言及は、すでに幕末の蘭文典に存在する。オランダ語の統語論（woordvoeging）を解説した箕作阮甫翻刻『和蘭文典後編　成句論』（嘉永元［一八四八］年）は、表1のとおり文の主要要素としての主語・述語と、それを修飾する付加詞に当たる用語を用いている。

［表1］　蘭・英文典の立てる「文の成分」

	主語	述語	修飾語	付加詞	目的語	補語
和蘭文典	Subject	Predicaat		Bepaling		
Quackenbos	Subject	Predicate	Modifier		Object	
Swinton	Subject	Predicate	Modifier	Adjunct	Object	Complement
Nesfield	Subject	Predicate		Adjunct	Object	Complement

明治初期の英文典では、G. P. Quackenbos "*First Book in English Grammar*"（一八六七年）が、主語をGrammatical SubjectとそれにJ修飾語が係ったLogical Subjectに分けつつ、Object（目的語）にも言及し、またW. Swinton "*New Language Lessons: An Elementary Grammar and Composition*"（一八八四年）は、以下のように、

II. The Subject represents that of which somthing is stated.

III. The Predicate tells what is stated of the subject. ......

V. An adjunct, or modifier, is a word or words added to another word to modify its meaning. ......

VIII. A verb that does not express a complete statement may be completed by —

1. An object: as, "Columbus discovered *America*."

2. A predicate adjective: as, "Gold is *yellow*."

3. A predicate nominative: as, "Gold is a *metal*."　(SEC.II.p55)

「Subject・Predicate・Adjunct（Modifier）・Object」を文の成分として掲げるとともに、右のVIIIのうち、「predicate adjective・predicate nominative」を「predicate with complement」として一括しており、ここに至って主要な文の成分がすべて出揃った。

なお、J.C. Nesfield "*Idiom, Grammar and Synthesis*"（一九〇〇年）は、表2のような文型の記述も行い、当時の日本語文典に影響を与えている。

［表2］　Nesfieldにおける文型の記述

Subject.	PREDICATE.		
	Finit Verb.	Object with qualifying words	Complement with qualifying words.
1. A hog	grunts.	…	…
2. My son	became	…	a good scholar.
3. The gardener	killed	that poisonous snake	…
4. They	found	the weary man	sound asleep.

（ART. 264.　なお引用に当たり、一部の例文を省略した）

幕末・明治前期には、これら蘭・英文典の直訳・翻訳が大量に出版され、明治後期に至ると、単なる翻訳ではない日本人研究者のオリジナルな英文典も出始める。「文の成分」という用語も、このうちのSwintonの"*New*

Language Lessons: An Elementary Grammar and Composition” の節のタイトル「Elements of the Sentence (p146)」などに由来するものと考えられ、これら翻訳文典において用いられた文の成分名の翻訳例を、以下の蘭・英文典から抜き出すと、表3のとおりとなる（丸数字は右の蘭・英文典の番号）。

①大庭雪斎訳『訳和蘭文語後編』（一八五六年）
②大学南校助教訳『格賢勃斯英文典直訳』（一八七〇年）
③斎藤秀三郎『英語学新式直訳』（一八八四年・スウィントン）
④芦田束雄『スウヰントン氏英文典直訳』（一八八七年）
⑤栗野忠雄『スウヰントン氏英文典直訳』（一八八七年）
⑥嶋文次郎『邦文英文典』（一八九八年・ネスフィールド）
⑦岡倉由三郎『ぐろうぶ文典』（一九〇九年）

［表3］ 蘭・英文典における「文の成分」に対する訳語

	文の成分名に対する訳語
Subject（主語）	句中ノ主①・主辞分①・主②③⑤・主格④・主言⑥・主部⑦・主語⑦
Predicate/Predicaat（述語）	活辞分①・属部②③⑤・確定④・叙言⑥・叙述部⑦
Adjunct/Bepaling（付加詞）	審定辞①・附属②④・附属語③・補助詞⑤・添加言⑥・修飾部⑦
Modifier（修飾語）	極メ詞②・改定語③・改作④・改定詞⑤

Object(目的語)	物体②⑤・目的物④・賓言⑥・目的語⑦
Complement(補語)	補充④・完全詞⑤・完成言⑥・補足部⑦・補足語⑦

表3からは、「主語」については類似の用語が幕末から存在するものの、「述語・目的語・補語・修飾語」などが出揃うには、時間が掛かることが確認できると思う。

3　日本語文典における文の成分

3・1　明治二〇年代までの文の成分

一方、明治初期の日本語文典では、西洋流の文の成分の記述は遅れる。名詞の格の記述の中で中金正衡『大倭語学手引草』（明治四［一八七一］年）に「主詞」、田中義廉『小学日本文典』（明治七［一八七四］年）に「文主」が見られるなど、品詞論の中で主語に言及するのみである。ただし、阿保友一郎『日本文法』（明治一五［一八八二］年）は、

地球ハ遊星ナリ。

地球遊星ハ名詞ナリ。ハハ後置辞ニシテ地球ニ従ヒテ其ノ主語ノ係リヲ示シ。ナリハ形状辞ニシテ従語ヲ承ケテ「遊星デアル」ト其ヲ解釈セシナリ。（上巻・一一ウ－一二オ）

右のように「地球ハ遊星ナリ」における「地球」を「主語」、「遊星」を「従語」と呼んでおり、「主語」という

用語の最初期の用例と考えられる。

これが明治二〇年代に至ると、英文典に準拠した文の成分の記述が開始され、手島春治『日本文法教科書』（明治二三［一八九〇］年）は、「文論（＝syntax）」の第二章「文章の分解」においてSubject・Predicate・Object・Modifier に対応する「主語（むねことば）・確定語（きめことば）・客語（めあてことば）・拡張語（ひろめことば）」の四成分を立て、以下のように定義している。

> 主語とは作用をなし又は形状を顕す主体の語を云ふ、（以下略）
>
> 確定語とは主語の作用若しくは形状を確定する語にして一たび此の語を下すときは其の主語の作用、形状一定して復動かず、（以下略）
>
> 客語とは主語の作用を被る語なり、（以下略）
>
> 拡張語とは名言又は用言に附属して其の意を拡張布演し又は変換するものと云ふ（ママ）、（以下略）
>
> （一一三―一一四ページ）

なお手島は、文節相当の単位をもとに図1のような図解を行うところも特徴的であるが、この図解は、手島が参照したと考えられるSwinton の文典には用いられておらず、手島自身の工夫によるものかと考えられる。

〔図1〕手島春治『日本文法教科書』における「文」の図解

注…「ひ」は拡張語、「き」は確定語の意。

また同時期に著された高津鍬三郎『日本中文典』（明治二四［一八九一］年）は、

○文章の成分とは、文を形づくる分子をいふ。分子とは、言或は句の如きものをいふなり。言は声音より成り。句は言よりなる。（二〇六ページ）

右のように「文章の成分（＝文の成分）」という用語を用いる最初期の日本語文典で、「主詞（＝主語）・処置詞（＝述語）・限定詞（＝修飾語）」の三種を文の成分として認めるとともに、「単一なる言」を用いた「文法上の主詞・処置詞」と、「句」を用いた「文理上の主詞・処置詞」の別を行っている。主語・述語を語（word）から成るもの、句（phrase）から成るものに分ける扱いは、Swintonにも見られるが、「文法上・文理上」という用語は、Quackenbosにおける“Grammatical Subject”・“Logical Subject”に従っていると思われる。

なお飯田永夫『日本文典問答』（明治二四［一八九一］年）では、Complementに当たる「完了辞」を「賓格辞（Object）」と名詞述語（名詞＋なり）の名詞部分に対応する「同格辞」に分けている。

3・2　明治三〇年代以降の文の成分

3・2・1　主語・述語・修飾語という用語

明治三〇年代に至ると、大槻文彦『広日本文典』（明治三〇［一八九七］年）が刊行され、「文章篇」において英文典のSubject・Predicate・Object・Modifierに対応する「主語・説明語・客語・修飾語」の四成分を立て、図2のような文の図解を行い、明治後期にその用語が広く用いられることとなった。

［図2］　大槻文彦『広日本文典』における「文」の図解

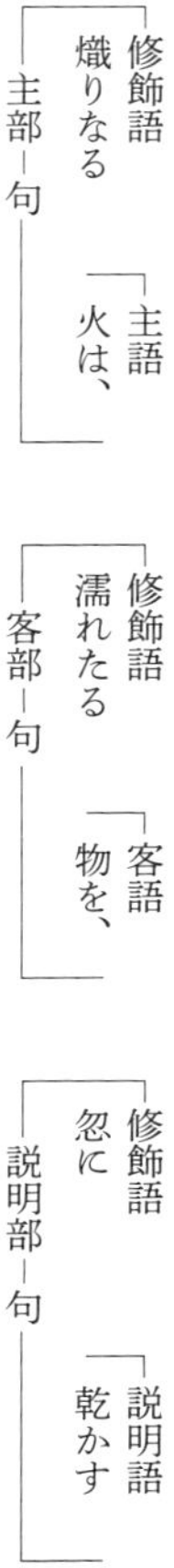

修飾語	主語	修飾語	客語	修飾語	説明語
熾りなる	火は、	濡れたる	物を、	忽に	乾かす
主部―句		客部―句		説明部―句	

ただしPredicateの訳語は、主語・修飾語と異なり、次第に「説明語」から「述語」に置き換わっていく。

「述語」は、岡田正美『解説批評日本文典』（明治三五［一九〇二］年）が、

【解説】説明語とは主題の動作、存在、状態等をうつしたる語をいふなり。

例へば、

年暮る。（中略）

柿本人麿は我が国の歌聖なり。

此等――線を施したる語は皆説明語なり。

【批評】予自らは説明語のことを述語とよぶ。（下巻　一七八ページ）

と述べるのが最初期の例で、この時期を境に、佐々政一『日本文典』（明治三五［一九〇二］年）、芳賀矢一『中等教科明治文典』（明治三七［一九〇四］年）、さらには山田孝雄『日本文法論』（明治四一［一九〇八］年）などがこの語を用いている。なお吉岡郷甫『日本口語法』は、初版（明治三九［一九〇六］年）の「説明語」を改定版（明治四三［一九一〇］年）で「述語」に改めており、述語という用語が定着していく様子がよく分かる。

3・2・2　客語・補語の扱い

一方、表4に示したObject・Complementに対応する成分については、直接目的語のみを「客語」とする三土忠造『中等国文典』（明治三一［一八九八］年）から、主格以外の格成分すべてを「賓辞」とする松下大三郎・宮本静『中学教程日本文典』（明治三一［一八九八］年）までその扱いはさまざまである。

［表4］　各文典における「客語・補語」の扱い

	手島春治『日本文法教科書』	飯田永夫『日本文典問答』	大槻文彦『広日本文典』	三土忠造『中等国文典』	松下大三郎『中学教程日本文典』	芳賀矢一『中等教科明治文典』
1. 財産を子に譲る。	客語	賓格辞	客語	客語	賓辞	客語
2. 財産を子に譲る。	—	—		補足語		
3. 水は流動物なり。	—	同格辞		—	—	補語
4. 水が氷になる。	—	—	—	補足語	賓辞	
5. 鳥空に鳴く。	拡張語	—	修飾語	修飾語		修飾語

たとえば三土の『中等国文典』は、

○種々の修飾語を除き　主語、客語、補足語、説明語は文を構成するものなれば、之を文の成分といふ。成文相集りて一文を構成するとき、其位置に一定の順序あり。

一、主語は首位にあり。

二、説明語は末位にあり。

三、客語は主語と説明語との間にあり。

四、補足語も同じく主語と説明語との間にあるものにして、客語あるときは其上若くは下に置かる。

例へば、

一、花（主）　咲く（説）。

二、太郎（主）　本を（客）　読む（説）。
三、子（主）　母に（補）　似る（説）。
四、父（主）　子に（補）　財産を（客）　譲る（説）。
五、父（主）　財産を（客）　子に（補）　譲る（説）。

（下巻・三九―四一ページ）

と述べ、直接目的語を「客語」、間接目的語を「補足語」とするが、松下大三郎・宮本静『中学教程日本文典』では、

賓辞は主辞か表はす事物の動作事情に関係ある事物をあらはす語なり。用言、後置詞の帰着する標準を表はすものなり。

我が思ふ人の我ヲ思はぬ。

木枯は木々の紅葉ヲ吹き散らすなり。

博く愛する、之ヲ仁ト謂ふ。

昔男東へ行きけり。

白雲のたなびく山ニ我はきにけり。

鶯は木ヨリ木ニとびうつる。

是ヲ以て之ヲ観れは博愛は仁なり。

の「我ヲ」、「モミヂヲ」、「之ヲ」、「仁ト」、「東へ」、「山ニ」、「木ヨリ」、「木ニ」、「是ヲ」、「之ヲ」などの如シ。


（一八四―一八五ページ）

右のとおり、直接目的語に限らず動詞の支配する主語以外の格成分をすべて「賓辞」として扱っている。

また、「水は流動物なり」のような名詞述語の処理は、助動詞「なり」を文の成分と認めるかに関わる。三矢重松『高等日本文法』(明治四一［一九〇八］年)は、

「あ」は　感嘆の　声なり

における「声なり」全体を「叙述語」とするが、山田孝雄『日本文法論』(明治四一［一九〇八］年)がこの種の「声」を「賓語」、「なり」を「述語」と認定したのは周知のところである。

さらに教科書文典以外では、岡田正美『日本文法文章法大要』(明治三三［一九〇〇］年)が、

甲　本を　よむ。
子供が　読本を　よむ。
この本・読本・の類を補部といふ。本・読本・は何れも無生物なり。
甲　乙を　打つ。
母　子供を　よぶ。
この乙・子供・の類を対部といふ。乙・子供・は何れも生物なり。
(二一―二二ページ)

右のように述べ、英語の Object に対応する成分を、受動態を作った際に、「本が甲によまる。」は不自然だが、「乙が甲にうたる。」は自然であることを理由として挙げつつ、非情・有情の別から「補部」と「対部」に分けて論じている。岡田の『日本文法文章法大要』における文の図解法に例文をあてはめると、図3のようになる。

〔図3〕 岡田正美『日本文法文章法大要』における「文」の図解

なお、岡澤鉦次郎『教科参考日本文典要義』（明治四一〔一九〇八〕年）は、「文素（文の成分）」を、

文素ハ、国語ノ性質ニヨリテ、必シモ等シカルベキモノナラザレドモ、最進歩シタル西洋ノ学説ヲ参酌シテ之ヲワガ国語ニ擬議スル時ハ、正ニ、左ノ如キ四種ノ文素ヲ成スコトトナル。

（一）主素（スナハチ、名詞的成分）

（二）従素（スナハチ、動詞的成分）

（三）装定素（スナハチ、形容詞的成分）

（四）限定素（スナハチ、副詞的成分）

（一〇ページ）

と定義するとともに、「名詞＋格助詞」から成る成分を、以下の傍線部のように客語・補語のみならず主語も含めてすべて「主素」と呼び、一括している。

あめ　つち　を　うるほす。

とも　ふたり　こゝ　に　きたる。

けふ　の　かぜ　は　きのふ　の　かぜ　より　さむし。

3・2・3　修飾語の扱い

修飾語については、大槻文彦『広日本文典』（明治三〇［一八九七］年）が、

主語ニ、他語ヲ添ヘテ、其意義ヲ、種々ニ修飾スルコトアリ。客語、説明語、ニ於ケルモ、然リ。其語ヲ、修飾語トイフ。修飾語ハ、其添フベキ語ノ上ニ居ルヲ、正則トス。（第四九六節）

と述べ、図2に示したとおり、連体修飾・連用修飾双方の機能を持つ表現を「修飾語」として一括する。

これに対して、白鳥菊治『新撰日本文典』（明治三一［一八九八］年）の「分定格・限定格」、岡倉由三郎『新撰日本文典─文及び文の解剖─』（明治三四［一九〇一］年）の「連体語・連用語」、山田孝雄『日本文法論』の「連体語・修飾語」など、連体修飾語と連用修飾語の区別を行う文典も存在する。

たとえば、岡倉は、「白き鳥碧き水に浮べり。」における「白き」「碧き」を「体言に連なりて、之を修飾」する「連体語」（一〇オ－ウ）、「彼は　たびたび洋行せし人なり。」における「たびたび」を「用言に連なりて、之を修飾」する「連用語」（一一オ－ウ）と呼ぶが、文の図解を行う際には、

白き ── 鳥
面白く ── 鳴く

右のとおり連体語「白き」と連用語「面白く」を「属部（体言又は用言に添ひて之を修飾する一切のことばの総称）」（一四ウ）として□の記号で区別せず扱っている*1。全体としては、明治期の日本語文典においては、大槻の「修飾語」、あるいは岡倉の「属部」のように連体・連用を区別せずまとめる扱いが一般的である。

3・2・4　総主語・接続語・独立語に関する言及

最後に、当時の日本語文典が独自に立てた文の成分について触れておきたい。まず「象は体大なり」に代表される総主語に関する論争は、草野清民が『帝国文学』に発表した「国語の特有せる語法—総主—」（明治三二［一八九九］年五月）に始まり、その論争の経緯は大久保忠利（一九八二）に詳しいが、日本語文典中の記述をいくつか紹介すれば、おおよそ以下のとおりとなる。

まず白鳥菊治『新撰日本文典』が、連体修飾語を「分定格」と呼ぶとともに、

> 所属の分定格は、主格の如き位置に置かるることあり。例ば、
>
> （い）東京の（分定）面積は（文主）広く（説明）
>
> （ろ）東京の（分定）人口は（文主）多し（説明）
>
> この二つの文章は省略法（複文の）の原則により、分定格が、相同じき故に、一を存して、共通分定格とし、他を省きて、
>
> 東京は（分定）面積（文主）広く（説明）人口（文主）多し（説明）
>
> とすることを得。この東京といふ分定格は、或は、主格と混同せらるることあり。されど、「東京は多し」にては、文をなさざれば、紛ふこと無かるべきか。広しは、面積なり、多しは、人口なり。東京は一個所のみ、数個所あるにあらず。かくの如く置く分定格は文題とはいふこともあり。
>
> （一六〇―一六一ページ）

と述べ、「東京は」を「文題」と称し、連体修飾語相当の成分と考える点、注意される。この種の扱いは、右のような重文の省略だけでなく、「象の鼻長し」「象は鼻長し」においても、「象の」「象」をともに「分定格」としており、「面積・人口」が「東京」に、「鼻」が「象」に属することを重視した、後の三上章の分析に通じる考え方と言えよう。

また、岡倉由三郎『新撰日本文典―文及び文の解剖―』ではこの種の「象」を「提示の独立語」とし、後に三矢重松『高等日本文法』（明治四一［一九〇八］年）では、「我は両親あり」という文を例に、先行研究の扱いを以下のように整理している（四五五―四六四ページ）。総主語の分析法として当時さまざまな提案が成されたことがここから分かる（三矢自身は、⓪の「両親あり」を叙述句と見て主述の関係が二回成立しているという立場を取る）。

⓪ 我は〔主〕 両親〔主〕 あり〔叙〕〔叙 句〕 （「両親あり」を叙述句と見る）

① 我は〔総主〕 両親〔小主（補主）〕 あり〔叙〕 （「我は」を総主、「両親」を小主と見る）

② 我〔修〕 両親〔主〕 あり〔叙〕 （文主「我」を句主「両親」の連体修飾語相当と見る）

③ 我は〔主〕 両親〔客〕 あり〔叙〕 （句主「両親」を「我ハ両親ヲ有ツ」に準じて、客語と見る）

④ 我は〔客〕 両親〔主〕 あり〔叙〕 （文主「我は」を「我ニハ両親アリ」と考え、客語と見る）

⑤　我は 修 両親 主 あり 叙 ］　（文主「我は」を「我ニオイテハ両親アリ」と考え、叙述の修飾と見る）

⑥　我は 主 両親 修 あり 叙　（句主「両親」を句主が数詞の場合に準じて、修飾語と見る*2。）

なお、教科書文典においても、芳賀矢一『中等教科明治文典』（明治三七［一九〇四］年）、三土忠造『新訂中等国文典』（明治三九［一九〇六］年）などが、

［二七］太郎は性質音楽に適す

右の文にて適すは述語にして性質はその主語なり。而して「性質音楽に適す」といふ文を述語として太郎は全文の主語たる如き観あり。我国の文にはかくの如き形式を有するもの少からず。特に全文の題目を取出して、それについて思想の叙述をなすなり。かく用ゐられたる題目を文主といふ。

（芳賀矢一『中等教科明治文典』巻之三・一八一－一八二ページ）

右のように総主語を「文主」の名で紹介しており、草野の総主語論は、教科書文典に対しても一定の影響を及ぼしている。

また接続語・独立語については、大槻の『広日本文典』では接続詞・感動詞は全句・全文に係るとのみ解説されているが、松下大三郎・宮本静『中学教程日本文典』（明治三一［一八九八］年）は「山及川」「春ハ来タケレドモ」などを「連辞」と呼び、さらに松下大三郎『日本俗語文典』（明治三四［一九〇一］年）では「アア」「ハイ」「太郎ヤ」などを「句辞」として文の成分に加えている。類似の扱いは森下松衛『中学国文典』（明治三三［一九〇〇］年）の「接続語・間投語」、三矢重松『高等日本文法』の「接続語・独立語」などにも見られる。

(1)独立語　呼格名詞の一部及感動詞は独立語とす。

太郎や　御前は　水を　撒け

（三矢重松『高等日本文法』四四三ページ）

(2)接続語　他の成分を接続する語は四部以外に属す。此には術語を命せざるも済むことあれど、詳しくせむには接続語と言ふべし。（中略）

金剛石　および　ルビーは　日本に　産せず

（三矢重松『高等日本文法』四四四ページ）

なお宮脇郁『論理的日本文典大意』（明治三八［一九〇五］年）は、

提部……特別の必要ありて、客語、述語、又は、補語に相当するものを、文の首に提げ出したるものをいふ。

例　帝国議会は毎年之を招集す。

（一〇一ページ）

副部……思想の主部たる事物が、或動作をなし、又は、存在する時、所、場合、順序等を文の首にいひ添へたるものをいふ。

例　今は昔源博雅朝臣といふ人あり。

（一〇四ページ）

想部……自己の感想をいひあらはす場合に於て、文の首におくものをいふ。

例　願はくは（花のもとにて春しなん、そのきさらぎの望月の頃）。

もし（明日雨ふら）ば、かの人は来らじ。

（一〇六ページ）

発端部…文の首におきて、単に、その発端を示すのみに用ゐらるゝものなり。

例　夫れ天地は万物の逆旅、光陰は百代の過客なり。

（一〇七―一〇八ページ）

呼部……呼びかけていふ事物を独立的にいひあらはしたるものをいふ。

例　あの男、近うよれ。

（一〇九ページ）

文典の校閲者岡田正美の説を引きながら、文の主部・述部の外に立つ、右に示した「提部・副部・想部・発端部・呼部」に言及する*3。このうちの「想部」は「その下の事柄に対して、自己の感想をいひあらはすもの」として文頭に置くものとされ、渡辺実『国語構文論』における誘導成分に類似し、興味深い。

4 結論

以上、明治時代の文の成分論を概観したが、その展開を整理すれば、おおよそ以下のとおりとなろう。

ア 日本語における文の成分論は、明治前期においては、Quackenbos や Swinton の英文典の影響のもと開始される。具体的には、明治二〇年代半ばに刊行された手島春治『日本文法教科書』や高津鍬三郎『日本中文典』が基本的な文の成分の記述を行っており、このうち前者は、構文の図解を試み、後者は「文章の成分」という用語を使用しはじめている。

イ 明治三〇年に大槻文彦『広日本文典』が刊行され、「文章篇」において「主語・説明語・客語・修飾語」の四成分を立てると、この記述が、その後の文の成分をめぐる議論の土台となる。

ウ 一方、明治三一年に刊行された三土忠造『中等国文典』は、Nesfield の文典を参考にしつつ「主語・説明語・客語・補足語・修飾語」を立てた記述を行っており、英語の目的語・補語に当たる文の成分を日本語においてどのように認定するか、文典ごとに扱いの差が見られる。この点について、松下大三郎・宮本静『中学教程日本文典』は、主語以外の格成分を「賓辞」として一括し、岡澤鉦次郎『教科参考日本文典要義』では、主語も含めて「名詞+格助詞」から成る成分を「主素」として扱っている。

エ　大槻文彦・三土忠造以降は、従来言及されてきた文の成分に加えて、接続語・独立語などに対する言及が始まり、日本語の語性に即した「総主語」に関する議論が行われるようになった。「総主語」については、当時の一部の教科書文典も言及しており、また、明治四〇年代の山田孝雄、三矢重松、岡澤鉦次郎などの文法研究も、それぞれの立場からその位置付けを試みている。

オ　連用修飾語については、意味に傾斜した記述ではあるが、岡田正美の説を踏まえた分類が宮脇郁『論理的日本文典大意』により行われており、注意される。

以上は、文の成分の捉え方から見た展開であるが、用語の問題について付け加えるならば、英文典におけるPredicate・Modifierの訳語については、表3に示したその翻訳書からではなく、むしろ日本語文典の中から「述語・修飾語」という用語が定着していったかのように見える点興味深い。明治期に今日の文の成分論の基礎が固まっていったのは、当時の日本語学者の盛んな議論の賜物なのであろう。

＊1　岡倉由三郎『新撰日本文典—文及び文の解剖—』の図解は、「ジュエル氏の解文図式に鑒み、余が新たに立案せしもの（凡例）」とのことで、「主詞（＝主語）」を（　）、「叙述詞（＝述語）」を（　）、「属部（＝修飾語）」を□で表現している。

＊2　「我が　嗜好する　物　第一が　煙草なり」における「第一が」を「第一に」の意味に解釈するような場合。

＊3　岡田正美自身は、後の『新編実用日本文典』（大正五［一九一六］年）において、「提部・副部・想部・発端部・呼部」の解説を行っている。

第4章 統語論におけるクローズ（節）の扱い

1 はじめに

本章で取り上げる「クローズ」は、英語の「clause」に対応する概念として国文典に取り入れられたもので、従来は、「節」ないし「句」などと称されてきたものである。近代的な文法研究の開始された明治時代においては、英文典をその範とする学校教育用の日本語文典の中において、まず複文に関する記述が始まり、それに応じる形でクローズは取り上げられていった。現在、国語教育の場で用いられる「節」という用語、あるいは「単文・複文・重文」という文の構造上の分類も、この時期に端を発したものであることは周知のところであろう。

一方、英文典の単なる模倣ではなく、日本語の本質に即したクローズ論を展開しようという動きもあった。たとえば、明治末期に刊行された山田孝雄『日本文法論』（明治四一［一九〇八］年）では、文法論を「語論」と「句論」に大別するとともに、クローズ（山田においては「句」）について以下のような言及がなされている。

（前略）今内面よりの観察によれば一の句は単一思想をあらはすものなれば、所謂統覚作用の活動の唯一回なるものならざるべからず。之を外部の方面より見れば、この単一思想が言語によりてあらはされたる一

体ならざるべからず。しかもそは他と形式上独立したる一完全体ならざるべからず。　（一一八四ページ）

山田は、「句」を「統覚作用」がただ一回活動したものという点から定義するとともに、それを文構成上の「文素」と考えた。たとえば、一つの句、「太陽が輝く」がそのまま運用されれば、「太陽が輝く。」という「単文」となり、また、二つ以上の句、たとえば「太陽が輝く」と「室が明くなる」が複合して運用されれば、「太陽が輝けば室が明くなる。」という「複文」が構成されるというわけである。

その結果、山田における「文」は、右に挙げたような「単文」と、

複文
- 重文「松青く」、「砂白し」。（句が対等の関係で並立）
- 合文「風吹かば」、「波立たむ」。（句が論理的な関係を持って並立）
- 有属文「市は「人集まる」所なり」。（句が一成分の資格で句の内部に立つ）

右のような三種類の「複文」とに、その構造から分類されることになった。

ところで、山田以降の文法研究においては、山田の立てる「句」と「文」の区別は、必ずしも前面に出ず、むしろ句の成立の問題が文の成立の問題として扱われていく傾向が強いように思われる。一方、教科書文典などにおいては、明治以来の複文論やクローズの定義がほぼそのまま受け継がれていった印象が強いが、山田の立てた「句」という概念が文法論上必要かどうかについては、改めて検討する必要があろう。戦後、三上章・南不二男らにより複文の問題が取り上げられるようになり＊1、近年、その研究がさかんになってきてはいるが、クローズ論の展開をその出発点から整理し、その問題点を議論する余地は、未だ残っているように思われる。

そこで、以上のような問題意識のもとに、クローズ研究の歴史を次の二点から考えるところから始めたい。

ア　明治時代におけるクローズという概念の定着過程。具体的には、当時の国文典がその範とした英文典をど

のような形で利用し、クローズを論じたのかという点について。

イ　明治以降におけるクローズ研究の展開。とりわけそれぞれの研究が文法論の中にクローズという単位をどのように位置付けていったかという点について。

さしあたり、本章ではこのうちのアの問題を中心に取り上げ、山田文法が登場する以前のクローズ論について調査報告を行う。イの問題、およびクローズという概念の検討については、別の機会に改めて論じることにしたい。

なお、「クローズ」といういささか落ち着かない用語を用いたのは、文典によって「節・句・章」などと用語が一定せず、説明に混乱を来すと考えたためである。また、複文の分類を考察するに際して、本文中に断り無く、「複文・重文・合文・有属文」という用語を用いる際は、山田孝雄の定義に従う点了解されたい。

2　明治時代における初期のクローズ研究

2・1　明治時代の英文典におけるクローズの扱い

明治初期の国文法研究は、まず蘭・英文典の組織を利用した品詞論の記述から始まった。これに対して統語論に対する言及が始まるのは、おおむね明治二〇年代からと言って良い。

以下はまず、明治期の国文典が範とした英文典を列挙し、クローズおよび文の構造上の分類がどのように記述されていたかを確認しておく。

ア　ピネヲ（慶応義塾読本『ピネヲ氏原板英文典』・一八六九年）

A simple sentence contains but one nominative, and the verb to which it is nominative, and whatever may be immediately connected with these; (ART.231.)

A compound sentence is composed of two or more simple sentences; (ART.232.)

イ　カッケンボス（G.P.QUACKENBOS “FIRST BOOK IN ENGLISH GRAMMAR”・一八六七年）

How can some sentences be divided?

Into two or more parts of equal rank,having each a subject and predicate of its own. Such parts are called Members.

What is the difference between Compound and Simple Sentences?

Sentences that can be divided into two or more members,are called Compound Sentences. Those that cannot be so divided, are called Simple Sentences. (LESSONLXX.)

What is a Clause?

A Clause is a subdivision of a sentence containing a verb,but not expressing a complete thought.

(LESSONLXXII.)

ウ　スウィントン（W. SWINTON "NEW LANGUAGE LESSONS: AN ELEMENTARY GRAMMAR AND COMPOSITION"・一八八四年）

I. A phrase is a combination of related words forming an element of a sentence. ......

II. A clause is a dependent, or subordinate,proposition,introduced by a connective: ......

III. Sentences are classed as simple,complex,and compound.

A simple sentence consists of one independent proposition: ......

A comlex sentence consists of one independent（or principal）proposition and one or more clauses: ......

A compound sentence consists of two or more independent proposition: ...... (SEC.VI.p146－147)

エ　ネスフィールド（J.C.NESFIELD "IDIOM,GRAMMAR AND SYNTHESIS"・一九〇〇年）

A Sentence. —A combination of words that makes a complete sense is called a Sentence. （ART.1.)

A Clause. —A sentence which is part of a larger sentence is called a Clause・ （ART.5.)

A SENTENCE which has only one Finite verb（expressed or understood）is called a Simple sentence; （ART.257.)

A sentence that has more than one Finite verb expressed or understood is either Compound or Complex. （ART.258.)

A Compound sentence is one made up two or more Co-ordinate（that is,equal or independent）clause. （ART.267.)

A Complex sentence consists of a Principal Clause with one or more Subordinate clauses depending on it.

（ART.272.）

右に引用したのは、明治期に用いられた代表的英文典における複文およびクローズに関する記述である。これを見てもわかるとおり、明治初期から中期にかけては、文をその構造から「simple sentence」と「compound sentence」に分けるピネオ・カッケンボスのような英文典が用いられ、その後は、スウィントンやネスフィールドのように文を「simple sentence」「complex sentence」「compound sentence」の三種に分ける英文典が主流となっていった。

また、「clause」という用語は、カッケンボス以下に見られるが、その指し示す範囲は、文典によって異同があるようである。もっとも広いのがネスフィールドで、「principal clause（主位節）」「subordinate clause（従位節）」「co-ordinate clause（同位節）」をすべて「clause（節）」と考えているが、カッケンボスやスウィントンでは、「subordinate clause」すなわち従属節相当の単位のみを「clause」と呼び、その他については適宜「member」「proposition」という名称を用いている。

なお、各英文典の術語がその翻訳書においてどう訳されたかについても、精査の必要があるが、とりあえずそれぞれ一種を取り挙げ比較すると、表1のようになる＊2。「clause」の訳語として、「句・節」の両者が存在したこと、また、「complex sentence・compound sentence」の訳語として、「混文・複文」が用いられていたことが、表1から分かると思う。

［表1］ 英文典の翻訳における「単文」「複文」「クローズ」に対する訳語

		simple sentence	complex sentence	compound sentence	clause	member	propositon
永嶋貞次郎訳『ピ子ヲ氏原板英文典直訳』	一八七〇	単純文章	×	合并文章	×	×	×
大学南校助教訳『格賢勃斯英文典直訳』	一八七〇	単ナル文章	×	組立タル文章	句	文節	×
栗野忠雄訳『スウヰントン氏英文典直訳』	一八八七	単文章	混文章	複文章	節	×	完節
嶋文次郎訳『邦文英文典』（ネスフィールド）	一八九九	単文	混文	複文	節		

2・2　明治二〇年代の国文典におけるクローズ論

次に、明治二〇年代の国文典におけるクローズの扱いを概観したい。前節に掲げたように、英文典におけるクローズおよび複文の記述は、文典ごとに少しずつ異なるが、この異同は明治期の国文典にも影響を与えている。たとえば、手島春治『日本文法教科書』（明治二三［一八九〇］年）は、「主語・確定語（＝述語）・客語・拡張語（＝修飾語）」の四成分を立て、文の分析を行う最初期の文典であるが、文をその組織という観点から、「単純文・複合文」の二種に分類できるとする。

文の組織に単純、複合の二種あり。複合文は単純文を二個以上合はせたるものなり。故に複合文には二個以上の主格又は確定語あるものあるべし。例へば「我れも汝も文法を学びたり」といふ文にては一の確定語に二個の主語あり、蓋此れは「我れ学びたり」「汝学びたり」と云ふ二箇の文を我れも汝もと複合の組織を用ひて一文となせるものなり、故に接続言等によりて連接せる複合文は総べて此の例により二箇以上に分か

ちて解剖すべし。（一一五ページ）

手島は、英文典に倣って、「文」を「文意の完結」と「主語と確定語」の完備という点から定義し、その組織を論じているが、具体的な例文を見ると、「我れも汝も文法を学びたり」のような主語が並立の関係で並ぶ単文も、二文を合併した複合文として挙げられており、複文の理解が今日とは異なる。

同様の扱いは、飯田永夫『日本文典問答』（明治二四［一八九一］年）でも見られ、

> 単文とは、一つの主辞と、一つの説明辞とを、含みたるものをいふ。例へは、大事は、（主辞）必す細事に作る。（説明辞）」（中略）などの如し。（七八ページ）
>
> 複文とは、二つ以上の主辞、或は、説明辞を含みたるもの、或は、単文を合せたるものをいふ。例へは、言ふ事は（主辞）易く。（説明辞）行ふ事は（主辞）難し。（説明辞）」孝悌、（主辞）忠信は、（主辞）身を立つる大本ナリ。（説明辞）（中略）」などの如し。（七九ページ）

と述べたうえで、「言ふ事は易く。行ふ事は難し。」のような例の他に、「孝悌、忠信は、身を立つる大本なり。」なども複文の例として挙げる。後者のような並立成分から成る文を複文とする点、手島と同様の扱いと言える。

手島・飯田における単文・複文の二分類は、ピネヲおよびカッケンボスと一致するが、カッケンボスは、

> Does the introduction of a compound subject or a compound predicate necessarily make the sentence compound?
>
> It does not. A sentence may contain a compound subject or a compound predicate,and yet be simple.
>
> （LESSONLXXI.）

と述べ、「我れも汝も」「孝悌、忠信は」に対応するような「compound subject」を含む文を「simple sentence」

として扱っている。飯田に関しては、カッケンボスを参照した可能性があるが＊3、複文の認定に相違があるのは、ピネヲ・スウィントンなども含めて、当時利用することのできた複数の文典を取捨選択して用いたからかもしれない。

なお、手島・飯田においては、クローズという単位についての言及は見られないが、木村春太郎『日本文典』（明治二五［一八九二］年）では、「文章（sentence）」を「単文章」と「復文章」とに分け、以下のように述べる。

単文章とは格の一詞或は一語にて成れるものをいひ復文章とは格の文節なるもの或は附属に文節あるものをいふ。

（一四〇ページ）

具体的には、左のアを「単文章」、イを「復文章」としており、

ア　花を見るは実におもしろし

イ　何時彼が生まれしかは詳かならず

アを一つの「主格（花を見る）」と一つの「客格（おもしろし＝述語）」から成る「単文章」と見る一方、イは「主格」部分が「何時彼が生まれしかは」という「文節」から成るため「復文章」であるとし＊4、「文節」という用語の使用が注目される。さきに掲げたカッケンボスおよびその直訳においては、「句（clause）」がもっぱら従属節を指すのに対し、「文節（member）」は、主節・同位節にも用いられていたが、木村は、この「文節（member）」という用語を複文の記述に用いたものと思われる。

以上の文典は、「単文・複文」という二分類で文の構造を捉えるものだが、これに対して、「単文・複文・重文」の三分類を示すのが高津鍬三郎『日本中文典』（明治二四［一八九一］年）である。

高津は、「文章の成分」という術語を用いるなど、手島とならんで統語論を扱う最初期の文典であるが、「文章(sentence)」をその構造から以下の三種に分ける。

(其一）単文　単文とは、普通の場合にては一の主詞と、一の処置詞とより成り立てる文章をいふ。語を換へていへば、単文とは、必ず一の結び言なる処置詞を有する文章にして、たとひ其中に含まるる他の動詞、形容詞、補助詞等の語尾をいくばくか変ずるも、其文を分割するときは、全く文意を失ふものをいふ。

（二一八ページ）

(其二）重文　重文とは、単文の如くに結び言はたた一なれども、其文中に含まるる動詞、形容詞、補助詞等の語尾を変ずるか、或は接続体の言を断るる形に改めて、更に接続詞を加ふる時は、其文意を毫も損はずして、分ち得らるる文章をいふ。

（二一九ページ）

(其三）複文　複文とは、二つ以上の結び言を有する文章にして、単文を重ぬるも、みな之を複文といふなり。

（二二一ページ）

高津の分類は、「単文・重文・複文」の三分類を示すものとしては最初期のもので、スウィントンの文典を下敷きにしたものかと思われる。実際に挙げる文例は、以下のようなものであるが、

単文……鴬が鳴く。／朝早くから鴬がこえをかしく鳴く。／桜の花は咲きたり。

重文……花も咲き鴬もなく。／風も涼しく、月も清し。／春になりたれば、花も咲き鴬も鳴く。

複文……竹を北方に植うべし。火と風とを防き、また切りて時用に備ふ。

高津の場合、現在の「複文（＝complex sentence)」、「重文（＝compound sentence)」という対応とは異なり、「重文」を「complex sentence」、「複文」を「compound sentence」の意味で用いている点、現在とは対応が逆

の形となっている＊5。また、「複文」として「竹を北方に植うべし。火と風とを防き、また切りて時用に備ふ。」のような連文を挙げるのは、スウィントンが「複文（compound sentence）」を二つ以上の自立した「完節(proposition)」から成るものと定義していること、および、

The fields are fragrant and the woods are green.……スウィントンの挙げる複文の例

野ガ香クアル而シテ森ガ緑色デアル……対応する栗野の直訳

当時のスウィントンの翻訳書が、「複文」を右のように、「野ガ香クアル」「而シテ森ガ緑色デアル」と二文に分けて訳していたことと関連するかもしれない。ただし、“The fields are fragrant”のような英語の同位節は、日本語の「野は香く（森は緑色である。）」などと異なり、形態的にそのまま文として言い切り得る資格を持つ。日本語の「野は香く」のような表現を英語同様に同位節として扱うべきかについては、後に松下大三郎が「連断句」論で取り上げるように、問題も残ろう＊6。

以上のように、明治二〇年代においては、日本語の複文に関する記述が行われ始めるが、下敷きにした英文典側の複文の扱いに異同があるとともに、「複文」という概念の理解も必ずしも十分でない。また、クローズを文や語などとともに文法単位として位置付けるという観点も弱い。結局のところ、全体としては、複文およびクローズについては言及しない国文典も多く、この種の記述が一般化するのは、次の三〇年代からということになる。

3　明治時代におけるクローズ研究の進展

3・1　明治三〇年代の教科書文典におけるクローズ論

明治三〇年は、大槻文彦『広日本文典』が刊行された年であり、明治前期に行われた文典編纂が一応の安定を見せる時期である。と同時に、この大槻の文典を議論の土台としながら、文法研究上の理論的深化が明治後期には起こってくる。とりわけ、前期において手薄であった統語論研究については、この期以降、研究が盛んになってゆく。

まず、大槻の『広日本文典』（明治三〇［一八九七］年）であるが、この文典は品詞論に関しては、その後の教科書文典の標準となる観があるが、複文の扱いに関しては、

　聯構（レンコウ）文。二文ヲ聯絡セシメテ、一文ニ構成スルヲ聯構文トイフ。然ルトキハ、上ナル文ノ説明語ニ、中止法ヲ用ヰ、或ハ、弖爾波ヲ添ヘテ、聯絡セシメ、文ヲ変ジテ句トス。三文以上ナルモ、然リ。　（第五〇八節）

「主	「説	「主	「説	「主	「説	「主	「説
花	咲き	鳥	鳴く	水	清ければ	大魚	棲まず

右のように「聯構文」という項目を立て、

以上のような重文ないし複文に対応する例を挙げるものの、名称としては「単文・重文・複文」などを見ることができない。また、「文ヲ変ジテ句」とする、という際の「句」も、clauseではなく、phraseの意味で用いられているようであり*7、複文論については特に進歩した点は見られない。

一方注目すべきなのは、三土忠造『中等国文典』（明治三一［一八九八］年）である。この文典は、ネスフィ

ールドの文典を下敷きにしたもので*8、明治三〇年代には「訂正版・新訂版」と版を重ね、広く用いられた。
三土は、『中等国文典』の文章篇において、「句」という単位を立て、以下のように定義・分類する。

「小児の牛に騎りたる画あり」「山高けれども貴からず」「余は犬の兎を捕ふるを見たり」の小児の牛に騎れる　山高けれども　犬の兎を捕ふる　の如きは主語を具へて、一つの文を形つくれり。但し独立したるにあらで、他の文の一部分をなすものなり。かかるものを句と名つく。
（下巻・四三ページ）

附属句
　形容句　小児の牛に騎れる画あり。
　副詞句　雨降れば地固まる。
　名詞句　親の子を愛するは真の情なり。
独立句――花咲き、鳥啼く。

この分類は、ネスフィールドの文典における「subordinate clause（従位節）」と「co-ordinate clause（同位節）」の別（ART.273.）、および「従位節」における「noun-clause（名詞節）」「adjective-clause（形容詞節）」「adverb-clause（副詞節）」の三分類（ART.274.）に対応しており、また、文の組織上の分類については、

単文……単一なる陳述を成せる文／句を含まざる文
複文……単文に附属句の添はりてなれる文
重文……二個以上の独立句を含む文

とし、ネスフィールドの分類を踏襲しながら、「複文」を「complex sentence」に、「重文」を「compound sentence」に対応させており、さきの高津と「複文」と「重文」が逆になっていることが分かる*9。
明治二〇年代の文典においては、英文典における記述が十分消化されていなかったため、クローズの定義や、

単文・複文・重文の分類に不適当な点も見られたが、三土においては、「単文」を「単一なる陳述をなせる文」と定義するとともに、

(前略)「父は長男次男三男に財産を分与せり」の如く、客語、補足語多く重なるとも、尚単一なる陳述をなすものは、単文たるを失はず。

(中略)「馬牛羊は有用の動物なり」の如く、数個の主語と一個の説明語とより成れるも亦然り。

(下巻・四九ページ)

右のように「主語」や「客語」が並立成分から成る文も「単文」としており*10、その後の教科書文典における複文論の原型が固まったと言える。

実際、明治三〇年代に著された複文論を含む教科書的文典のうち、今回調査できた文典におけるクローズおよび複文の扱いを見ると、表2のように文を「単文・複文」の二者に分ける扱いよりも、三土のように「単文・複文・重文」の三者に分ける扱いの方が主流であることが分かる。また、それに伴って、クローズを重文を構成する「独立句」と複文を構成する「附属句」に分ける扱いも一般的に行われるようになっている。各文典が用いる用語には、なおゆれがあるし、とりわけ三土をはじめほとんどの文典が文およびクローズの定義を「主述の完備」から説く点は、英文典を下敷きにした限界と考えられるが、ともあれ、教科書文典に行われる「単文・複文・重文」の三大別は、おおよそこの時期に固まったものといえるだろう。

［表2］ 明治三〇年代の教科書文典における「クローズ」の扱い

文典名		クローズの分類					文の分類		
三土忠造『中等国文典』	一八九八	独立句	附属句	形容句	副詞句	名詞句	単文	複文	重文
白鳥菊治『中学教育新撰日本文典』	一八九八	×	附属文	×	×	×	単文	関係複文	重行複文
瓜生篤忠・喬『国文法詳解』	一八九九	×	×	×	×	×	単文	複文	
鈴木忠孝『新撰日本文典』	一八九九	×	×	×	×	×	単文	復文	
佐藤仁之助『中学文典』	一九〇〇	×	×	形容詞句	副詞句	名詞句	単文	複文	重文
森下松衛『中学国文典』	一九〇〇	×	×	×	×	×	単文	複文	重文
普通教育研究会『中学教程新撰日本文典』	一九〇〇	×	×	×	×	×	単文	—	複文
芋川泰次『日本文法教科書』	一九〇一	独立句	修飾句	×	×	×	単文	複文	
高木尚介『中等皇国文典』	一九〇一	独立章	従属の章	形容詞章	副詞章	名詞章	単文	複文	重文
塩井正男『中学国文典』	一九〇一	連句	副句	×	×	×	単純文	複雑文	
新楽金橘『中等教育実用日本文典』	一九〇二	独立章句	附属章句	形容詞章句	副詞章句	名詞章	単成文	混成文	複成文
佐々政一『日本文典』	一九〇二	独立節	附属節	×	×	×	単文	複文	連文
横地清次郎『国文法教科書』	一九〇三	独立節	属節	×	×	×	単構文	聯構文：複文	聯構文：続文
畠山健『中等日本文典』	一九〇四	独立句	×	形容句	副詞句	名詞句	単文	複文	重文
芳賀矢一『中等教科明治文典』	一九〇四	節	句	×	×	×	単文	複文	重文

3・2　明治三〇年代から四〇年代の統語論研究とクローズ

次に、教科書文典以外の研究について見ることにしたい。まず明治三〇年代には、統語論のみを対象とした文典が著されるようになり、その中においてもクローズおよび複文に関する言及が見られる。たとえば、岡倉由三郎『新撰日本文典―文及び文の解剖―』（明治三四［一九〇一］年）は、「ジュエル氏の解文図式」を元に日本語の文の構造を解説・図解したもので、文を以下のように分類している（二三―二七丁）。

独立文……「一つの単文にして他の語句の上に従属する事なく独立的に事を叙するもの」

混合文……「附属文の内、いつれに限らず、一個又は二個以上が、一個の独立文と合して、一種混淆の文をなす」もの

岡倉のいう「附属文」とは、ネスフィールドにおける「従位節」のことで、岡倉はそれを「連体文・成体文（＝名詞節のこと）・連用文」の三種に分類している。文とクローズの区別を行わないこと、図解が独特なことは注意されるが、クローズおよび複文の分類法は、さきに見た教科書文典と大枠で変わらない。

これに対して、岡田正美『日本文法文章法大要』（明治三六［一九〇六］年）では、

文。言の集合にして、一のまとまりたる思想をあらはしたるものを文（sentence）といふ。

章。文の独立せざるものを章（clause）といふ。

（六九ページ）

と述べるとともに、文を以下のように分類している＊11。

単文。一個の説述語を具有せる文を単文といふ。単文は文の各部が語・又は、句・より成れるものなり。

複文。文の中に文・又は、章の含まれたる文・即ち、その主部・補部・又は、客部の文・又は、章・より成

れる文・を複文といふ。

合文。章と文と連続して構成せる文・又は、二個以上の文の連合して構成せる文・を合文といふ。

（八二ページ）

この岡田の分類は、当時の教科書文典と、一見類似の分類をしているように見えるが、その内実はいささか異なる。すなわち、「合文」は、次のように、複数のクローズが連続する形の文を指し、「鳥なき花さく」のような前後が意味的に対等の関係で並立する重文と、「風がふくから塵が立つ」のような前のクローズが後に従属する形の合文の総称として用いられている。

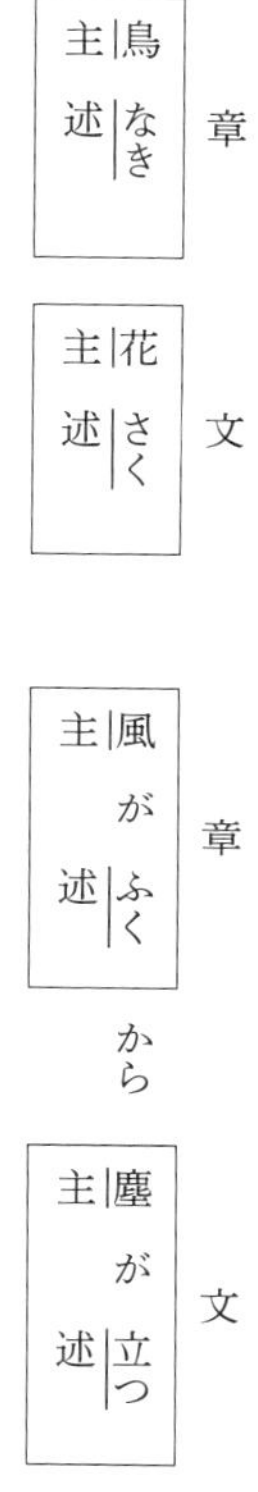

これに対して「複文」は、以下に示すように、「主部」「説述部」などの文の成分がクローズから成るもので、クローズが入れ子の形になる有属文を指している＊12。

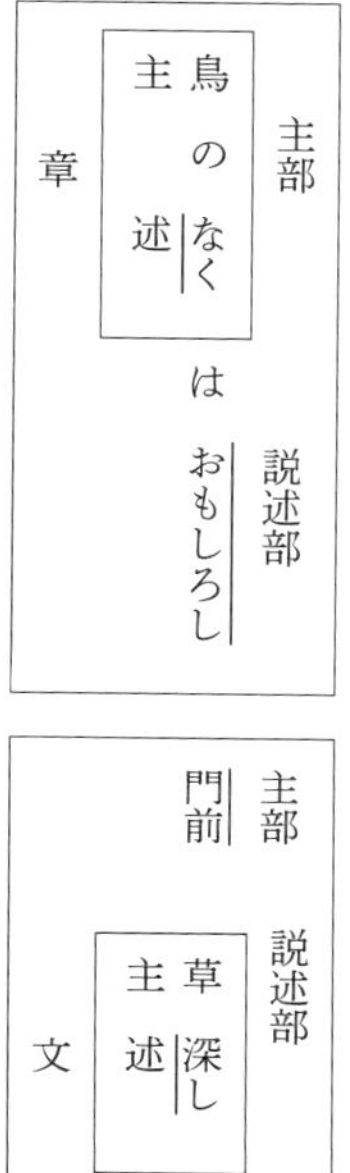

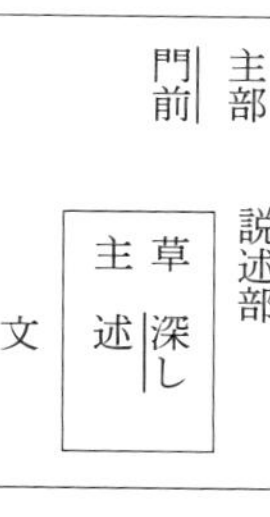

この岡田の分類は、次の二点で注目される。第一に、複文をクローズの連続するものと、クローズの入れ子になるものに分けた点で、冒頭に示したように、後に山田孝雄は、岡田の「合文」をさらに重文と合文とに分け、「重文・合文・有属文」の三分類を施すことになった。

第二は、「門前、草深し」のようないわゆる「総主」の存在する文の扱いである。「総主」は、日本語の二重主語文の扱いをめぐって、明治三〇年代に草野清民により提唱された概念だが、「草深し」という文の述部を一種のクローズ（岡田は「文」と呼ぶが）と捉え、「総主」たる「門前」をクローズの外側に位置するものと考えた点は、注意が必要である。すなわち、従来の「形容詞節・副詞節・名詞節」という英文典流のクローズ分類に、いわば「叙述節」とでも呼ぶべきクローズを付け加えることにより、二重主語文を記述しようというわけである。日本語の実状に合わせ、クローズの分類を改変していこうという動きがここには見られる。

さらに明治四〇年代に入ると、岡澤鉦次郎『教科参考日本文典要義』（明治四一［一九〇八］年）、三矢重松『高等日本文法』（明治四一［一九〇八］年）、および冒頭に掲げた山田孝雄『日本文法論』などの日本語文法に関するまとまった研究が公にされる。このうち、岡澤の文典は、文を「単文・複文・擬単文」の三種に分類するもので、このうち、「複文」は、岡田の「続文」同様に

あめ　ふり、かぜ　さむし。　かぜ　さむけれど、とも　は　きたれり。

右のような複数の「句（＝クローズ）」から成る合文・重文を指し、また「擬単文」は、

甲・乙・丙、ここ　に　きたる。

明治二〇年代に手島や飯田が「複文」として扱った右のような文を、「甲ここにきたり、乙ここにきたり、丙ここにきたる。」という「複文」を省約し、単文の形式に近づけたものと考えるため、特に立てられたものである。

なお、有属文に関しては、クローズ全体が機能的に見て一成分相当の資格に戻ったものとみなすため、特に「複文」とは考えられていない。

また、三矢重松『高等日本文法』は、「語」を文節相当の単位と捉え、この「語」を統語論上の最小単位と考えるものだが、「句」については、

文は最簡単なる者も主と叙とあり。ここに主叙を備ふれども完結せざるものあり。又完結すれども文の一部をなす者あり。此等を句と称す。（四四七ページ）

と述べるとともに、以下のように分類している。

中止句……鳥鳴き花咲く　（叙述語を中止して、他の成分に従属せず、相対並立する句）

修飾句……{形容句…花の　咲かざる　木　なし　（体言に接続する句）／副詞句…水　清ければ　大魚　すまず　（副詞のように他の部を修飾する句）}

叙述句……兎は前足が短い　（主語叙述語を備えながらさらに他の主語を叙述する句）

「兎は前足が短い」のような二重主語文の扱いは、さきに見た岡田と同様であるが、「前足が短い」の部分に「叙述句」の名称を与えている点が注目される。なお、「中止句」を含む文を「重文」、「修飾句」を含む文を「複文」とし、「叙述句」を含む二重主語文は、「単文」であるとしている。

以上、明治三〇年代以降のクローズ論を概観した。この期は、まず三土忠造『中等国文典』の出現をもって、教科書文典におけるクローズ論の形が固まるとともに、二重主語文のような日本語独特の構文をめぐって、岡田における「複文」や三矢における「叙述句」の扱いなど、日本語に合わせたクローズ論を模索する動きも見られた。とりわけ三矢の文典は、記述は穏健ながら、先行するクローズ研究を簡潔に整理・修正した観がある。しか

し、三矢の文典においても、クローズは文と同様に主語・述語の完備したものとして捉えられ、その点では英文典の枠組みから抜け出せていない。クローズの文法論上の位置付けという観点からは、依然、問題が残っていると言えよう。

4 まとめ

以上、明治時代におけるクローズ研究の展開を、山田孝雄『日本文法論』の登場以前にしぼって振り返った。この時代のクローズ論は、品詞論などに比べると、範とした英文典によってクローズの記述に相違があること、同じ英文典の直訳書でも訳語が一定しないことなどの理由から、その説明法や用語にゆれが存在することが確認できたと思う。「単文・複文・重文」という用語の初出例として時に取り上げられる、高津鍬三郎『日本中文典』において「複文」と「重文」の意味が現在と異なることなどは、その最たる例であろう。このような中、三土忠造『中等国文典』が明治三一年に出版されるとともに、ようやくその記述も安定していくように見える。

もっとも、明治後期に至っても、

ア　文およびクローズをどのような基準から定義するか

イ　クローズを文法論の中にどのような文法単位として位置付けるか

という点については、そもそも日本語文法にクローズは必要なのかということも含めて、議論は尽くされておらず、そのような中に現れるのが、冒頭にも引用した山田孝雄『日本文法論』ということになる。

山田文法は、文法論の部門として「文論」ではなく「句論」を立てた点、先行研究と一線を画し、この点をどう評価するかが文法論の組織にとって重要であると考える。具体的に言えば、これまで見てきた日本語の従属節類をクローズに相当する「句」と認めるが、松下大三郎はクローズの資格を持たないものとして扱うに至る。この点に関しては、第Ⅲ部の「第4章　松下文法に与えた山田文法の影響」で改めて検討することにするが、さしあたり本章との関連の中で問題点を付言しておくならば、

ウ　総主語（二重主語）文の扱い

エ　合文と重文の区別の是非

の二点が問題となるだろう。

このうちウは、総主語文の内部に「叙述句」というクローズを認めるべきか否かという問題である。山田は、

(1)あの人は交際がうまい。

(2)象は体大なり

右の(1)については、「交際がうまい」を「陳述句」と認め、全体で有属文を成すと考えるが、(2)については、「象」と「体」とを、全体と部分という意味関係を持つ一種の同格と考え、「体」を「副主格」と名付けるとともに、文全体はなお単文にとどまるとしている。このような問題にクローズをどう定義するかという点と深く関わるとともに、「は」などの係助辞で示される「題目語」をクローズとどう関係付けるかが問題になると思われる*13。またエは、「句」の「一致と並立」というような意味的・論理的な基準が合文と重文を分かつ唯一の基準かという問題で、形態的あるいは統語的基準から合文・重文を再分類する可能性も検討する必要があろう。

右の二点は、山田以前のクローズ論から既に内包されている問題であり、また明治以降のクローズ論において

も避けては通ることが出来ない。結局のところ、文とクローズの双方を文法論上の単位としてどのように位置付けるかという点を通して、これらの問題を考えていかざるをえないのだと思われる。

＊1 たとえば、三上章『現代語法序説』（昭和二八［一九五三］年）や南不二男『現代日本語の構造』（昭和四九［一九七四］年）など。

＊2 英文典の選定に際しては、佐藤良雄（一九六九）を参考にした。

＊3 たとえば、飯田が「文章論」で用いている「理論上の主辞・文法上の主辞」という用語は、カッケンボスの「Logical subject・Grammatical subject」という用語によっている可能性がある。

＊4 アの「花を見る」を「文節（member）」とみないのは、「花を見る」という表現が主格（主語）を含まないことによる。

＊5 表1に示した栗野の直訳では、「complex sentence・compound sentence」をそれぞれ「混文章・複文章」と訳しているが、大島国千代訳『スヰントン氏小文典直訳』（明治二〇［一八八七］年）では、「complex sentence・compound sentence」をそれぞれ「重文章・混合文章」としている。高津の「重文」も当時の訳語から取ったのかもしれない。

＊6 松下大三郎『改撰標準日本文法』（昭和五［一九三〇］年）七〇五ページ参照のこと。

＊7 別の箇所において、「梅の花」のようなphraseを「句」と称している（たとえば第四九六節など）。

＊8 三土とネスフィールドとの関係については佐藤良雄（一九六九）を、また三土の文典が当時の文法教育の中で果たした役割については、矢澤真人（二〇〇六）を参照のこと。

＊9 三土の『中等国文典』と同じ富山房から刊行された嶋文次郎訳のネスフィールドの英文典は、「complex sentence・compound sentence」をそれぞれ「混文・複文」と訳している。三土が用いた「複文・重文」という名称が三土独自のものなのか否かについては、さらに考えたい。

＊10 ただし、「農夫は耕作し、収穫し、租税を納む。」のような述語が並立する文は単文と認めていない。この点について、芳賀矢一『中等教科明治文典』（明治三七［一九〇四］年）は、「単文」を「主語と述語との関係文法上の形式に於て唯だ一回成立せるもの」と定義し、述語が複数並立しても主語が共通な

らば「単文」であるとしている。なお芳賀は、「巻の三教授上の注意」において、この単文の定義をウエッチエル氏の独逸文法から取ったと注記している。

＊11　ただし、岡田正美『日本文法文章法大要』の訂正増補第二版（明治三四［一九〇一］年）では、「合文」を「続文」と改めており、複文の定義が以下のとおり若干異なる。

複文。文の部の文・又は、章・より成れる文・即ち、その主部・補部・客部・又は、述述部（ママ）（説述部）の文・又は、章・より成れる文・を複文といふ。（八二ページ）

＊12　「門前草深し」は訂正増補第二版の用例。初版には無い。

＊13　山田孝雄『日本文法学概論』（一九三六年・宝文館）第五十三章を参照のこと。

III

明治期日本語文法研究史の種々相

第1章

西周の文法研究

「ことばのいしずゑ」と西周文書「稿本（四）」の関係を中心に＊1

1 はじめに

西周の文法研究については、古くは森鷗外が「西周伝」中の「西周所著書目」において、数種の語学関係草稿の名を掲げ、また、宗高書房版『西周全集』所収の西周の手によると見られる稿本一覧「西周ニ関スル書類扣」にも、語学関係の草稿が挙げられている＊2。いまこのうち、『明六雑誌』に掲載された「洋字ヲ以テ国語ヲ書スルノ論」などの雑誌論文を除いた部分を、現在国立国会図書館憲政資料室に所蔵されている「西周文書」の目録と対照すれば、次ページの表1のとおりとなる＊3（なお、「西周伝」の中にある「日本文典残欠」は国立国会図書館に存在せず、筆者も未見である。表1では仮に全集所収の「ことばのいしずゑ」に対応させたが、「日本文典残欠」ついてはしばらく措くことにし、以下は、全集所収の「ことばのいしずゑ」を調査対象にしたい）。

表1に示した著作は、すべて中途で途絶した文典稿本、あるいはその編纂のための資料で、生前に出版されることはなかった。このうち文典としての体裁を整え、内容的にもっともまとまったものは、『西周全集』に収められている「ことばのいしずゑ」と国立国会図書館所蔵の「日本語範」の二点である（表2参照）。

このうち「ことばのいしずゑ」は、岩淵悦太郎（一九四一）によれば、佐々木信綱（一九三九）『竹柏園蔵書志』によってはじめて世に紹介された稿本で＊4、静嘉堂文庫所蔵の福羽美静筆写「日本語典稿本」は、その忠実な転写本であるとのことである。なお、その奥書から福羽がこれを筆写したのは明治三年のことであることが分かり、「ことばのいしずゑ」の成立はこの頃、あるいはそれ以前ということになる。

また、「日本語範」は、現存する稿本によれば、第一巻が明治一二年一月三一日起草、第二巻が五月一日起草となっており、「ことばのいしずゑ」よりも少なくとも十年ほど後に執筆されたものと考えられる。なお、その内容については、前掲岩淵論文が一部を紹介している。

［表1］西周による国語関係稿本類目録

西周ニ關スル書類扣	分類番号1	分類番号2	森鷗外「西周伝」	国立国会図書館憲政資料室所蔵・西周文書目録	備考
なし			日本文典残缺　二巻	なし	ことばのいしずゑ 「西周全集第二巻所収。静嘉堂文庫所蔵「日本語典稿本」はその転写本で、明治三年筆写。」
日本語範　第一篇發端　第二篇音學	丁ノ二		日本語範残缺　一巻	なし	
全稿本	丁ノ（二）			六二　語範稿本　第一巻	明治一二年一月三一日起草。
全稿本　第三篇言學	丁ノ三	四九		六三　語範稿本　第二巻	明治一二年五月一日起草。
全稿本　言學續キ	丁ノ四	五〇		六四　語範稿本　第三巻	

詞ノ麓路	丁ノ七	廿三	詞の麓路残缺　一巻	六七	詞ノ麓路一之上巻	
全原稿	丁ノ(七)			なし		
活語文集(翻訳)	丁ノ六	四七	活語軌典残缺　一巻	六六	翻訳活話文集	
彙言便覧稿本	丁ノ五	四八	彙言便覧残缺　一巻	六五	便覧稿本	
文典稿本第一稿	丁ノ十四	廿七	なし	七五	文典稿本　第一稿	
草稿類一括	丁ノ十五		なし	七六	草稿類一括	国語関係草稿を含む。
なし		四一	なし	一〇一	稿本(四)	
なし			なし	一〇一	稿本(六)	
なし		四二	なし	一〇一	稿本(七)	

以上のように、西周は明治前期において日本語文典の執筆を継続的に行い、まとまった量の草稿を残しているが、刊行された文典が存在しないため、従来必ずしも十分にその内容が検討されてこなかった。

「ことばのいしずゑ」については、福井久蔵（一九三四）や、先に示した岩淵論文がその存在を紹介し、岩淵はその内容について、品詞を語の性質・位置・役目から体系的に分類すること、名詞の格を説かず、格助詞を一品詞として立てたこと、形容詞を用言の一種と認めること、などを挙げて、「従来の国学系の品詞分類にも煩はされず、又一方西洋文典の悪い影響も少なく、独創的な分類法と表すべきであらう」と高く評価している。

[表2]「ことばのいしずゑ」「日本語範」内容一覧

ことばのいしずゑ	まきのひとつ	はしびらき こゑの まなび いろはの こと ごじふゐんの こと こゑと あやとの こと すみ にごりの こと ンの こゑの こと ひやう|じやう|きよ|にふの こと こゑ おなじくて ひやう|じやう|きよの けじめ ある ことばの ひやう
	まきの ふたつめ	ことばの まなび ことばの くさわけ こと なことばの こと なことばの くみあはせ の こと かずことばの こと かはりことばの こと ひとの なかはり ならひに ものの ながはり の こと とひの ながはり の こと おふし ながはり ならひに くみあはせ の こ とばの こと はたらきことばのこと
日本語範	第一巻	第一篇 発端 音学の篇 第二篇 総論 第一章 仮名の事 第二章 仮名遣ひの事 第三章 字音の事 第四章 呼法の事
	第二巻	言学 第三篇 第一章 言の種類別ケの事 第二章 体言の事 第三章 化成体言の事 第四章 名言熟語の事 第五章 名言書法の事 第六章 形容体言の事 第七章 数言の事 第八章 代言の事 第九章 称呼代言の事 第十章 物名代言の事 第十一章 扣問代言の事

まきの　ふたつめ	
はたらきことばの　かたちつくりの　こと むすびことばの　こと ときと　さまとの　こと	
	第三巻
第十二章　指示代言の事 第十三章　汎称代言の事 第十四章　用言の事	第三篇　言学続キ 様法の事 兼言の事 助用言の事

なお、岩淵論文以降の研究においても、西周の文法研究については、「ことばのいしずゑ」を中心に論じる場合がほとんどのようである*5。

一方、「ことばのいしずゑ」以外の文典稿本については、これまでの研究の中ではあまり触れられてこなかったように見える。このうち、「日本語範」については、先に挙げた岩淵論文が、その内容を品詞分類などに限って紹介するものの、「かえって改悪かと思はれる点がないでもない」と、評価は芳しくない。

このように、西周の文法研究の内容は、いまだ限られた部分しか解明されていないように思われる。しかし、岩淵論文が指摘するように、西周の文法研究は、明治前期に著された中根淑、近藤真琴、物集高見等の日本語文典と共通点があり、その影響関係を考察することは明治期の文法学説史を考えるうえで重要な課題と考えられる*6。

そこで、西の国語研究を研究史上に位置付けるためにも、まずは「ことばのいしずゑ」から「日本語範」に至るまでの文法学説の変遷、を明らかにする必要が生じるが、これを行うためには、各種稿本類の成立時期とその内容を考える必要があると思う。

本章では、以上の観点から国立国会図書館憲政資料室に所蔵されている西周文書「稿本（四）」を取り上げ、その内容を検討する*7。この資料は、文典の下書き、用例、アイデアのメモを含む雑多な内容で、全体の統一性は持たないが、その内容から見て「ことばのいしずゑ」「日本語範」双方の成立に関係していると考えられる。この「稿本（四）」の検討を通して、西周の文法研究の変遷について見渡しをつけたいと思う。

2 「稿本（四）」の体裁と内容

「西周文書・稿本（四）」は、半紙を四つ折りにして横に綴じたもので、綴じたあとの大きさは縦一二センチ×横一六・八センチ、表紙には「四一」と番号が打たれ、別にペンで「ノート八冊ノ四」と書かれた付箋が貼付されている*8。タイトルは内題・外題ともに特に付されていない。また、裏表紙には、「高田義甫　西野古海編述　皇國文法階梯」の書名がペンで書かれているが、後で触れるとおり、この稿本は、『皇國文法階梯』が刊行された明治六（一八七三）年以前に書かれたと考えられる内容を含んでいる。

なお、この稿本には丁数が打っていないが、裏表紙裏面の書入れまで数えると、全部で九三丁を数えることができる（ただし途中白紙の部分が数丁ある）。今その内容を示せば、おおよそ表3のようになる*9。

本章では、以上の内容のうち、文典の下書きと見られる部分を取り上げ、考察したいと考える。具体的には、

A……「ことばのいしずゑ」の下書きと考えられる部分

B……「日本語範」の下書きと考えられる部分

C……「ことばのいしずゑ」との関係に検討を要する部分（執筆時期保留）
D……「ことばのいしずゑ」「日本語範」に記述のない部分（執筆時期保留）
の四つの部分について考えることにしたい。

［表3］「稿本（四）」内容一覧

分類		丁数	内容 （［ ］内のタイトルは服部が仮に補った）
		一オ	［結辞の用例］
A		二オ〜六オ 六ウ〜九ウ 一〇オ 一〇オ〜一〇ウ	実辞ノ組合ノ事 数詞ノ事 代言ノ事 人ノ名代併事物ノ名代ノ事
	C	一一オ〜一一ウ	詞の種々の事
		一二オ 一二ウ〜一四オ	変格ノ変化 ［働言の否定・時制・法・活用］
	D	一四ウ〜一五ウ 一六オ〜一八オ	質辞 助語
		一八ウ〜一九ウ 一九ウ 二〇オ〜二〇ウ	［「人ノ名代併事物ノ名代ノ事」の続き］ 問ノ名代ノ事 凡名代并ニ組合ノ辞ノ事
A		二一オ〜二一ウ 二一ウ〜二三ウ 二四オ 二四オ〜二六オ	ハタラキ・コトハノ　コト 働言ノ形リノ事 働辞ノ時ト様トノ事 時と様との事
		二七オ〜二八オ 二八ウ	［『源氏物語　桐壺巻』筆写］ ［漢字の字音用例］
B		二九オ〜三〇オ 三〇ウ〜三二ウ	［濁音の用例］ 濁声の例　言学上の音便
		三三オ 三三ウ 三四オ 三四ウ 三五オ 三五ウ〜三六オ 三六ウ	第一種続辞（反対区別ヲ／徴スル辞） 併ニ第二第一ノ定辞 ［「濁声の例」の続き］ 第一種続辞（加併及合／を徴する辞） ［「濁声の例」の続き］ 第二種の続辞 ［漢字の字音用例］ くはへことばに　つく　てにをは

	丁	内容
	三七オ	不定法に属く定辞
	三七ウ～三八オ	〔定辞と他の助辞の承接表〕
	三八ウ	第一種　トを取る副言
	三九オ	第二種　兮に畢る副言
	三九ウ	第三種　聯語の副言　然を取る
	四〇オ	第四種　語尾のンを強く
	四一オ	〔第二種の定辞〕
	四一ウ～四二ウ	〔副名言の用例〕
	四四オ	〔歎言の用例〕
	四四ウ	〔副名言の用例〕
	四五オ～四五ウ	〔体言の格〕
	四六オ～四八ウ	〔代言の格〕
	四九オ	不定代詞
	四九ウ	汎称代言
	五〇オ～五〇ウ	加辞代辞相通スル者
	五一オ	時の加辞
	五一ウ～五二オ	〔体言の用例〕
	五三ウ～五四オ	〔働言の活用表〕
D	五六オ～五七オ	てにをはの事
	五七オ～六六ウ	位辞ノ事
	六七ウ～六八ウ	〔用言の用例・口語含む〕
	六九オ～七〇ウ	〔人称・時・法に関するメモ〕

	丁	内容
	七一オ	〔定言と助言「て」に関するメモ〕
	七一ウ～七二オ	〔文語と口語の語法の対照〕
	七三オ	〔第一種質言の用例〕
	七三ウ	〔働言の時様法体〕
	七四オ	〔第二種質言の用例〕
	七四ウ	〔働言の用例〕
	七五オ	〔第一種複合した質言の用例〕
	七五ウ	〔働言の用例〕
	七六オ	〔第二種複合した質言の用例〕
B	七六ウ	〔形容動詞語幹に関する弁義〕
	七七オ～七八オ	〔形容動詞語幹の用例〕
	七九オ～八一オ	〔添言の用例〕
	八二オ	〔いろは歌のメモ〕
	八二ウ～八三オ	〔仮名による表記法のメモ〕
	八三ウ	〔添言・質言の用例〕
	八四オ	〔質言から派生した体言〕
	八四ウ～八五オ	〔代言の用例〕
	八五ウ	〔「まい・そうだ・らしい」〕
	八六オ～八九オ	〔助言等の用例〕
	八九ウ～九〇ウ	〔添言等の用例〕
	九一オ～九二オ	〔詞の派生の用例等〕
	九二ウ～九三オ	〔助言の用例〕

このうちのAの部分は、表3に示したとおり、二丁表から一〇丁裏までと、一八丁裏から二六丁表までの二つの部分に分かれるが、内容的にはつながっている。ここで問題になるのは、途中にはさまったC・Dを含む部分で、ページの順に執筆されたと考えれば、Aと同時期のものということになるが、さらに検討の必要があるので、とりあえずは「執筆時期保留」という扱いにした＊10。

なお、以上のA〜Dの部分は、分量的に全体の半分にも満たないものだが、今回扱わない残りの部分は、一部文章の形で記述されているところもあるものの、ほとんどは、図表の下書き、用例の列挙、アイデアのメモなどから成る部分である。さらに詳細に検討する必要はあるが、「稿本（四）」の考察には支障がないと考える。

以下は、このA〜Dの部分を順に概観しながら、「稿本（四）」を西周の文法研究の変遷の中に位置付けたいと思う。

3 「稿本（四）」の考察

A 「ことばのいしずゑ」の下書きと考えられる部分

まずAの部分であるが、この部分は、「ことばのいしずゑ　ふたつめのまき」の下書きの一部と考えられ、そこから執筆時の様子を窺い知ることができる。「稿本（四）」では、加筆修正や行間への書き込みなどが多く見られるため、元の形を正確に表現するのは困難であるが、最初の形を基本とし、加筆修正した最終的な形を括弧内に補いながら、以下、その一部を「ことばのいしずゑ」と対照する（なお、漢字および仮名は現行の字体に揃えた。また判読できない部分は「□」で示した)。

①複合名詞に関する記述(一)

「稿本(四)」(二オ)

実辞ノ組合ノ事

実辞ト実辞ト(ト→トヲ)相合セテ一ト辞トナスヲ組合ト云フ○(云フ○→云ヒテ)是レニ(是レニ→削除)種々ノ例アリ○其一般ノ法トシテ、然ルトキハ(其一般ノ法トシテ、然ルトキハ→斯ルトキハ)上ノ辞ハ(上ノ辞ハ→一般ノ法トシテ上ノ辞ハ)下ノ辞ノ有様ヲ示シテ(シテ→シ)恰モ兼詞(兼詞→兼詞カ)或ハ外ノ書廻シニテ其(其→名辞ノ)様ヲ著ハス下ノ辞ヲ(著ハス下ノ辞ヲ→著ハシテ是ヲ)定ムルト(定ムルト→定メタルニ)同シ○(中略)○是レニ二ツノ差メアリ○初メヲ尾頭(尾頭→沓冠)ノ徴シト云ヒ後チヲ位□取リノ別《ワカチ》トイフ○沓冠ノ徴シトハ上ニ冠リタル辞ニテモ下ニ履キタル辞ニテモ是レニ依ヲ其物ヲ徴シ知ルヲ云フ○其例分テ(空白)

「ことばのいしずゑ」(『全集第二巻』六二〇ページ)

なことばの　くみあはせの　こと

なことばと　なことばとを　あはせて　ひとつの　ことばと　なすを　くみあはせと　いひて　くさくさの　ためし　あり、か〻る　ときは　なへての　のりと　して　かみの　ことばは　しもの　ことばの　ありさまを　しめし　あたかも　かねことばか　あるは　ほかの　かきまはしにて　なことばの　さまを　あらはし　これを　きめたるに　おなし(中略)これに　ふたつ　の　けじめ　あり、はじめを　くつかうふりの　しるしと　いひ、のちを　くらいどりの　わかち　と　いふ、くつかうふりの　しるしとは　かみに　かうふりたることばにても　しもに　はきたる　ことばにても　これに　よりて

トス
第一ニハ雌雄ノ別　先天（アレノマヘ）ノ辞ニテ既ニ雌雄ノ差メアル辞アリ（行間書入れ↓彦姫　男女）　父母（父母↓父母妹兄）兄姉　弟妹　妹兄（妹兄↓削除）伯父　伯母　祖父　祖母　老翁　老姆　息子（行間書入れ↓舅姑婿婦）息女（行間書入れ↓雌雄（メスヲス））抔ノ如シ　（以下略）

その　ものを　しるし　しらしむるを　いふ、その　ためし　とまりふたつ、
ひとつには　めをの　しるし、あれの　まへの　ことばにても　すでに　めをの　けしめ　ありて　ヲトコ　ヲンナ、チ、ハ、、イモセ　アニ　アネ　オトウト　イモウト、ヲヂ　ヲバ、オヂ　オバ、オキナ　オウナ、ムスコ　ムスメ、シウト　シウトメ、ムコ　ヨメ、メス　ヲス、なとの　ごとし、（以下略）

西は、名詞の語構成（実辞ノ組合）を「沓冠ノ徴シ」と「位取リノ別」の二つに分けて記述するが、右の①は、このうちの総論と「沓冠ノ徴シ（特定の範疇を表す語の前接・後接要素）」の記述の部分である。

両者を比較してまず気づくのは、「稿本（四）」に施された加筆・修正・削除が、「ことばのいしずゑ」において、ほぼそのまま生かされているところである。たとえば、「稿本（四）」の冒頭二行は、「実辞ト実辞ト相合セテ一ト辞トナスヲ組合ト云フ○是レニ種々ノ例アリ（原文）」→「実辞ト実辞トヲ相合セテ一ト辞トナスヲ組合ト云ヒテ種々ノ例アリ（傍線部・加筆修正）」というように手が加わっているが、「ことばのいしずゑ」は、「なことばと　なことばとを　あはせて　ひとつの　ことばと　なすを　くみあはせと　いひて　くさくさの　ためしあり、」という形になっており、傍線部に一箇所手が入っているが、「稿本（四）」における修正がほぼそのま

ま生きている。

また、「稿本（四）」は漢字を交えて表記しているので、「ことばのいしずゑ」本文に対応する漢字表記、たとえば、品詞名「なことば」に対する「実辞」「名辞」、「あれのまへ」に対する「先天」などを、ここから確認することもできる。

筆者は「ことばのいしずゑ」の原本を未見なので、断定的なことは言えないが、以上の点から「ことばのいしずゑ―ふたつめのまき―」は、まず、「稿本（四）」のような漢字片仮名交じり表記で下書きが成され、それに加筆修正を施したうえで、平仮名のみを用いた表記に改めながら、「ことばのいしずゑ」の形に整えられたものと推測される。

なお、このような「ことばのいしずゑ」の下書きとおぼしき部分には、場所により文章の完成度に差がある。

②複合名詞に関する記述（二）

「稿本（四）」（三ウ―四ウ）

位取ノ別チトハ上ヘ下タノ辞相（相→削除）係リ合フ
心ヲ示ス□（示ス□→示シ）其位取リ如何ナルヲ知ラ
シムルモノ也
　第一ニハ正シキ実辞二ツ組ミテ第二位（ノ）ニテ属ク
所（所→物）ヲ示ス

「ことばのいしずゑ」（『全集第二巻』六二三―六二五ページ）

くらいとりの　わかちとは　うへしたの　ことばの
か〻はり　あふ　こ〻ろを　しめし、その　くら
いを　しむるの　いかなるを　しらしむる　ものな
り、
ひとつには　まさしき　なことば　ふたつ　くみ

松（ノ）葉　月影　神籬
同シク属所ヲ示
庭（ノ）燎　西風（西風→東山）　浦風
同シク属ク時ヲ示ス
春雨　□菊（□菊→夕霧）　朝㒵（朝㒵→衣嵐）
第二ニハ正シキ実辞二ツ組ミテ第二位（ノ）ニテ其質ヲ示ス
石（ノ）橋　水鏡　羽衣
第三ニハ正シキ実辞二ツ組ミテ用ヲ（用ヲ→上ハ）下ノ用ヒ示シ或ハ目的ヲ示ス（示ス→示シ）上ハ第四位（四位→三位）（ヲ）ニテ間ニ働辞ヲ入ルヘシ
火ヲ入ル桶　水瓶　鳥籠
硯ニスル石　鉱山　鋼鉄

て　ふたつめ（ノ）の　くらいにて　したがふ　ものを　しめす、
マツバ　ツキカゲ　カンゲキ
おなしく　つきがを　しめす、
ニハ（の）ビ　ヒガシヤマ　ウラカゼ
おなしく　したがふ　ときを　しめす
ハル（の）サメ　ユフギリ　ヨアラシ
ふたつには　まさしき　なことば　ふたつ　くみて　ふたつめの　くらいを　とり、その　もののあてを　しめす、
イシ（の）バシ　ミヅカヽミ　ハコロモ
みつには　まさしき　なことは　ふたつ　くみて、かみは　しもの　もちひ　あるは　めどを　しめし、かみは　みつめ（ヲ）の　くらいを　しめてあひだに　はたらきことばを　いるべし、
ヒ［をいる］ヽ　ヲケ　ミヅガメ　トリカゴ
スヽリ［にする］　イシ　カナヤマ　ハガネ

（中　略）

第十ニハ　上正実—　下掛—　ニテ第四位にての
心ヲ含ム
　庭(ニテ)騎　陰干　旅寝
第十一ニハ　上正実　下自掛ノ働ナレトモ第六位
（第六位→第六位(カラ)）ヲ取ル
　内割　裏切
第十二ニハ　上正実　下掛ノ働辞ニテ第八位(ニテ/モテ)ヲ
取ル
　紅染　瓦葺　爪弾
（以下略）

（中　略）

とをには　かみは　まさしき　な　しもは　きま
らぬかゝり　また　おのつら(ママ)にて　よつめの　ニ
テの　こゝろを　ふくめり、
ニハ[にて]ノリ　カゲボシ　タビネ　ヤマズミ
とまり　ひとつには　かみ　まさしき　なことば
しもは　おのつから　また　かゝりの　きまら
ぬ　さま　にて　むつめ(カラ)の　くらいを　し
む、
ウチ[から]ワレ　ウラギリ　アタマゴナシ
とまり　ふたつには　かみは　まさな　しもは
きまらぬ　かゝりにて　やつめ(ニテ/モテ)の　くらいを
とる
べニ[にて]ソメ　カハラブキ　ツマハジキ
（以下略）

②は、名詞の語構成を格関係の観点から分類列挙する「位取リノ別」の部分であるが、「稿本（四）」前半の記述に比べ、「第十」の項目以降では、「稿本（四）」の「上正実」が、「ことばのいしずゑ」の「かみは　まさしき

な」に対応するように、執筆メモのような観を呈している。

なお、右に示したような語構成の記述が可能になったのは、「ニテ（場所）」を第四位、「カラ（出発点）」を第六位、「ニテ・モテ（道具）」を第八位とするなど、「位言（＝格助詞）」を十種の位に分類するためで、同時代の他の文典に比べ、格段に精密な記述と言える＊11。

③動詞の時制に関する記述

以上のような「稿本（四）」と「ことばのいしずゑ」の関係は、表3Aの他品詞の記述においても認められる。

「稿本（四）」（二四オ—二五オ）

時と様との事
（前略）一　平常ノ様　此様ハ名ニテ知ルヘキ如ク事ヲ当前ニ説キテ強クモ弱クモ言ハズ平カニ示ス時ニ用フ○□（□↓削除）本居ノ大人ノ定メラレタル歌ノハモ只ノ結ヒテフ物（物↓削除）モ略同シ（同シ↓是ニ同シ）○ソハ
（中略—動詞の時制に関するメモ）
浅キ現在トハ（現在トハ↓現在ハ其形ハ働辞ノ元形其侭ニ

「ことばのいしずゑ」（『全集第二巻』六七七—六八〇ページ）

ときと　さまとの　こと、
（前略）つねの　さま、この　さまは　なにて　しるへきが　ごとく　ことを　あたりまへに　ときて　つよくも　よはくも　いはず、たひらかに　しめす　ときに、もちふ、もとをりの　うぢの　さためられたる　うた　の　ハ　モ　タ、の　むすび　てふも　ほゞ　これに　おなし、そは
（中略—動詞の時制に関する表）

テ是ハ）物ノ働是ヲ（是ヲ→ヲ）言フトキ其働瞬ク間ニ在リテ其間際ナルヲ示スナリ〇サルカラニ当前（当前→当前歌ナドニモ又）今日ノ日ノ話ニ多ク用ヒテ今ゾ花咲く（今ゾ花咲く→削除）今花ガ咲ク 今人ガ來ルナド云フ類ナリ

深キ現在トハ（トハ→ハ）又ノ名常磐（ヒタフル）ノ時トイヒテ物ノ働ノ続ク様（続ク様→続キ様ヲ）何時変ハラズアルヲ示スナリ〇サルカラニ多ク自ラノ物ノ永フルニ永ラタルヲモ又真ノ天地ノハルケキ貫キ立タルヲモ著スニ用ヒテ彼所ニハ山崎テリトモ又是ハ正キ道タリ（山崎テリトモ又是ハ正シキ道タリ→山崎テリ川流レタリ）道伝レリ真止レリナト云フ類ナリ（以下略—この後「重レル過去」まで八種の時制について説明あり）

あさき けんざい、その かたちづくりは たゝちに はたらきことばの もとつなり そのまゝにて かはる こと なし、こは ものにても ひとにても その はたらき またゝく まに ありて まきはなるを しめす なり、さるからに あたりまへ ふみにも うたにも また けふの ひの はなしにも おほく もちひて （以下を欠く）

右は、動詞の時制を記述した部分であるが、複合名詞の記述同様に加筆修正が「ことばのいしずゑ」に生かされていることが分かる。さらに動詞の時制の記述に関しては、「ことばのいしずゑ」では「あさきげんざい」の途中で記述が途切れてしまっているが、「稿本（四）」では、さらに「今花ガ咲ク」などの例文を挙げるとともに、「浅キ現在」以降も「深キ現在」から「重レル過去」まで記述が続いていることが確認できる。

引用は「深キ現在」までに止めたが、過去時制・未来時制の定義についても抄出しておくと以下のとおりとなる（引用中の略号は適宜削除、あるいは対応する文言に改めた）。

浅キ過去……目ノ前ニ過キ去リタル働キヲ現ス

深キ過去……是ハ後ノ重ナレル過去併ニ過去未来ト共ニ儒文ノ時ト名ケ尋常ノ話ニハ用フルコトナク昔物語ニ用ヒテ時既キ去テ其働ノ跡スラモ残ラサルヲ示ス者ニテ昔男アリケリナト書クヲ正シキ例トス

浅キ未来……未タ働カサレトモ直チニ働キ趨カントスルヲ示シ文言ニテモ今行カム是ヨリ往(イナ)ムナト話言ニテ今行カウ（是カライナウ）ナト毎ニ用フル通ニテ他(ホカ)ニ異ナルコトモナケレド深キ未来トモ通ヘルコトアリ

深キ未来……其形ハ浅キ未来ノ飽カム起キム挙ケムノ如ク直チニムニカハラスナニ（ママ）間ニ挟ミ飽カナム起キナム挙ケナムトカハルナリ（中略）此未来ハ前ニ比スレバ行先追々ナドノ意ヲ含ミ今行カムト追テ行カナムトノ差アリトス

重レル過去…其形二通アリテ其一ッハ深キ現在ト深キ過去ト重ネ四段ニテハエリケリエリキ後二段ハタリケリタリキトシ、其一ッハ浅キ過去ト深キ過去ト重ネ不定法ヨリニ又テヲ蹈ミテケリ又キニ終リタリ

過去未来……（記載なし）

以上の西における時制の分類を、第I部第5章において確認したとおり、明治初期の文典、田中義廉『小学日本文典』（明治七年）、中根淑『日本文典』（明治九年）と比較すると表4のようになるが、各時制を「浅キ」と

「深キ」、「不充分」と「充分」とに分ける点、西と中根の時制の扱いに共通点が見られる。これは、下敷きにした文典の枠組みを反映したものであって、佐藤義雄（一九六九）によれば「充分・不充分」はオランダ文典からの引継であるという＊12。実際、西の稿本には、「浅キ・深キ」の代わりに「不満・満」を使ったものもあり、中根と同系統の命名であることがわかる。ただし、未来時制に「過去未来」を含め三種を認める点は、西独自の扱いである。

［表4］西・田中・中根における時制記述

時制	西	田中	中根
過去	浅キ　〜ツ・ヌ 深キ　〜キ・ケリ 重ナル　〜ニケリ・ニキ等	〜タリ	充分　〜キ・ケリ 不充分　〜ツ・ヌ
現在	浅キ　〜φ 深キ　〜タリ	第一　〜φ 第二　〜シ	充分　〜タリ 不充分　〜φ
未来	浅キ　〜ム 深キ　〜ナム 過去　〜ケム・ニケム等	第一　〜ン 第二　〜デアラン	充分　〜ン・マシ・ラン 不充分　〜ケム・タラン等

注…表中の「〜φ」は、動詞の終止形をそのまま用いる意

B「日本語範」の下書きと考えられる部分

さて、以上のように「稿本（四）」は、「ことばのいしずゑ」の下書きをその内容として含み、この資料は、西の文典執筆の過程を知るうえで興味深いのであるが、それでは、「稿本（四）」全体が明治三年以前に書かれたものかといえば、そうとは言えない。というのも、明治一二年に書き始められた「日本語範」の下書きが、一部、含まれているからである。

①形容動詞語幹に関する記述

「稿本（四）」（七六ウ）

〔弁義〕

此第二種の形容言は本来（本来↓蓋し）未成言とも言ふ（言ふ↓云ふ）可き種類て本は第一種より（より↓有て）後に第二種有りた（有りた↓出来た）的ては無く第二種有て第一種のヤカ又カの（語尾↓尾）を取り其の（其の↓此の）種類と成た的也故に（故に↓此）後の例の平は平らかと成り静は静かと成たので著し故に此は（此は↓此の）第二種は言（言↓此の）類の言の本体て未た成人に成らぬ稚な児と為て観る可し。其の外同し

「日本語範　第二巻」（二二ウ—二三オ）

〔弁義〕此の第二種の形容言は、蓋し未成言とも、云ふ可き種類て。本は、第一種有て後（チ）に、第二種か出来た訣ては無く。却て、第一種有て、第一種の、アカ又カの尾を取り、此の種類と化（カ）た的也。此の後（チ）の例て。平（タヒラ）は、平らかと成り、静（シツ）に、静かと成た的て著（シル）し。故に、此の第二種は、此の類の言の本体也れと。此（此↓此処）ては、蛙（カハツ）と科斗（オタマジヤクシ）と為て、観る可し。

爾て又、此（此↓此の）第二種（第二種↓第二種を）父と

父也れとも此より質言に成る言有り譬へは明は明けし平は平けし静は静けしなと化するも有り然れとも此のケはカと同胞也但語範ては此の（空白）親子兄弟の間位を論せす為て概して独立一戸の主人と認める也

為て観れは、此より第一種の兄某を、生したるか上へに、又質言と成る言も有て。譬へは、明は、明らか、又明けし、平は、平らか、又平けし、静は、静か、又静けし（挿入↓又一種は用言へも渉り。和、饒やか、饒はし、饒々し、饒はふ、賑はす）と、化はるも有り。然れとも、此のケも猶カと同胞也。但語範ては、此の親子兄弟の間位を、先天の事と為て、論せすに。各独立一戸の主人と認める也。

西は、「ことばのいしずゑ」においては、形容動詞語幹の類を「ありかたの　ことば（形象辞）」と名付け、「なことば（体言）」の下位分類として位置付けるが、「日本語範」ではこれを「形容体言」または「形容言」と呼び、一品詞として扱っている。なお、「日本語範」では、この「形容言」を以下のように下位分類している。

第一種の形容言……明らか、豊か、緩やか、健やか、静か、僅か

第二種の形容言……稀、妙、初、忠……／大、小、真、狭……

①は、この「形容言」に関する記述のうち、本文中に補注のような形で挿入された「弁義」の部分を引用したもので、形容動詞語幹の成り立ちが記述されている。「稿本（四）」と「日本語範」の文言を対照すると、「稿本（四）」は、「日本語範」同様に漢字平仮名交じりで書かれており、またそこに施された修正は、「日本語範」に生かされ、さらに加筆修正が施されている。

なお、この「弁義」という形式は、「日本語範」のみに見られるものなので、「稿本（四）」のこの個所は、「日本語範」の下書きと見て問題ないと思われる。すなわち「ことばのいしずゑ」の成立した明治三年よりも下って、明治一二年までの間に書かれたものと想定される。

②連濁に関する記述

「日本語範」の下書きであることがはっきりしているのは、以上に示した形容動詞に関する部分だけだが、次に示した連濁に関する記述も、「日本語範」につながるアイデアのメモではないかと考えられる。

「稿本（四）」（三〇ウ―三二ウ）

濁声の例　言学上の音便

第一　凡て組成す言の下の言加行佐行多行波行に始まる時は濁るを常例とす

（中略）

第二　此に外れる例

第一には　物を並らへて指す時

雪墨（墨→炭）　足腰　内外　色沢　銭金　明暮

第二には　一つ言ても助言を挟む時

「日本語範　第一巻」（五三ウ―五六オ）

第二則　清濁則　清む例

第一には　物を並へて、指す時は、濁らす。

雪炭（ユキスミ）　足腰（アシコシ）　内外（ウチソト）

第二に　後天て、一つ言と観るも、助言を挟む時。

梅香（ウメガカ）　猪鼻（ヰガハナ）　榎木（エノキ）　麛（カノコ）

（中　略）

第三には　上ミの例の破格

天の川天漢（アマノガハ）　妖の気（モノノゲ）物妖

梅か香　猪か鼻　榎の木　鹿の子　木の子　茸
第三には　小さい言ても兼言を上ミに取る時
散る花　刈る萱　呼ぶ子　浮ふ瀬　厳嶋(イツクシマ)
此の例の破格　天漢(アマノガハ)　妖物(モノノケ)　生玉
第四には　人の名乗
猿田彦(サルタヒコ)　衣通姫(ソトホリヒメ)　桜姫(サクラヒメ)　広常　為朝　恒貞　良
相　正成
第五には　上ミの例の破格
実消(サネズミ)　道真(ミチザネ)　時文(トキブミ)　直実　師実　貞純　敦文
右は　純(スミ)　消(スミ)　文(フミ)　直(サネ)　実(サネ)　前(サキ)　に限る
第六には　物に擬へた名（名→人名）は物名の例に
拠る
桧垣(ヒガキ)　真淵(マブチ)
第七には　下の言加佐多波に始るとも其の次の仮
名濁る時は濁らず
黄壁(キカベ)　紙屑(カミクヅ)　山賎(ヤマカヅ)　大株(オホカブ)　切疵(キリキヅ)　白鷺(シラサギ)
日影(ヒカゲ)　神嶋（→削除）　髪飾(カミカザリ)　余数(アマリカズ)　川千鳥(カハチドリ)
第八には　上の言に濁る声有る時

（中　略）
第四には　後天て、小さい言ても、兼言を、上ミに
取る時は、濁らす。
嶋
散る花　刈る萱　呼ぶ子　浮ふ瀬　厳く嶋(イツ)　齋く
（中　略）
第六には　人の名称(ナノリ)は、濁らす。
猿田彦(サルタヒコ)　衣通姫(ソトホリヒメ)　桜姫(サクラヒメ)　広常(ヒロツネ)　為朝(タメトモ)　良相(ヨシスケ)　恒貞(ツネサダ)
正成(マサシゲ)
第七には　其の破格
房前(フサザキ)　実消(サネズミ)　義澄(ヨシズミ)　道真(ミチザネ)　直実(ナホザネ)　貞純(サダズミ)　時文(トキブミ)
敦文(アツブミ)　大率、此のサキ　スミ　サネ　フミ等の
言に、限る事と見えた。
第八には　物に擬(ヨソ)へた人の名は、物名の例に拠る。
音檻(オトガシ)　真淵(マブチ)　桧垣(ヒガキ)
第九には　下モの言、加佐多波四行に、始まるとも、
其の次の仮名、濁る時は、濁らす。
黄壁(キカベ)　紙屑(カミクヅ)　山賎(ヤマカヅ)　白鷺(シラサギ)　川千鳥(カハチドリ)

飛火（トビヒ）
第九には　上の例の破格
　労（イタヅガハシ）　執掌（カガヅラフ）　瑞籬（ミヅガキ）　伊豆渕（イヅブチ）
第十　金槌　赤土　口利　立聞
第十一には　濁る時は下の言去声也る（也る→なる）
例也るに上下とも平声也るか又は上ミ上声て下平声
也れは濁らず
　岩国　石川　春田　猪飼（↓削除）
第十二　言の性て濁ら（ママ）　生捕（イケドリ）　数取
第十三　和言——好（ヨシン）ズの類
　　漢言——准ズの類

第十には　下モに来る言、声同しく為て、意ロは二様、三様に通ふ時は、其の一は、常に濁り、其の一は、常に清む例也。
金槌（カナヅチ）　木槌（コヅチ）｝赤土（アカツチ）　壁土（カベツチ）
｛小買（コガヒ）　子養（コガヒ）　小貝（コガヒ）　蛤貝（ハマグリガヒ）
｛牛飼（ウシカヒ）　馬飼（ウマカヒ）　猪飼（キカヒ）　犬飼（イヌカヒ）
（中　略）
第十一には　言の素性から為て、曽て濁らぬも有り。
　為来（シキタリ）　言来（イヒキタリ）　字消（ジケシ）墨白　火消（ヒケシ）
第十二には　字音に、為を加へ、用言と為て、遣ふ時、濁らぬ例。
甲　文微魚虞歌麻の字は濁らす。
　議する　帰する　漁する　具する　推する　誅する
乙　入声は、濁る事無し。
　謁する　臆する　適する　合する　接する
丙　ン韻の字、去声（去声→上声）也れは、濁らす。

僭する　淫する　聞する　短する　悶する
丁　ウ又イ韻の字、□□（□□↓削除）上声也れは、濁らす。
窮する　誅する　刑する　征する　俟する
称する　寵する
戊　二重字は、濁る事無し。
内通する　没収する

「日本語範」第一巻の「呼法の事」には、「清濁則」という項目があり、連濁に関して、「濁る例」「清む例」「跨る例」と三つに場合分けして、その規則を記述している。bに引用したのは、その「清む例」、すなわち連濁しない場合の規則である。

「日本語範」の記述はスペースの関係で一部省略したが、「稿本（四）」の記述とこれを対照すると、「稿本（四）」では、「二　此に外れる例」の「第一」に「物を並へて指す時」とあり、並立関係の複合語は連濁しないという規則が立てられているが、同様の記述は、「日本語範」の「第二則・第一」にも見られ、用例も共通している。また、「第七には　下の言加佐多波に始るとも其の次の仮名濁る時は濁らず」とあり、やはり類似の記述が、「日本語範」の「第九」に見られる。

このような連濁に関する記述は、西の「稿本（七）」においても見られ、「ことばのいしずゑ」執筆以前から連濁に関する記述を行っていることが分かるが*13、「稿本（七）」では、分類の仕方が異なっており、また、欄外に「稿本（四）」「日本語範」に見られる用例が書き込まれているので、「稿本（七）」は、より古い時期に執筆されたものと考えられる。すなわち、「日本語範」の直接の執筆メモは、「稿本（七）」ではなく、「稿本（四）」であるということになる。

なお、「稿本（四）」の第七項および「日本語範」の第九項は、ライマンの法則として知られる規則に一致する。西の記述に参照した先行研究があったのかなど、この点の研究史的位置付けについては、さらに検討したい。

C 「ことばのいしずゑ」との関係に検討を要する部分

以上、西周の文法研究を「稿本（四）」を通して概観し、この稿本が「ことばのいしずゑ」および「日本語範」の下書き、あるいは先駆的な形を含むことを確認できた。そこで以下は、ここに記された文法学説が同時代の他の研究と比較した際に、どのような特徴を有するのか考えていきたい。

まず最初は、品詞分類に関する記述である。図1・2は、「稿本（四）」十一丁表に記載された品詞分類のメモで、実際には図1は上から×印で抹消されており、残りの余白に図2が書き込まれた形になっている。したがって、図1は図2より古いと考えて良いと思われる。

このうち、図1の品詞分類を「ことばのいしずゑ」と比較すると、以下の点を指摘することができる[14]。

まず、図1の品詞分類であるが、品詞を三段階に分類していく点、「ことばのいしずゑ」と共通点が見られる。ただし、中分類の八種、小分類の十二種は、「ことばのいしずゑ」と数が異なる。なお、個別の品詞の扱いについては、以下の点が注意される。

・体言の下位分類として「虚体辞（形容動詞語幹）」を立てる。具体的には、「明らか・朗らか」の類で、この語類は、「ことばのいしずゑ」でも「形容言」の名で扱われているが、独立した品詞とはされていない。なお、西自身も虚体言の扱いには悩んでいたようで、下の用例の部分を見ると、虚辞は品詞の数からはずされている。

・副詞類を「加辞（くはへことば）」、感動詞類を「絶辞」とするが、これは「ことばのいしずゑ」における「添言」「歎言」という名称と異なっている。

・「ことばのいしずゑ」では、用言の連体形を「兼言（かねことば）」と呼ぶが*15、「稿本（四）」では、動詞連体形を「兼辞」、形容詞連体形を「添言」と呼び、区別している。

［図1］「稿本(四)」(一一オ)

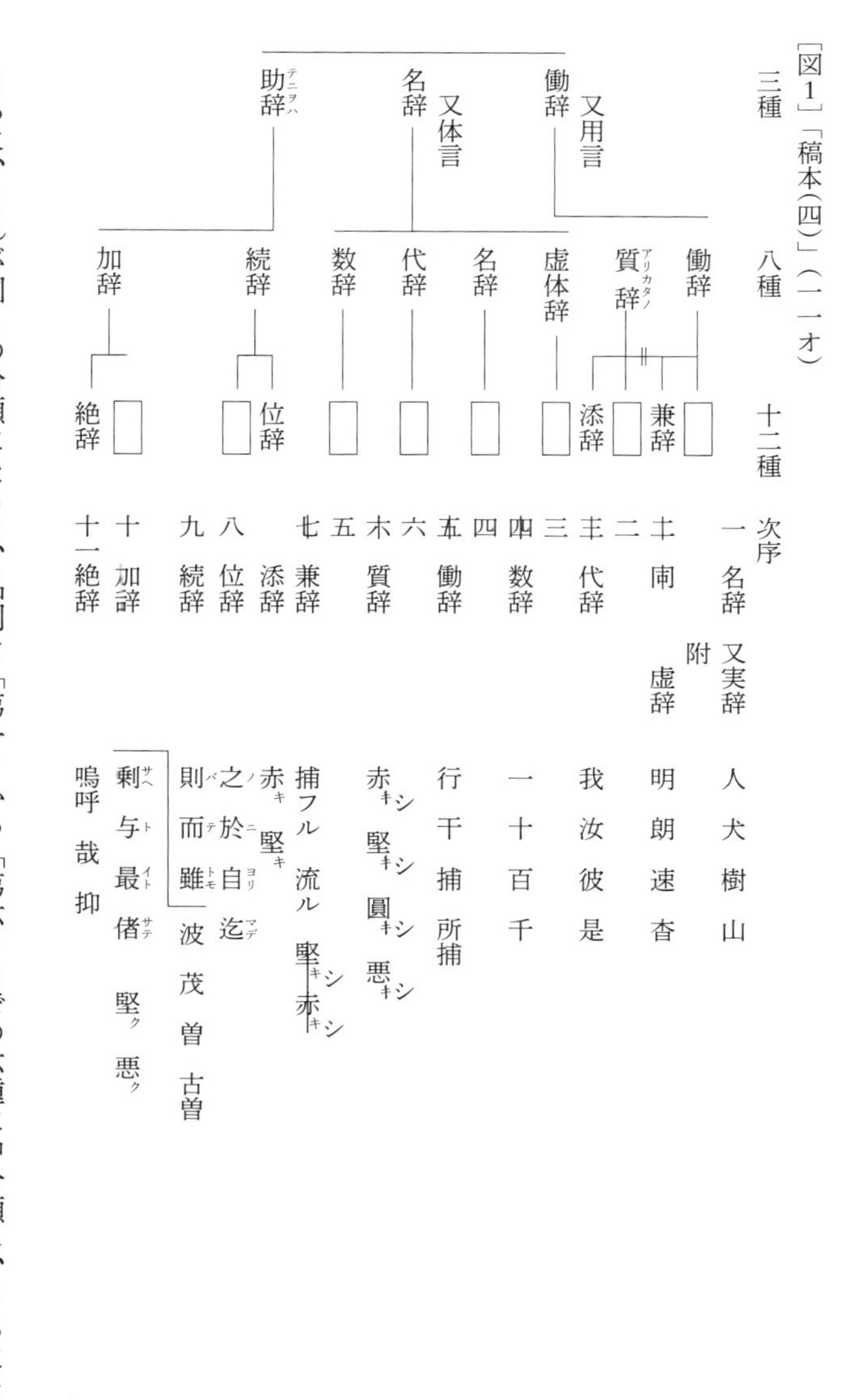

さらに、これが図2の分類になると、品詞を「第一」から「第六」までの六種に中分類し、さらにそれを十三種（実際には「添辞」を抹消するので十二種）に下位分類するようになることが分かる。なお同時に、

・「虚辞・代辞・数辞」を中分類から小分類へ移す。

・助詞類を、「位辞・続辞・定辞」に三分する。
・副用語の名称を、「添辞・歎辞」に改める。

などの改変も見られ、全体として、品詞の分類法が「ことばのいしずゑ」に近づいている。従って、品詞分類のみを見るならば、「図1（稿本四）→図2（稿本四）→図3（ことばのいしずゑ）」の順に、品詞分類が変遷していったのではないかと考えられる。

ただし、図1の分類にのみ用いられる「加辞」という用語が、表3に示したように、「稿本（四）」の後半にも現れるのが気になる。後に行くほど新しく書かれたものとするならば、これは、図1の分類が一番古いという推定に矛盾する。執筆順序については、さらに検討を加えたいと思う。

［図2］「稿本(四)」(一二丁オ)

第一 ヒ フ ミ ヨ
実辞 附 虚辞 代辞 数辞
第二 イ ム
働辞 兼辞
第三 ナ ヤ
質辞 添辞
第四 コ 十 第一種 十一 第一種 波 茂 曽 古曽 加 也
続辞 位辞 続辞 定辞
第二種 第二種 谷 副 専 己 必 斗 程

第五 十二
添辞 イナ サテ カタク アシク
第六 十三
歎辞 十三種也

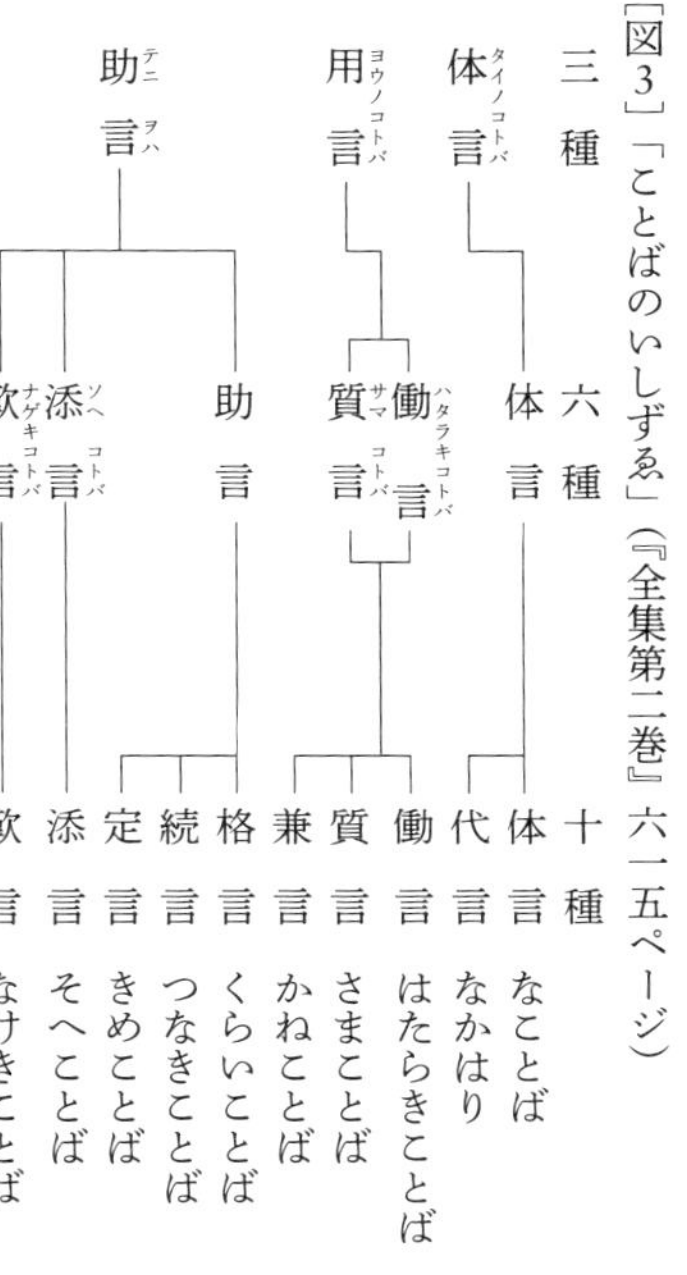

［図3］「ことばのいしずゑ」（『全集第二巻』六一五ページ）

以上、「ことばのいしずゑ」および「稿本（四）」における品詞分類の変遷について述べたが、このような分類の同時代的意義について二つほど言及しておきたい。まず、明治初期の西洋流の国文典においては、田中義廉『小学日本文典』（明治七［一八七四］年）における「名詞・形容詞・代名詞・形容詞・動詞・副詞・接続詞・感詞」、中根淑『日本文典』（明治九［一八七六］年）における「名詞・代名詞・形容詞・動詞・副詞・後詞・接続詞・感歎詞」など、品詞名を列挙するだけで、その分類原理を示さないものが多いのだが、西はそれを行っているという点である。

西の品詞分類は、テニヲハの下に助詞と副用語を置くという点で、江戸期における鈴木朖流の分類に、西洋式の品詞を配当したものと考えられる。すなわち、伝統的語分類を上位分類、西洋式の分類を下位分類に当てるという形で、両者を生かしたものと思われる。同様の分類は、少し下って、図4に示した近藤真琴の品詞分類にも見られ、この点で、西と近藤の影響関係の有無が問題になる。

［図4］明治前期における伝統的語分類と西洋文典式の品詞分類の配当

近藤真琴『ことばのその』（明治一八年）
- なことば
- はたらきことば……………わざことば・さまことば
- をごと……………………てにをは・つなぎことば・そへことば・なげきことば

岡倉由三郎『日本新文典』（明治二四年）
- 主辞…… 働かぬもの……名詞・指詞・数詞・副詞・接詞・感詞
- 　　　　 働くもの………動作詞・形状詞
- 助辞……働かぬ助辞・働く助辞

関根正直『国語学』（明治二四年）
- 形態の上からの分類……体言・活用言・天仁遠波
- 性質の上からの分類……名詞・代名詞・接続詞・副詞・動詞・形容詞・助動詞・感歎詞・助辞・接辞

ただし、同じように「体・用・辞」という大分類を行いながらも、副用語を「体言」の類として処理する岡倉由三郎のような扱いや、伝統的語分類と西洋式の品詞分類を、上位・下位の関係ではなく、形による分類と性質による分類というように質的に異なるものと捉えた関根正直のような扱いも存在する。

西自身も、後の「日本語範」では、図5に示したように「兼言・副言」を他品詞より転成したものとして位置付け、それまでの品詞分類を改めており、このような扱いの違いは、結局のところ、伝統的な語分類をどのように解釈するかという点から生じるものと考えられる。第Ⅰ部でも触れたが、幕末から明治初期にかけて、国学流の語分類がどのような状態にあったかさらに調査する必要を感じる。

〔図5〕「日本語範　第二巻」（一オ〜三オを整理したもの）

体言、即チ名言　｛体言、又名言／形容体言／数言／代言

用言……｛用言／質言

助言……｛位言／接言／定言（歎言を含む）

（他品詞より転成）兼言　并に副言

また、第二に指摘したいのは、助詞の下位分類である。西の助詞分類は、図1の品詞分類では、まず、「位辞（格助詞・係助詞・副助詞）・続辞（接続助詞）」という二分類から出発し、その途中で、「格助詞」と「係助詞」の分離を考え、図2の品詞分類に至って、「位辞・続辞・定辞」という三分類に至る、という変遷の過程を踏んだようである。

この図2における三分類は、大槻が「語法指南」（明治二二［一八八九］年）で行ったテニヲハの分類、「名詞に属くもの・動詞に属くもの・種々の語に属くもの」の三分類に先立つものであるが、さらに注目されるのは、西がこの分類において、「定言」を第一種と第二種とに二分している点である。

この二種は、係助詞類（は、も、ぞ、こそ、か、や）と副助詞類（だに［谷］、さへ［副］、すら［専］、のみ［已］、しも［必］、ばかり［斗］、ほど［程］）に対応すると考えられ、助詞分類としては大槻の先を行っており、

文法学説史上、係助詞と副助詞の分離が定着するのは山田文法以降のことになる。この点も、助詞の分類としては、すぐれたものと評価できる。

なお、このような分類ができた理由は、助詞の承接順を観察した結果らしい。すなわち、「稿本（四）」の「第二種の定辞」の項目に書かれた副助詞（第三ノ位辞）に関するメモでは、副助詞について、

実辞ニ属スル或ハ第三ノ位辞ト名ク［割注―ノヲニト等は第一／ハモゾコソハ第二］其位置第一位辞ノ次第二位辞ノ上ニ在リ或ハ直ニ第一位辞ノ上ニ在リ（「稿本（四）」四一オ）

右のように述べている。これは、図2の品詞分類よりも一つ前の段階の助詞分類に基づくもののようで、格助詞・係助詞・副助詞を「第一、第二、第三位辞」と捉え、助詞の承接順から、副助詞（第三位辞）が格助詞の前にも格助詞と係助詞の間にも現れるという点を基準として、格助詞・係助詞・副助詞の三者を分類したようである。

D 「ことばのいしずゑ」「日本語範」に記述の無い部分

以上、西周の研究の中で品詞の分類法がどのように変遷したかを確認したが、最後に、動詞の項目で原稿が途切れている「ことばのいしずゑ」および「日本語範」では詳細が分からない、形容詞・助詞の記述について補っておきたい。

まず、「質言」、すなわち形容詞の記述についてである。

①形容詞に関する記述

「稿本（四）」（一四丁ウ）

○質辞ハ物ノ性質ヲ示ス然レトモ働辞ノ如ク結ヒ辞トナル　質辞ノ三ツノ大ナル勤メアリ

第一　□シ　働辞ト同シク結辞トナル

第二　□キ　是レ質辞ノ本体ニシテ其位働辞ノ兼辞ト同シ位置ニ於テ添辞トナル

第三　□ク　加辞トナル

○質辞ハ種類ノ目的ニ於テ二種ニ別ツ

第一種　単純ナル質辞或ハ是ト組成セル質辞

赤シ　無シノ如シ　赤白シ　詮無シノ如シ

第二種　固ヨリ第二種ニ属スルモノ或働辞又他辞ヨリ転スル者又是ト組ミナセルモノ

床シ　行クヨリ　恋シ　恋フヨリ　羨シ　心病シ

悲シ□□ハ固ヨリ此種類ニ属スル者

○質詞ハ結辞トナリテ□‖シナル　現在ノ外ニ別ニ自己ノ時ト様トヲ持ツコトナシ然レトモ‖有ルト組ミテ時ト様トヲ働辞ト相通シテ持ツ

直説法

赤シ　赤カリ　赤カリツ　赤カリケリ　赤カラン　赤カリナン　赤カリニキ　赤カリケン

定説法

赤キ　赤カル　赤カリツル　赤カリケル　赤カラン　赤カリナン　赤カリニケル　赤カリケン

殊別法

赤ケレ　赤カレ　赤カリツル　赤カリケレ　赤カラメ　赤カリナン　赤カリニケレ　赤カリケン

命令法　赤カレ

下接法

赤ケレバ　赤カリタレハ　赤カリツレバ　赤カリケレバ　赤カラバ　赤カリナバ　赤カリシカバ

赤カリケンニハ

希望法　赤クバ

総テ□ノ内ナルハ質辞自己ノ持ツ所ニシテ

赤カラナン

有ヲ借ルコトナシ（以下略）

まず、形容詞の定義であるが、「働辞ノ如ク結ヒ辞トナル」とし、「シ・キ・ク」の三つの活用形を掲げるとともに、ク活用の形容詞を「第一種」、シク活用の形容詞を「第二種」とし、その分類を行っている。

これは、明治初期の洋式文典、たとえば田中義廉『小学日本文典』などが、

形容詞は、名詞の現したる、動、植、事、物の性質、形状を、精く示すものにして、常に、名詞の前にあり。即　良キ人　美シキ花　暖ナ春　大ナル家　等の如し。（中略）形容詞には、本来のものと、他の詞より、転し来るものあり。仮令ば、真砂（マサゴ）の真、小川（ヲガハ）の小、初陣（ウヒヂン）の初（ウヒ）　等は、本来の形容詞にして、他の詞に、変することなく、又詞尾を加ふることなし。（田中義廉『小学日本文典　巻二』一五オ）

形容詞を右のように定義し、「良キ人」「暖ナ春」のような用言連体形や、接頭辞類に限定して理解したのに比べ、穏当な扱いである。

一方、西は、西洋的な「様（法）」を形容詞についても立てている。西の立てる法のうち、「直説法・定説法・殊別法」はすべて終止法で（係助詞との対応から三種に分類されている）、他は、命令法や条件法に当たり、全

体として、伝統的な研究と西洋文典の枠組みを、日本語の語性に考慮しながら利用していると考えられる。なお、この部分は、形容詞連体形を「添辞」、形容詞連用形を「加辞」と呼んでいることから、さきに見た図1の品詞分類、すなわちもっとも早い時期の記述であることがわかる。

②助詞に関する記述

次に助詞に関する記述である。西は、「稿本（四）」「てにをはの事」の項目において、以下のように述べる。

「稿本（四）」（五六オ）

てにをはの事

助語(テニヲハ)ハ素言語(モトコトバ)ノ三種(クサ)ノ一ツニテ物ヲ斥(ス)ニモ非ス物ノ働ヲ斥スニモアラスシテ唯物ト素働トヲイフ間(マニマニ)己カ心ニ浮ベル様ヲイヘルモノナリ、サルカラニナヘテ働辞ノ働ク様併ニ絶辞加辞ナト或(ルハ)名辞ノ尾(ヲハリ)ノ音ヲサヘニ皆一(ツ)類ナリトス、サレハ古クハカシ、ベシ、ア、イトナドノ類モ皆テニヲハト名ケテ一(ツ)類ニナン説キケル、サルニ本ハサコソアラメ、今コヲ話ニ用ユルトキハ其シムル位々ノマニマニ、其勤前ノ異(リ)アリテ悉(コトゴトクカヨハ)通シ用ユヘキニ非サレバ、茲ニハ絶辞加辞併ニ働辞ノ様ト時トヲ示ス辞ヨリ引分(ケ)テ唯語ト語トノ際ニ置テ上(ヘ)下(マ)ノ由縁(ユカリ)ヲ著スモノノミヲ助語(テニヲハ)トハ名ヅクルナリ

然ルニ又助語ト名クル内ニテモ二種(クサ)ノ別(チ)アリ、コモ亦各々其位ノマニマニ其勤メ前モ異リ従テ其心モ少シハ異ナルナリ、譬ヘハハト云フ辞ハ元(モト)名辞ニ附テ是ハシカシカ彼ハシカシカト差(ケジメ)ヲナス辞ナルニ働辞ニ附テバトナレバカクスルトキハシカスルトキハト時ノ差(ケシメ)ヲ示スガ如シ、サレトモ此二種ハ広ク斥セルテニヲハノイト其類ノ異レルトハチカヒ声ノ同シキハ素ヨリナルカ上(ヘ)ニ心モイト近ケレバ唯其従フ語ノ類ニテ

分ツベシ

一ツニハ　位辞　名ノ辞ニ附テ其位ヲ定メ兼テハ其関ル様ヲモ示ス辞ナリ花ハノハ山ノノノ如シ

二ツニハ　繋辞　働辞ニ附クテニヲハヲ斥ス、然ルニコモ又別テ二ツトナス

其一ツハ　働辞ト働辞トノ間ニ挟ンテ結合スル辞　其一ツハ句ヲ繋ナキ上ノ句ト下モノ句ヲ結フ辞ナリ、

然レトモ花咲テ落ケリてふも花咲ケリ偖又花落ケリテフモ同シコトナレバ本一ツ類ニコソアレ

今此二種ハ各々先表ヲ挙テ後是カ解(エトキ)ヲ授クヘシ、サルニテニヲハハ文ノ結(シマリ)ニテ文書クコトニイト重キモノナレバ三ツメノ巻ノ辞ヲ位置(クラヒタテ)ノ論ヲ終(オハル)ニ非サレバ確カナラストス

品詞分類の項でも触れたとおり、西の助詞分類は、表5のように変遷しており、右の引用は、接続助詞類を「繋語」と呼ぶ点、用語が異なるが、「稿本（四）」図1とほぼ同じ段階の助詞分類を示しているものと思われる。

この「てにをはの事」の項目では、江戸時代のテニヲハは、副用語類や助動詞類を含んだが、今はその用法からテニヲハを助詞に限って用いることと、助語(テニヲハ)を位辞と繋辞に分けることの二点について述べるが、実際には、接続助詞のみならず、「偖又」のような接続詞類をも「繋辞」として扱っている。

［表5］西周の文典稿本における助詞分類の推移

	「稿本(四)」		「ことばのいしずゑ」	「日本語範」
	図1	図2	図3	図5
格助詞	位辞	位辞	格言	位言
係助詞		定辞 第一種	定言	定言
副助詞		定辞 第二種		
接続助詞	続辞	続辞	続言	接言

同様の扱いは、さきに触れた近藤真琴も行っており、また大槻文彦『広日本文典別記』にも、

> 助辞トハ、体言、用言、ノ外ナル一切ノ単語ヲ、雑糅包括シタルモノニテ、即チ、副詞、接続詞、弖爾乎波、感動詞、ノ如キ活用ナキ語モ、助動詞ノ如キ活用アル語モ、コレニ属ス。(中略)然ルニ、世ノ文典中ニ、副詞、接続詞、感動詞、ノ如キヲモ、其語尾、活用セネバトテ、妄ニ、体言ノ中ニ加ヘテ、体辞ナド名ヅクルアルハ、体用ノ字義ヲモ解セズ、当初、命名シタル人ノ趣意ヲモ誤解セルワザナラム、是等ノ語ヲバ支那ニテハ、助辞、助字、ナドトコソイヘ、実字ト同一ニ見ルベクモアラズ。(五三節)

という記述があり、考え方は共通している。のちの「ことばのいしずゑ」「日本語範」は「続言・接言」の項目を欠くため、西が接続詞類を最終的にどのような語類として捉えたかについては、はっきりしないが、「てにをは」という用語を付属語に限って用いたわけではない点は確認することができる。

さらに、「てにをはの事」の後には、「位辞ノ事」という項目を立て、十丁にわたって格助詞の解説を行ってい

る。この部分で立てる「くらい」の内容を抜き出せば、以下のとおりになる。

ひとつめのくらい　（前略）文ノ一切ノ主タル物ヲ示ス位ナルガ故ニ他位トカハリ独立シテ助語ヲ取ラヌヲ以テ正シキ例トス

ふたつめのくらい　（前略）二ツ目ノ位ニテハのヲ正シキ例トス

みつめのくらい　（前略）此位モ独立シテ助語ナシニ用フルヲ正シキ例トス

よつめのくらい　四ツ目ノ位ハ物ノ在ル処ヲ示ス位ニテシカシカノ処ニ於テテフ意ナリ

いつつめのくらい　五ツ目ノ位ハてらしト名ク一句ノ内ニ先ツ一ツ目或ハ三ツ目ノ位アリテ是ト相照シテ立ツヲイフ也　此位ノ正シキ助辞ハにトとトナリ

むつめのくらい　六ツ目ノ位ハ物ノ是ヲ端トシ起ルコトヲ示ス位ニシテ七ツ目ノ位ト相対ヘリ

ななつめのくらい　此位ヲとどきトナムイフハ八ツ目ノ位ト相向ヒテ至リ届ク所ヲ示ス故也

やつめのくらい　此位ヲシモてだてト名クルハ是ヲ物ヲ為スノ手立トナセバナリ

この「位辞ノ事」の部分では、名詞の格を八種に分け、それぞれ解説しているが、「稿本（四）」（四五丁オ）に記された格助詞と係助詞の表では、

第一　主徒（アルジ）　が　の

第二　属（ツキガ）　の　が　つ

第三　賓（マロウド）　を

第四　処（トコロ）　に　へ　にて

第五　指（サシ）　と　てふ　とて　といふ　に　なる　にて

第六　起（オコリ）　より　から
第七　及（トヾキ）　まで　に　へ
第八　器（タツキ）　にて　して　もて
第九　較（クラベ）　より　ならで　に　の（の通　の様）　が（の如）
第十　呼（ヨビ）　よ　歎言と為

右のように十格を例示しており、この形が西の格の分類としては一番古いものと考えられる＊16。

西の立てる格の中には、右の「第五」における「てふ・とて・といふ・なる」のように、元となる格助詞から派生した連体格や、「第九」における「の・が」などのように比喩的表現を作る連体格の助詞も含まれているが、明治初期の洋式文典に比べれば、日本語に即した格を立てようという意識が伺えるといえるだろう。

というのも、表6に掲げた田中義廉・春山弟彦のように、この期の文典では、格の記述を行う場合、蘭文典・英文典における格の分類に従ってそれを行うのが一般的であったからである（格を四つに分類するのは蘭文典、三つに分類するのは英文典の影響）。西が、そのような洋文典の呪縛から逃れ、格の記述を試みている点、興味深い。ちなみに、西以外で、独自の格分類を行うのは、管見では、明治二四年に刊行された岡倉由三郎の文典以降のことである。

［表6］田中義廉『小学日本文典』・春山弟彦『小学科用日本文典』・岡倉由三郎『日本新文典』における格の扱い

	格	
田中	第一格	ガ・ハ・ノ・ヨ・モ
	第二格	ノ・ガ・ツ
	第三格	ニ・ニテ・ヘ
	第四格	ヲ・ヲモ・ヲバ
春山	主格	φ・ガ・ノ・ゾ・ナム・コソ・ハ・モ・ヤ・ヨ
	物主格	ノ・ガ・φ（複合名詞の前項）
	目的格	ニ・ヘ・ヲ・ヨリ
岡倉	主格	（は・が・の―本来は主格を示す助辞ではないとする）
	領格	が・の・つ
	受格	に
	被格	を
	処格	より・へ・がり・まで
	器格	にて

4　まとめ

以上、西周の国語研究を「稿本（四）」を中心に考えた。その結果、

・「稿本（四）」が「ことばのいしずゑ　ふたつめのまき」および「日本語範」の下書きを含み、西の文典編纂の過程を知る手がかりとなること＊17。

・また、明治前期の文法学説史との関係においては、品詞の分類原理、助詞の下位分類、格の扱いなどにおいて、当時としては注目すべき内容を含むこと。

の二点が確認できたかと思う。

西周の文法研究は、ここまで見てきたように、データを豊富に集め、またその記述も推敲を何度も重ねるなど、

本格的なものであり、また彼の人的な交流関係も考えると、日本の近代的な国語研究を考えるうえで無視することのできない存在と考えられる。したがって、その全貌をさらに明らかにしていく必要を強く感じる。

なお、今後の課題としては、今日取り上げた「日本語範」や、取り上げることの出来なかった「詞の麓路」など、他の稿本類の検討を行わなければならないと考える。また、同時に西が文典執筆の中で試みた用字法や文体について考察するのも、興味深い作業である。今回は、資料の紹介が中心となったが、すべて今後の課題としたい。

〔付記〕本章は、近代語研究会第一九九回大会（二〇〇二年一一月八日・於徳島大学）における発表、「西周の文法研究―国立国会図書館所蔵の稿本をめぐって―」を元にしたものである。発表会場および懇親会の席では、多くの方々からご助言をいただいた。ここに記してお礼申し上げる。

＊1　本章の元となる論文執筆後、蓮沼啓介（二〇〇九ａ・ｂ）の存在を知った。蓮沼啓介氏の一連の研究は、上記の論文および蓮沼啓介（二〇一〇ａ・ｂ）など、西周の国語研究およびその思想的背景を知るうえで参考になる。

＊2　森鷗外「西周伝」（明治三一〔一八九八〕年）、および西周編「西周ニ関スル書類扣」（成立年不明）参照。

＊3　表1は、宗高書房版『西周全集　第三巻』所収の「西周稿本目録（一）」をもとに、森鷗外「西周伝」、および服部が国

立国会図書館憲政資料室で調査した情報を追加したものである。なお、「西周ニ関スル書類扣」とそれに付された分類番号1、および別個に振られた分類番号2は、『西周全集　第三巻』解説によると、すべて西周自身が付けたものと考えられ、分類番号2の方が1より古いものらしい（『西周全集　第三巻』一〇六―一〇八ページ）。また、国立国会図書館憲政資料室所蔵・西周文書目録の項の番号は、憲政資料室の目録に付された番号である。なお、「西周伝」の中の「日本文典殘缺」は、表1では『西周全集』所収の「ことばのいしずゑ」に対応させたが、巻数から見ると、「日本文典殘缺」（二巻）と「日本語範殘缺」（一巻）の両者が、現存する国立国会図書館所蔵「日本語範（語範稿本）」（三巻）に対応し、このうちの「日本文典殘缺」を森鷗外が「日本文典殘缺」（「ことばのいしずゑ」に当たるか）と誤認したとも考えられる。

＊4　佐々木信綱（一九三九）『竹柏園蔵書志』によれば、「ことばのいしずゑ」は、山県有朋公の秘書官、臨川全孝氏の旧蔵にかかるもので、全体の分量は、「はしびらき」一葉、「こゑのまなび」十四葉、「ことばのまなび」十六葉にて書きさし、とのことである。

＊5　建部一男（一九八六）、中山緑朗（二〇〇一）、山東功（二〇〇二）など。

＊6　西周と、中根・物集との関係について補足する。中根淑は、西周が頭取をつとめていた沼津兵学校（明治元年設置）に三等教授として勤務していた。なお、住居は西周の隣家であったという。

また、物集高見は、明治三五年一二月に『読売新聞』に連載した「言文一致の不可能」という文章の中で次のように述べている。

> 往年、西周氏を訪ひて、一説を聞きたる事あり。其の説に、国文は、口語と文語との懸隔甚しくして、学ぶ者に不便あり。文語を、今すこし和らげて、口語に近づかしめ、口語を今すこし高尚にして、文語に近づかしめて、是れに由りて、一体の文を定めん事を思ふなりといはれて、語典といふ草稿を示されたる事あり。　（四八六ページ）

西周の日記が断片的にしか残っていないのが残念だが、日記から明治一七年に数回、物集が西の許を訪ねていることが確認できる。

なお、大槻文彦との交渉の有無についても興味のあるところだが、詳細は調べ得ていない。ただし、戸沢行夫（一九九一）に掲載されている「明六社定例会・出席者一覧」（七六ページ）によれば、大槻は明治八年、明六社定例会に三回ほど出席しているようである。さらに調査を続けたい。

＊7　「稿本（四）」は、国立国会図書館西周文書目録の表題によった名称で、蓮沼啓介（二〇〇九a・b）は、この稿本を「和帳面四一」と呼んでいる。

＊8　この「稿本（四）」の形態は、大久保利謙編『西周全集　第一巻』に写真が掲載されている「生理学」と題された帳面と共通している（六二二ページ）。

*9　表3の丁数は、服部が仮に打ったもので、記載のない丁については、表から除外した。また、品詞名等の用語については、稿本（四）全体で統一が取れていないので、内容について服部が［　］で補った部分では、適宜仮の用語を用いた。なお、西周自身が付けたタイトルに割書きがある場合は、（　／　）で示した。

*10　「稿本（四）」は、四つ折りの半紙を綴じた形態なので、内容的な区切れとなる、たとえば一〇丁裏と一一丁表の間で、半紙が改まっているかを確認した。しかし、実際には、この一〇丁と一一丁は同じ半紙を使用しており、別の場所・時期に書かれたものが後から綴じ合わされたのではないことが、確認できる。

*11　「稿本（四）」における格助詞の分類については、次章においても触れる。なお、複合語の研究史については、漆崎正人（一九八六）を参照されたい。

*12　なお、箕作阮甫翻刻『和蘭文典前編』では、「onvolmaakt verleden tijd（未完了過去）」「volmaakt verleden tijd（完了過去）」「meer dan volmaakt verleden tijd（過去完了）」の三種の過去時制を立てている。

*13　「稿本（七）」については、服部隆（二〇〇五）も参照されたい。

*14　蓮沼啓介（二〇〇九a）では、本章で図1と呼ぶ品詞分類の成立過程をさらに詳しく推定している。名詞類と動詞類の配列順の変更や、とりわけ「定辞」を一品詞として立てた理由に関して西周の学問の基盤を成す論理学の影響を指摘している点は、蓮沼啓介（二〇〇九a）の分析に筆者も従いたい。「定言」が西周においては西洋の論理学における「copula」の訳語であり（『致知啓蒙』四〇四ページ）、西周の「定辞」認定に「ハ　ナリ」という命題定式の影響が見られる点、後の山田孝雄『日本文法学概論』が「係助詞」を「句その者の成立又は意義に関するもの（四〇四ページ）」と句の成立と関連づけることと共通点が見られ、興味深い。

*15　「兼言」は、西洋文典における「分詞」に対応するものと考えられる。

*16　「ことばのいしずゑ」においても、少なくとも第八格まで立てていたことが確認できる（『全集第二巻』六二五ページ）。なお、西は、後の「日本語範」では、六格を立てたらしい（第二巻・四六オ）。代名詞の格変化を「彼（主位）・彼の（属位）・彼を（客位）・彼に（地位）・彼と（応位）・彼より（起位）」としている。

*17　なお、「ことばのいしずゑ　まきのひとつ」に先行する稿本には、現在のところ、国立国会図書館憲政資料室所蔵の「稿本（七）」が対応するものと考えている。以下にその一部を示すとおり、「稿本（七）」に施された加筆修正が「ことばのいしずゑ　まきのひとつ」に反映していることによる。

① 仮名遣いの変更

『稿本（七）』・元	『稿本（七）』・加筆修正	『ことばのいしずゑ』・まきのひとつ
その　ことわりを	その　ことはりを	その　ことはりを（五九九ページ）
五十いん　かわる	五十ゐん　かはる	ごじふゐん（六〇一ページ）　かはる（六〇五ページ）

② 語句の入れ替え

『稿本（七）』・元	『稿本（七）』・加筆修正	『ことばのいしずゑ』・まきのひとつ
ひたに	したに	したに（六〇四ページ）
じしよ	じびき	じびき（六〇六ページ）
いやしき　ことば	のちの　よの　ことば	のちの　よの　ことば（六〇六ページ）

③ 語句の挿入・削除

『稿本（七）』・元	『稿本（七）』・加筆修正	『ことばのいしずゑ』・まきのひとつ
ははのこゑと　いひ	ははのこゑと　いひ　また	ははのこゑと　いひ　また（六〇二ページ）
かゝりて	おもく　かゝりて	おもく　かゝりて（六〇六ページ）
□□□ばかりにもあらす	（削除）	（削除）（六〇七ページ）

第2章

西周の文法研究における「句（sentence）」

1　はじめに

明治初期の文法研究は、オランダ語・英語などの洋文典の組織を移入するところからはじまった。具体的には、「Orthography・Etymology・Syntax・Prosody」というような洋文典の枠組みを利用しながら日本語文典の編纂が行われたが＊1、この期においては、品詞論（Etymology）の記述に力が注がれたため、文（sentence）の定義や文章論（Syntax）の記述などについては、不十分な点も多い。

以上のような状況は、明治初期に日本語の文法研究を行った西周においても、基本的には共通している。「西周全集」所収の「ことばのいしずゑ」は、前章でも概観したとおり、明治初期の文法研究としては注目すべきものであるが、その記述は「ことばのまなび（Etymology）」の途中で終わっており、西がSentenceをどのような単位としてとらえ、文法論の中に位置付けていたかは、明確には分からない。

本章では、この点に関して、『西周全集』に収録されていない国立国会図書館憲政資料室所蔵の文典稿本を取り上げ、考察を試みる。西の残した稿本類においてもSyntaxそのものの記述は存在しないが、「句（sentence）」

をどのように捉えていたかについては、品詞論中の記述からある程度のことを明らかにすることができる。以下は、西周における「句」の定義と、名詞の格や動詞の法と「句」との関係を通じて、彼の文法論を検討することにしたい。

2 明治初期におけるSentenceの定義

まず最初に、明治初期の洋式日本語文典におけるSentenceの扱いについて見ておきたい。

田中義廉『小学日本文典』(明治七［一八七四］年)は、「文法」の組織を「字学・詞学・文章学」の三編とするが、実際にはSyntaxに対応する「文章学」を欠いており、Sentenceの定義は明らかではない*2。一方、中根淑『日本文典』(明治九［一八七六］年)は、「文法ノ書」を「文字論・言語論・文章論・音調論」に大別し、

○文章ハ己ノ思フ所ヲ記ス為ニ、種々ノ詞ヲ組ミ立テヽ、以其ノ意味ヲ達スル者ナレバ、則前ニ論ジタル八品詞ヲ、各其ノ法則ニ従フテ、以集成シタル者ナリ、故ニ其ノ一言ニ就キテハ、之ヲ詞ト云ヒ二言三言ヨリ、千万言ノ多キニ至ル迄、其ノ集成シタル者ハ、総ベテ之ヲ文章ト云フナリ、(『日本文典 下巻』四九オ)

右のように、「文章(sentence)」は「詞(word)」の集成されたものと定義されている。なお、中根の「文章論(Syntax)」においては、「起語結語(係結びの法則)」などを中心に解説が加えられている。

以上のように、田中・中根ともに洋文典の体裁に倣い、Syntaxを「文章(学・論)」と名づけ、中根においては「詞(word)」の集成したものが「文章(sentence)」であるという文法単位観を示すが、このような

Sentenceの扱いは、春山弟彦『小学科用日本文典』（明治一〇［一八七七］年）が、Syntaxを「句法」、Sentenceを「句」と呼ぶなど用語の違いこそあれ、基本的にはこの期の研究に共通している。

それでは、このような状況の中、西周は、Sentenceはどのように扱っているのだろうか。まず、明治三年以前に成立していたとされる「ことばのいしずゑ」から見ていきたい。

西は、「ことばのいしずゑ」の「まきのひとつ　はしびらき」において、以下のように述べる。

（前略）されば　こゑを　つみて　ことばと　なし　ことばを　つみて　はなしと　なせるにて、こゑこそ　はなしの　もと　なれ　この　こゑに　かたどり　かみに　しるしを　さだめたるを　かなと　いふ、ゆゑに　この　かなを　あつめて　ことばと　なし　また　ことばを　あつめたる　はなしを　かきたるを　ふみ　とは　いふなり、ゆゑに　こゑに　かな　ありて　かなに　こゑ　あるに　あらず　てふことを、よく　わきまへて、まづ　こゑの　まなびより　はじめ、つぎに　ことばの　まなびに　うつり、さて　のちに　はなし　の　まなびに　をはるべし、

（『西周全集　第二巻』五九九－六〇〇頁）

この部分では、まず、文典の組織を「こゑのまなび（Orthography）」「ことばのまなび（Etymology）」「はなしのまなび（Syntax）」に分けるとともに、話し言葉において「はなし→ことば→こゑ」の三段階、書き言葉において「かな→ことば→ふみ」の三段階を言語単位として立てていることが分かる。ただし、この説明だけでは、「はなし・ふみ」がSentenceと談話・文章のどちらを指しているのか、はっきりしない。

一方、明治三年から育英社で西周が行った講義録『百学連環』においては、「語典（Grammar）」の組織について以下のような言及がある＊3。

第一　Orthography（音法）　即ち発音の法なり。（中略）

第二　Etymology　此語法なるものは根原の語及ひ其変化に関はるものにて、之に属するにSort及ひDerivation且ツModification の三ツあり。（中略）

第三　Syntax　即ち句法なるものは文字を重ねて語となし、語を重ねて句となす。其語を積むて一ツの意味をなす、之をSentence と言ふ。其句に属するにarrangement及ひ agreement の二ツあり。（中略）

第四　Prosody　即ち韻法は読法及ひ詩術に係はるものにて、（以下略）。（『西周全集　第四巻』八四―八七頁）

ここでは、「Sentence」に対して「句」という左ルビを附しており、「語（Word）」と「句（Sentence）」という二つの文法単位を西が認識していたことが分かる。もっとも、『百学連環』は西洋における学の体系を講じたものなので、西自身が、日本語においても同様の言語単位を想定していたとは、ただちには断定できない。

この点に関して、よりはっきりした形で述べるのが、明治一二年に起草された「日本語範」である＊4。

（前略）此の説話と云ふ者は、前にも言ふ通、己か考へを、人に明かす者て有るか、其の考へには、長いも有り、短いも有れは、何如に短くても、一言ては、済まぬ。是非とも、三言以上、乃至二十か、三十くらゐまて、続けた者て無くては、一通の考へを、陳へる事か、出来ぬ定て、此の三言以上、三十くらゐまて、続いた考へを、語と謂ふ。

故に説話は、此を細かに分けれは、語と成り。語を分けれは、言と成る的て、此か文に書き立てた上へては、説話か文と成り、語か句と成り。言か一言と成る的て有る。

（「日本語範」第一篇・一ウ―二オ）

右は「第一編・発端」からの引用であるが、この部分で西が立てる言語単位を整理すると表1のようになる。

［表1］西周「日本語範」の立てる言語単位

「日本語範」の単位		現代における用語
話し言葉	書き言葉	
説話	文	文章・談話
語	句	文
言	一言	語

「日本語範」における「句（sentence）」の位置付けは、「文」や「一言」との相対的関係を述べたもので、「句」の構造などには言及していない。しかし、表1に示したとおりその用いる用語は独特で、話し言葉と書き言葉の区別を行い、文章・文・語の三段階に相当する言語単位を認める点は、明治一〇年代の日本語文典としては、一歩踏み込んだものと言える。総じて、明治初期の日本語文典におけるSyntaxの扱いは、十分なものとはいえないが、西がWord・Sentenceなどの文法単位を定めながら、その記述を行おうと努力していた点は指摘できると思う。

3　名詞の格と「句」　格助辞・係助辞の位置付け

以上のように西周の文典稿本を参照すれば、「句（sentence）」に関する言及を見ることができるが、日本語の記述の中で、「句」という単位がどのように利用されていたのかについては、依然はっきりとしない点も多い。そこで、品詞論の記述を取り上げながら、西における「句」の位置付けを探っていくことにする。

まず最初に、格助辞・副助辞・係助辞の分類と、名詞の格の記述の中で「句」がどのように用いられるかを見たい。

西はその文法研究の中で、助辞類を表2のように分類しており、その助辞分類は、AからDの順で変化していったと考えられる＊5。このうち、名詞の「位（格）」と「句（sentence）」との関係が問題になるのは、格助辞と係助辞をともに「位辞」として扱う「稿本（四）」のAの分類で、このAの分類とほぼ同時期のものと考えられる「位辞ノ事」の記述に、以下のような指摘が見られる。

［表2］西周の文典稿本における助詞分類

	「稿本(四)」		「ことばのいしずゑ」	「日本語範」
	A	B	C	D
格助詞	位辞	位辞	格言	位言
係助詞	位辞	定辞 第一種	定言	定言
副助詞	位辞	定辞 第二種	定言	定言
接続助詞	続辞	続辞	続言	接言

右ノ表ニテ上面ナル十通ハ一ツ句ノ内ニテ名辞ノ位ヲ定ムルテニヲハニテ互ニ用ユヘキモニハ非ス、又横ナルハ名辞ノ句ノ外ノ位ヲ定ムル辞ニテ各ノ行ヘ通ハシ用ユヘキモノトス、譬ヘハヲハ客ヲ示ス位トス、故ニ句（キリ）ノ内ニヲアルトキハ是ニ向ヘル主ト主ニ附ク働辞トアルヘシ、犬ヲトイヘハ打ツテフ働キ辞アルベシ、

（中略）サルニ今モ文字ヲ添ヘテ犬ヲモ打ツトイヒタランニハ句ノ内ノ名辞ニハ拘ラス、犬ヨリ外ノ雞トカイヘルモノニ拘リテ雞ヲ打チケルガ、犬ヲモ打チタリトイフ意トナルヘシ　是ソ内ノ位ト外ノ位トノ差ナル、

（「稿本（四）」五七ォ・ウ）

ここで西が述べるのは、「名辞（名詞）」所属の「位辞」に、句内の「位辞（格助辞）」と句外の「位辞（係助辞）」の二種があるということである。具体的に言えば、格助辞「ヲ」が、「句（Sentence）」内部において「客（対格）」の位置を占め、「主（主格）」および「述語動詞」と意味的に関係するのに対して、係助辞「モ」は、「犬ヲモ打ツ」の場合のように「句」内部の名詞とは関わらず、対象となる「句」の外側に想定される「犬ヨリ外ノ雞トカイヘルモノ」と意味的に連関するというのである。

なお、ここでいう句内の「位辞」と句外の「位辞」の実例は、引用中にある「右ノ表」によれば、次ページの表3のように示される＊6。

［表3］句内の「位辞」（格助詞）と句外の「位辞」（係助詞）の組み合せ表（「稿本（四）」四五オ）

	第一	第二	第三	第四	第五	第六	第七	第八
	主（アルジ）	属（ツキガ）	賓（マロウド）	処（トコロ）	指（サシ）	起（オコリ）	及（トヾキ）	器（タヅキ）
句内の「位辞」	徒 ガ　ノ の　が	の が つ	を	に へ にて	と てふ　とて　といふ に なる　にて	より から	まで に へ	にて して もて
ハ	ハ ハモ	ノ　ガ ツ	ヲバ　（ハ）	ニハ　ニテハ（ハ）　ヘハ	トハ　テフハ　トテハ　トイフハ ナルハ　ニハ　ニテハ	ヨリハ　カラハ	マデハ　ニハ　ヘハ	ニテハ　シテハ　モテハ
モ	モ モゾ　モヤ		ヲモ　（モ）	ニモ　ヘモ（モ）　ニテモ	トモ　テフモ　トテモ　トイフモ ナルモ　ニモ　ニテモ	ヨリモ　カラモ	マデモ　ニモ　ヘモ	ニテモ　シテモ　モテモ
ゾ	ゾ ナム　ナモ		ヲゾ　（ゾ）	ニゾ　ヘゾ　ニテゾ	カトゾ　トゾ　トテゾ ニゾ　ニテゾ	ヨリゾ　カラゾ	マデゾ　ニゾ　ヘゾ	ニテゾ　シテゾ　モテゾ
コソ	コソ コソハ		ヲコソ	ニコソ　ヘコソ　ニテコソ	トコソ　ニコソ トテコソ　ニテコソ	ヨリコソ　カラコソ	マデコソ　ニコソ　ヘコソ	ニテコソ　シテコソ　モテコソ
カ	カ カハ		ヲカ ヲカモ	ニカ　ヘカ　ニテカ	トカ　ニカ トテカ　ニテカ	ヨリカ　カラカ	マデカ　ニカ　ヘカ	ニテカ　シテカ　モテカ
ヤ	ヤ ヤハ　ヤラン		ヲヤ	ニヤ　ヘヤ　ニテヤ	トヤ　ニヤ　トカヤ トテヤ　ニテヤ	ヨリヤ　カラヤ	マテヤ　ニヤ　ヘヤ	ニテヤ　シテヤ　モテヤ

第九	較(クラベ)	より	ならで　の通 の　の様 に　が　如	ヨリハ ナラデハ	ヨリモ ナラデモ	ヨリゾ ナラデゾ	ヨリコソ ナラデコソ	ヨリカ	ヨリヤ
第十	呼(ヨビ)		よ						
				区別　は	斥次　も	指定　ぞ	殊別　こそ	問　か	疑　や

表3は、横に格助辞による句内の「位」、縦に係助辞による句外の「位」を並べたもので、日本語に十格を認め*7、それぞれの係助詞との承接関係を記述したものである。例を挙げれば、「賓」の格助辞「を」は、係助辞「は・も・ぞ」などと複合し、「をば・をも・をぞ」となるが、時に括弧内に示したように「を」が略されて「ば・も・ぞ」として現れる。また、「主」の格助辞「の・が」は、係助辞と複合すると常に略されて「は・も・ぞ」のようになるというわけである。

以上のように、西は「稿本（四）」において、洋文典の「格（Case）」に対応する「位」の概念を、格関係のみならず、係助辞・副助辞*8により表示される関係にまで拡張して考えるとともに、格助辞により示される「位」を句内の「位」、係助辞・副助辞により示される「位」を句外の「位」として位置付ける、という扱いを試みている。このうち、係助辞類を格を示す助辞として扱う点については、田中義廉『小学日本文典』が名詞の「第一格」に「ガ・ハ・ノ・ヨ・モ」を挙げ、また春山弟彦『小学科用日本文典』が「主格」に「φ（助辞なし）・ガ・ノ・ゾ・ナム・コソ・ハ・モ・ヤ・ヨ」を挙げるなど、明治初期の洋式日本語文典では一般的なものであるが、それをさらに、Sentenceの内部に収まる「句内の位辞」と、他のSentenceとの意味的関係が問題となる「句外の位辞」とに分けた点は、注目される。

もとより、係助辞類の機能は、洋文典的な「格（case）」の概念に収まるものではなく、また西自身、後の「ことばのいしずゑ」「日本語範」では、係助辞類を「定言」と名付け格助辞と区別しているが、その一方で、係助辞類の意味を考えるには、他の「句」との連文論的な観点を導入する必要があるのも事実である。その点、西の「句内・句外」という区別は、明治初期の助辞分類としては、きわめて独創的なものと評価することができよう。

4　動詞の法と「句」　従属節の分類

次に動詞の法と「句」との関係を、動詞の接続形式の分類を通して見てみたい。西は、「ことばのいしずゑ」の「ときと　さまとの　こと」において以下のように述べる。

わが　くにの　ことばにては　ときに　やつ　あり、さまにも　また　やつ　ありて　さまは　たてにとほり、ときは　よこに　ぬきて　もつて　むすび　ことばの　あらゆる　けじめを　おり　なせり、

（『西周全集　第二巻』六七七頁）

ただし、「ことばのいしずゑ」は、「とき（時制）」の記述は一部行うものの、「さま（法）」については、具体的な記述を全く欠いている。この点、のちの「日本語範」では、次のような「様法（法）」に関する説明がなされている。

用言の様法とは、其の活動の様、言はは、其の言法の、定た方角を示す者て。仮にも用言を言ひ出せは。

那か一つの様法に、入らさる事、無く為て。猶孰の用言ても、言ひ出せは。必時限を帯ひて在ると、同様也。（中略）。此様法と云ふ者には、諸種の区別か有る。第一には、大別して、結句の様法と、接句の様法と為。結句とは、句を結ひ止める事て。此様法也る時は、句は切れたりと知る也。譬へは、「昔男有リケリ」又活話て、「昔或る男か有テ有タ」と言へは、一句か全く切れる故に、斯る法を、結句の様法と云ひ。又「昔男有リシニ。此男云々也。」又「昔或る男か有テ有タ処ガ。其男か云々て有た」と言へは、有リシニ又有タ処ガと云ふは、接句の様法と云て、句を続ける用言の法と為て、前的と区別する也。

（「日本語範」第三篇・一オ―ウ）

いま、「日本語範」の用語に従って、「句」がそこで切れる「結句」の法と、さらに後続する「句」にかかっていく「接句」の法が、それぞれどのように立てられているのか、西の他の稿本類に掲げられた例も交えて示せば、以下の表4のとおりとなる。

表4のうち、「ことばのいしずゑ」の記述に最も近いのは「稿本（四）」Aの分類で、この段階では、助辞「バ・ド・ドモ・ト・トモ」を伴った法を「下接法」として立てるものの、「結句」と「接句」の区別はなされていない。これが、「稿本（四）」Bになると、「接句」の分類が試みられ、さらにC・Dの順に、法の分類は「結法（句）」「接法（句）」の二種に分けられながら改変されていく。

ここで、法と「句」の関係で問題にしたいのは、B・Cの「接句」の法における「句内・句外」の別である。西は、「草稿類一括」の「国語関係断片　二十八葉」において*9、「句中の助語」について触れ、接続助辞「て・つつ・ながら」を「句中ニ在テ句法ヲ変スルコトナク半ノ様ヲ前ニ取ル助語」、「ば」を「句中ニ在リテモ必ズ句法ヲ変スル助語」とし、ともに句中に収まる助辞として扱っているが、これが、B・Cに至ると、表5のように、「接句」の法を、「て・つつ・ながら」を伴う「句内」の法と、「ば・ども・とも」を伴う「句外」の法に二分している。

［表4］西周の文典稿本における「句」の分類

	A 「稿本(四)」　一三オ	B 「稿本(四)」　六八オ〜	C 「文典稿本」　七〇オ〜	D 「日本語範」第三篇　一オ〜
「結句」の法	直説法・定説法・殊別法・命令法・下接法・希望法・誓契法 （「結句」と「接句」の区別をせず）	（記述なし）	一五結法： 平説法・不定法・扣問法・命令法・指示法・擢抜法・疑説法・情願法・自現法・使命法・能得法・禁止法・誓言法・援言法・敬語法	用言結句： 平説法・扣問法・疑定法・命令法・指示法・擢抜法・疑説法・媒令法・情願法・自現法・（誓言法）・（禁止法）・（援言法）・（敬語法）
「接句」の法		句内：直接法・反接法 句外：直接法疑接法・直接法確定法・反接法疑接法・反接法確定法	七接法： 句内：直接法・反接法 句外：直契法・疑契法・反契法・反接法・直接法	用言接句： 不定接法・平常接法・直説接法・反説接法・兼言接法

表5に示した部分は、分類と実例を示すだけのメモであるため、ここでいう「句内・句外」の内実については、詳しいことは分からない。また、執筆時期がもっとも新しいと考えられるDの「日本語範」では、「接句」につ

いて解説を行うものの、「句内・句外」という区別は行われなくなっている。しかし、他の記述なども勘案すれば、「句内」の「接句」の法は、一つの文・節の内部に収まるもの、「句外」の「接句」の法、は主節の内部に収まらず従属節として主節との関係を示すものと、B・Cの分類は大きく理解されよう。

［表5］「接句」の法の下位分類

	B（「稿本（四）」六七ウ～六八ウ）	C（「文典稿本」七〇ウ～七一オ）
句内	直接法…………雨（ふつ）て 反接法…………雨るも　雨ても	直接法……切ッて　切リつつ　切リなから 反接法……切ても　切つつも　切なからも
句外	直接法・疑接法……雨らは 直接法・確定法……雨れは 反接法・疑接法……雨るとも 反接法・確定法……雨れとも　雨るけれとも	直契法……切レは 疑契法……切ラは 反契法……切レとも 反接法……切ルとも 直接法……切ッて　切リつつ　切リなから

明治初期における他の洋式日本語文典においても、動詞の法に言及するものは複数存在するが、動詞の接続語形を法としては取り上げないものも多く、また、取り上げても接続助辞「と・とも・ど・ども・ば」などを伴う語形を「接続法」として一括する田中義廉『小学日本文典』のようにその扱いは簡単で、西の記述の詳細さには及ばない。動詞の接続表現における「句内・句外」の別は、後の三上章による「単式・複式」の別と通ずる点があるようにも思われるが＊10、西自身による説明が残っておらず残念である。

5　まとめ

以上、西周の自筆稿本を取り上げながら、西の「句（sentence）」の捉え方と名詞の格・動詞の法との関係を中心に概観してきた。その結果、他の明治初期の日本語文典と同様、Syntax の記述は行われていないものの、名詞の「位（格）」や動詞の「様法（法）」の記述において、統語的・意味的関係が「句」内部に収まるか否かを基準とした「句内・句外」という分析の切り口が、ある時期、積極的に用いられていたことが確認できた。ただし、この「句内・句外」の別は、もっとも新しい明治一二年起草の「日本語範」では行われておらず、彼が最終的に「句」をどう捉えようとしていたかについては、なお不明の点が残る。

西は、「日本語範」第一篇の末尾において、自身の国語研究になお不十分な点が残っていることを認めたうえで、

> （前略）何とそ、後来の諸賢か、改正の上にも、改正を加へ、縦ひ本篇の跡方は、円て無く成うとも、此か基に成て、邦語の典則の高堂大廈か、依て以て聳へ立つ様に、成たて有うならは、作者の本意に於て如何はかり成る可きそ
> （「日本語範」第一篇・七六ウ）

と国語研究を後進の研究者に委ね、「日本語範」以降は文典の執筆を止めている。しかし、西の文法研究は、その後の明治期の研究と比較しても、十分に精密かつ個性的である。それがもし公刊に至っていれば、明治期の文法研究史にもまた別の展開があったのではないかと想像を逞しくするのは、筆者の思い込みが過ぎるであろうか。

＊1　洋文典の部立ては、手塚律蔵・西周助閲『伊吉利文典』（原本一八五〇年）によった。

＊2　足立梅景『英吉利文典字類』（一八六六年）では、「sentence」の訳語に「文章」を当てている。なお田中義廉も、後の『新訂日本小文典』（一八七七）では「文章学」に言及し、「起語（文中の主となるべき詞）」と「結語（一章の大意を結合する詞）」について、「花ハ・ゾ・コソ」などを起語、「咲ケリ・ケル・ケレ」などを結語としている。

＊3　大久保利謙編『西周全集　第四巻』解説参照。

＊4　西周「日本語範」第一巻（西周文書・六二番）。国立国会図書館憲政資料室所蔵・西周文書目録は「語範稿本」とするが、第一巻冒頭に「日本語範　明治十二年一月三十一日起草」とあるので、書名は、この内題を取った。

＊5　西周「稿本（四）」（西周文書・一〇一番）。

＊6　表3は、「稿本（四）」において、「位辞ノ事」の直前直後には置かれてはいないが、内容から見て引用中にある「右ノ表」に対応するものと考えた。なお、スペースの都合上、引用に際しては、表の体裁を一部改変し、また、注記や書き込みは省略した。

＊7　なお、表3の十格のうち八格については、引用した「位辞ノ事」の直後に、三五五ページに示したとおり、十丁にわたって解説を行っている。

＊8　表3には、副助辞は例示されていないが、「稿本（四）」の「第二種の定辞」の項目には、

　実辞ニ属スル或ハ第三ノ位辞ト名ク［割注―ノヲニト等ハ第一／ハモゾコソハ第二］其位置第一位辞ノ次第二位辞ノ上ニ在リ或ハ直ニ第一位辞ノ上ニ在リ（「稿本（四）」四一オ）

とあり、「だに・さへ・すら」などを、当初は「第三ノ位辞」として考えていたことが分かる。

＊9　西周「草稿類一括」（西周文書・七六番）の第三「国語関係断片　第二八葉」。なお、「草稿類一括」は、冊子の形になっていない草稿・メモ類を七つにグループに整理したもので、そのうちの第三が国語学関係のものに当たる。

＊10　三上章『現代語法序説』・『現代語法新説』などを参照のこと。

第3章

松下文法の単語観

三矢重松・清水平一郎との関係から

1　はじめに

松下大三郎の文法論は、近代の文法研究の中でも異彩を放つものと言える。原辞・詞・断句という文法単位、詞の相と格の論、有題文・無題文の区別など、独創的な記述は枚挙にいとまがなく、現在でもその価値は失われていない。本章では、松下文法の成立に与えた他の文法研究を指摘していきたいが、まず最初は、語の定義の問題を取り上げ、その単語観がどのような経過で形成されたのか、主に明治後期における三矢重松・清水平一郎との関係から考えてみることにしたい。

松下が『改撰標準日本文法』(昭和五［一九三〇］年)において、「詞(word)」を文節相当の単位と考え、助詞・助動詞を「詞」と認めなかったのは有名だが、この単語観は彼の明治期の著述までさかのぼることができる。たとえば、明治三四年に刊行された口語文典の嚆矢として有名な『日本俗語文典』(明治三四［一九〇一］年)においても、

助辞とは詞に密着して其の詞の職任を助くる声音なり。(中略)。助辞は広義にいふ言葉の一なれども、文

典にていふ「詞」にはあらず。詞は自ら観念をあらはす所の声音なり。

（四八–四九ページ）

と述べ、やはり助詞・助動詞を品詞から外している。

実は、このような単語観は、明治後期の三矢重松・清水平一郎の文典にも見ることができる。三矢・清水は國學院の第一期卒業生で、第六期卒業生の松下の先輩にあたり、そこには何らかの影響関係があったのではないかと想像される。もちろん、松下の文法論は彼自身の独創性に負う所が大きい。しかし、単語観を同じくする人間が彼の周りにいたということは、研究を育むにふさわしい環境が、当時の松下の周囲にあったのではないかと、考えたいのである。

2　三矢重松『高等日本文法』における単語観

松下の単語観を考える前に、まず三矢重松の文法研究から見ていくことにしたい。

三矢重松は、明治四年一一月、山形県鶴岡町に生まれた。明治二三年國學院入学、二六年、卒業論文「源氏物語の価値」を提出し、第一期の卒業生となった。卒業後は、文部省大臣官房図書課に就職するも二年で辞し、開成中学校嘱託、岡山県高梁中学校教諭、大阪府立第五尋常中学校教諭などを歴任、明治三四年から國學院および東京高等師範学校の講師となった。なお、明治三二年から三四年まで亦楽書院、同三五年から三六年まで宏文学院で中国人留学生のための日本語教育にも携わっている＊1。

三矢は、助詞・助動詞の意味用法など、古典の解釈文法に優れた業績を残しているが、明治期の著述のうち日本語文法の全体を扱うのは、左の二点である。

明治三四年『普通文法教科書』（清水平一郎と共著）

明治四一年『高等日本文法』

三矢は、『高等日本文法』緒言において以下のように述べる。

> 国語文法書の大成せる者、まづ大槻氏の広日本文典及別記を推さゞるべからず。予が研究大抵先人の力に由れる中にも、大槻氏に負ふ所最多し。かくて本書は旧説を統合補正したる者なれども、新説も亦おのづから無きにあらず。
>
> 諸成音　格　法　性相　敬語　助動詞
>
> 助辞　補足語　叙述句　省略　記録対話
>
> 等に関する者是なり。中に就きて並立格及前提法の名は清水平一郎氏の創意にして、前提法に順逆の両態を立て、直接命令の二法と対せしめたるは、予が案なり。敬語の「御」「様」の別は、松下大三郎氏の所説に係り、助辞ガの意義・記録対話の諸説は、恩師物集先生の教を受けたること頗多し。

緒言中に出てくる大槻文彦『広日本文典』は、明治三〇年に刊行され、明治前期の文法学説を集大成したものとして、当時一定の影響力を持っていた。なお大槻は、三矢の『高等日本文法』に序文も寄せている*2。また國學院の同窓である清水平一郎・松下大三郎の名を挙げ、その説を参照したことを示しているが、清水とは『普通文法教科書』を共著で刊行しており、また松下については、宏文書院の講師に彼を推薦するなど、密接な交際があったと考えられる。

以上のような諸研究との関係の中で著された『高等日本文法』は、どのような単語観を示しているのだろうか。

三矢は「第二篇　詞辞」の中の「第三章　言語の分類」において、以下のように述べている（三二一―三四ページ）。

一　分類の標準

言語を分類するに、一は形態上よりし、一は性質職掌上よりす。

1　形態上の分類

是我が国古来の分類法にして、主として語尾変化の有無により分てるものなり。即左の如し。

- 詞辞
  - 独立詞
    - 体言
      - 名詞（狭義）　副詞　接続詞（広義）
      - 代名詞　感動詞
    - 用言
      - 動詞　副詞　接続詞
      - 形容詞
  - 附属辞
    - 助辞
      - 助用言（動助辞）助動詞
      - 助体言（静助辞）てにをは

（中略）

2　性質職掌上の分類

此の分類法は其の初、蘭学者等が外国の書を読むに当り彼我東西文法の対比より起れるものなり。

甲　独立詞

名詞　　事物の名
代名詞　名詞の代用
動詞　　動作
形容詞　性状
副詞　　動作性状を修飾定限す
接続詞　語、句、文をつなぐ
感動詞　感動

乙　附属辞

助動詞　又動助辞ともいひ形の変化あるものなり。動詞の意義を補ふ。他詞の意義を補ふもあり。
てにをは　又静助辞ともいひ形の変化なきものなり。諸詞に附きて関係感嘆を表す。疑問の「てにをは」は広義に於いて感嘆の中に入る。

三矢の品詞分類の特徴は、「形態上の分類」と「性質職掌上の分類」の二者を示すところにある。すなわち、江戸時代以来の伝統的語分類は自立性や活用の有無といった「形態」に着目した分類であり、また蘭学・英学の影響を受けた西洋流の品詞分類は「性質職掌」からの分類と考えるのである[3]。

なお、どちらの観点からの分類においても、助詞・助動詞を附属辞として掲げているため、一見すると助詞・助動詞を単語と認めているように思われるかもしれない。しかし、三矢は詞辞の分類において周到に「語」という用語の使用を避けており、統語論に当たる「第三章　文章」においては、以下のように述べる。

文は固より詞辞の結合ならざるべからず。而して四部は詞又は詞辞の結合せる者より成る。本篇にありて

之を「語」と称す。辞は部をなすこと能はず。（四三七ページ）

右にいう「四部」とは文の主要成分である「主語・叙述語・客語・修飾語」のことで、このことからも「語」という用語を文の成分の意味で用いていることが分かる。すなわち、「辞（助詞・助動詞）」は「語（文の成分）」としての資格を持たないものとして扱われているのである。

このような単語観は、必然的に詞の記述にも反映される。三矢は、「名詞の格」「動詞の法」を以下のように分類する。

名詞・代名詞の格
- 主　格……花さく。汝がいふ所は…。鶯のなく。
- 領　格……国の財産。金の冠。梅が枝。
- 副　格……紙にかく。東京へ出づ。東京といふ処。東京より出でたり。大坂まで行く。
- 処置格……酒をのむ。酒のむ。
- 呼　格……風ふけ。風よふけふけ。
- 同　格……鯨は哺乳動物なり。牧野は大臣たり。
- 並立格……松下君と三上君とをとふ。

- 動詞の法
  - 直説法
    - 終止法……雨ふる。
    - 連用法……字を書き書をよむ。
    - 連体法……書く筆
  - 命令法……書をよめ。
  - 前提法
    - 仮　定……雪ふらば寒からむ。（順態）
      - 雪ふるとも寒からじ。（逆態）
    - 確　定……雪ふれば寒し。（順態）
      - 雪ふれど寒からず。（逆態）

当時の国文典においては、このような詞の取る文法的カテゴリーの記述は、助詞・助動詞の意味の問題として扱われることが多かった。たとえば、大槻文彦は『広日本文典』において、

西洋ノ名詞、代名詞ニハ、「格（カク）」トイフモノヲ説ク。我ガ弖爾乎波ノ中ニ、彼ノ格ニ似タルモノアレド、似ザルモアリテ、相異ナリ。（第一〇三節）

と述べ、「弖爾乎波（助詞）」を単語と認めるとともに、名詞の格の問題を助詞の意味・用法の問題として記述している。これに対して、三矢においては語はそのまま文の成分となる単位と定義されるため、名詞や動詞が文の成分として働く際の形式、すなわち名詞の格や動詞の法などの記述を積極的に行っているものと思われる。

以上のように、三矢はその文典において、松下同様に助詞・助動詞を語と認めない立場を取っている。この点に関しては、すでに森岡健二『日本文法体系論』が、三矢と松下の間に「自ずから国学院学派とでもいうべき学風が形成されていったものと想像される」と指摘しているが＊4、筆者もまた同様の影響関係があったと考える。

3　松下大三郎『日本俗語文典』における単語観

三矢と松下が共通の単語観を共有していた点について述べたが、これは松下から三矢への影響と考えられる。松下大三郎は、明治一一年、静岡県磐田郡に生まれた。明治二六年、上京して東京英語専門学校（現在の早稲田大学）に入学し、英語学科に籍を置いたが、文法の授業に不満足で三か月で退学。二八年九月、國學院に入学することになる。

二九年からは、國學院の同窓会雑誌『新国学』の編集を担当。この雑誌には、松下大三郎、曲水、花夕の名で、文法、宗教、国学、新体詩、恋愛論に至る広い分野で健筆をふるい、文筆活動に終始した。三一年七月、國學院第六期卒業。卒業論文は「俗語文典」であった。なお卒業後の明治三六年、親友丸岡桂と『国歌大観』の刊行を開始、また三八年には、三矢重松の推薦によって、東京高等師範学校長・嘉納治五郎が創設した中国人留学生のための学校・宏文学院の講師となり、日本語を教えた＊5。

このように、松下は三矢の後輩であるとともに、仕事や研究のうえでも日常的な交際があったと想像される。すでに見たように、三矢は『高等日本文法』諸言において敬語の「御」「様」の別について松下大三郎説を取ったむね述べているし、また松下も、『改撰標準日本文法』緒言において自身の単語観が三矢から支持された点を記している。

> 四　私の研究に於て最も早く気附いたことは、助辞を品詞の一つとすると所謂る単語編と文章編とで詞の概念が一致しないといふことであつた。明治三十年に中学教程日本文典といふ一書を刊行したが、其れにも助辞が品詞外になつてゐる。当時は誰一人賛成する人がなかつた。その後故三矢重松博士は助辞を品詞外にし

て高等日本文典（ママ）を書かれた。今日では賛成者が非常に多い様である。

ところで、松下の助詞・助動詞を単語と認めないという発想はどこから生まれたものなのだろうか。

明治三〇年『中学教程日本文典』（宮本静と共著）

明治三四年『日本俗語文典』

右の二著は、松下の明治期の研究のうち、日本語文法全体を扱ったものであるが、このうち『日本俗語文典』では、冒頭で引用したとおり、助詞・助動詞を詞と認めない立場を取り、以下のように品詞を分類している。

- 詞
  - 相関詞
    - 主要詞
      - 体詞
        - 名詞
        - 代名詞
      - 用詞
        - 動詞
        - 形状詞
    - 関係詞……
      - 後置詞
      - 接用詞
      - 接続詞
  - 独立詞……間投詞

（四四ページ）

この品詞分類では、「あめがふるから、路が悪くなる。」のような、「から・からには・けれども・ものの」などの接続助詞が「接用詞」という品詞として認められており、助詞をすべて品詞から外しているわけではない。

しかし、体詞・用詞の格の記述を見ると、以下に示すように「名詞＋格助詞」および「動詞＋接続助詞」の形が詞の格として列挙されている。

この格の記述は、さきに見た三矢の「名詞の格」「動詞の法」の分類に比べると、格の分類がさらに細かい。たとえば、三矢が「副格」とした「名詞＋に・へ・と・より・まで」の形を、各助詞ごとに「比格・声格・発格・着格」などというようにさらに分類しており、その分類法に相違が見られる。しかし、この種の助詞を詞の資格を持たない屈折辞と扱う点においては、三矢と松下は共通している。

- 体詞の格
  - 相関格
    - 連用格
      - 主格……主格…山ガ高イ、私ノ行ク時
      - 賓格
        - 直接賓格…処格…雲ガ月ヲ隠ス
        - 間接賓格
          - 受格…都ニ居ル、アナタニ教ヘル
          - 比格…子供ガ大人ニナル、教師トモアル者ガ
          - 声格…東京ト云フ所、富士山ッテ山
          - 与格…私ガアナタト話ス、桃ガ桜トイッショニ咲イタ
          - 発格…鳥ガ木カラ木ヘ飛ブ、此所カラ向フヲ見ル
          - 着格…鳥ガ木カラ木ヘ飛ブ、東京カラ京都マデ行ク
          - 志格…花見ニ行ク、若菜摘ニ来タ
    - 連体格……
      - 領格…私ノ琴
      - 係格…春ノ朝、秋ノ夕暮
      - 同格…忠臣ノ清麿、生田ノ森
      - 重格…春ハ花ヲ見、秋ハ月、冬ハ雪ヲ視ル
  - 独立格……呼格…由子ヤ、早ク御出ヨ

（一〇四ページ。用例を適宜補った）

用詞の格

- 終止格……風ガふく
- 連体格……ふくカゼ
- 連接格……風ガふくカラ
- 副　格……ふいてチラス
- 接続格
  - 合一接続格……風ガふいてハナカ散ル
  - 推及接続格
    - 仮言推及接続格…風ガふけばユカナイ
    - 実言推及接続格…風ガふくんでユカナイ
  - 分離接続格
    - 仮言分離接続格…風ガふいてもユク
    - 実言分離接続格…風ハふくがユク
- 重　格
  - 合一重格……風ガふいてアメガフル
  - 分離重格……風ハふくがアメハフラナイ

（二〇六ページ）

このような助詞・助動詞を詞と認めないという考え方は、『日本俗語文典』以前にも遡ることができる。たとえば、『改撰標準日本文法』緒言にその名が挙げられていた『中学教程日本文典』（明治三一［一八九八］年）においても、助辞に関して以下のような言及が見られる。

助辞とは詞にそひて其の詞の意義を助けてその性質を示す音声なり。（第一四一節）

助辞は唯詞を助くるのみにして、己自らが一の詞なるにはあらず。詞にそひて始めて意義を生ずるものにして、独立しては意義あることなし。故に助辞はその添ひたる詞と共に一の詞をなすものなり。即

都をば、霞と、共と（ママ）、立ちしかど、

秋風ぞ、吹く、白川の、関

の如く□これを附したるものを一個の詞とみるが如きをいふ。（第一四二節）

助辞のそひたる詞もまた一の詞なるを以て唯名詞、動詞、形状詞などいへばその詞に助辞のそひてある時にはその助辞をも合せいふなり。（第一四三節）

さらに明治二八年に書かれた「文典学と語理学とにつきて」において、松下は「言」を以下のように分類している（語例は一部省略した）。

体言（名詞）…［日］山・川・人・犬・其・此・何・誰、など
事言（動詞）…［日］行ク・帰ル・知ル・忘ル
状言……………［日］ヨキ・ヨク／［英］Well, Good／［仏］bon　など
関言……………［日］於テ／［英］On／［中］於、など
重言……………［日］ハナハダ・イト／［英］Very, pretty／［中］甚・頗、など
冠言（冠詞）…［英］the, a／［仏］le, un　など
接言……………［日］バ・ド・トモ／［英］if, though／［中］若・雖
合言……………［日］シカシテ・オヨビ／［英］And／［中］而・及

右の分類は、世界の言語を品詞の面から分類する際の一般論を述べたもので、語例としては、日本語以外に英・仏・中国語も挙げられている。一見して分かるとおり、助動詞は品詞として立てられておらず、また助詞については「接言」に接続助詞「バ・ド・トモ」が挙げられるものの、その他は「言」として認めていないようである。

事実、松下はこの論文の中で「数・格・称・意・動・時・仮実・虚実」などを「言の式形」として取り上げ、

名詞……我・我ヲ・我ニ・我ガ・我／I, me, me, my, I

動詞……流ル・流ル丶／Run, Running

などを列挙している。これは、「我・我ヲ・我ニ」のような形式を英語の「I, me, my」のような格変化として捉えようとしていたためと考えられ、少なくとも格助詞の類は「言」として認めていなかったと思われる。

以上のように、「詞」を自立し得る形式に限る、すなわち助詞・助動詞を「詞」と認めないという単語観は、松下においては最初期の研究においてもその萌芽を見ることができるのであり、これが『中学教程日本文典』『日本俗語文典』、さらには『改撰標準日本文法』にまで発展継承されるのである。

4 清水（峰原）平一郎『普通文典』における単語観

ここまで、明治期に著された三矢重松・松下大三郎の文典を取り上げ、助詞・助動詞を単語と認めないという共通の単語観が見られることを確認した。しかし、このような単語の扱いは、三矢・松下のみに見られるわけではない。さきに引用した三矢重松『高等日本文法』の諸言において、三矢は、松下大三郎の説とともに、清水平一郎の「前提法」という説を取ったむね述べている。この清水という人物はどういう人物なのだろうか。

清水平一郎は、明治元年、佐賀県杵島郡に生まれ、旧姓を峰原と言う。國學院の第一期生で、卒業後は、旧制佐賀中学校教諭、國學院大学主事を経て、神戸生田神社の宮司を務めた*6。明治期には、以下のような著述を公にしている。

明治二八年『普通文典』
明治三四年『普通文法教科書』(三矢重松と共著)
明治三六年『佐賀県方言語典一斑』

このうち『普通文典』は、諸言によれば「普通教育の一助とせむ為に編輯」されたという、総ページ数一七七ページの文法教科書である。内容的には、大きく「音声」と「言語」の二部から成るが、「言語」は品詞論のみを含み、統語論に関する記述はない。なお冒頭には、翌二九年から東京高等師範の校長となる嘉納治五郎の序文が付されている。

清水(峰原)は、『普通文典』において以下のように詞を分類する。

国語を形の上より分類して、活く詞と活かぬ詞との二種とす。その活く詞を用言と云ひ、活かぬ詞を体言と云ふ。(一六ページ)

国語を性質の上より分類して、名詞、代名詞、形容詞、動詞、副詞、接続詞、感動詞の七種とす。(二八ページ)

この語を「形」と「性質」の二面から分類するという方法は、既に触れたように三矢重松『高等日本文法』にも見られるものである。このうち「形」からの分類は、江戸時代以来の伝統的語分類に対応するもので、活用の有無から大きく「体言」と「用言」に二分している。なお、助詞・助動詞の扱いに関しては、

(前略)たり、及、なりは場合により其の語尾を変化する詞にして、即、用言なり。されど、是等は他の詞に附属するものなる故、之を助用言、或は助辞と云ふ。(一八ページ)

(前略)が、に、を、のの如き者も、音を変ずる者に非ざれば、これ又、体言なり。されど他の詞に附属

する者なるを以て、特に之を助体言、或は助辞と云ふ。（二六ページ）

と述べ、「助用言・助体言・助辞」という用語を用い、体言・用言を補助するものとして位置付けている。また、「性質」からの分類は、おおむね西洋文典式の品詞分類に対応する。ただし、「形」からの分類と異なり、助詞・助動詞に対応する品詞は立てられず、詞から外されている。

清水の品詞分類は、おおよそ以上のとおりであるが、その特徴として以下の点を挙げることができる。まず第一は、三矢・松下と同様に助詞・助動詞を詞と認めぬ点である。清水の助詞・助動詞の定義は、それが詞の資格を持つものなのか否かやや分かりにくい所もあるが、助詞・助動詞を「他の詞に附属する」助辞と述べる点、「性質」から見た西洋式の品詞分類において助詞・助動詞を品詞に数えない点から見て、詞の資格を持つものとは考えない立場を取っていると思われる。

さらに清水（峰原）平一郎が明治二九年に書いた「岡田正美氏が漢字全廃を論じて云々の説をよみて」という論文には、以下のような記述も見られる。

吾人は書方を定むるに当りて、語、即、完全なる言葉といふ観念を有せり。完全なる言葉とは、完全なる意義を表すものなり。この意味より推せば、語とは名、代名、形容、動、副、接続、感の七詞を云ふものにして、テニヲハ、助動詞の如きは附属詞にして、この中に入らず。故に分別書方に於て、是等は完語と同じかるべからざるなり、右の如き主旨によりて、完語は必ず、一の間隔をおき、テニヲハ及助動詞等、不完語は四分の一の間隔をおかばやと思ふ。（七―八ページ）

この論文は、日本語を仮名書きする際の分かち書きの方法について論じたものであるが、語を「完全なる意義を表すもの」と定義したうえで、「名、代名、形容、動、副、接続、感」の七詞に限定し、助詞・助動詞を語から外すむね述べている。清水の単語観がこの記述からもはっきり分かると思われる。

なお、この論文に現われる「完語・不完語」という用語は、当時一般的に用いられたものなのか定かでないが、松下が明治三四年に書いた「語類を論ず」という論文では、次のような形でこの用語が用いられている。

> 辞書にて「語」といふは文法にて「詞」といふとは其の意を異にす。辞書にていふ「語」とは単独にて観念を表はすものと、形式を示すのみにて他の詞にそはざれば観念を表はすこと能はざるものとを問はず、他と切り放ち得へきものは凡ていふなり。此の「語」に二別あり。完語、不完語といふ。完語は自ら観念を表はすものにして即文典にていふ「詞」に等し。不完語は自ら観念を表はすことなく、唯他の語にそひて之を助くるものにして、ケリ、タリ、ニ、ヲなどの如きものなり。文典にては之を「助辞」といふ。されど我が国には助辞をも文法上の「詞」の中に算する文法学者はもとより多し。（一―二ページ）

第二の特徴は、「形」「性質」という二つの観点からの品詞（語）分類を、レベルの違うものとして認識している点である。品詞を「形」と「性質」という二つの観点から分類するという方法は、すでに触れたとおり三矢の『高等日本文法』に見られるもので、國學院の草創期に言語学の講義を担当していた物集高見の著述にも同様の記述が存在する＊7。

しかし清水は、このような分類の観点を「詞の材料」と「詞」という関係から捉らえ直す。具体的に言えば、清水は西洋式の「名詞・動詞・形容詞・副詞」などの品詞を、その成り立ちから、

体言名詞　…鳥・東京　　用言名詞　…狩り・商い
体言動詞　…勉強す・奏す　　用言動詞　…鳴く・受く
体言形容詞…静かなり・皎々たり　　用言形容詞…良し・面白し

体言副詞　…最も・常に　　　　用言副詞　…早く・総て・行く行く

右のように「体言」から成るもの、「用言」から成るものに分類し、伝統的な語類を西洋式の品詞の材料と見た記述を行っている。これは形から分類された「体言・用言」が、性質から分類された各品詞を構成する「形態素」レベルのものとして意識されているためと考えられよう。

また、名詞・動詞の項目においては、その格および法について以下のような記述を行っている。すなわち名詞については以下のような六格を立てるとともに、動詞については五種（甲乙を数えれば七種）の法を立て、「名詞・動詞＋助辞」の形を一詞と見て、その用法を説明している。この点から見ても、清水が三矢・松下同様、助辞を品詞と認めず、詞の格や法を表示するための詞の材料と見ていたことは確かである。

名詞の格
- 主　格……猫は鼠を捕ふ
- 定限格……鶯の声は天然の音楽なり
- 賓　格……小児が机上に書物を置く
- 同主格……伊藤伯は総理大臣なり
- 並立格……鳥と花とは春を飾る
- 独立格……てふてふ、てふてふ、菜の葉にとまれ

動詞の法
- 断言法……少年は活潑なる運動を好む
- 連続法
  - 甲種…兄を忝ひ、弟を愛すべし
  - 乙種…花、咲きて、鳥、鳴く
- 連名法……咲く花あればこそ、散る花あれ
- 前提法
  - 甲種…花、咲かば、鶯鳴かむ
  - 乙種…風吹けば、花が散る
- 命令法……書を読め

なお、清水には三矢と共著の『普通文法教科書』（明治三四［一九〇一］年）という著述もあるが、ここでも以下のように助詞・助動詞は品詞から外され、詞とは認められていない。

文章を組織する主要なる言語に七種あり。之を品詞といふ。七品詞の外に品詞を補助する語あり。之を助辞といふ。（上巻・四一ページ）

5 三矢・松下・清水の単語観とその影響関係

これまで述べてきたように、三矢重松・松下大三郎・清水（峰原）平一郎の三者は、國學院の同窓生であるとともに、三矢と松下は宏文学院の講師、三矢と清水は『普通文法教科書』の編纂などの点で、かなり密接な交際があったと考えられる。また、宏文学院の創立者・嘉納治五郎と、三矢・松下のみならず清水も、自著の序文の

依頼ということから面識があったという点も注意される。

以上は三人の人間関係に関することであるが、このような環境の中、松下の単語観はどのように発展していったのだろうか。そしてまた、三矢・清水との影響関係はどのように整理できるのであろうか。

まず第一に言えることは、三矢・松下・清水は、三人ともに助詞・助動詞を詞と認めないという立場を取るが、この立場に従った、すなわち助詞・助動詞を品詞から外す文法書としては、清水（峰原）が明治二八年に著した『普通文典』が管見によれば最も早いということである＊8。

ただし、助詞・助動詞を詞と認めないという発想そのものは、松下も早い段階から持っていたようである。既に見たように、清水の『普通文典』は、明治二八年五月に刊行されるが、この年の七月に松下の「文典学と語理学とにつきて」が公にされ、「我・我ヲ・我ニ」などの語形を名詞の格変化と見る記述がそこにあるからである。

清水は、明治二六年に國學院を卒業し、三〇年には旧制佐賀中学校に教員として赴任している＊9。また、松下は二七年に東京英語専門学校を退学後、二八年九月に國學院に入学する。つまり二人の在学期間は重なっていないわけで、この点を考慮すると、松下の単語観が清水から直接的影響を受けて発想されたという可能性は低いように思われる。

もちろん、國學院入学後にまで期間を広げれば、松下が自身の著述を成すに当って、直接あるいは間接に清水の考え方を知っていたということは十分考えられる。これは、「完語・不完語」という用語の使用から想像できることである。しかし、清水の『普通文典』が教科書文典であるのに対して、松下の諸論文が英語・中国語なども視野に入れた普遍的な文法理論を目指し、さらに清水が「名詞の格」「動詞の法」という欧文典の枠組みをそのまま日本語の記述に用いているのに対して、松下が「体詞の格」「用詞の格」というように「詞の屈折」という観点から用語を「格」に統一しているというように、両者の研究法には相違も見られる。このような質的な違いを考慮すると、基本的な部分においては、両者の単語観は別々に発想され、展開していったと考えるのが穏当であろう*10。

なお、清水・松下と三矢との関係であるが、三矢自身が助詞・助動詞を詞と認めないという立場を取るのは、清水および松下の考え方を取り入れたためであると思われる。これは、清水の『普通文典』の刊行後に著された、三矢・清水の共著『普通文法教科書』が助詞・助動詞を品詞から外していること、また松下が『改撰標準日本文法』緒言に、自身の『中学教程日本文典』の刊行後に三矢が助辞を品詞から外したと記していることから推測される。

松下の単語観は、彼の外国語をも含めた広い視野の中から発想されてきたものだと思う。しかし、その発想が発展していくには、相応の環境が必要である。松下は、國學院に入学することにより、同様の単語観を持つ清水という先輩とともに、三矢という良き理解者を持つに至った。その独創性を発揮する場を、彼は得たのである。

6 まとめ

以上、明治後期における松下大三郎の単語観を、三矢重松・清水平一郎との関係から考えてきた。最後に『日本俗語文典』以降の松下の単語観について簡単に触れておくことにしたい。

これまで繰り返し述べてきたように、松下の基本的発想は助詞・助動詞を「詞（word）」と認めないところにあった。しかし、この扱いは結果的に次の問いを投げかける。すなわち、助詞・助動詞が「詞」でないのなら、それはどのような文法単位なのかということである。

この点に関して松下は、明治四〇年代以降「山田氏の日本文法論を評す」「言語の構成法を論ず」などの論文を書きながら、詞の材料である「詞素」と言語の極小素たる「語素」という単位を提唱することになる。さらに松下文法の到達点『改撰標準日本文法』では、詞素と語素は「言語の最低階級」すなわち「形態素」に相当する「原辞」という単位に統一されるに至る*11。ここに、松下文法の特徴である「断句（sentence）・詞（word）・原辞（morpheme）」という文法単位が確立するわけである。

ところで、『改撰標準日本文法』においては、詞および原辞は、

詞は断句の成分であつて、自己だけの力で観念を表すものである。例へば「山」「我」「往く」「遠し」「或る」「若し」「嗚呼」などの類だ。（一九ページ）

原辞は詞の材料であつて説話構成上に於ける言語の最低階級に在る。例へば「鉛筆」は詞であるがその「えん」と「ひつ」とは原辞である。又助辞の如きものも原辞である。（二三ページ）

と定義されるとともに、以下のような分類を施されている。

- 詞
  - 単性詞
    - 概念詞
      - 外延詞……名詞
      - 内包詞
        - 叙述的（作用）……動詞
        - 非叙述的（属性）
          - 連体……副体詞
          - 連用……副詞
    - 主観詞……感動詞
  - 複性詞……〔複性詞〕日本語に無し

（二一七ページ）

- 原辞
  - 完辞
    - 無活用（体言）……春(ハル) 山(ヤマ) 春風(シュンフウ) 高山(カウサン) 最も 抑も
    - 有活用（用言）……行く 帰る 思ふ 言ふ 遠し 近し
  - 不完辞
    - 助辞
      - 助辞（一般性）
        - 動助辞……なり たり しむ らる べし まじ
        - 静助辞……を に は も て ば
        - 頭助辞……御(ミ) 御(オ) 御(オン) 御(ゴ)
      - 助辞（特殊性）
        - 接頭辞……初(ハツ) 新(ニヒ) 小(サ) 小(ヲ) 深(ミ) 真(マ)
        - 接尾辞……めく ぶる さぶ さ み ら
    - 不熟辞
      - 実質不熟辞……春(シュン) 高(カウ) 秋(シウ) 山(サン) 谷(コク) 幽(ユウ)
      - 形式不熟辞……不(フ) 未(ミ) 可(カ) 非(ヒ) 被(ヒ) 者(シャ)

（四七ページ）

松下の詞および原辞の分類を見て気付くのは、詞が観念の質、叙述性の有無、統語的機能というように、詞の意味・機能の面から分類されているのに対して、原辞が自立性の有無、活用の有無、接続する位置など、主に形態的な側面から分類されているということである。

この「意味・機能」からの品詞分類と「形態」からの原辞分類は、清水平一郎や三矢重松が品詞分類で併用していた「性質職掌」上の分類と「形態」上の分類を思い出させる。もちろん、清水と三矢は、詞と原辞というような二つの文法単位を立てることはしなかったし、明治後期の松下も、自身の品詞分類において「性質職掌」と「形態」という二つの観点を導入していない。だが、松下が『改選標準日本文法』において日本の伝統的国語研究を「純粋なる原辞論」であると断言するとき*12、その背後に伝統的語分類は「形態」上の分類であり、西洋文典流の品詞分類は「性質職掌」上の分類であるという三矢重松の発言が重なって見えるのである。

松下の到達した詞論・原辞論は、きわめて独創的なものである。しかし、その内部では、明治後期における清水や三矢たちの品詞分類法が「詞」と「原辞」という二つのレベルの中で解釈しなおされ、生かされているように思われるのである。

〔付記〕清水平一郎の経歴を調べるに当り、國學院大学教授・諸星美智直氏の協力をいただいた。ここに記してお礼申し上げる。

＊1　三矢重松の略歴および著作については、安田喜代門・安田静雄編（一九三二）、および徳田政信編（一九九四）を参照した。
＊2　大槻の序文の日付は、明治四二年九月となっているので、三版以降に掲載されたものと思われる。
＊3　江戸時代の語分類が実際にすべて形態論的観点からの分類であったとは言えない。富士谷成章や鈴木朖の語分類は、むしろ語の機能を重視していると考えられる。ただし、明治期においては、伝統的語分類を形態的分類と捉えるのが一般的であった。第Ⅰ部第1章を参照されたい。
＊4　森岡健二（一九九四）八二二ページ
＊5　松下大三郎の略歴および著作については、昭和女子大学編（一九七四）、および徳田政信（一九七四）を参照した。
＊6　清水平一郎の略歴については、川副博（一九七五）、および國學院大學（一九二三）（『國學院雜誌』彙報）を参照した。
＊7　物集高見が国語辞書『ことばのはやし』に付した「日本小文典」（明治二一［一八八八］年）に以下のような記述が見られる。

日本の言語は、形の上よりいへば、語尾の、動かぬものと、動くものと、他の語に附属する、短きものとの、三種ありて、語尾の動かぬを、体言といひ、動くを用言といひ、他の語に附属するを、弖爾乎波といふ。また、性質の上よりいへば、名ことば、かへ詞、わざ詞、さま詞、そへ詞、つなぎ詞、なげき詞、てにをはと、名づけらるる、八種のものあり、（以下略）。（一二ページ）

本文で引用した三矢重松『高等日本文法』の緒言に「物集先生の教を受けたること頗多し」とあることから見ると、物集の考え方が清水や三矢に影響を与えた可能性が大きい。
＊8　明治初期の洋式日本語文典にも、田中義廉『小学日本文典』（明治七［一八七四］年）のように、助詞・助動詞を品詞として立てないものがいくつか存在する。この種の西洋文典の枠組みにならった文典は、名詞の格、動詞の法などの記述を行い、注目すべき点も点も有するが、副助詞・接続助詞を副詞・接続詞に所属させるなど、助詞・助動詞を詞と認めない立場で一貫しているとは言いがたい。なお、田中の品詞分類に関しては、服部（一九八六）を参照されたい。
＊9　佐賀県（一九一二）による。
＊10　さらに言えば、松下の場合は、まず「名詞・動詞の格変化」を記述するという発想があり、その結果として、助詞・助動詞が品詞から外されていったという印象を受ける。
＊11　松下文法における「詞素・語素」の論から「原辞論」への展開に関しては、長谷川みほ（一九八〇）を参照されたい。
＊12　松下大三郎『改撰標準日本文法』四三ページ。

第4章
松下文法に与えた山田文法の影響

1 はじめに

山田孝雄と松下大三郎の文法研究は、明治以降の日本語研究における土台を作った無視し得ない研究である。両者の文法研究は、伝統的国語研究と西洋の言語研究の対照を行い、真の日本語文法のあり方を考えたこと、具体的には文法論の組織、単語・文の単位認定などの文法研究における基礎的概念を一から問い直そうと模索した点において、近代の文法研究史の中で動かし難い存在感を有している。

松下大三郎の文法論は、その特徴として完成期においてSentence・Word・Morphemeに対応する「断句・詞・原辞」という言語の三段階を認めた点を挙げることができるが、このうち「詞」を文の成分の資格を持つものと考え、助詞・助動詞を「詞」から除外する扱いは、松下文法の最初期から認められる。この点については、第3章において松下の単語観を中心に、松下文法の育まれた土壌を國學院学派とも呼ぶべき人的交流の観点から考察した。

一方「断句・原辞」の定義・認定については、山田孝雄『日本文法論』(明治四一〔一九〇八〕年)が松下に与えた影響が大きい。具体的には、松下が『日本文法論』の刊行に刺激を受けて執筆した「山田氏の日本文法論を評す」および「言語の構成法を論ず」は、松下の文法単位観が山田文法を批判することを通して変化を遂げていく契機となった。このうち「原辞」成立の過程については、長谷川みほ(一九八〇)・川田亮一(二〇〇五)などの先行研究がすでに触れるところである。

以上のような観点から、本章では山田孝雄『日本文法論』が与えた明治後期の松下文法への影響を、松下の文法単位観、特にこの時期のみに見られる「句論」にも着目しながら考えていく。と同時に、明治期における山田文法の出現の持つ意味を、松下文法の側からいささかなりとも明らかにしたい。

2　調査対象とする松下・山田の文法研究

本章では、表1に掲げた明治後期における松下大三郎の日本語文法に関わる著述のうち、丸数字を付した①から⑥をとりあげ、その文法単位観を概観する。

長谷川みほ(一九八〇)は、松下の明治期における文法研究を、「萌芽期」と「成長期」に区分するが、両期の間の中断期間は、塩澤重義(一九九二)によれば、松下が『国歌大観』(明治三四[一九〇一]年)・『国文大観』(明治三六[一九〇三]年)を刊行するとともに、宏文学院教授(明治三八―四二年)として清国留学生に日本語教授を行った時期で、この期の末には留学生用の日本語文典を刊行している。ただし、明治三四年「語類を論ず」と明治四一年「山田氏の日本文法論を評す」は、途中に中断期間をはさみながらも萌芽期・成長期の研究の橋渡しをする内容を含み、川田亮一（二〇〇五）はこの二論文の刊行を「転換期」と位置付けている。

［表1］　明治後期における松下大三郎の日本語文法に関する記述＊1

発表年月	論文(書)名	掲載・発行	備　考
萌芽期			
①明治二八年　七月	「文典学と語理学とにつきて」	国学	
明治二九年一二月－三〇年　九月	「動詞の自他」（4回掲載）	國學院雑誌	
明治三〇年　四月－八月	「遠江文典」（3回掲載）	新国学	
②明治三一年　四月	『中学教程日本文典』（宮本静と共著）	中等学科教授法研究会	＊明治三一年七月國學院第六期卒業。卒業論文「俗語文典」。
明治三一年一一月－一二月	「日本語の『時』」（2回掲載）	國學院雑誌	
明治三二年一一月	「日本俗語文典」	国文学界	
③明治三四年　四月	『日本俗語文典』	誠之堂書店	
明治三四年　四月	「語類論」	国文学界	
④明治三四年　五月	「語類を論ず」	國學院雑誌	

（執筆中断期間）			＊明治三五年一〇月、山田孝雄『日本文法論上巻』刊行。
明治四〇年　七月	『漢訳日本口語文典』	誠之堂書店	
成長期 ⑤明治四一年一〇月〜一二月	「山田氏の日本文法論を評す」（3回掲載）	國學院雑誌	＊明治四一年九月、山田孝雄『日本文法論』刊行。
⑥明治四二年　一月〜一二月	「言語の構成法を論ず」（9回掲載）	國學院雑誌	
明治四二年一一月	『帝国文典』（高橋龍雄と共著）	啓成社	

一方、山田孝雄の『日本文法論』は、まず単語論の第一章と第二章のみを含む『日本文法論　上巻』（以下『上巻』と略記）が明治三五［一九〇二］年に刊行された。この『上巻』の刊行から明治四一年の全編の刊行（以下『日本文法論』は四一年版の意味で使用）は、ちょうど松下の研究の中断期間に当たっており、また『上巻』には『日本文法論』と文典の組織や用語に異なる部分が存在する。

そこで以下は、まず『上巻』・『日本文法論』における山田孝雄の文法単位観を確認したうえで、表1に示した松下の論文①から⑥について、以下の点を検討していくことにしたい。

ア『日本文法論』刊行以前に確立していた松下文法における文法単位観

（「詞」の扱いと「助辞」の位置付け）

イ『日本文法論』刊行以後に確立した松下文法における文法単位観

3　明治後期の山田孝雄における文法単位観と文典組織

山田孝雄の『日本文法論』は、明治三五年にまず「単語論」の一部（本文一九六ページ）が『上巻』として刊行されたが、この段階における文典全体の構成は、巻頭に附された「日本文法論概目」によれば、以下のように構想されていたようで、『日本文法論』とは文典組織や用語に相違が見られる。

緒言
序論
本論
　第一部　単語論
　　第一章　国語の単語分類法の沿革及批評
　　第二章　国語の単語分類の方法
　　第三章　単語論の詳細なる説明
　　（一　体詞の細説、二　用詞の細説、三　装詞の細説、四　助詞の細説、五　単語構成略説）
　第二部　文章論
　　第一章　文章論の概説

（一　単文の定義及文章論の範囲、二　文の種類の概説、三　単文の成分と形式、四　単文の拡張、五　複文、六　略体）

第二章　文章論の細説

（一　文成分、二　文の組織、三　文の接合と文の配列）

附録（国語記載法）

3・1　語（word）に当たる単位

このうち語にあたる単位は、『上巻』では次のように定義される。

単語……単語とは言語に於ける、最早分つべからざるに至れる究竟的の思想の単位にして独立して何等かの思想を代表するものなり（九一ページ）。

上の定義は、スキートの単語定義"ultimate independent sense-unit"を下敷きにしたもので＊2、この点については『日本文法論』でも全く変わっていない。また、単語以下のレベルのものとして「語根」と「接辞」に言及する点も、『上巻』・『日本文法論』ともに共通する。

ただし、品詞分類の項目においては、単語をまず大きく「観念語」と「関係語」に分かち、さらに「観念語」を「自用語」と「副用語」に、「自用語」を「概念語」と「陳述語」に分けるという基本的な考え方は一致するものの、用語の点では表2のような相違が見られる。

［表2］『上巻』と『日本文法論』における品詞名称の比較

	『上巻』	『日本文法論』
概念語	体詞	体言
陳述語	用詞	用言
副用語	装詞	副詞
関係語	助詞	助詞

なお「体詞・用詞」は、当時一般的ではないものの、すでに松下の『日本俗語文典』（明治三四［一九〇一］年）にも見られる用語で、山田・松下ともに、体詞と用詞の別を活用の有無に求めない点が注意される。

山田……吾人の体といひ、用といふは、かの契沖師などの用法に同じく、之を独逸語にていはゞSubstantiva又はGegenstandswörterは体言に当り、Attributiva又はMerkmalswörterは用言に当るなり。論理学上の語にていはゞ主として主位に立つは体詞、賓位に立つは用詞なり。この点に於いては従来の諸家の説ける如く語形の変化の有無はとはざるなり。（『上巻』一八五ページ）

松下……名詞と代名詞とを合せて体詞といふ。体詞は事物の観念を静止的にあらはす詞なり。従来語尾の活用なき詞を体言ともいひたり。混ずべからず。（『日本俗語文典』二〇ページ）

……されば語尾変化の有無にかゝはらず、観念を活動的に表はす詞をは用詞とし、之を語尾変化の如何によりて動詞、形容詞の二つに分つべきなり。（『日本俗語文典』二九ページ）

また「装詞」は大槻修二『小学日本文典』（明治一四［一八八一］年）にも見られる用語であるが、大槻修二の「装詞」は、連用修飾語・連体修飾語・造語要素などを含み、その範囲は、山田の「装詞」よりも広い。

3・2 文（sentence）に当たる単位

一方文相当の単位については、『日本文法論』において「句」という単位を立て、以下のように定義する。

句……一の句は単一思想をあらはすものなれば、所謂統覚作用の活動の唯一回なるものならざるべからず。
（一一八四ページ）

ここでいう「統覚（apperception）」は、ヴントの心理学的な統覚概念に基づくものと考えられ、「心的内容を明晰な理解にもたらす個々の作用」を意味し*3、明治時代には「明覚」とも訳された。なお、『日本文法論』が引用するヴントの『心理学概論』は、以下のように定義している。

注意ノ受動状態ニ於テ行ハルベキ結合ヲ聯合（Associationen）ト云ヒ、注意ノ活動状態ヲ要スル結合ヲ明覚結合（Apperceptionsverbingngen（ママ））ト云フ*4。
（『心理学概論　中巻』四三七－四三八ページ）

当時の文典では、文は「主語ト説明語トヲ具シタルハ、文ナリ、文ニハ、必ズ、主語と説明語トアルヲ要ス（大槻文彦『広日本文典』第四九三節　明治三〇［一八九七］年）」などというように主述の完備から説明されるのが一般的であった。山田においても、主語・述語を分解し、両者の観念内容をふたたび統覚する「述体句」を「句」として扱うが、その一方で「妙なる笛の音よ。」などのようにこの種の了解作用に訴えず、ただちに意志・感動を発表する「喚体句」も「句」と認められた。したがって「述体句」「喚体句」両者に共通する句たる条件が「統覚作用」という精神作用に求められることになった。

なお山田の「句」は、そのまま単文を構成できるのみならず、複文における従属節や対等節をも含む。そのため、「文」は「句の運用」の項目において、以下のように定義されることとなる。

文……吾人の句と称するものは思想発表の一単位をさしたるものにして文の素たるものなり。（中略）句は之を運用するにあたりて文をなす。文とは句の実地に運用せられて人間の思想発表の用に供せられたる場合の名なり。

（一三八七ページ）

以上のような「句」を「文素」と見る考え方は、さきに掲げた「日本文法論概目」を見るかぎり、『上巻』の段階では行われていなかったようである。ただし「単語を材料として統覚をあらはすもの之を文といふ（九ページ）」とも述べており、「文」を統覚作用という観点から定義するという立場は、すでに存在していたと考えられる。

3・3　文法論の組織

文法論の組織については、『上巻』では、伝統的な品詞論（etymology）を単語の分解的研究を行う「単語論」、統語論（syntax）を単語の総合的研究を行う「文章論」と呼ぶが、『日本文法論』では前者を「語論」、後者を「句論」と呼び換えている。

またこのような用語の相違以上に重要なのが、「語論・句論」の双方を「性質」と「運用」という二つの観点から記述するようになったことで、3・2で確認した「句」を運用したものが「文」であるという捉え方も、このような文法論の組織と連動している。

また、文の成分の扱いについても、『上巻』では、その「概目」を見るかぎり「文章論」において行う予定であったようだが、『日本文法論』では、それを「語論」における語の運用の際の「位格」の問題として記述する方法に変わる。文の成分を品詞論・統語論のどちらで扱うかは、文法論の組織全体に関わる大きな変更と考えられる。

4 『日本文法論』以前に確立していた松下文法における文法単位観

4・1 語（word）に当たる単位

3節で概観したように山田孝雄『日本文法論』の刊行は、日本語における文法単位観をその本質から問うものであったが、松下文法においても、語（word）に当たる単位の定義は、その初期から既に固まっていた。

①言……言は、意義ある人音なり。（「文典学と語理学とにつきて」一六ページ）

②詞……観念を表はす声音にして言語の分つべからざる成分なり。（中略）詞を数品に分ちて之を品詞といふ。（『日本俗語文典』四ページ）

④詞……言語の部分にして、観念を表はす声音なり。（中略）詞は言語といふ全体を構成する部分なるを以て之を英語にPart of speach（ママ）（説話の部分）といふ。（「語類を論ず」一ページ）

⑤詞……詞は観念を単位として章句（sentenceのこと―筆者注）を分析したるその成分なり故に之を章素と称す。（「山田氏の日本文法論を評す（一）*5」二九ページ）

右は、明治後期の松下文法における「言・詞」の定義の一部だが、そこから確認できることは、

ア　日本語の語（word）に当たる単位としては②以降一貫して「詞」という用語が用いられる。

イ　「詞」は①では「意義を有する声音」と定義されるが、③以降は「意義」が「観念」という用語に変わる。

ウ　④以降「詞」の定義に「言語の部分」「章句の成分」という用語が用いられる。

という三点である。

この時期の日本語文典においては、Wordに当たる用語としては「単語」を用いることが多い。たとえば、大槻文彦『広日本文典』一〇〇節では、以下のように単語を説明する。

　第一〇〇節　言語ハ、一音、又ハ数音ニテ成ル。「をりをりに、あそぶ、いとま、は、ある、ひと、の、いとま、なし、とて、ふみ、よま、ぬ、かな。」トイフ歌ノ中ニテ、右ノ方ニ点ヲ付ケタルガ如ク、個々ニ別ツトキハ十四トナル。斯ク分チタル一ツヲ、単語（タンゴ）トイフ。

しかし松下は、以下の「語類を論ず」の引用に見られるとおり、文法論上のWordについては、意識的に「詞」という用語を用いていたようである。

　④辞書にていふ「語」とは単独にて観念を表はすものと、形式を示すのみにて他の詞にそはざれば観念を表はすこと能はざるものとを問はず、他と切り放ち得へきものに凡ていふなり。此の「語」に二別あり。完語、不完語といふ。完語は自ら観念を表はすものにして即文典にていふ「詞」に等し。不完語は自ら観念を表はすことなく、唯他の語にそひて之を助くるものにして、ケリ、タリ、ニ、ヲなどの如きものなり。文典にては之を「助辞」といふ。（「語類を論ず」一―二ページ）

また単語の定義に「観念」という用語を用いる例としては、以下に示した那珂通世『国語学』（明治二三［一

八九〇］年）の言詞論のような例があり、

> 言詞ハ、言モ詞モことばト訓ズ。（中略）但ことばト云フ国言ニモ、二ツノ意義アリ。第一ハ、一音又ハ数音ヲ以テ観念又ハ観念ノ関係ナドヲ表ハセルヲ云ヒ、第二ハ、各国各地ノ人其ノ思想ヲ述ブルニ、各其ノ国其ノ地ノ慣習ニ従ヒ、口音又ハ文字ヲ以テ表ハセルヲ云フ、（「言詞論第一章　言詞ノ種類」六一ページ）

また山田の『日本文法論』においても、「助詞」を除く単語は、独立観念を持ち、一語文たりうる「観念語」と規定されるわけだが、当時の多くの文典では、『広日本文典』のように特段の定義を示さずに品詞の解説に入る場合が多い。ただし英文典では、Wordを"the sign of an idea"（Quackenbos（1867））、または"a significant sound or combination of sound"（Swinton（1885））などと定義しており＊6、松下や那珂の定義も、英文典の影響下にあることが分かる。

なお松下文法においては、詞を文の成分と捉え、以下の例（『中学教程日本文典』一四二節）のように「都をば」「立ちしかど」などを一詞と見て、「を・ば・しか・ど」などは詞の資格を持たない「助辞」として扱うが、この扱いについては、松下文法の最初期から基本的には一貫している。

> 都をば、霞と、共と（ママ）、立ちしかど、秋風ぞ、吹く、白川の、関

4・2　「助辞」の扱い

このように、松下文法における「助辞」は「詞」の資格を持たないが、山田孝雄『日本文法論』の出現までは、松下は「助辞」の性質を強調するのみで、「詞」以下の文法単位を立てるには至っていない。

②助辞……詞にそひて其の詞の意義を助けその性質を示す音声なり。

（『中学教程日本文典』一四一節）

③助辞……詞に密着して其の詞の職任を助くる声音なり。（中略）助辞は広義にいふ言葉の一なれども、文典にていふ「詞」にはあらず。詞は自ら観念をあらはす所の声音なり。

（『日本俗語文典』四八ページ）

④助辞……助辞は他を助くるものにて自ら一観念を表はすものにあらず。故に文法上「詞」にあらずして詞を助くる声音なり。詞に助辞のそへる時は其の詞と助辞と合して一詞をなし助辞は詞といふ全体の一部となる。

（「語類を論ず」二ページ）

また、②では大槻文法に準じて「カシ・ヨ」などの終助詞類を「感嘆詞」とし、また③④では終助詞類は助辞として扱うものの、「カラ・ケレドモ」などの接続助詞の一部を「故ニ・モノノ」などの形式名詞とともに「接用詞」としている*7。すなわち形態的な自立性がなくても「詞」と認められる類がわずかながら存在する。

5 『日本文法論』刊行以後に確立した松下文法における文法単位観

5・1 「詞素・語素」 形態素（morpheme）に当たる単位の萌芽

これまで概観した松下の文法単位観に大きな影響を与えるのが、『日本文法論』の刊行である。まず「助辞」の位置付けが⑤⑥のように一変し、後の「原辞」につながる「詞」以下の単位「詞素・語素」が設定されることになる。

⑤詞素……単語を構成する成分を名づけて詞素と称す。（二七ページ）

……助詞は決して詞たること能はず、常に詞素なり。（中略）助詞は自ら観念を表はすこと能はざるなり、（三〇ページ）

（「山田氏の日本文法論を評す（一）」）

⑥語素……吾人は言語の究竟的成分を語素と称す。而して語素には本質的方面を表はす者と本質的方面を表はさゞる者（即ち思想観念の状態的方面をのみ表はす者）との二種有り。前者は花、鳥、咲ク、美クシ等の類にして実質素（実辞）と名づく。後者はア、ヽ、ヨ、タリ、キ、ヲ、ニ等の類にして之を状態素（虚辞）と名づく。

（「山田氏の日本文法論を評す（三）」四〇ページ）

右の引用のうち、「詞素」は、「詞」が「句」の成分であるのと同様に、「詞」の成分として立てられたものである。一方「語素」は、「言語の究竟的成分」として認められるもので、この場合の「究竟的」という用語は、山田の『日本文法論』における単語定義を下敷きにしている。山田が本来「最早分つべからざるに至れる究竟的の思想の単位」でなければならない「単語」に「助詞」を含めた点を批判しつつ、「語素」こそが「究竟的」単位であることを主張したということになる。

なお、「詞素・語素」の定義と範囲は、⑤⑥の連載の間においても流動的で詳しくは長谷川みほ（一九八〇）・川田亮一（二〇〇五）の記述に譲るが、形態素（morpheme）レベルの単位として一見統合できそうな「詞素・語素」の両者が立てられた理由は、この時期の松下が感動詞を「詞」と認めなかったことに起因する。

松下は、「嗚呼花ハ散レリ」のような句（sentence）において、「嗚呼」の部分を思想の状態的方面を表す「句の状態部」、「花ハ散レリ」の部分を思想の本質的方面を表す「句の本質部」と呼び、また「花ヲ」「折ルカ」「折ラジヤ」のような詞（word）においては、「ヲ・カ・ジ・ヤ」を「詞の状態部」、「花・折ル」を「詞の本質部」と捉える。このうち「嗚呼」「花・折ル」「ヲ・カ・ジ・ヤ」はこれ以上分割することができないので「語素」ということになるが、「花・折ル・ヲ・カ・ジ・ヤ」が詞を分割して得られる「詞素」でもあるのに対して、「嗚呼」のような感動詞類は句の調子を表すのみで詞の資格を持たないと松下は考える。そのため「詞素」とは別に「語素」という単位が必要となったというわけである（「言語の構成法を論ず（三）」二九―三五ページ）。この本質部と状態部の考え方は、北原保雄（一九八一）・川田亮一（二〇〇五）も指摘するように時枝文法の詞辞論に類似するところがあるが、松下においては後に感動詞を「詞」と認めるに至り、「詞素・語素」の区別は「原辞」という単位によって解消することになる。

5・2 文法論の組織

『日本文法論』刊行後の「詞素・語素」の論は以上のとおりであるが、それでは文法論の組織はどのように変化していったのだろうか。

①語理学に於きて学ぶべきことは、第一、言の性質、第二、単なる意を有する言は、如何にして一貫せる意義を有する句となるかと云ふこと、此の二ツなり。其の第一なるを、言論と云ひ、第二なるを、句語（ママ）と云ふ。（「文典学と語理学とにつきて」一六ページ）

②語法学は二個以上の詞を集めて句を作る法則を研究するものなり。故に第一には詞各自の性質を説き、第二には詞と詞との相互の関係を説くを要す。前者を言詞論と言ひ後者を章句論といふ。

③（前略）言語構成の法則即語法を二つに分ちて、詞各自の法則と、詞が句を成す上に於ける相互の関係上の法則との二つとす。前者を詞法といひ、之を論するものを詞法論と云ひ、後者を句法といひ、之を論ずるものを句法論といふ。

（『中学教程　日本文典』一二節）

まず③までの段階では、伝統的な品詞論・統語論の枠組みに従いながら、両者を「言論・言詞論・詞法論」「句論・章句論・句法論」と呼ぶが、これが⑤に至ると、「詞法論」の位置付けが品詞論から語構成論に変化する。

（『日本俗語文典』五ページ）

⑤斯くして詞（章素）と詞との相関係して連語（章句は連語の一種なり）を作る法則を論ずるものを句法論或は文章論と称し、詞素と詞素と相関係して詞を造る法則を論ずるものを詞法論或は単語論と称す。

（「山田氏の日本文法論を評す（一）」二九ページ）

さらに⑥に至ると、松下は以下のように述べ、

⑥語法学は言語の思想を表はす法則を研究する科学なり。
単独論は語法学の一分科にして言語（句・詞・詞素）が思想を表はす法則中の単独法を論ず。
相関論は語法学の一分科にして言語（句・詞・詞素）が思想を表はす法則中の相関法を論ず。

（「言語の構成法を論ず（五）」四三ページ）

「句・詞・詞素」という各文法単位にそれぞれ単独論と相関論を認めて、以下のように文法論の組織を整理する。

語法学
- 句法論（単独的句法論・相関的詞法論）
- 詞法論（単独的詞法論・相関的詞法論）
- 詞素法論（単独的詞素法論・相関的詞素法論）

なお伝統的な品詞論はこのうちの「単独的詞法論」、統語論は「相関的詞法論」に位置付けられ、松下文法における「単独論」と「相関論」という骨格が⑥において定まってくる。

⑥における「単独論・相関論」という区分は、山田の『日本文法論』が「単語」および「句」を「性質」「運用」の両面から記述するのに通じるところがあり、統語論を「相関的詞法論」と扱う点については、

⑥されば詞々相関の法則は詞法の一にして句法（即ち文章論的法則）に非ず。此の点に於て山田孝雄氏は流石に炯眼なりといふべし。詞々相関法（即ち主語と説明語、客詞と司配語の関係の類）を断然句論より除き去つて之を詞論に納めたり。豈卓見に非ずといはむや、（「言語の構成法を論ず（五）」三九ページ）

と述べ、山田の『日本文法論』を評価している。『日本文法論』の刊行が、松下文法の基本的な組織を確立させる契機となったと考えられる。

5・3　文（sentence）に当たる単位

『日本文法論』刊行以前の松下は、文（sentence）に当たる単位を「句」ないし「章句」と呼び、以下のように定義している。

①句……一貫せる意義あるものにして、言の集りて成れるもの也。（「文典学と語理学とにつきて」一五―一六ページ）

③句……詞が一貫せる思想を表はす形式なり。「花ガ咲ク」「鳥ガ鳴クカ」「花早ク咲ケ」「ハイ」「イ、エ」などの如し。句は通常二個以上の詞より成るものなれども稀には一詞より成ることあり。

⑤章句……言語とは章句といふ形を以て思想を表明す。章詞（ママ）とは声音を以て活動せる思想を表はせる者なり。

（『日本俗語文典』五ページ）

（「山田氏の日本文法論を評す（一）」二八ページ）

①から⑤は「句」を「一貫せる思想」または「意義」を表すという観点か定義するもので、大槻文彦『広日本文典』が以下のように「文」を定義するのと基本的には共通する。

第四九二節　言語ヲ書ニ筆シテ、其思想ノ完結シタルヲ、「文、」又ハ、「文章」トイヒ、未ダ完結セザルヲ、「句」トイフ。

これは、当時の英文典が Sentence を、

A sentence is a combination of words expressing a complete thought, and conveying an assertion, a question, a command, or a wish:

(Swinton 1885)

などと定義するのを踏まえたものだが*8、松下は Sentence の訳語については、以下のように「文」ではなく「句」を用いるべきだと主張する。

⑥世の文法家は多く「文」又は「文章」といふ語を用ふれども甚面白からず。文は作文などの文にて一篇の文字的製作物を指す語なれば文法上のセンテンスと同義に用ふるは非なり。殊に口語文典に於ては決して文といふべくもあらず。英語のセンテンスと同義なる語は「句」より外にあるべからず。

（「言語の構成法を論ず（二）」二四ページ）

5・4 「断定的職能」と「統覚」

以上のような「句」の定義に変化が見られるのが「言語の構成法を論ず」である。この論文に至り、「句」の定義において「断定的職能」の有無が全面に押し出されてくる。

⑥句……「我花ヲ観ル」「汝花ヲ観ヨ」（中略）「然り」「父よ」之を「句」或は「章句」と名づく。句は断定的職能を載せたる所依なり。

（「言語の構成法を論ず（二）」二三―二四ページ）

松下の考える「断定的職能」とは何か。それは山田文法における「統覚作用」に対応するものと考えられる。

⑥思惟の最明確完全なるものを論理上の断定とす。論理上の断定とは二個の概念が同時に意識内に活動して其の一致不一致の統覚せられたる結果なり。（其の統覚せらるゝ作用は即ち断定作用なり）。

（「言語の構成法を論ず（二）」一五ページ）

この種の「断定作用（統覚作用）」は、「句」の機能と形態に反映される。「句の単独論」の項目では、まず後の「有題断句」と「無題断句」の区別につながる指摘が、「抽象的断定」「具体的断定」の別として成される＊9。

⑥断定とは二観念が同一意識内に統覚（アッパアセプト）せられたる結果物にして之に、（一）二観念の明確なるもの（人は動物なり）、（二）二観念の中一方の不明確なるもの（「アラ犬ガ」或は「マア綺麗」）、（三）二観念の一方は不明確、残る一方さへ他の一方に対する関係形式（主位従位の形式）の不明なるもの（ア地震）の三種あり、而して（一）は更に（甲）抽象的断定（人ハ動物ナリ、鳥ハ鳴ク）、（乙）具体的断定（花ガ咲イタ、鳥ガ鳴ク）の二種に分たる。而して論理学に所謂断定は此の抽象的断定をのみ指すものとす。

（「言語の構成法を論ず（七）」四八ページ）

また、山田の『日本文法論』における「喚的句（＝喚体句）」に言及しながら、右の（三）のような例にも「断定」を認め、「句」と認める。

⑥（三）の句の如き者は山田孝雄氏が喚的句（（一）（二）が述的句なるのに対して）と称したるが如きは例外として一般の文法学者は其の存在をさへ認めず。恰も言語の出来損ひの如くに感ずるものゝ如し。吾人が人を呼び、物を喚ぶに皆此の三の句を用ひて、「ヤア何々君、」「オヤ何々サン」「オイ何々」「ソラ何々」といふ。是皆言語の出来損ひなるが、余りに大やうなる研究ぶり哉。斯くては文法も興醒めつべし。

（「言語の構成法を論ず（七）」四八ページ）

なお、「句」における「断定」の状態は、すでに「語素」の説明で触れたとおり、「句」の「状態的方面」の問題となり、「言語の構成法を論ず（七）」では、表3に整理した類が挙げられている。

このうち「客観的状態」は「句」の帯びる肯否・時制などに関わり、一方「主観的状態」における「知的・意的・情的」の分類は、文の表す事態に対する話し手の認識と聞き手に対する伝え方の両者を含み、現在のモダリティー論における表現類型のモダリティーに類似しているところが興味深い＊10。

［表3］「句」における「断定」の「状態的方面」

大分類	小分類	状態	用例
Ⅰ主観的状態	1 知的	憶想	花ガ咲カウ
		或然	花ガ咲クカモ知レナイ
		疑惑	花ガ咲クカシラ
	2 意的	命令	此処へ来イ
		決意	花見ニ行カウ
		希望	花見ニ行カバヤ
		誘導	君、花見ニ行カウ
		承認	エイ、ソウデス
		拒反	イヤ違フ
		告示	花ガ散ツタヨ
		教示	オイ花ガ散ルゾ
		尋問	花ガ散ルカ
		求賛	花ガマウ咲キマスネイ
		訴告	花見ニ行キタイワ
	3 情的	（状態的語素「ウン・オヤ・マア・ヤア」等を使用）	
Ⅱ客観的状態		肯定否定	（用例なし）
		時	（用例なし）
		実然	学生勉強ス
		当然	学生ハ勉強スベシ
		実動	我此ノ書ヲ読ム
		能動	我能ク此ノ書ヲ読ム

山田孝雄『日本文法論』においても、統覚のあり方は、たとえば用言における「統覚の運用を助くる複語尾」

の記述において、「陳述の確め・回想・推量・非現実性」に分類し解説されるが、⑥における松下は、これを「句」の単独論における「句」の帯びる状態として考えようとしている。ただし、「自動、他動、使動、被動の如きは動詞の自他使被にしてこは決して句の状態とはならず」（「言語の構成法を論ず（七）」五〇ページ）とも合わせて述べ、『日本文法論』が「属性の作用を助くる複語尾」により表現されるとする受身や使役の表現は、句の状態から外している。

松下は、「山田氏の日本文法論を評す」において、

> ⑤従来の説明が曖昧にして山田氏の説明が明確なるは何の結果ぞや。他なし、唯山田氏は統覚（アッパアセプシュン）といふ一概念を有したるに由る。以て哲学、心理学、論理学等の必要欠くべからざるを知るに足らむ。
>
> （「山田氏の日本文法論を評す（一）」二四ページ）

上記のように「統覚」という概念の有効性を評価しつつ、さらに「言語の構成法を論ず」の段階に至って、山田文法の「句論」に影響を受けつつも、さらに「句」の単独論の記述を試みている。しかし、完成期の『改撰標準日本文法』に至ると、「句論」を廃し、「(断)句」を連詞として記述したため、「句の単独論」は「詞の本性論」の問題に解消してしまい、「句」における断定の状態と「詞」における観念の状態の区別が、かえって分かりにくくなってしまっている。

5・5　複文の扱い

最後に「言語の構成法を論ず」における「句の相関論」の問題に言及したい。山田孝雄『日本文法論』におい

ては、「句論」の「句の運用」の項目において、「文」を一つの「句」から成る「単文」と、「二個以上の句が相集まりて一層複雑なる思想をあらはし、言語上一の形式に統合」される「複文」とに分け、さらに複文を「並立・一致・従属」という句の結合方式に従って、

重文……花咲き、鳥なく。

合文……花咲けば、鳥なく。

有属文……昔より賢き人の富めるは稀なり。

の三者に分ける。

これに対して松下は、「句の単独なるものを単句といふ」(「言語の構成法を論ず(九)」五〇ページ)と述べ、「単句」を以下のように分類するとともに、

	叙述の句	表示の句
単語の句	然リ	父ヨ
連語の句	花咲ク	我ガ父ヨ

いわゆる「複文」「重文」などもみな「単句」であると述べ、以下のように図解する。

修飾語	被修飾語	
春来れば	花咲く	所謂複文
対等的修飾語	対等的被修飾語	
花咲き	鳥鳴く	所謂重文

松下が従属節を「句」と認めないのは、従属節を「観念と観念とが複合して断定となり、断定が更に一観念となるもの」(「言語の構成法を論ず(三)」三二ページ)と捉えるからで、

水清ケレバ大魚棲マズ
此ノ川ハ水清シ
故ニ此ノ川ハ大魚棲マズ

たとえば、上記のような三段論法における「水清ケレバ」も、実際には、

「水清キ場合ハ」(主位)大魚棲マザル場合ナリ(属位)

という論法に外ならないと述べる。このような扱いは、後の『改撰標準日本文法』においても、「水清ケレバ」のような条件節を「題目態」として扱っており*11、終始一貫していたと考えられる。

また教科書文典ではあるが、明治四二年に刊行した『帝国文典』においては、「花咲き鳥鳴く」「山高く谷深し」のような文を単文として扱い、

此の如きものを連章句と思ふべからず。「花咲き」「山高く」は叙述語が終止法ならざるを以て未だ一章句を成さず、随つて全体を連章句とみるべからざるなり。

と述べており*12、松下における「句」の「断定作用」が「終止法」を取ることを必要条件としていたことが確認できる。この点、山田が従属節も「句」と認めるのと扱いが異なる。

なお、松下文法における句と句との連結した「連句」とは、

「然り」「実に君の言の如し」
「心なき身にも哀は知られけり」「しぎたつ沢の秋の夕暮」

「何れにもせよ」「皆信ずべからず」

右のようなもので、『改撰標準日本文法』における「連断句」につながるものである。ただし、「言語の構成法を論ず（五）」（三四ページ）では『枕草子』の一節を引用し、「句」が相互に意味的関係からまとまりながら、最終的に一大連句（文章）を構成するとの記述もあり、テクスト言語学的な広がりを持つもののようにも読めるが、具体的な説明に乏しく、詳細は不明である。

6　まとめ　松下文法の成立と山田孝雄『日本文法論』

以上、山田孝雄『日本文法論』との関係から明治後期における松下大三郎の文法単位観を考えてきた。完成期の松下文法は、図1のような文法学の組織を示すが、

［図1］『改撰標準日本文法』における文法学の組織（三五ページ）

- 文法学
  - 総論
  - （各論）
    - 原辞論
    - （詞論）
      - （単独論 Etymology）
        - 本性論
        - 副性論
      - 相関論 Syntax
        - 相の論
        - 格の論

このうち形態素（morpheme）に対応する「原辞」の成立が、『日本文法論』の単語定義に対する批判が契機に

なっていること、「単独論・相関論」という文典の組織が『日本文法論』における「性質・運用」の論の影響下にあることを確認した＊13。

なお、「句（sentence）」の扱いについては、山田・松下ともに「統覚作用・断定作用」といった精神作用の有無をその定義に用いるが、渡辺実（一九七一）の用語を用いれば、統叙は成立しても陳述は未だ完了しない従属節を「句」と認めるか否かという点で、両者の立場は分かれる＊14。文および節の定義を日本語文法において行う際の問題点がすでにそこに立ち現れている。

ただし松下が「句論」において「断定作用」の有無を問題にするのも『日本文法論』の刊行後のことである。山田孝雄『日本文法論』の刊行が明治後期における松下文法の深化を後押しした側面も、松下大三郎『改撰標準日本文法』の原理を考える際に改めて検討すべきなのではないか。

＊1　表1のうち、明治三二年から『国文学界』に連載した「日本俗語文典」は、塩澤重義（一九九二）によれば、連載が明治三二年一一月より一か年半にわたったとのことであるが、筆者架蔵の「日本俗語文典」第一回を掲載した『国文学界』第一号は明治三二年一二月一日発行となっている。なお連載回数について筆者は未確認である。

また、明治四二年刊行の『帝国文典』には、「此の・あらゆる・同じ」などを「連体詞（連体形容詞）」と呼ぶとともに、「以て・於て」などを「関係副詞」と認めるなど特徴のある記述が見られるが、共著のうえ教科書文典であるという制約上、松下の考え方をそのまま反映したものではないので、今回は部分的に取り上げるにとどめた。

＊2　Sweet, Henry, "*A New English Grammar Logical and Historical*"（一八九一）は、以下のように述べる。

52. A word may be defined as an ultimate independent sense-unit. (p.20)

なお本章のもととなる服部隆（二〇一〇）「明治後期の松下文法—山田孝雄『日本文法論』との関係から」（斎藤倫明・大木一夫編『山田文法の現代的意義』ひつじ書房）では、引用に際して、「sense-unit」を「sentence-unit」と誤記しているので（二四四ページ）、訂正を加えた。

＊3　引用は、酒井潔（一九九八）による。なお、山田文法における「統覚作用」の概念の由来については、釘貫亨（二〇〇七）を参照のこと。

＊4　“verbindungen”の誤り。

＊5　括弧内の数字は、連載回数を示した。なお、引用に際して漢字を現在通行の字体に改め、振り仮名等も適宜省略した。

＊6　Quackenbos, “*First Book in English Grammar*”（一八六七）五ページ、およびSwinton, “*A Grammar containing the Etymology and Syntax of the English Language*”（一八八五）一ページ。

＊7　「語類を論ず」によれば、「接用詞」は「或る用詞を他の詞に連ねて其の詞の関係を表はす詞」とされ、「接続詞」が“coordinate conjunction”であるのに対して、「接用詞」は“subordinate conjunction”に当たるとされる。ちなみに「語類を論ず」における品詞分類は、体詞（鶴・亀…）、用詞（行ク・善シ・抑…）、後置詞（於テ・以テ・使テ…）、接用詞（故ニ・モノカラ…）、接続詞（及・而シテ・又…）、間投詞（ア・アハレ…）の六品詞で、形容詞・副詞は「用詞」の一種とされる。

＊8　Swinton “*A Grammar Containing the Eymology and syntax of the English Language*”（一八八五）二ページ。

＊9　「言語の構成法を論ず（二）」にも、「断定には『鳥ハ鳴ク者ナリ』或は『鳥ハ鳴ク』といふ様なる断定と『鳥ガ鳴ク』といふ様なる断定と二種あり。前者は二概念の本然的に一致するを統覚する者、後者は唯其の時其の場合の一時的偶然的一致を統覚するものなり。前者を本然的断定或は論理的断定と称し後者を偶然的断定或は心理的断定と称す（一五—一六ページ）」という指摘がある。

＊10　たとえば、日本語記述文法研究会（二〇〇三）八ページなど。

＊11　松下大三郎『改撰標準日本文法』（一九三〇）六〇一ページ。

＊12　高橋龍雄・松下大三郎『帝国文典』巻五・四八ページ。なお『帝国文典』の構文図解については、鈴木一（二〇〇六）を参照のこと。

＊13　『日本文法論』における語の「運用」論は、松下の『改撰標準日本文法』では、詞の「副性論」に対応すると見るべきかもしれない。ただし、『日本文法論』における文の成分論は、語論・句論の両方にわたって行われており、「副性論」がまだ確立していない明治後期の松下においては、詞の「相関論」が山田の語の「運用」論に通じるものとして解釈されたと考えら

れる。

＊14　北原保雄（一九八一）は、以下の引用を示しながら、松下が文の統一性と完結性を明確に区別していたと指摘している。

詞の相関法は詞が集まつて連詞を構成する法則にして句を構成する法則に非ず。何となれば詞の相関は必ず連詞を構成すれども必しも句を構成せず。その句を構成するものあるは実に単詞集合して直に句を構成するに非ずして単詞が集合して連詞を構成し、その連詞が偶々断定と節合して句となるなり。（「言語の構成法を論ず（五）」（三九ページ））

なお、松下大三郎と山田孝雄のように、日本語の従属節類を「連詞（連語）」と見るか「句（クローズ）」と見るかという二者択一式の立場を取らず、両者を「陳述度」という概念を仮定し、連続的・段階的に捉えようとしたのが、後の三上章『現代語法序説』（一九五三）ということになる。

第5章

文法用語の変遷1 「品詞」ということば

1 はじめに

品詞は、文法論において、日本語に限らず、広く用いられる概念である。しかし、この「品詞」という語がどのような過程を経て定着・普及したかについては、必ずしも明らかになっていないように思われる。いま辞書における「品詞」に関する記述を確認するなら、『日本国語大辞典(第二版)』は、英語「parts of speech」の訳語で、「日本文法書としては、明治七年(一八七四)に田中義廉が「小学日本文典」で七品詞を説いたのが最も早い」とし、日本語文典を中心に以下の用例を挙げる。

*小学日本文典〔1874〕〈田中義廉〉二・八「七品詞の名目」*風俗画報—一六八号〔1898〕言語門「一は品詞の如何に関せず、単に標準語を伊呂波順に配列し而して是に対照する方言を蒐するもの」*日本文法中教科書〔1902〕〈大槻文彦〉一「単語の以上八品を品詞と名づく」*中等教科明治文典〔1904〕〈芳賀矢一〉一・一三「助詞は種々の品詞の下につきて他の品詞との関係を示し又は其作用を助くる詞なり」

一方、杉本つとむ『語源海』は、「〈品〉は品格の意。語のもつ品格、機能をさす。江戸時代、漢文を語学的に考察した荻生徂徠により、〈字（詞、辞）品〉が設定されたが、これなどに触発されて、長崎蘭通詞により、オランダ語、etymologie, spraakdeels woordgronding. などを〈詞品／品詞〉と翻訳した、漢字語。国文法に採択される」とし、洋学資料から以下の用例を挙げる

○詞品（蘭学生前父）○詞品、品詞（柳圃先生助詞考）○品詞、九品詞（九品詞名目）○品詞（和蘭文典字類）○parts of speech. 文章ノ部分（英和袖珍）○parts of speech. 文章ノ部分（語ノ種類ヲ云ウ）／Etymology. 文字ノ用法（薩摩辞書）○Etymology. 品詞（英文指針）○Etymology.（一）辞学、語原学。（二）品詞論、語類論（模範英和）

両者の記述に従えば、オランダ語研究においては一九世紀の初め、日本語研究においては明治初期には、「品詞」という用語が使われはじめていたということになるが、当時の文法書等を参照すると、「品詞」という「文字列」は、たしかに一九世紀初頭から存在するものの、それが「漢語」として確立し、普及するには、もう少し時間がかかったのではないかと筆者は考える。

以下、「品詞」およびその類義語・関連語に関して、ア、江戸時代のオランダ語・英語研究における「品詞」、イ、明治時代の英語・日本語研究における「品詞」、ウ、「品詞」という用語の一般への普及、の順にその用例を確認しつつ問題の所在を明らかにしたい。

2　江戸時代のオランダ語・英語研究における「品詞」という用語

2・1　オランダ語研究における「品詞」

2・1・1　中野柳圃の著述

蘭学資料においてもっとも早く「品詞」という文字列が見られるのは、中野柳圃の著述においてである。中野柳圃のオランダ語学書を、片桐一男（一九八五）に従い示せば、以下のとおりとなる*1。

1　柳圃中野先生文法、2　助字考、3　蘭学凡、4　西音発微、5　三種諸格編、6　蘭学生前父、7　和蘭詞品考、8　四法諸時対訳、9　柳圃先生虚詞考、10　九品詞名目

片桐氏によれば、柳圃の著述のうち「四法諸時対訳」のみは、奥書から文化二［一八〇五］年二月成立と判明し、この書に「予ガ三種諸格」「予ガ生前父」との引用が見えることから、「三種諸格編」「蘭学生前父」は「四法書時対訳」以前の成立ということになる。また、「蘭学生前父」には「助詞考（助字考）」の引用が見られるので、これも先後関係がわかる。

今回は、右の中から2・5・6・8・9・10を調査したが、このうち①「蘭学生前父」には、若林正治氏旧蔵本、早稲田大学所蔵本ともに末尾に「詞品図」が掲載されている*2。これはオランダ語の単語を「虚字（動詞・形容詞）」と「実字（名詞）」に分けたもので、この図には現れない「助字」を含めてオランダ語を大きく三分類する分類観を示すものと考えられ、これを「詞品」と呼んでいる。

①「蘭学生前父」（早稲田大学所蔵本・宇田川榕庵写・書写年不明　なお傍線は筆者による。以下同じ）

○詞品図

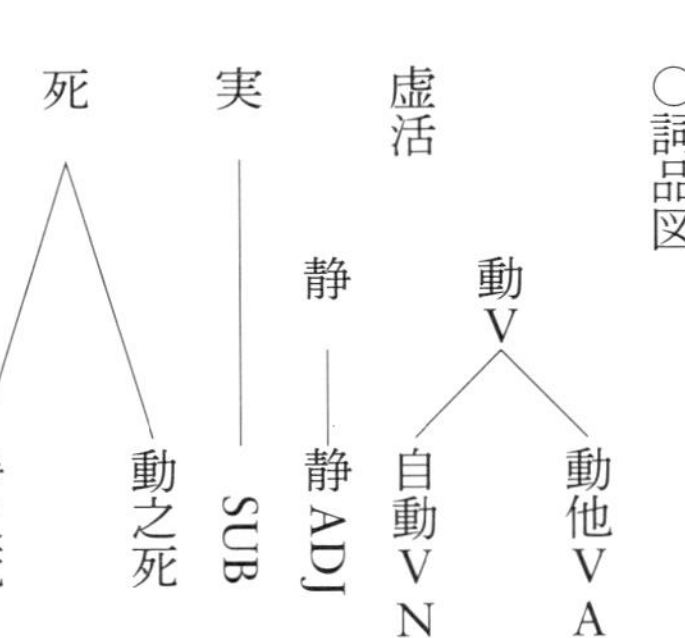

また②「九品詞名目」は、「蘭学生前父」より成立は下り、オランダ語文典の分類に従った品詞分類を示すものである。タイトルに「九品詞」の文字列が現れるが、「etymologia〈品詞論〉」（〈 〉内筆者注。以下同じ）を「詞品科」、「negenderly spraak deelen〈九品詞〉」を「九品」と訳しており、書名も「九品の詞」の「名目」の意と考えるのが穏当であろう。すなわち、この段階では「品詞」は漢語として熟していないと考えられる。

②「九品詞名目」（若林正治旧蔵本）

九品詞名目

grammatica, letter en spraakkonst.　文学

orthographia, letter beschryving of spelkonst　諸字反切科

（中略）

etymologia, oorsprongkunde.　　詞品科

詞有九品

negenderly spraak deelen,　　九品

なお、「三種諸格」「四法諸時対訳」「柳圃先生虚詞考」については若林正治氏旧蔵本、「助詞考」については若林正治氏旧蔵本および早稲田大学所蔵本を調査したが*3、いずれも「品詞」の文字列は認められなかった。

2・1・2　柳圃学の継承

柳圃の用語は、その後のオランダ語文典にどのように引き継がれたか。まず柳圃の研究を弟子の西正典が整理し、さらに馬場佐十郎が按文を付した③「訂正蘭語九品集」には、タイトルおよび馬場の説明の中に品詞に対応する「九品」の用語が見える。また「九品詞」は、野呂天然「九品詞略」にオランダ語「Negenderly Spraak deelen」の訳語として用いられている。

③「訂正蘭語九品集」（中野柳圃／馬場佐十郎・文化一一［一八一四］年）

貞由〈佐十郎〉曰蘭語九品ノ解大略ハ右ニ尽セルナリ　（「嘆息詞之部」）

④「九品詞略」（野呂天然・文化九［一八一二］年）

九品詞　原名　Negenderly Spraak deelen

九品詞者其一分類詞、其二名詞、其三代名詞、其四作業詞、其五分析詞、其六動状詞、其七助詞、其八指示詞、其九歎詞、是也　（「文法基本・九品詞」）

一方、「詞品」は、馬場佐十郎の⑤「西文規範」および吉雄俊三の⑥「六格前篇」などに用例が確認できる。

⑤「西文規範」（馬場佐十郎・文化八〔一八一一〕年）

問　如何ナル故ヲ以テ是等ノ詞品ヲ Veranderlykwoorden〈変化詞〉或ハ Onveranderlykwoorden〈不変化詞〉ト唱フルヤ

⑥「六格前編」（吉雄俊蔵・文化一一〔一八一四〕年）

文例中ニ六格詞品ノ符ヲ示ス即チ次ノ如シ　（上）

なお、⑦藤林普山『和蘭語法解』（文化一二年）は、刊行されたオランダ語文典としては日本初のものであるが、九品詞名を示すものの、「品詞」に当たる総称は見られない。

⑦『和蘭語法解』（藤林普山・文化一二〔一八一五〕年）

言辞ヲ分テ九等トス。其一ハ性言。其二ハ名言。其三ハ代言。其四ハ活言。其五ハ分言。其六ハ添言。其七ハ接言。其八ハ上言。其九ハ感言ナリ毎言数目アリ。各篇ニ掲示ス。　（巻之上・一オ）

2・1・3　幕末の状況

幕末に至ると、箕作阮甫翻刻『和蘭文典　前編』（一八四二・原本 Grammatica, of Nederduitsche Spraakkunst, 1812）を翻訳した文典が立て続けに現れる。このうち『和蘭文典』の本文を文語訳した、⑧大庭雪斎『訳和蘭文語』（安政三年）の場合、原典における節のタイトル「Onderscheidene rededeelen〈様々な品詞〉」を「各異文語分」と訳しており、また本文中では「辞類」の語を用いている。「品詞」という文字列は現れない。

⑧『訳和蘭文語』（大庭雪斎・安政三［一八五六］年）

〇各異文語分（ヲンデルシケイデネレーデデーレン）（中略）

二六　以上ノ論説ヲ以テスレバ、和蘭文語ナル者ハ、数国ノ文語ト同ジク、次条十品ノ辞類ヲ有ツナリ

『和蘭文典』を直訳した⑨小原亨訳『挿訳俄蘭磨智科』（安政四年）においても、「rededeelen」を「文章ノ部分」と直訳しており、翻訳態度は『訳和蘭文語』と異なるものの、「品詞」という文字列は用いられていない。

⑨『挿訳俄蘭磨智科』（小原亨・安政四［一八五七］年）

§. 26.（第二十六章）Voglens（従ヘバ）de boven（上ニ）gedane（ナサレタル）opgave,（書与ヘニ）heeft 持 de Nederduitsche（和蘭陀ノ）taal,（国詞ガ）met（ト）de meeste（多クノ）talen,（国詞）de tien（十ノ）volgende（ツギノ）taal——（国詞ノ部分）of（即）rededeelen（文章ノ部分ヲ）gemeen.（通ジアヒニ）

ただし、⑩飯泉士譲『和蘭文典字類　前編』（安政三年）は、凡例において「十品詞」の文字列を用いている。中野柳圃以来の「数詞＋品詞」という表記が生きていることがうかがわれるが、数詞を伴わない「品詞」単独の用例は、今回調査した範囲には認められず、「品詞」が単独で漢語として用いられているかは確認できなかった。

⑩『和蘭文典字類　前編』（飯泉士譲・安政三［一八五六］年）

一　今此次ニ掲示スル十品詞中各其種類ノ細別甚多シ悉ク之ヲ載セムト欲セハ紙田余畦ナキノミナラス尚其探索シ易カラサルヲ恐ル

なお、江戸期のオランダ語文典における品詞に当たる用語の使用状況は、今回調査した範囲では、本章末尾の表1のとおりである。数詞を伴わないオランダ語「Rededeelen/Spraakdeelen〈品詞〉」にそのまま対応する訳語として「品詞」を用いる例は、確認できなかった。

3　明治時代の英語研究・日本語研究における「品詞」という用語

3・1　明治前期における「品詞」

3・1・1　英語研究における「品詞」

それでは、明治前期の英文典においては、どのような状況が認められるか。明治初期に用いられた⑪永嶋貞次郎訳『ピネヲ氏原板英文典直訳』（明治三年）、⑫大学南校助教訳『格賢勃斯英文典直訳』（明治三年）ともに、『和蘭文典』系の直訳と同様に、英語「Part(s) of speech」を直訳するため、「話シノ部分」という訳語は現れるものの、「品詞」の文字列は見られない。

⑪『ピネヲ氏原板英文典直訳』（永嶋貞次郎・明治三［一八七〇］年）

話シ　ノ　部分

ソコニ　英語ニ　於テ　多クノ　言辞ガ　アル　然レトモ　ソコニ　只　纔カノ　違タル　言辞　ノ　種類　乃チ　種類ガ　アル（第一篇・一オ）

⑫『格賢勃斯英文典直訳』（大学南校助教・明治三［一八七〇］年）

話ノ部分ト

言ノ此等ノ九ッノ種類ガ何ント名付ラル丶カ（巻之上・八オ―ウ）

当時の英文典は、直訳の形式を取るため先行する文典の訳語がしばしば踏襲され、章末の表2に示した一覧のとおり、「話／詞／説話／言語の部分」という用語を用いる文典が明治二〇年頃までは非常に多い。ところが明治二〇年になると、「品詞」単独の用例が現れはじめる。たとえば、⑬清水誠吾『イングリッシ文法主眼』（明治二〇年）は、「十品詞」を基本としながらも、説明中で「品詞」も併用しており、また⑭山本栄太郎『クワッケンボス氏英文典直訳』（明治二〇年）は「パート、オブ、スピーチ」を「品詞」に対する振り仮名として示している。「品詞」という文字列が「Parts of Speech」の訳語として「九品詞」のような数詞を伴わずに自立して用いられる、すなわち漢語として熟しはじめた結果と考えられる。

⑬『イングリッシ文法主眼』（清水誠吾・明治二〇［一八八七］年）

（五十三）十品詞ノ解説ハ前条ニ於テ略々之ヲ成セリ今左ニ解剖ノ一節ヲ示シテ本篇ノ局ヲ結バン

解剖トハ⑴文章中ノ各語ニ就キ一々其品詞、人称、単複数、格、性、時、法及其余ノ分類ヲ案出シ⑵且本文ノ定義ヲ引キテ其理由ヲ陳ズルナリ

⑭『クワッケンボス氏英文典直訳』（山本栄治郎・明治二〇［一八八七］年）

彼等〈品詞のこと〉ヲ挙ゲヨ

名詞（ナウンス）、代名詞（プロナウンス）、冠詞（アーチクルス）、形容詞（アツヂエクチヴス）、働詞（ヴアーブス）、副詞（アドヴアーヴス）、前置詞（プレポジシヨンス）、接続詞（コンジヤンクシヨンス）、及ビ間投詞（インターゼクシヨンス）ナリ

第一ノ品詞（パート。オブ。スピーチ）ハ何デアルカ　（一〇ページ）

ただし、「品詞」の定着には時間もかかっている。表2のとおり、明治二〇年代は、直訳式の「話シノ部分」のような訳語から「八品詞」のような数詞を伴う用語、または英和辞典で採用された訳語「語類」などが主流になるものの、単独の「品詞」を採用する文典は多くない。

「八品詞」のような数詞を伴う用語から「品詞」が生まれた理由は、「八品−詞」という語構成が「八−品詞」と異分析されたことによると基本的には考えられ、これは「一個−人」から「個人」という語が成立した動きと軌を一にする。また、当時の英文典では、品詞を何種に分類するかに諸説があり、また翻訳するときの言語が数

詞を伴わない「Parts of Speech」であることが多いことも相俟って、「品詞」の自立を後押ししたのだろう。このような異分析は、今回の調査では、明治以前に遡ることができなかったが、さらに調査を進めれば、幕末にすでに始まっていた可能性も否定はできない。しかし、洋文典に単独の「品詞」が文法用語として広く用いられるようになるには、後に触れるとおり明治三〇年代を待たなければならないことからも、明治二〇年代においては、「八品―詞」というもとの語構成意識がまだ残存し、単独の「品詞」は、正式な用語としては使用がためらわれるものだったのではないかと考えられる。

なお、対訳辞書における状況について付言するなら、明治初期に用いられた英華辞典である⑮Lobscheid,"*English and Chinese Dictionary*"（一八六六）は「Parts of speech」の訳語として「語類・言類」を挙げ、またその影響を受けたとされる⑯柴田昌吉・子安峻『英和字彙』（初版・明治六［一八七三］年）も同様に「語類」を訳語として選択するが、明治二〇年代に至ると、⑰島田豊『和訳英字彙』（明治二一［一八八八］年）が「語類（名詞又ハ代名詞以下の語詞ヲ云フ）」のように『英和字彙』の訳語を踏襲する一方で、⑱イーストレーキ・棚橋一郎『和訳字彙』（明治二一［一八八八］年）が「品詞、語類［文法上ノ詞類即チ九品詞是ナリ］」と記述するように「品詞」を訳語として採用する辞書も現れる。これは英文典における状況と対応しており、明治三〇年代に至ると、⑲神田乃武他編『新訳英和辞典』（明治三五［一九〇二］年）が訳語に「(文) 詞類, 品詞」を掲げるとおり、「品詞」が「Parts of speech」の訳語として定着していく。

3・1・2　日本語研究における「品詞」

以上、オランダ語・英語研究における「品詞」という文字列・単語の現れ方を概観した。それでは、日本語の研究においては、どのような状況であったか。

刊行された日本語文法書の中で、もっとも早く「品詞」の文字列が現れるのは、『日本国語大辞典』が示すとおり㉒田中義廉『小学日本文典』（明治七年）であるが、読本の類にまで範囲を広げれば、⑳古川正雄『絵入智慧の環』（明治三年）に「八品詞」の文字列が現れる。ただしこれは、「や　しなの　ことば」の言い換えの形で用いられており、語構成は「八品－詞」であると考えられる。

⑳『絵入智慧の環』（古川正雄・明治三［一八七〇］年）

第八（だいはち）　なげきことば（歎息詞（たんそくし）　とも　いふ）

みぎの　や　しなの　ことば　を　八品詞（はちひんし）　とは　いふ　なり　（初編下・一二オ）

一方、文法書では、㉑中金正衡『大倭語学手引草』（明治四年）に「詞品」が用いられるが、「品詞」という文字列が現れるのは、㉒田中義廉『小学日本文典』（明治七年）からと見られる。ただしこれも「品詞」単独で用いられてはおらず、「七品－詞」と解釈するのが穏当かと思われる。

㉑『大倭語学手引草』（中金正衡・明治四［一八七一］年）

冠詞　本邦には此詞品なし　（前編下・二一ウ）

㉒『小学日本文典』（田中義廉・明治七［一八七四］年）

第八章　七品詞の名目

名詞又ナコトバ○形容詞又サマコトバ○代名詞又カハリコトバ○動詞又ハタラキコトバ○副詞又ソヘコトバ○接続詞又ツギコトバ○感詞又ナゲキコトバなり
（巻之二・一ウ）

㉓大槻文彦「語法指南」（明治二二年）は、明治二〇年代から三〇年代にかけて影響力をもった文法書と言えるが、ここでも「parts of speech」は「語別」と訳され、「品詞」は「八品詞」と数詞を伴った形でのみ現れ、「品詞」単独の用例は存在しない。

㉓「語法指南」（大槻文彦・明治二二［一八八五］年）

其二。語別（Parts of speech.）。例へバ、やま（山）かは（川）等ノ名詞ナル、われ（我）なむぢ（汝）等ノ代名詞ナル、ゆく（行）きたる（来）等ノ動詞ナル、よし（善）あし（悪）等ノ形容詞ナル、なり（也）べし（可）等ノ助動詞ナル、はなはだ（甚）かならず（必）等ノ副詞ナル、また（又）さて（扨）等ノ接続詞ナル、が、の、に、を、は、も、ぞ、こそ等ノ天爾遠波ナル、ああ（噫）かな（哉）等ノ感動詞ナルガ如キ、其他、数詞、枕詞、発語、接頭語、接尾語ノ類、語毎ニ必ズ標別セズハアルベカラズ。
（本書編纂ノ大意（二）一ページ）

此篇ニハ、八品詞ノ目ヲ、名詞、動詞、形容詞、助動詞、副詞、接続詞、天爾遠波（テニヲハ）、感動詞、ト立テタリ。
（言語　六ページ）

ただし、稿本の類に対象を広げると、以下のような用例が存在する。まず、㉔黒川真頼「日本小文典」（明治六年）は、稿本の形で伝わり、後に全集に収録された文典であるが、品詞分類の冒頭においては、以下のように「詞の品」「十品詞」という用語が用いられ、「品詞」単独の例は現れない。

㉔「日本小文典」（黒川真頼・明治五［一八七二］年）

文章を学ばむには、文法を知るべきこと勿論なれど、まづ詞の品を知るべし、（中略）第一　名詞　（又体言）／第二　数量詞／第三　代名詞／第四　助詞　（又てにをは）／第五　動詞（又用言）（又作用言）／第六　係詞／第七　形容詞（又形状言）／第八　副詞／第九　接続詞／第十　間投詞これ十品詞の名目なり

（文字音韻篇　一七八ページ）

ところが、文章篇の末尾に「第九章　品詞分解」（二六三ページ）という章のタイトルが用いられており、数詞を伴わない「品詞」の用例が確認できる。

また、小岩弘明（二〇〇五）によれば、大槻文彦自筆の覚えである文法会の出納帳二冊と雑記帳一冊に文法会の日時・出席者・討論内容が記録されており、このうち明治一〇年三月一七日の項目に「文字論ノ続キ／品詞論」との記載があるとのことである。

黒川・大槻両氏ともに、文典における品詞の定義などの主要な記述においては「品詞」という用語を用いておらず、他の日本語文典の状況なども勘案すると、「品詞」はあくまでも臨時的に複合語の要素として「八品詞・十品詞」などの略称として用いられたのではないかと考える。これは、章末の表3に示したとおり、明治三〇年までの日本語文典においては、数詞を伴わない「品詞」の使用が前述の黒川の記述のみにとどまることや、国語辞典において明治二〇年代には㉕大槻文彦『言海』（明治二二［一八八九］年）の「語別」が見出しに、また㉖山田美妙『日本大辞書』（明治二六［一八九三］年）の緒言に「語類」が見られるものの、「品詞」の見出しが立てられるのは、㉗落合直文『ことばの泉』（明治三一［一八九八］年）、㉘金沢庄三郎『辞林』（明治四〇［一九〇七］年）のように明治三一年以降らしいこととも矛盾しない。

3・2 明治後期における「品詞」 「品詞」という用語の普及と定着

それでは「品詞」という語が普及・定着したのはいつからか。それは明治三一年前後からのことと考えられる。これは、英文典・日本語文典の双方について指摘できる。

㉙嶋文次郎訳『邦文英文典』（明治三一年）はNesfieldの文典の翻訳、㉚三土忠造『中等国文典』（明治三一年）は中学校用の文法教科書で、ともに富山房から出版されたものだが、両者は、「品詞」を自立した漢語として用いている。

㉙『邦文英文典』（嶋文次郎・明治三一〔一八九八〕年）

14. 品詞ノ定義（The Parts of Speech defined）.——語ハ其用キラルヽ目的ニ随テ種々ノ類別ニ区分セラル・語ノ類別ヲ品詞ト名ク．其数八ニシテ既ニ前ニ記載セルガ如シ （四—五ページ）

㉚『中等国文典』（三土忠造・明治三一〔一八九八〕年）

○「馬」「牛」「行く」「走る」「美し」「善し」「けり」「たり」等一語一語を単語と云ひ、単語の一種類、即名詞代名詞等を品詞と云ふ。故に品詞には九種ありと知るべし。即ち左の如し。 （上巻・四一ページ）

嶋・三土の文典は版を重ねたようで、その用語は、当時一定の影響力をもったものと考えられる。このような状況は、明治三〇年代後半に出版された㉛芳賀矢一『中等教科明治文典』（明治三七年）においても同様で、ここに「品詞」という漢語が今日同様に定着していく様子が確認できると思う。

㉛『中等教科明治文典』（芳賀矢一・明治三七〔一九〇四〕年）

一、本篇に於ては品詞の分別を教ふるを主眼とし、併せて動詞、形容詞、助動詞の活用を知らしめ、最後に仮名遣法の概要をあぐ。

二、体言、用言の名称は古来用ゐ来れる所にして、国語の性質に最もよく適応せるのみならず、心理上亦この二種の概念あり、文章の構成を論ずるに当りては殊に必要なり。故に品詞の名目の外、この総称を教ふることとせり。

（巻の一教授上の注意・一ページ）

なお、明治三一年から山田孝雄の『日本文法論』が刊行された明治四一年までの「品詞」およびその類義語の使用状況を示せば、章末の表4のようになる。明治二〇年代までと比べ、「品詞」という用語が急速に普及していく様子が確認でき、大槻文彦も、教科書文典においては下記のとおり「品詞」を用いはじめている。

㉜『日本文法教科書』（大槻文彦・明治三三［一九〇〇］年）

以上、学びたる名詞、動詞などの、一つ一つをさして、単語といふ。その種類、八つあり。名詞、動詞、形容詞、助動詞、副詞、接続詞、弖爾乎波、感動詞、是れなり。これを八品詞といふ。

品詞は、その形を変ぜずして、転じて、他の品詞となることあり。

（上巻・一六ページ）

4　まとめ

本章では、「品詞」ということばをめぐって、以下の三点を確認した。

ア「品詞」という文字列は、一九世紀初頭のオランダ語文典から存在するが、当初は「九品詞」などの数詞を伴った使用、あるいは「詞品」の語が一般的で、「品詞」は漢語として自立していなかった。

イ　数詞を伴わない「品詞」の使用は、明治初期の稿本類に存在し、洋文典をさらに調査すれば、その使用は江戸期にまで遡る可能性がある。ただし、この時期には、[[数詞＋品]＋詞]という語構成意識が残り、「十品詞」のような数詞を伴った形が正式な用語で、単独の「品詞」は臨時的あるいは省略的な用い方であるとの意識が存在したのではないか。

ウ　刊本における単独の「品詞」の使用は明治二〇年に始まり、その普及は明治三一年以降のこととなる。語構成意識の希薄化、各文典が立てる品詞数の多様化、嶋・三土の文典の影響などがその理由として考えられるが、いずれにせよ、漢語としての「品詞」の確立は、明治二〇年代以降のことと考えるべきである。写本で伝わったオランダ語文典、および英文法・日本語文法の草稿などの調査をさらに継続する必要を感じるが、刊行された幕末・明治期の洋文典・日本語文典群の状況を勘案すると、おおむねこの結論で問題ないのではないかと考える。

［表1］　蘭文典の用語(江戸時代)

用語	文献
九品	○九品詞名目(中野)、六格明弁(吉雄)、○訂正蘭語九品集(中野／馬場)
九品詞	九品詞名目(中野)、○九品詞略(野呂)、六格明弁(吉雄)
十品詞	和蘭文典字類前編(飯泉)、窩蘭麻知加訓訳(小川玄龍［安政四］)、和蘭文典字類後編(高橋重威［安政五］)
十品字	和蘭文典便蒙(香処閑人［安政四］)
詞品図	蘭学生前父(中野)
詞品科	九品詞名目(中野)、◎西文規範(馬場)、九品詞略(野呂)、六格前編(吉雄)・六格明弁(吉雄俊蔵［成立年不明］)
詞品	◎西文規範(馬場)、九品詞略(野呂)、六格前編(吉雄)・六格明弁(吉雄俊蔵［成立年不明］)
文語分	◎訳和蘭文語(大庭)
辞類	◎訳和蘭文語(大庭)
文章ノ部分	◎挿訳俄蘭磨智科(小原)、◎和蘭文典訳語筌(遠田著明［安政三］)、◎和蘭文典読法(竹内［安政三］)、◎和蘭文典字類前編(飯泉)
文章部分	◎窩蘭麻知加訓訳(小川玄龍［安政四］)、◎訓点和蘭文典(［安政四］)、◎ガランマチカ和解(［成立年不明］)

注…原語と対応した訳語として用いられているものについては、「Negenderly Spraakdeelen」に対応するものに○、「Rededeelen/Spraakdeelen」に対応するものに◎、「Oorsprongkunde」に対応するものに印を付した。

［表2］　英文典の用語(明治元年〜三〇年)

英文典	明治元年〜二〇年	明治二一年〜三〇年
話ノ部分・話之部分	◎格賢勃斯英文典直訳(大学南校 [三])、◎ピネヲ氏原板英文典直訳(永嶋 [三])、◎英文典独学(戸田忠厚 [四])、◎ピネヲ氏挿訳英文典(榧木寛則 [五])、◎ピネヲ氏通俗英文典(文泉堂 [五])、◎克屈文典直訳(都筑直吉 [一六])、◎ピネヲ氏文典独学字書(清水房之助 [一六])、◎ピネヲ氏原書英文典独案内(渡邊五一郎 [一六])、◎クワッケンボス氏英文典独案内(高宮直太 [一八])、◎クワッケンボス氏英文典直訳(栗野忠雄 [一九])、◎クワッケンボス氏英文典直訳(山本栄治郎 [一九])	◎スウヰントン氏英文典独案内(朝野儀三郎 [二一])
詞ノ部分・言葉ノ部分	◎英国文典独案内(垣上緑 [一七])、◎ピネヲ氏英文典独案内(萩原孫三郎 [一九])、◎スウヰントン氏英文典直訳(芦田東雄 [二〇])、◎ピネヲ氏英文典直訳(栗野忠雄 [二〇])	◎スウヰントン氏英文典直訳(伴野乙弥 [二一])、◎クワッケンボス氏小文典独案内(梅木正衛 [二一])、◎すういんとん小文典独学自在(桜田源治 [二一])
説話ノ部分	◎ブラウン氏英文典直訳(中西範 [一七])、◎容易独修英文典直訳(戸代光大 [二〇])	◎スウヰントン氏英文典直訳(渡辺松茂 [二一])、◎すういんとん小文典独学自在(桜田源治 [二一])、◎クワッケンボス氏英文典独案内(外川秀二郎 [二一])
言語ノ部分	◎文法詳解ピネヲ氏英文典独案内(生駒蕃 [一九])、◎スウヰントン氏英文典直訳(栗野忠雄 [二〇])、◎スウヰントン氏英文典直訳(斎藤八郎 [二〇])、◎ピネヲ氏英文典直訳(斎藤八郎 [二〇])、◎クワッケンボス氏英文典直訳(斎藤八郎 [二〇])	
詞ノ品種	◎文法詳解ブラウン氏英文典釈義(沢田重遠 [一九])	◎文法詳解英文典講義(別所富貴 [二一])

品詞	イングリッシ文法主眼（清水誠吾［二〇］）、◎クワッケンボス氏英文典直訳（山本栄治郎［二〇］）	◎スウキントン氏小英文典講義（湯浅藤一郎・関秀雄［二四］）
説話ノ品詞		◎須因頓氏大文典講義（平井広五郎［二二］）
八品詞		○スウキントン氏小英文典講義（湯浅藤一郎・関秀雄［二四］）、英文法学（井上歌郎［二七］）、須因頓氏大文典講義（山形閑［二七］）、◎英文法教科書（共益商社［二九］）、新式英文典教科書（松島剛・長谷川哲治［二九］）、○スーイントン小文典直訳意解（元木貞雄［三〇］）、◎新式英文法軌範（中村宗次郎［三〇］）
九品詞	和解纂注英文軌範（島田主善［二〇］）	英文典（チャムブレン［二六］）
十品詞	◎ブロヲン氏原著英吉利文典講義（長野一枝［一九］）、イングリッシ文法主眼（清水誠吾［二〇］）、	
語類	◎ブラウン氏英文典直訳（源綱紀［一九］）、◎和解纂注英文軌範（島田主善［二〇］）	◎スウキントン氏英文典直訳（太田次郎［二一］）、◎須因頓氏大文典解釈（田中達三郎［二一］）、◎スウキントン英文典独案内（島田豊［二三］）、◎英文典（チヤムブレン［二六］）、◎英文法学（井上歌郎［二七］）、◎須因頓氏大文典講義（山形閑［二七］）、◎新式英文法軌範（中村宗次郎［三〇］）
詞類	◎英語新式直訳（斎藤秀三郎［一七］）、◎英文指針（田原栄［一七］）、◎スキントン氏小文典直訳（大島国千代［二〇］）	◎英語学新式直訳（石川録太郎［二一］）、◎スウキントン氏英文典直訳講義（河田鰲洋［二三］）、英文典問答（富山房［二九］）

注…「説話ノ品詞」以外は、複数の文典に用例のある用語のみを掲げた（［　］内の刊年は明治）。また、原語と対応した訳語として用いられているもののうち、「Eight parts of speech/Eight classes」に対応するものに○、「Parts of speech」に対応するものに◎印を付した。

［表3］ 日本語文典の用語(明治元年~三〇年)

日本語文典	明治元年~二〇年	明治二一年~三〇年
文章ノ部分	日本小文典(小笠原長道［九］)	
詞品	大倭語学手引草(中金［四］)	語学入門(川上広樹［二一］)、国語学参考(関根正直［二六］)
三品詞	日本小文典(黒川［五］)	
七品詞	小学日本文典(田中［七］)、日本詞学入門(旗野十一郎［一〇］)	和文典(大和田建樹［二四］)
八品詞	絵入智慧の環(古川［三］)、文法書(山田俊三［六］)、日本消息文典(藤沢親之［七］)、日本文典(中根淑［九］)、日本文法問答(藤田維正・高橋富兄［一〇］)、日本語学階梯(堀秀成［一〇—説明中で言及］)、日本文法書(藤井惟勉［一〇］)、日本小文典(田中義廉［一〇］)	語法指南(大槻［二二］)、日本文典問答(飯田永夫［二四］)、中等教育国語文典(大久保初雄［二五］)、中等教育普通日本文典(大久保初雄［二七］)、中学国文典(新保磐次［二九］)、広日本文典(大槻文彦［三〇］)、中等教育日本文典(大槻文彦［三〇］)
九品詞	皇国文典初学(黒川真頼［六］)	
十品詞	日本小文典(黒川［五］)、日本文法(阿保友一郎［一五］)	国語学(那珂通世［二三］)
品詞分解	日本小文典(黒川［五］)	
語別		語法指南(大槻［二二］)

［表4］ 英文典・日本語文典の用語(明治三一年～四一年)

	英文典(明治三一年～四一年)	日本語文典(明治三一年～四一年)
語辞の類別	◎文法大意(松島剛［三四］)、◎英語文法と作文(星野久成［三六］)	
詞の品類		国語法階梯(永井一孝［三三］)、日本文典講義(和田万吉［三八］)
詞品	◎中等英文典(井上十吉［三一］)	草野氏日本文法(草野清民［三四］)
語類	◎新編中等英文典(中原貞七［三一］)、◎英文典教科書(チャムブレン［三二］)、◎神田氏英文典案内(小泉潤一郎［三六］)、◎中学英文法講義(生田弘治・星野久成・森田米松［四一］)	
八品詞	新編中等英文典(中原貞七［三一］)、◎邦語英文典(畔柳都太郎［三一］)、○英文法初歩(斎藤秀三郎［三三］)、○英語小文典(花輪虎太郎［三三］)、○英文典初歩(花輪虎太郎［三五］)、◎英文典術語集(松原秀成［三五］)、○初等英文典(磯辺弥一郎［三六］)、◎英文法講義(西川巌［三七］)	日本文典初歩(大槻文彦［三一］)、中学教程日本文典(松下大三郎・宮本静［三一］)、中等教育皇国文典(味岡正義・大田寛［三一］)、女子普通文典(下田歌子［三二］)、新式日本中文典(松平円次郎［三四］)、日本俗語文典(松下大三郎［三四］)、中等教育実用日本文典(新楽金橘［三五］)、論理的日本文典大意(宮脇郁［三八］)
九品詞		はなしことばのきそく(石川倉次［三四］)、国文法教科書(横地清次郎［三六］)、中等日本文典(大宮兵馬［三六］)、女子日本文典(明治書院編輯部［三七］)、言文対照漢訳日本文典(松本亀次郎［三七］)、日本文法講義(林治一［四〇］)

十一品詞		中等教育国文典（大平信直［三二］）、日本小語典（杉敏介［三三］）
品詞	◎邦文英文典（嶋［三一］）、◎新編中等英文典（中原貞七［三一］）、◎英文典教科書（チャムブレン［三二］）、◎ネスフィールド氏英文典講義（鶴田久作［三三］）、◎英文典（平田喜一［三四］）、◎英文典（和田垣謙三［三五］）、◎中学英文典（和田垣謙三［三五］）、中学用英文典（井上十吉［三六］）、新撰和英文典問答（上村左川［三六］）、◎中学校用英文典（ジェー・エン・シーモール［三六］）、◎英文法撮要（佐々木嘉哉［三七］）、井上英文典（井上十吉［三七］）、◎表説英文典（普通学講習会［四〇］）、英文法例解（三宅伊九郎［四一］）	中等国文典（三土［三一］）、女子普通文典（下田歌子［三二］）、中学日本文典（大林徳太郎・山崎庚午太郎［三二］）、新撰日本文典（手島春治［三二］）、日本文法教科書（大槻文彦［三三］）、中学国文典（森下松衛［三三］）、中学教程新撰日本文典（普通教育研究会［三三］）、新式日本中文典（松平円次郎［三四］）、日本文法教科書（芋川泰次［三四］）、日本俗語文典（金井保三［三四］）、中等皇国文典（高木尚介［三四］）、日本語典（前波仲尾［三四］）、日本文法中教科書（吉田弥平・小山左文二［三五］）、国文典教科書（大槻文彦［三五］）、日本文典（佐々政一［三五］）、解説批評日本文典（岡田正美［三五］）、師範教科国語典（教育学術研究会［三六］）、中等日本文典（大宮兵馬［三六］）、女子日本文典（明治書院編輯部［三七］）、言文対照漢訳日本文典（松本亀次郎［三七］）、中等教科明治文典（芳賀［三七］）、国文典表解（六盟館編輯所［三八］）、清人適用日本語典（井上友吉［三八］）、論理的日本文典大意（宮脇郁［三八］）、日本文法の解説及び練習（小山左文二［三八］）、漢訳日語文法精義（高橋龍雄［三九］）、日清対訳実用日本語法（岸田蒔夫［三九］）、日本口語法（吉岡郷甫［三九］）、漢訳高等日本文典課本（児崎為槌［四〇］）、日本文法講義（林治一［四〇］）、日本文法論教科参考日本文典要義（岡澤鉦次郎［四一］）、日本文法論（山田孝雄［四一］）

注…用例が多いため、複数の文典に用例のある用語のみを掲げた。また英文典については、原語と対応した訳語として用いら

れているものについて、「eight parts of speech」に対応するものに○、「Parts of speech」に対応するものに◎印を付した。

＊1　片桐一男（一九八五）五〇三ページ。なお柳圃の著述は、そのほとんどが写本として伝わるため、内容の検討に際してはさらに詳細な書誌的調査を行う必要があるが、本章では、『初期日本蘭仏独露語文献集』所収の若林正治氏旧蔵本、および早稲田大学図書館・京都大学文学研究科図書館所蔵本を中心に「品詞」に関連する用語の状況を確認した。

＊2　「蘭学生前父」は、『初期日本蘭仏独露語文献集　R19』（一九八五年・雄松堂フィルム出版）所収の若林正治旧蔵本、および早稲田大学所蔵本（文庫08 B0057・宇田川榕菴筆写・書写年不明）のオンライン画像を参照し、引用に際しては、現行の字体に改めた（以下同じ）。なお早稲田大学本は、「○詞品詞図」となっており、見消にはなっているものの、「品詞」という文字列が存在するとも言える。ただし、若林正治旧蔵本には、「詞品」の文字列しか認められない。

＊3　「助詞考」については、『初期日本蘭仏独露語文献集　R19』（一九八五年・雄松堂フィルム出版）所収の若林正治旧蔵本、および早稲田大学所蔵本（文庫08 B0109・吉雄常三（俊蔵）筆写・書写年不明）、同（文庫08 B0559・書写年不明）のオンライン画像を参照した。

第6章

文法用語の変遷2 「主語」と「述語」

1 はじめに

「主語」と「述語」という文法論の用語は、その扱いにはさまざまな立場があるものの、用語そのものとしては、今日定着したものとなっている。

明治期における文の成分論の展開については、すでに第Ⅱ部第3章で概観したとおりであるが、日本語にとっての主語・述語をどのように定義するか、また日本語の「Subject」「Predicate」にどのような文法用語を当てるかについては、さらに検討を加える必要を感じる。たとえば、大槻文彦の『広日本文典』(明治三〇[一八九七]年)は、「文」を「主語(subject)」と「説明語(predicate)」の完備したものと定義するが、ここでは「述語」という用語は用いられず、さらに結論を先取りして言えば、「述語」は英文典における「predicate」の訳語としてもなかなか現れてこない。

そこで本章では、明治期に用いられた文の成分に関する用語のうち、「主語(subject)・述語(predicate)」に対応する用語を中心に取り上げ、洋文典および国文典における扱いを概観する。さらにこのような作業を通して、明治期の国文典編纂の状況と文法用語の変遷を明らかにしていきたい。

2　幕末の蘭文典における主語と述語の扱い

日本初の英文法書は、渋川敬直（六蔵）の『英文鑑』（天保一一［一八四〇］年）である。しかし、英語研究が本格化していくのは、ペリー来航を受け、幕府が安政二年に洋学所（翌年に蕃書調所）を設立してからのことであり、またこの期に至っても、当初は蘭語が主、英語が副という形で語学研究が行われていた*1。そこで、当時用いられていた蘭文典の用語について簡単に触れておく。

幕末に広く用いられた蘭文典として、箕作阮甫翻刻『和蘭文典』を挙げることができる。この『和蘭文典』には、複数の翻訳が存在するが、このうち後編のシンタクスの部分も含む、もっともまとまった翻訳である大庭雪斎『訳和蘭文語』（一八五六―一八五七［安政三―四］年）から、関連する箇所を引用しよう（なお引用中の傍線は筆者が付した）。

四四　格ノ用法亦タ簡約ノ弁論ヲ要ス。凡ソ人獣事物ノ他ニ係累セルコトナク独立シテ文主トナリ句頭ニ見ルヽトキハ之ヲ第一格トス。（前編中巻三〇ウ）

後編序　亦タ且ツ書生ヲシテ文中ノ主辞ト、之ニ属セル者トヲ活辞（プレヂガート）分ヨリ分剖セシムル等、諸般ノ事ヲ怠ルコト勿レ。（後編序八オ）

一五九　前巻ニ於テ既ニ識得セルカ如ク、毎句ノ必ス両部ヨリ成ルナリ。乃チ一ハ事故ヲ論スル所ノ物体ト、一ハ其物体ニ就テ論スル者ニシテ、即チ之レニ帰スル所ノ性質若クハ作用トナリ。其第一部ノ物体ハ、之ヲ句中ノ主ト名ケ、主辞分（シュビークト）ト名クルナリ。然シテ其第二部ノ性質作用ニハ活辞分（プレヂガート）ノ名ヲ命ス

（後編下巻一七オ・ウ）

右の〔四四〕節は、「実辞（＝名詞・筆者注）」の格に関する記述の部分、〔一五九〕節は、「属辞法（＝シンタクス）」の中の、文の合併に関する記述の部分である。このように、すでに幕末の蘭文典において、主語・述語に対応する「文主・句中ノ主・主辞分・活辞分」などの用語が用いられていたことが確認できる。

3　明治期の英文典における主語と述語の扱い

次に、明治以降用いられた英文典を取り上げ、主語・述語の扱いを見てみよう。まずアのピネヲの文典は、永嶋貞次郎訳『ピネヲ氏原板英文典直訳』（明治三〔一八七〇〕年）などの翻訳が複数出版され、明治前期に広く用いられたものであるが、単文は、「Nominative（主格）」と「Verb（動詞）」の二要素から定義されており、「Subject・Predicate」という用語は用いられていない。

一方、カッケンボスの文典では、「Subject」に言及するとともに、それを「Grammatical Subject（＝文法上の主語）」と「Logical Subject（＝論理上の主語）」の二つに分けている点、注目される。「Logical Subject」は、文法上の主語に「Modifier（＝修飾語）」が付属したもので、単文はこの「Logical Subject」と「Predicate」から成るとされている。なお、この他に「Object（＝目的語）」や「Predicate Nominative・Predicate Adjective

(=補語に当たる要素)」についても言及しており、文の成分に関する記述が、ピネヲに比べると格段に詳しくなっている。

このカッケンボスの文典は、大学南校助教訳『格賢勃斯英文典直訳』(明治三[一八七〇]年)をはじめとして、翻訳が明治二〇年頃まで複数刊行されており、後に触れるように国文典における文の成分の記述にも影響を与えたものと考えられる。

ア　慶応義塾読本『ピネヲ氏原板英文典』(一八六九年)

A *simple sentence* contains but one nominative, and the verb to which it is nominative, and whatever may be immediately connected with these; as,

The *sun shines.*

The rising *sun shines* with surpassing splendor. (ART. 231.)

イ　G. P. Quackenbos "*First Book in English Grammar*"(一八六七年)

The GRAMMATICAL SUBJECT is the leading word, denoting that about which something is said. …

The LOGICAL SUBJECT consists of the grammatical subject and its modifiers. …

The PREDICATE of a sentence is what remains after the logical subject is removed. (LESSON LXX.)

Every simple sentence and every member of compound sentence has at least two principal parts, —the grammatical subject and the leading verb. …

When does a third principal part appear?

1. If the leading verb has an object, this object constitutes a third principal part. …

2. If the leading verb has no object, but is followed by a substantive in the nominative case, this substantive, called the Predicate Nominative, forms the third principle part. ...

3. If the leading verb has no object, but is followed by an adjective belonging to the grammatical subject, this adjective, called the Predicate Adjective, forms the third principal part. (LESSON LXXI.)

明治二〇年前後になると、以下に示したブラウン・スウィントンの英文典が、翻訳の形で複数出版された。両者の掲げる文の要素は、「Subject・Predicate・Adjunct（Modifier）・Object・Complement」などでほぼ共通し、ここに至って、主要な文の要素がすべて出揃ったと言える。このうちスウィントンの文典では、「Subject・Predicate」に「Simple」と「Complete」の別を説き、「Modifier（修飾語）」によって修飾（modify）・拡張（enlarge）されたものが「Complete Subject/Predicate」だとも述べている。

ウ　G. Brown "*The First Lines of English Grammar*"（一八八三年）

Every sentence must contain two principal parts: the subject and the predicate.

Any combination of the subject and predicate is called proposition. ...

In analyzing a simple sentence, point out: —

1. The subject.
2. The predicate.
3. The subject noun and its adjuncts.
4. The predicate verb and its adverbial adjuncts.
5. The object and its adjuncts.

6. The attribute and its adjuncts. (PartII. p35)

エ　W. Swinton "New Language Lessons: An Elementary Grammar and Composition"（一八八四年）

I. A thought may be expressed by means of two words—one being the subject, the other the predicate: ...

II. When the subject consists of a single word it is called the *simple* subject; when a predicate consists of one verb (word or words) it is called the *simple predicate*.

III. The simple subject and simple predicate often have words added to them to modify their meaning. One or two more words added to another to modify its meaning is called an *adjunct*, or *modifier*; and a word thus added to is to be *modified* or *enlarged*.

IV. The *complete* subject or predicate is the subject or predicate with all its modifiers. (SEC. II. p28)

V. The simple predicate of a simple sentence may take an object or other complement (predicate nominative or predicate adjective): as—

1. Carpenters BUILD *houses*—[object].
2. We ARE *scholars*—[complement or predicate nominative].
3. Glass IS *transparent*—[complement or predicate adjective]. (SEC. VI. p148)

明治二〇年代は、国文典の世界でも文章論の記述が始まった時期で、ブラウン・スウィントンの文典の枠組みは、先に触れたカッケンボスと並び、国文典に影響を与えた。

最後に明治三〇年代以降の英文典について触れたい。この期は、斎藤秀三郎・神田乃武などの日本人による英文典教科書も刊行されはじめるが、そのような中、複数の翻訳が出版されたのが、ネスフィールドの文典である。

オ　J.C. Nesfield "Idiom, Grammar and Synthesis"（一九〇〇年）

Subject and Predicate.—The word or words denoting the person or thing about which something is said are called the Subject of the sentence.

A ship went out to sea.

The word or words which say something about the person or thing denoted by the Subject, as "*went out*," are called the Predicate.

Hence no sentence can be made without a Subject and a Predicate. These two things are neccesary to make a *complete* sense. (ART. 3.)

There are four distinct parts or elements of which a Simple sentence can be composed; and the analysis of a sentence consists in *decomposing* it (that is, in analysing or breaking it up) into these several parts:—

§1.—The Subject.

§2.—Adjuncts to the Subject, *if any*.

§3.—The Predicate.

§4.—Adjuncts to the Predicate-verb, *if any*. (ART.259.)

この文典は、インドにおける英語教育のために編纂されたもので、明治三〇年代には広く用いられた。この文典を翻訳した大谷鱸江も『英文法摘要』（明治三一［一八九八］年）の例言において、次のように述べている。

英語文法の書は甚だ多し。中に就きて従来我邦に行はるゝ者を見るに、クワツケンボス、ブラウン等は説既に陳套に属し、ピネヲ、スキントン等も欠ぐる処あり。ベインは談理に走り、メツネルは精細に過ぐ。独りネスフヒールドの文法書は、文章平易簡明、且つ動詞の可成法（potential mood—筆者注）を廃し、副詞の定義を拡張せる等、其所説嶄新にして適切なり。

ネスフィールドの挙げる文の成分に関する用語は、「Subject・Predicate・Adjunct・Object・Complement」でスウィントンと基本的には変わらないが、文の分析の項目では、成分の構造を表の形で示しており、記述が一層分かりやすくなっている。たとえば「Predicate」の構造の場合、表1のように「Finit Verb・Object・Complement」それぞれに対応する成分が存在するかという観点から、文を四種の文型に分けて整理している。

このような記述は、当時の国文典においても、教科書文典を中心に客語等の取り方から文型の分類を行うなどその応用が見られ、影響力の大きさがうかがわれる。

［表1］Nesfield "Idiom, Grammar and Synthesis" における文型の記述

Subject.	PREDICATE.		
	Finit Verb.	Object with qualifying words.	Complement with qualifying words.
1. A hog	grunts.	…	…
The snake	was killed.	…	…
2. My son	became	…	a good scholar.
The thief	was ordered	…	to be severely punished.
3. The gardener	killed	that poisonous snake.	…
The teacher	can teach	(a)my sons (b)Euclid.	…
4. They	found	the weary man	sound asleep.

(ART. 264.)

4 明治期英文典の翻訳における「Subject」と「Predicate」の訳語

以上、明治期の英文典における主語と述語の扱いについて概観したが、これらの英文典の翻訳において、「Subject」や「Predicate」がどのような用語を用いて翻訳されていたか、ここで確認しておきたい。

表2は、明治期の英文典において、文の成分に関する用語がどのように翻訳されていたかを整理したものである。まず、この表から分かることは、翻訳の対象となった文典ごとに訳語に一定の傾向が見られることである。いま「Subject・Predicate・Adunct・Modifier」の訳語に注目するならば、まずカッケンボスでは、大学南校助教訳『格賢勃斯英文典直訳』の訳語におおむね従い、「主（subject）・属部（predicate）・附属・極メ言（adjunct/modifer）」などの用語が用いられるが、ブラウンでは、「文主（subject）・賓詞・文賓（predicate）」なども用いられ、訳語の系統が異なることが分かる。さらにスウィントンでは、カッケンボスと重なるところも多いが、新たに「確定（predicate）」「改定語（modifer）」などの訳語が現れ、ネスフィールドに至って、「叙言（predicate）・添加言（adjunct）」という用語に落ち着くに至る。

［表2］明治期の英文典における文の成分の訳語

刊年	著者・書名	分類	Subject	Predicate	Adjunct	Modifier	Object	Complement
明治 三(一八七〇)年	大学南校助教『格賢勃斯英文典直訳』	カ	主	属部	附属	極メ言	物体	×
一七(一八八四)年	中西範『ブラウン氏英文典直訳』	ブ	主詞	賓詞	附属詞		目的	×
一七(一八八四)年	斎藤秀三郎『英語学新式直訳』	ス	主	属部	附属語	改定語	×	×

一八(一八八五)年	高宮直太『クワッケンボス氏英文典独案内』	カ	主	属部	附属	極メ詞	物体	×
一九(一八八六)年	栗野忠雄『クワッケンボス氏英文典直訳』	カ	主	属部	附属	極メ詞	目的	×
一九(一八八六)年	長野一枝『ブロヲン氏英吉利文典講義』	ブ	文主 被説者	文賓 説事詞	補助詞		目的物	×
一九(一八八六)年	沢田重遠『文法詳解ブラウン氏英文典釈義』	ブ	文主	文賓	附属		物品	×
一九(一八八六)年	源綱紀『ブラウン氏英文典直訳』	ブ	綱読	目読	附属言		目的	×
一九(一八八六)年	近藤堅三『ブラウン氏英文典文法詳解独案内』	ブ	主	被定者	附属語		目的	×
二〇(一八八七)年	水沢郁『クワッケンボス氏英文典直訳』	カ	主意	属部	附属	定メ詞	目的	×
二〇(一八八七)年	斎藤八郎『クワッケンボス氏英文典直訳』	カ	主	属部	附属	極メ詞	目的	×
二〇(一八八七)年	山本栄太郎『クワッケンボス氏英文典直訳』	カ	主詞	賓詞	附属詞	節制ノ詞	目的	×
二〇(一八八七)年	芦田束雄『スウヰントン氏英文典直訳』	ス	主格	確定	附属 形容詞	改作 改作者	目的物	補充
二〇(一八八七)年	栗野忠雄『スウヰントン氏英文典直訳』	ス	主	属部	附属詞	改定詞	物体	完全詞
二〇(一八八七)年	大島国千代『スキントン氏小文典直訳』	ス	主位	賓位 定限	附属語 附属詞	改定語 更改者	目的	全備
二〇(一八八七)年	斎藤八郎『スウヰントン氏英文典直訳』	ス	主	附属	附属詞	変形詞	物体	完全詞
二一(一八八八)年	外川秀二郎『クワッケンボス氏英文典独案内』	カ	主	属部	附属	極メ詞	物体	×
二一(一八八八)年	別所富貴『文法詳解英文典講義』	ブ	文主	文賓	附属		物品	×
二一(一八八八)年	桜田源治『すういんとん小文典独学自在』	ス	主位	賓位	附属語 附属詞	形容詞 形容語	資格 目的	補意 補意語

二一(一八八八)年	石川録太郎『英語学新式直訳』	ス	主	属部	附属語 附属	改定語 改定詞	目的物 物体	補足語
二一(一八八八)年	伴野乙弥『スウキントン氏英文典直訳』	ス	主意	依主働語	変形者 附属者	変形者 変化者	目的	完備
二一(一八八八)年	渡辺松茂『スウキントン氏英文典直訳』	ス	主格	確定	加添 附属	変改	賓格 目的物	充分 補充
二一(一八八八)年	朝野儀三郎『スウキントン氏英文典独案内』	ス	主意	属部	形容詞	改定語	物体	完意
二三(一八九〇)年	島田豊『スウキントン英文典独案内』	ス	主部	従部	属部	改定語	目的	補意語
三一(一八九八)年	嶋文次郎『邦文英文典』	ネ	主言	叙言	添加言		賓言	完成言
三一(一八九八)年	大谷鱸江『涅氏英文法摘要』	ネ	主	賓位	附属		目的	補充詞
三一(一八九八)年	井上十吉『英文典講義』	他	主辞	賓位	属詞		目的辞	補欠語
三一(一八九八)年	畔柳都太郎『邦語英文典』	他	主語	叙語	×		賓語	×
三三(一九〇〇)年	奈倉次郎『ネスフィールド氏第三英文典講義録』	ネ	主言	叙言	附属言		目的言	補助言
三三(一九〇〇)年	鶴田久作『ネスフィールド氏英文典講義』	ネ	主	叙言	添加語		目的	完了語
三三(一九〇〇)年	畦森到『ネスフキルド氏英文典巻弐直訳註解』	ネ	主辞 主言	叙言	添加言		賓言	完成言
三五(一九〇二)年	和田垣謙三『中学英文典』	他	主語	賓辞	×		×	×
四二(一九〇九)年	岡倉由三郎『ぐろうぶ文典』	他	主部 主語	叙述部	修飾部		目的語	補足部 補足語

注……分類欄のカはカッケンボス、ブはブラウン、スはスウィントン、ネはネスフィールドの文典の翻訳を示す。他は特定の文典に拠らないものを意味する。

以上のような用語のゆれは、これらの文典の多くが直訳という翻訳法を採ったことが第一の原因で、言い換えれば、それぞれの原典における用語の定義とそれに対する日本語訳のゆれに他ならない。たとえば、「Subject」については蘭学時代以来の「主」が一貫して用いられるが、「Modifier」では、カッケンボスの場合それを「limit」する機能を持つものとするため「極メ言・極メ詞」という訳語が用いられるのに対し、スウィントンではそれを「modify・enlarge」するものと定義するため、「改作・改定・更改・加添」などが当てられたと思われる＊2。

また「Predicate」の訳語について、ネスフィールドの文典を翻訳した嶋文次郎『邦文英文典』以降、「叙言」を用いるようになるが、これはネスフィールドが「Predicate」を、

The word or words which say something about the person or thing denoted by the Subject, as "went out," are called the Predicate. (p6)

と定義し、このうちの傍線部を嶋が「或ル事物ヲ述ブル一語若クハ数語」と訳したことに基づくと考えられる。

なお、嶋は、『邦文英文典』再版緒言において、

本書幸ニシテ大方ノ好評ヲ博シ，訳者ガ幾多ノ辛苦ヲ重ネテ創案若クハ整理セル訳語ノ如キモ先輩学者諸氏ノ承認ヲ得，教科書，参考書トシテ高尚ナルニモ拘ラス茲ニ再版ヲ発行スルニ至リシハ訳者ノ大ニ光栄トスル所ナリ．但シ訳者ノ更ニ喜悦ニ堪エザルハ近来出版セラルヽ英文典ガ卒ネ本書ニ出デタル訳語ヲ用ヰルニ至リ，為ニ学語一定ノ気運ヲ予想セシムル事ナリ．

とも述べ、嶋の訳語が当時一定の影響力を持ったことが知られる。

以上、英文典における「Subject・Predicate」について検討し、元になった文典の違いによって、訳語が変遷

していく過程を確認した。いま、国文典との関係という点から付言すれば、「主語」という用語はこれらの訳語の中に現れるが、「述語・修飾語」については、原則として用いられないことが分かった。ただし、明治四〇年代に至ってからではあるが、英文典に先立って複数の国文典を著している岡倉由三郎が、「主部・叙述部・修飾部」などの用語を使用している点は、注意される＊3。

5　明治時代の国文典における主語と述語の扱い

次に、明治期の国文典における主語・述語の扱いについて考える。国文典における文章論は、当初、英文典の枠組みに従ってその記述が始まったと考えられるが、明治三〇年代以降、日本語の実態に合わせ、さまざまな記述が試みられた。そのため、文の成分にどのような用語が充てられたかという点のみならず、文および文の成分の定義についても考える必要がある。以下は、英文典の「Subject・Predicate・Modifier」に対応する概念に問題を絞り、その記述法と用いられる文法用語を考えてゆくことにしたい＊4。

ア　明治二〇年以前

この時期の国文典は、文章論を欠くものがほとんどで、中に文章論を立てるものがあっても、その記述は係り結びに関する事項等に限られる。そのため、文の成分に関する用語は、品詞論中に散見されるにとどまる。

具体的には、名詞の主格に関する記述の中で、中金正衡『大倭語学手引草』（明治四［一八七一］年）の「主詞」、田中義廉『小学日本文典』（明治七［一八七四］年）・春山弟彦『小学科用日本文典』（明治一〇［一八七七］年）・物集高見『初学日本文典』（明治一一［一八七八］年）の「文主」が見られる程度で、述語・修飾語に対応する用語は現れない。

ただし、阿保友一郎『日本文法』（明治一五［一八八二］年）には、「主語・従語」という用語が見られる。これは総論において「地球ハ遊星ナリ」という例文を挙げ、

地球ハ遊星ナリ。

地球 遊星ハ名詞ナリ。ハハ後置辞ニシテ地球ニ従ヒテ其ノ主語ノ係リヲ示シ。ナリハ形状辞ニシテ従語ヲ承ケテ「遊星デアル」ト其ヲ解釈セシナリ。（上巻 一一ウ―一二オ）

と述べるもので、この場合、「地球」を主語、「遊星」を従語と見ているものと思われる。阿保の文典も文章論を欠くため詳細は不明だが、国文典における「主語」という用語の最初期の例である。

イ 明治二〇年から二九年まで

次に、明治二〇年代の国文典における文の成分論を概観したい。

［表3］明治二〇年代の国文典における文の成分の名称

刊年	著者・書名	主語	述語	修飾語（連体／連用）
明治二三(一八九〇)年	手島春治『日本文法教科書』	主語	確定語	拡張語
二四(一八九一)年	大和田建樹『和文典』	主	従	×
二四(一八九一)年	高津鍬三郎『日本中文典』	主部		属部
		主詞	処置詞	限定詞
二四(一八九一)年	岡倉由三郎『日本新文典』	主部	助部	×
		主語	助語	×
二四(一八九一)年	飯田永夫『日本文典問答』	主辞	説明辞	名状辞
二五(一八九二)年	木村春太郎『日本文典』	主格	客格	附属
二七(一八九四)年	大久保初雄『中等教育普通日本文典』	主部属	動作部属	×
		主詞	動作詞	延長語
二八(一八九五)年	岡崎遠光『日本小文典』	主位	賓位	×
		主辞	説明辞	限定辞
二九(一八九六)年	新保磐次『中学国文典』	主格	終結	×

表3は、この期の国文典から文の成分に関する記述がある文典を抜き出したものである。

このうち手島春治『日本文法教科書』は、「主語(むねことば)・確定語(きめことば)・客語(めあてことば)・拡張語(ひろめことば)」の四成分を立て、文の分析を行う最初の文典で、その構文図解は以下のようなものである。

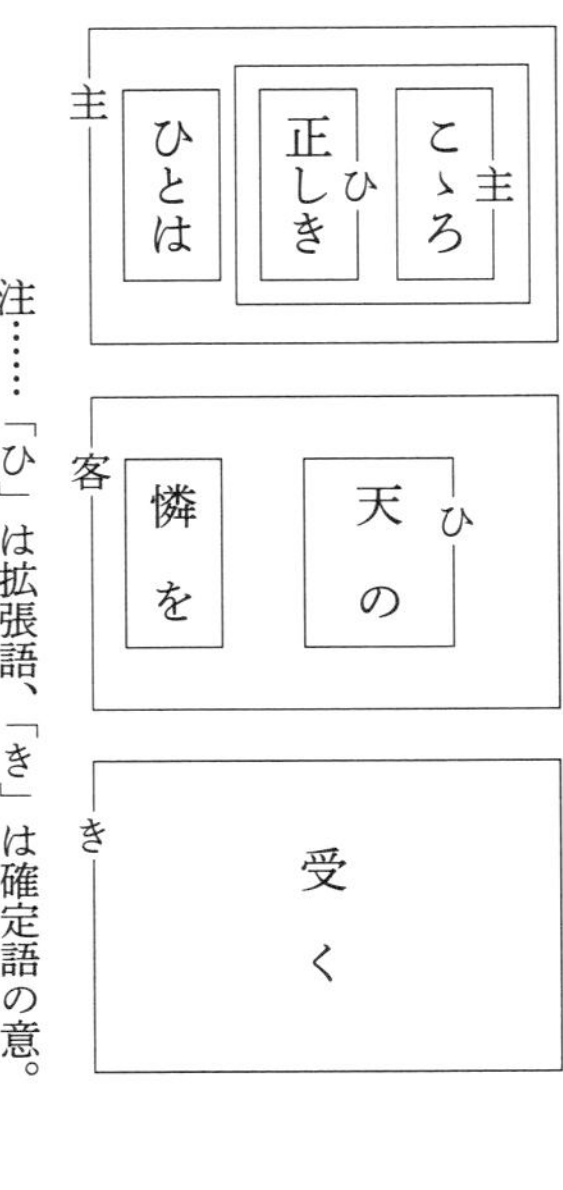

注……「ひ」は拡張語、「き」は確定語の意。

手島は「文章（sentence）」には「主語」と「確定語（＝述語）」が必須であるとするとともに、「ひとは」「憐を」など文節相当の単位もとに相互関係を図解している。その内容と使用する用語（主・拡張・確定）から見て、先に紹介したスウィントンの文典に依るものと考えられるが、ただしスウィントンの文典中ではこのような図解は用いられておらず、手島の独創なのかどうかは、不明である。

一方、同時期に著された高津鍬三郎『日本中文典』は、「文章の成分」として「主詞・処置詞・限定詞」の三種を認めるとともに、手島同様、文を「主部」すなわち「主詞」「処置詞（＝述語）」の完備から説く。また、「主詞・処置詞」を「単一なる言」を用いた「文法上の主詞・処置詞」と、「句」を用いた「文理上の主詞・処置詞」に分けており、こちらにはカッケンボスの文典の影響が見られる。

なお、岡倉由三郎『日本新文典』は、「主語・助語（＝述語）・客語」の三成分を認めるとともに、「愛らしき小児眠れり」「極めてうつくし」のような句から成る成分を「主部・助部」と呼び、「語」と「部」の区別を行っている。この区別は、後の大槻文彦『広日本文典』においても踏襲されている。

以上のように、この期の国文典における文の定義、文の成分の記述は、おおむね当時紹介されていた英文典の枠組みをそのまま日本語に当てはめてみたもの、という観が強い。また、文章論で用いられる用語について見れば、「主語」がこの期に現れ「主辞・主詞」などとならんで用いられるが、「述語・修飾語」は未だ現れていないことが分かる。各文典が用いる「述語・修飾語」に対応する用語はゆれが激しく、これらの用語が整理されていくのは、文章論研究が新しい段階を迎える三〇年代以降のことになる。

ウ　明治三〇年から三五年まで

明治三〇年は、大槻文彦『広日本文典』が刊行された年で、この文典をもって、明治前期に行われた文典編纂が品詞論を中心に整理され、明治後期における文典編纂の土台となった。一方、前期において手薄であった文章論研究は、この期以降、研究が盛んになり、合わせて口語文典の編纂も行われ始める。

［表４］明治三〇年代前半の国文典における文の成分の名称

刊年	著者・書名	主語	述語	修飾語（連体）	修飾語（連用）	備考
明治三〇（一八九七）年	大槻文彦『広日本文典』	主部	説明部	×		
		主語・文主	説明語	修飾語		
三〇（一八九七）年	岡直盧『中等教育国文典』	主詞	説明	×		
三一（一八九八）年	杉敏介『中等教育日本文典』	主	用	客		
三一（一八九八）年	白鳥菊治『新撰日本文典』	文主格	説明格	分定格	限定格	「象の鼻長し」「象は鼻長し」における「象の・象は」をともに「分定格」とする。
三一（一八九八）年	三土忠造『中等国文典』	主語	説明語	修飾語		
三二（一八九九）年	大林徳太郎・山崎庚午太郎『中学日本文典』	主語	説明語	装飾語		
三二（一八九九）年	後閑菊野・佐方鎮『女子教科普通文典』	主	従	属		
三二（一八九九）年	瓜生篤忠・喬『国文法詳解』	主格	説明格	限定格		
三二（一八九九）年	下田歌子『女子普通文典』	主部	属部	×		
三二（一八九九）年	鈴木忠孝『新撰日本文典』	文主	説明部	形容語		
三三（一九〇〇）年	佐藤仁之助『中学文典』	主語	説明語	×		
三三（一九〇〇）年	岡田正美『新式日本文法』	主部	述部	×		

三三(一九〇〇)年	森下松衛『中学国文典』	主語	説明語	修飾語	
三三(一九〇〇)年	普通教育研究会『中学教程新撰日本文典』	主辞	説辞	装辞	
三三(一九〇〇)年	岡田正美『日本文法文章法大要』	主部 主語	説述部 説述語	× 添加語・修飾語・添飾語	
三四(一九〇一)年	藤井籛『日本文典』	主語	説明語	修飾語	
三四(一九〇一)年	前波仲尾『日本語典』	主部	属部	約束語	
三四(一九〇一)年	岡倉由三郎『新撰日本文典 文及び文の解剖』	主部 主詞 主語	叙述部 叙述詞 叙述語	属部 連体詞・連用詞 連体語・連用語	自立語のみの成分を「語」、助詞を伴うものと合わせた総称を「詞」とする。
三四(一九〇一)年	松下大三郎『日本俗語文典』	主辞	説辞	属辞	
三四(一九〇一)年	松平円次郎『新式日本中文典』	主部 主語	説部 説語	× 係属語	
三四(一九〇一)年	金井保三『日本俗語文典』	主語	説明語	×	
三四(一九〇一)年	草野清民『草野氏日本文法』	主語・文主	説語	修飾語	「象は体大なり」の「象は」を「総主語」とする。
三四(一九〇一)年	石川倉次『はなしことばのきそく』	あるじご・しゅご	ときあかしご・せつめいご	×	

三四(一九〇一)年	芋川泰次『日本文法教科書』	主語	説明語	修飾ノ語	
三四(一九〇一)年	高木尚介『中等皇国文典』	主部	叙述部	×	
		主語	説明語	添加語	
三四(一九〇一)年	塩井正男『中学国文典』	主語	説明語	修飾語	
三四(一九〇一)年	野崎茂太郎『文の解剖』	主語	説明語	修飾語	

まず、大槻の『広日本文典』は、「主語・説明語・客語・修飾語」の四成分を立て、文の分析を試みるとともに、文を「主語ト説明語(=述語)トヲ具シタルハ、文ナリ、文ニハ、必ズ、主語ト説明語トアルヲ要ス(第四九三節)」と定義している。大槻の立てる文の成分自体は、二十年代の文典と変わりはないが、その用語は、

> 主語、又ハ、文主ハ、英文法ニイフSubjectニテ、説明語ハ、Predicateナリ、客語ハObjectナリ、修飾語ハModifierナリ。
>
> (『広日本文典別記』三〇二節)

右の引用からも分かるように、英文典をその下敷きにしたもので、飯田の『日本文典問答』が「Predicate」の意味で用いた「説明辞」を「説明語」という形で受け入れるとともに、新たに「Modifier」に「修飾語」という用語を当てる点、注意される。この用語法は、表4からも分かるように、その後の国文典に大きな影響を与え、明治後期において広く用いられることとなった。

なお、「文章の解剖」においては、さきに触れた岡倉の『日本新文典』同様、文の成分を「主語・説明語・客語」などの「語」と、それに修飾語の加わった「部」という二つのレベルに分けて、記述を行っている。

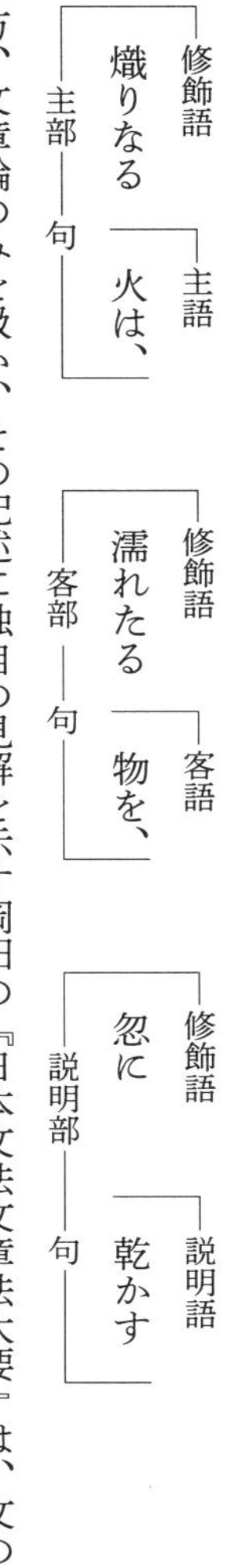

一方、文章論のみを扱い、その記述に独自の見解を示す岡田の『日本文法文章法大要』は、文の主要な成分として以下のようなものを立てている。

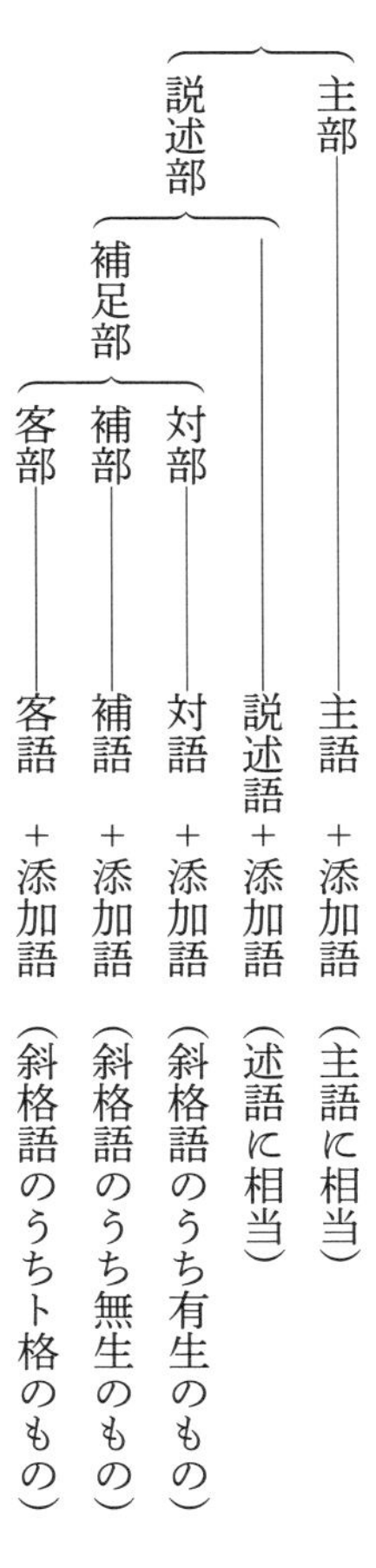

岡田における文の成分論の特徴としては、それまで文を大きく「主語・客語・説明語」の三類に分けていたものを、「主部・説述部」の二類に分けることとし、客語の類を説述部のうちに含めたことが挙げられる。このような扱いは、この時期に用いられたネスフィールドの英文典においても行われているが、岡田の文典では、単なる英文典の模倣にとどまらず、「対部・補部・客部」の別や、

副部……昔、小野篁といふ人ありけり。　（時の名詞から成る連用成分）

提部……不忍池、詩人之を小西湖といふ。　（題目成分の一部）

独立部…君、此三奇士を知れりや。　（独立成分）

右のように主部・説述部の外側に立つ独自の成分を認めるなど、その是非はともかくも日本語に即した記述を試

みているように思われる。また、文の図解において、助詞類を文の成分の外側に位置するものとして扱う点も特徴的である。岡田の図解法を以下に示す＊5。

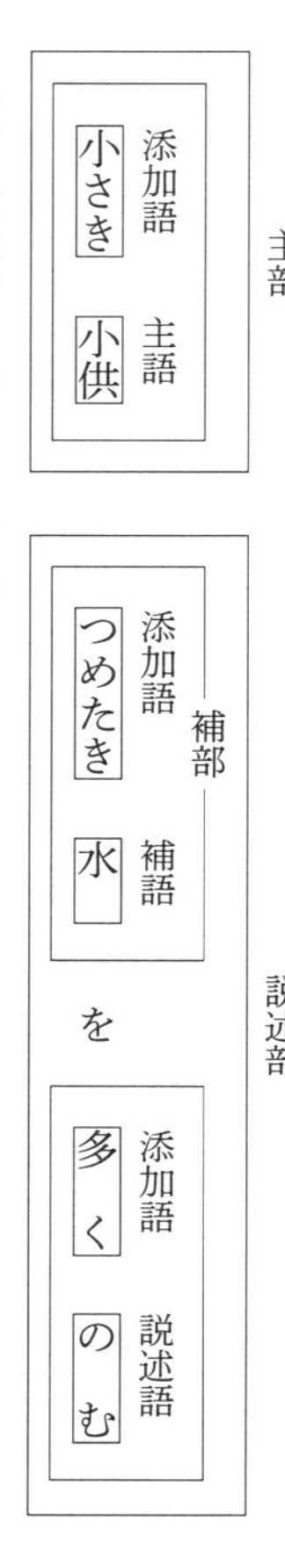

この種の文章論のみを説く文典としては、この他に岡倉由三郎『新撰日本文典―文及び文の解剖―』がある。岡倉は、修飾語を「連用語・連体語」に二分するとともに、以下のような図解を試みている。

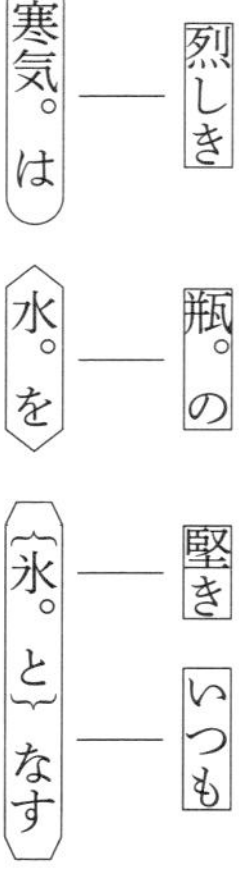

烈しき　瓶。の　堅き　いつも

寒気。は　水。を　氷。と　なす

以上のように、この期の文章論は、三〇年代から用いられはじめたネスフィールドの文典などを参照しながらも、その一方で日本語に即した文の記述を試みている。もちろん岡田・岡倉も文を主述の完備から定義するなど、英文典の影響が依然として認められるが、全体としては文章論研究の深化を見ることができる。また、用語については、ネスフィールドの文典の翻訳が「Predicate」の訳語に「叙言」を用いたこともあってか、「説述部・述部・叙述部」などの用語も見られるようになり、また岡倉のように修飾語を「連体語・連用語」に分ける扱いもあるが、全体としては、三土忠造『中等国文典』をはじめ教科書文典を中心に、大槻が用いた「主語・説明語・修飾語」が一般的な用語となっていったようである。

なおこの時期には、草野清民が「総主」の論を提唱し、いわゆる総主語論争が起きたが、この点については、最後に触れることにしたい。

エ　明治三五年から明治四一年まで

最後に明治三〇年代後半から明治四一年までの文章論を見ることにしたい。この期は、教科書文典を中心に三〇年代前半の文の成分論が引き継がれるとともに、明治四一年に至って、岡澤鉦次郎・山田孝雄・三矢重松の三人が相次いで理論的な文典を公にした時期である。

［表5］明治三〇年代後半以降の国文典における文の成分の名称

刊年	著者・書名	主語	述語	修飾語		備考
				連体	連用	
明治三五(一九〇二)年	新楽金橘『中等教育実用日本文典』	主語	説明語	形容語		
三五(一九〇二)年	岡田正美『解説批評日本文典』	主部	説明部・述部	×		
		主語	説明語・述語	修飾語・添加語		
三五(一九〇二)年	日野篤信『摘要日本文典』	主部	説明部	×		
		主語	説明語	修飾語		
三五(一九〇二)年	小林稲葉『日本俗語文典』	主語	説明語	修飾語		

年	著者・書名	主	述	添加	備考
三五(一九〇二)年	三石賤夫『日本文典』	主部	賓部	添加	「名詞+なり」から成る賓部は「賓辞(名詞)」と「叙辞(なり)」に分解される。
		主辞	叙辞	形容詞体／副詞体	
三五(一九〇二)年	佐々政一『日本文典』	主部	述部	×	
		主語	述語	修飾語	
三五(一九〇二)年	糸左近『雅俗対照和漢乃文典』	題部	叙部	×	
		題語	叙語	附加語	
三五(一九〇二)年	吉田弥平・小山左文二・小島政吉『国文典教科書』	主部	叙述部	×	
		主語	説明語	修飾語	
三六(一九〇三)年	横地清次郎『国文法教科書』	主語	述語	添加語	
三六(一九〇三)年	教育学術研究会『師範教科国語典』	主部	説明部・叙述部	×	
		主語	説明語	修飾語	
三六(一九〇三)年	明治書院編輯部『女子日本文典』	主語	説明語	修飾語	
三六(一九〇三)年	金沢庄三郎『日本文法論』	主部	説明部	×	主部とは別に「総主」を立てる。
		主語	説明語	修飾語	
三七(一九〇四)年	畠山健『中等日本文典』	主部	説明部	修飾語	主部・説明部とは別に「総主・総説部」を立てる。

年	著者・書名	主語	述語	修飾語	備考
三七(一九〇四)年	芳賀矢一『中等教科明治文典』	主語	述語	修飾語 形容詞的修飾語 / 副詞的修飾語	主語とは別に「文主(総主語相当)」を立てる。
三八(一九〇五)年	小山左文二『日本文法の解説及び練習』	主部	説明部	×	
		主語	説明語	修飾語	
三八(一九〇五)年	六盟館編輯所『国文典表解』	主語	説明語	修飾語	
三八(一九〇五)年	宮脇郁『論理的日本文典大意』	主部	述部	×	主語とは別に「提部(総主語相当)」を立てる。
		主語	述語	修飾語	
三八(一九〇五)年	和田万吉『日本文典講義』	主部	用部	×	
		主辞	用辞	属辞	
三九(一九〇六)年	吉岡郷甫『日本口語法』	主語	説明語	修飾語 形容的修飾語 / 副詞的修飾語	主語とは別に「総主語」を立てる。
三九(一九〇六)年	鈴木暢幸『日本口語文典』	主部	述部	×	
		主語	述語	附属語	
四〇(一九〇七)年	林治一『日本文法講義』	主部	叙述部・説明部	×	主語とは別に「文主(総主語相当)」を立てる。
		主語	述語	修飾語	

年	文典					備考
四一（一九〇八）年	岡澤鉦次郎『教科参考日本文典要義』	被述部	述定部	×		主格・斜格の成分を総称して「主素」とする。
		×	従素	装定素	限定素	
四一（一九〇八）年	山田孝雄『日本文法論』	主語	述語	連体語	修飾語	「名詞＋なり」は「賓語（名詞）」と「述語（なり）」に分解される。
四一（一九〇八）年	三矢重松『高等日本文法』	主語	叙述語	修飾語 連体語	連用語	

まず文の成分に当てる用語については、岡田正美が当時の文典を解説した『解説批評日本文典』（明治三五［一九〇二］年）の「説明語」の項目において、「予自らは説明語のことを述語とよぶ（下巻一七八ページ）。」と述べ、「述語」という用語が「説明語」に取って代わっていく点が注意される。岡田自身は、すでに見たとおり、「説述語・述部」などを用いていたわけであるが、この頃を境に、佐々政一『日本文典』や芳賀矢一『中等教科明治文典』など、教科書文典を中心にこの語が用いられはじめ、山田孝雄『日本文法論』も述格の語の意で「述語」を用いている。なお、吉岡郷甫『日本口語法』は、初版では「説明語」を用いていたが、明治四三年に出版した改定版では、これを「述語」に改めており、「述語」という用語が「主語・修飾語」と並んで、定着していく様子がよく分かる。

一方、文の成分の扱いについては、明治四一年に刊行された三種の文典が注目される。このうち岡澤鉦次郎『教科参考日本文典要義』は、文を大きく「被述部」と「述定部」とに分ける「割断的分解」とともに、文を以下に示す四成分から記述する「想素的分解」を行う。

とも（主素）　ふたり（限定素）　こゝ（主素）　に　きたる。（従素）
けふ　の（装定素）　かぜ　は（主素）　きのふ　の（装定素）　かぜ　より（主素）　さむし。（従素）

想素的分解においては、主格だけでなく斜格の成分も合わせて「主素」として扱われ、この時期の文典としては特徴ある文の成分観を示している。

また、三矢重松『高等日本文法』は、文の基本成分を「主語・叙述語・客語・修飾語」の「四部」とするとともに、「四部は詞又は詞辞の結合せる者よりなる。本篇にありて之を『語』と称す。辞は部をなすこと能はず。(四三七ページ)」と述べ、「語」を文の成分たりうる自立形式の表現と捉えている点、文の成分の単位論的位置付けが明確になっており、進歩が見られる。

なお、山田孝雄『日本文法論』は、文法論を大きく「語論」と「句論」とに分け、「句」を「文」を構成する「文素」として位置付けるとともに、「句」を内面的には「統覚作用の活動の唯一回なるもの」、外面的には「単一思想が言語によりてあらはされたる一体」であり「他と形式上独立したる一完全体（一一八四ページ）」と定義する。山田における「文」は、主語・述語の完備という点からは定義されず、また、文の成分ではなく「句」を文の構成素と考えるため、他の文典のように語の相関を説く部門としては句論は位置付けられていない。

ただし、いわゆる語論の「語の位格」の項目においては、語の職能として「呼格・主格・賓格・補格・述格・連体格・修飾格・接続格」を認め、それらの格を取る語を「主語・述語」などと呼んでいる。

6　まとめ　総主語論争における「主語」と「述語」

以上、明治期の文章論における文の成分の扱いを、「主語」「述語」を中心に概観してきた。ここまでを整理すると、おおよそ次のようになろう。

ア　明治二〇年代に英文典におけるSyntaxの記述を模倣し、日本語の文章論研究がスタートした。当初立てられた文の成分は、英文典における「Subject・Predicate・Adjunct」などをそのまま国文典に持ち込んだものであった。

イ　明治三〇年代に入ると、模範とする英文典がスウィントンなどからネスフィールドに変わるとともに、日本語に即した文の構造の記述が行われはじめ、英文典のSyntaxには見られない文の成分を立てたり、総主のような日本語独自の統語的現象が論じられるようになる。

ウ　用語のうえでは、「主語」は明治二〇年代から使用され、また明治三〇年の大槻文彦『広日本文典』以降、「説明語・修飾語」が広く用いられるようになった。これらの用語は、英文典の翻訳との共通性も一部に見られるが、全体としてみるとむしろ国文典の内部で文法用語が整えられていったという観が強い。

エ　なお、「述語」という用語が国文典で用いられるのは、明治三五年以降で、この用語は明治四〇年代に入ると、次第に一般的なものになっていく。

このように、明治期の国文典における文の成分という概念は、英文典から移入されたものであったが、その分類やそこで用いられた文法用語は、むしろ国文典の内部で醸成されてきたものであった。特に一番最後に定着していく「述語」という名称は、日本語の統語論研究と密接に関連しながら生まれ出てきたもののように思われる。

この点について、最後に補足しておきたい。

すでに触れたとおり、「述語」という用語は、岡田正美の文典が初めて用いた名称のようである。と同時に、草野清民が雑誌『帝国文学』で問題提起した、いわゆる「総主語論争」の中でも、岡田はこれに類した用語を用いている。

草野清民は、「国語の特有せる語法—総主—」（明治三二［一八九九］年）において、

総主は常に、（第一）他の一個の完全なる説話（主語説語の二を具足せる）に対して再度の主語たるへき事（第二）第二類弖爾波に依りて必す下文に承接せらるへき事。の二条件を具ふべきなり（二六ページ）

と述べ、「象は体大なり」「鳥獣虫魚皆性あり」「酒は我飲まず」における傍線部を「総主」と認めている。

これに対して岡田正美は、「文法における文章の総主—本主語・正主語・提部」において、「酒は我飲まず」における「酒は」のように、動詞と斜格の格関係を持つ語を「提部」として「総主」から外す一方、「象は体大なり」における「象は」を「真正の総主」とし、次のような分析を行っている（七号六〇ページ）。

＊「章」は、Clause にほぼ相当する。

具体的には、「体」が「象」の一部分であることに注目し、このような場合にのみ、「象」を「本主語」、「体」を「支主語」と呼ぶとともに、「体大なり」のような本主語「象」の一部分の説述たるにとどまる成分を「支述

章」として扱っている。すなわち、いわゆる二重主語文において成立する主語・述語の関係を、「本主語／支述章」「支主語／支述語」という概念で捉えているわけで、日本語の文の構造の研究の中から「支述章・支述語」などの用語は生まれてきたわけである。

もちろん既に見たとおり、嶋文次郎『邦文英文典』が「Predicate」に「叙言」の語を充て、「或ル事物ヲ述ブル一語若クハ数語」と定義するなど、英文典側の記述も「述語」という用語を支えたとは思われるが、複数の品詞が述語として機能し得る、そしてそれが文の要となる日本語の記述の中こそ「述語」という概念・用語が重要視されたのではないか。その意味では、「述語」という用語の萌芽が総主語論争の中に見られるのは、日本語の統語論にとって象徴的な出来事のように思われるのである。

本章では、「主語」「述語」という文法用語を中心に、明治時代の文章論の変遷を考えた。もとより、当時の国文典において扱われた文の成分をすべて網羅したわけではなく、動詞補語の記述や接続語・独立語の扱いなどについては、さらに調査を進めたい。

＊1　英学史および英文典の書誌については、日本の英学一〇〇年編集部『日本の英学一〇〇年　明治編』（一九六八）、豊田実『新訂版　日本英学史の研究』（一九六三）、佐藤良雄「明治百年の国文典における西洋文典の影響」（一九六九）などを参考にした。

＊2　島田豊『附音挿図　和訳英字彙』（明治二一［一八八八］年）では、「Modify」の訳語に「改作スル・節制スル」などを、「Enlarge」の訳語に「張大スル・拡充スル・敷衍スル・加添ス

ル」などを当てている。

＊3　文法論以外の分野における「Subject・Predicate」の訳語について補足する。大西祝『論理学』（明治二六［一八九三］年）は、「Subject」を「主語あるいは主辞」、「Predicate」を「客語あるいは賓辞」、「Copula」を「繫辞」と訳す（一八ページ）。なお、山田孝雄『日本文法論』における「主語・賓語・述語」は、この「Subject・Predicate・Copula」に対応するものと考えられる。

＊4　明治時代の文章論全般については、森岡健二（一九九四）附録「明治期の文章論」を参照されたい。

＊5　この図は、岡田が示す文の構造図に、筆者が岡田の掲げた用例をあてはめたものである。

終章

1 明治期日本語文法研究史の特質

「明治時代は文法研究の時代である」と序章で述べた。そしてその背景には、日本語・日本語研究の「近代化（西洋化）」という本質的に矛盾を内包した目標が存在する時代性があった。しかし、矛盾はどこかで露呈する。近代化の揺り戻しである。日本語文法研究史の場合、それは明治時代に二回起こったと考える。

第一の契機は、明治一〇年頃までの洋式日本語文典の隆盛である。これは、日本語の近代化に教育現場で用いる教科書編纂という形で応えたもので、そこで用いられた西洋文典直訳式の記述態度には問題も多く、明治一〇年代に入ると、江戸時代的な伝統的日本語文典の刊行が相次いだ。このような状況のもと、「文法会」という洋学者と国学者の議論・対話の場から生み出されたのが、大槻文彦「語法指南」（明治二二［一八八九］年）であった。

この明治前期の約二〇年を一つの周期とするならば、次の揺り戻しは、明治時代全体をかけた約四〇年の中で再び現れた。それは、大槻の「語法指南」により一応の解決を見た近代日本語文法の枠組みを批判の対象として、それが日本語の本質に適っているか否かを検討した明治後期の二〇年間である。その結果、山田孝雄『日本文法論』(明治四一［一九〇八］年)や松下大三郎のその出現に対する批判的研究が、理論的深化とともに、より実態に即した日本語・日本の言語文化の把握を目指して出現するに至った。本書では、このような明治期日本語文法研究史における約二〇年・四〇年という二つの周期を、幕末・明治期のオランダ語・英語研究も視野に入れつつ、第Ⅰ部から第Ⅲ部に分けて概観したことになる。

このうち、明治時代の品詞論を考えた第Ⅰ部では、品詞の大分類、助詞・形容詞の位置付け、動詞の活用記述、「時制」という範疇の導入のありさまを明治前期を中心に検討した。その際、切り口としたのが「品詞論における伝統的国語研究と西洋文典の利用」という問題である。西洋文典の枠組みを語性の異なる日本語に適用するには、その枠組みの原理を理解しつつ、日本語の実態に合わせて修正する必要が生じる。そのためには、西洋の言語研究のみならず、日本における伝統的国語研究をどのように捉えるかという「解釈」の問題が、明治期の文法研究者には課せられることになった。本書の扱った範囲に限って言えば、

ア　西洋の品詞分類および日本の伝統的語分類は、どのような基準によって成されたものか。

イ　西洋の「Conjugation」と日本の伝統的「活用」の概念には、どのような差異が存在するか。

という二点が問題となり、アについては西洋の品詞分類と日本の伝統的語分類を接続しつつ近代的な品詞分類を確立し、イについては伝統的活用研究の成果を明治以降も引き続き利用する結果となったことを確認した。

一方、第Ⅱ部の明治以降の統語論研究については、「西洋文典の統語論に日本語は収まるか」が新たな切り口として浮かび上がった。西洋の言語理論の受容とともに、改めて日本語そのものの観察が必要となったのである。日本語統語論については、参照すべき江戸時代の研究が、西洋的な統語論に対応する体系的な研究としては成さ

れていないことと同時に、そもそも文法単位という感覚が江戸期には薄弱なため、英語やドイツ語などの西洋文典における統語論の枠組みをまずは用いつつ、それが日本語研究に適用可能なものかを確認する作業が行われることとなった。

ウ　文法論を考えるうえで必要な「Word」「Sentence」に応じた単位を日本語においてどのように設定するか。

エ　日本語統語論においてどのような文の成分や統語的機能を想定するか。

右の二点がまずは議論の対象となった問題で、ウについては、山田孝雄・松下大三郎の間で助詞・助動詞を「語(word)」と認めるかという点から議論があり、またエについては、教科書文典も含め、さまざまな文の成分の記述が試みられた。ウ・エの両者は、最終的に日本語における構文図解をどのように行うかという問題につながり、またその際、西洋の言語では問題とならない「総主語文」のような日本語の文型の扱いに議論は波及した。これは、西洋の言語理論のより深い理解を通した、新しい文法論上の概念や記述の枠組みの創造を促すとともに、最終的に欧米の言語との対照をいったん経由した日本語固有の文法現象の発見につながっていったと考えられる。

なお第Ⅲ部では、右のアからエを踏まえた、

オ　個々の文法研究者が行った日本語文法研究に関するケーススタディー

カ　今日使用される基礎的文法用語のルーツをさかのぼる調査報告

を行った。このうちオでは、明治前期の西周、明治後期の松下大三郎をとりあげ、両者の研究の成立過程を稿本・雑誌論文類の内容および人的交流の側面から検討しながら、彼らの「品詞論における伝統的国語研究と西洋文典の利用」が同時代的にみてどのような水準に達しており、かつ現代の視点からいかに評価しうるものか、ケーススタディーを行った。

また合わせて、今日中学校・高等学校における国語教育・英語教育の現場で一般的に用いられる「品詞」「主語・述語」という文法用語について、その語誌が必ずしも明らかではないことを指摘し、用語の成立過程を日本語文典のみならずオランダ語・英語の文典類の状況も射程に入れながら、対象とする言語の別を越えた基礎的文法概念・文法用語の確立の問題として調査・考察した。

以上のいずれの問題を取り上げても、江戸時代とは記述の枠組みが変わった明治時代の日本語文法研究の特質を考えることとなった。ただし、この新しい枠組みは、「伝統的国語研究と西洋文典の枠組み」を完全に包括するものではないということも指摘しておきたい。江戸時代までに気づかれていながら明治以降の枠組みからこぼれ落ちてしまった現象、西洋文典の原理が日本語への適用の際に変容してしまった部分、この両者が存在していると考えられる。現代の日本語文法研究は、そのような性格を帯びた明治時代の遺産の上に成立している。

2　明治期文法研究史に必要な今後の課題

以上述べてきた本書の調査・研究は、序章において示した日本語文法研究史を考えるための方法論、具体的には、「静的視点／動的視点」「図／地」「ストーリー／プロット」といったキイワードを意識しつつ、その実践として行った。ただし、明治期における日本語文法研究の全体像の把握を優先したため、調査報告に止まった章も複数存在する。以下は、方法論的な切り口ごとに、今後の課題として残された部分について付言しておきたい。

ア　扱う資料の選択（静的視点）

①図と地

明治期の品詞分類については、第Ⅰ部を中心に、その全体像を「品詞論における伝統的国語研究と西洋文典の利用」という観点から示した。その結果、西周・大槻文彦・松下大三郎・山田孝雄といった著名な文法研究者が、伝統的な「体言」という概念を名詞類に限定して用いるのに対し、当時の多くの教科書文典類が「体言」を活用しない自立語と捉え、副用語類を「体言」に含める品詞分類を採用する点が確認できた。著名な研究の背後に隠れた「地」としての教科書文典類の状況を押さえることを通して、品詞の分類原理に内在する問題点が改めて現れてきたわけである。

なお、文の成分の記述、単語・文・節などの文法単位の定義については、未調査の部分が残るため、図と地のコントラストの有無やその状況をまだ明らかにできていない。また、単語以下の形態素を単位とした語形成論的な記述についても、明治以降の展開も視野に入れれば、取り上げるべき問題であろう。

②考察対象となる文典・研究者と関連する資料群

本書においては、第Ⅲ部において、西周・松下大三郎による文法研究の成立過程を稿本・雑誌論文類の内容から検討した。これは具体的な研究者を取り上げることにより、「図と地」といったマクロの視点とともにミクロの視点からも明治期の研究状況を押さえたいという意図によるものだが、その点から考えれば、末尾の「〈本書で調査・引用した〉日本語文典、蘭・英文典、その他同時代資料書目」を一覧しても分かるとおり、西・松下と同様に多くの文献を参照することとなった大槻文彦の文法研究を、総体として評価する必要を感じる。大槻文彦による日本語文法研究の展開については、古田東朔「大槻文彦伝」（一九六九―一九七一）が詳細な検討を行っており、さらに草稿・稿本類の調査を行い、大槻文法の成立過程をより詳しく描き出すための基礎資料を蓄積していきたい。なお、大槻文彦・西周ともに、稿本として残る資料群の翻刻も急がれる課題である。

また、教科書文典類についても、国立国会図書館所蔵本以外の文献については、調査が行き届いていない。その書目については、山東功（二〇一二）が一部を示しており、その内実の検討も、山東功（二〇〇七）をはじめ、森田真吾（一九九九・二〇〇〇）による大槻文彦・芳賀矢一の文典の国語教育から見た位置付け、および矢澤真人（二〇〇六）における三土忠造の文典が当時の文法研究に与えた影響の指摘など、複数の先行研究により行われている。明治期の文法研究が国語科教育の場に与えた影響、さらにはそれがどの程度の社会的な広がりをもっていったのかを考えるためにも、基礎的調査・研究がさらに必要である。

イ　プロットを考える視点（動的視点）

①研究者相互および研究者と社会状況の関係

研究者相互の関係についても、第Ⅲ部において、明治後期の松下文法の成立過程とともに若干の考察を行った。さらに西周については、西周が日本語研究を行うに当たって参照した西洋文典および伝統的日本語研究を特定すること、大槻文彦については、彼が主宰した「文法会」の内実にさらに迫ることが当面の課題である。他の研究者についても、その日記・伝記類の収集を継続していきたい。

また、明治期に教科書・文法書を刊行し続けた金港堂のような出版社に着目した研究も必要である。金港堂については、稲岡勝（一九九四）が参考になるが、他の出版社とともにさらなる調査が必要である。

なお、第2章では、明治時代の時制記述が当時の文語文体とどのように関わるか若干の検討を加えた。明治文語、および言文一致体・口語体の成立史は、明治期の日本語を考えるうえで重要な課題であり、日本語文法研究に対する時代の要請とも密接に関係する。今後は、狭義の文法研究のみならず、山田美妙を文法研究者として捉えた場合どのように評価できるかなどの視点も必要である。

②特定の枠組みから見た研究の系譜

本書では、西洋的な文法概念からは「品詞」「活用」「時制」などの文法範疇、および「語・節」といった文法単位の概念、伝統的な語分類意識の中からは「テニヲハ」という用語を取り上げ、その記述の類型と展開を明治期全体にわたり概観した。この種の研究を行うには、オランダ語・英語・ドイツ語などの外国語研究史や江戸時代の伝統的な文法研究が、明治時代の研究者からどのように見えていたかを改めて検討しなければならず、外国語学の先行研究も視野に入れる必要がある。

文法範疇の史的展開については、近代文語文典の時制認識について、鈴木泰（二〇〇九）が明治以降昭和期まで範囲を広げ、その記述のあり方を類型化しており、また井島正博（二〇〇九）が明治期における推量の助動詞の扱いを追いかけつつ、「推量」という範疇の問題を検討している。さらに日本語文法における「代名詞」、名詞の「格」、動詞の「法」・「態」（たとえば、岡倉由三郎『日本新文典』の「迷惑の意を示す受動詞」、那珂通世『国語学』の「直接間接ノ受身」）などの文法範疇を取り上げ、研究史からこぼれた文法概念・キイワードを発掘しながら、明治以降の研究史を記述していかなければならない。

なお、文法書の著述者の属性という観点からは、外国人の日本語研究、および日本語教育のための文法書編纂を取り上げるべきだが、本書ではほとんど触れられなかった。両分野についても、すでに先行研究の蓄積があるが、本書で取り上げた日本語文法研究との関わりの検討が今後の課題となろう。

ウ　文法用語の語誌

文法用語の語誌については、本書では、わずかに「品詞」「主語・述語」のみを取り上げることとなった。すでに北原保雄編『日本語文法論術語索引』（一九八二）が存在し、明治以降の状況を大づかみに捉えることは可能だが、取り上げられている明治期日本語文典の数は限られ、また蘭・英文典における用語の実態は、調査対象とされていない。

今後も「江戸・明治期文法用語索引（稿）」の作成という形で調査を継続し、対象とする言語の別を越えた文法用語の語誌を構想しながら、基礎資料を蓄積していく。

3　結語

以上のとおり、考察すべき課題は山積している。調査報告に終始した問題も多い。本書は「明治期日本語文法研究史」の「基礎的研究」であって、さらにどのような歴史を語り得るかが今後の課題となる。

明治期における国語・国語学の成立状況、すなわち明治期の人間が日本語をどう捉え直したかを、日本語文法研究史の角度から明らかにするためにも、国語学のみならず、外国語学の分野の研究も広く参照しながら、その前提となる資料の収集・整理に引き続き取り組んでいきたい。

謝辞

筆者と国語学史研究の出会いは、上智大学文学部国文学科の二年次生の頃、後にご指導いただくことになる森岡健二先生と大学院の諸先輩方が読書会で足立巻一氏の『やちまた』を読んでいるとうかがったことに始まる。自分も読んでみようと手に取ると、あっという間に引き込まれてしまい、その後、松岡洸司先生の演習で鶴峯戊申の『語学新書』について取り上げ、森岡健二先生のもと、時代を明治時代に移して卒業論文に取り組むこととなった。これが本書の出発点である。

明治期の日本語文法研究史を考えるに当たっては、森岡研究室牛の会および近代語研究会において発表の機会をいただき、さまざまなご助言を賜ったことに感謝申し上げたい。ただ、元来仕事が遅いうえ、国語学史を研究する意義から考え込むことも多く、ある程度まとまった調査を行うのに、必要以上の時間が掛かってしまった。森岡健二先生、松岡洸司先生に、今となっては本書をご批判いただけないのが、何とも悔しい。

なお、『明治期における日本語文法研究史』として本書をまとめるにあたっては、ひつじ書房の森脇尊志氏、鈴木紫野氏に一方ならぬご助言・ご援助をいただいた。また、校正作業では上智大学特別研究員遠藤佳那子氏、索引の作成では聖心女子大学大学院生の妻紀子にも助けてもらった。ここに記して御礼申し上げる。

（本書は、平成二八年度科学研究費・研究成果公開促進費［課題番号:16HP5058］の助成を受け刊行するものである。）

初出一覧

序章　明治期日本語文法研究史の方法
1　明治時代と日本語文法研究　（書き下ろし）
2　国語学史の方法論―本書の作業手順　（書き下ろし）
3　国語学史と国語学―本書の立場　（書き下ろし）

第Ⅰ部　明治期日本語文法研究史の全体像1―明治時代の品詞論とその源流
第1章　品詞分類における伝統的国語研究と西洋文典の利用
…「明治後期における国文典の問題―品詞分類における伝統的国語研究と西洋文典の利用―」（『上智大学国文学論集』二一号・一九八八年）
…口頭発表「明治時代の国文典における品詞分類―品詞の分類法という観点から―」（近代語研究会第五四回・於国立国語研究所・一九八七年一一月二一日）

第2章　明治前期のテニヲハ観―助詞の定義と下位分類を中心に
…「明治前期のテニヲハ観」（『上智大学国文学科紀要』三一号・二〇一四年）
第3章　明治時代の形容詞・形容動詞論―品詞の定義と語の認定法の観点から
…「明治時代における形容詞・形容動詞論―品詞の定義と語の認定法から―」（『福岡女学院大学紀要』四号・一九九四年）
第4章　明治時代の活用研究
…「明治時代の活用研究」（『福岡女学院大学紀要』八号・一九九八年）
第5章　明治期の日本語研究における時制記述
…「明治期の日本語研究における時制記述」（『上智大学国文学科紀要』二三号・二〇〇六年）

第Ⅱ部　明治期日本語文法研究史の全体像2―明治時代の統語論における単位の設定

第1章　「語」の単位認定
…「「語」という単位をめぐって」（『福岡女学院大学紀要』六号・一九九六年）
第2章　「準用」論の展開
…「準用論の展開」（『福岡女学院大学紀要』七号・一九九七年）
第3章　明治時代の「文の成分」論
…「明治期の日本語文典における文の成分」（『国文学　解釈と鑑賞』七五巻七号・ぎょうせい・二〇一〇年）

第4章　統語論におけるクローズ（節）の扱い
　…「「クローズ」論の展開（一）」（『上智大学国文学科紀要』一七号・二〇〇〇年）

第Ⅲ部　明治期日本語文法研究史の種々相
第1章　西周の文法研究―「ことばのいしずゑ」と西周文書「稿本（四）」の関係を中心に
　…「西周の国語研究―西周文書『稿本（四）』をめぐって（上・下）」（『上智大学国文学科紀要』二〇・二一号・二〇〇三・二〇〇四年）
第2章　西周の文法研究における「句（sentence）」
　…「西周の文法研究における「句（Sentence）」」（近代語研究会編『日本近代語研究』四号・ひつじ書房・二〇〇五年）
第3章　松下文法の単語観―三矢重松・清水平一郎との関係から
　…「松下文法の単語観―三矢重松・清水平一郎との関係から」（近代語研究会編『日本近代語研究』三号・ひつじ書房・二〇〇二年）
第4章　松下文法に与えた山田文法の影響
　…「明治後期の松下文法―山田孝雄『日本文法論』との関係から」（斎藤倫明・大木一夫編『山田文法の現代的意義』ひつじ書房・二〇一〇年）
第5章　文法用語の変遷1―「品詞」ということば
　…「「品詞」ということば」（日本近代語研究会編『日本近代語研究』六号・ひつじ書房・二〇一七

年）

第6章　文法用語の変遷2―「主語」と「述語」

　　　　……「「主語」と「述語」―明治期の文法用語」（『上智大学国文学科紀要』一九号・二〇〇二年）

終章　　（書き下ろし）

（本書をまとめるに当たり、第Ⅰ部第1章は口頭発表の際の調査結果を初出論文に補い、第Ⅱ部第3章はスペースの関係で割愛した引用を加えた。他の章については、調査対象に大きな変更は加えていないが、章のつながりを整えるため、削除・補筆を適宜行った。）

参考文献一覧

井島正博（二〇〇九）「近代文典におけるいわゆる推量助動詞」（東京大学大学院人文社会系研究科国語研究室『日本語学論集』五号）
稲岡勝（一九九四）「明治検定期の教科書出版と金港堂の経営」（東京都立中央図書館『東京都立中央図書館研究紀要』二四号）
岩波書店（一九八九―一九九一）『国書総目録　補訂版』岩波書店
岩淵悦太郎（一九四二）「明治初期に於ける文法書編纂に就いて」（『国語・国文』一一巻二号）
上田万年（一九八四）新村出筆録・古田東朔校訂『国語学史』教育出版
漆崎正人（一九八六）「複合語研究の歴史」（『藤女子大学国文学雑誌』三七号）
遠藤佳那子（二〇一三）「近世後期の活用研究とテニヲハ論における〈命令形〉」（『日本語の研究』九巻四号）
遠藤佳那子（二〇一七）「明治前期の活用表における〈命令形〉」（日本近代語研究会編『日本近代語研究　6』ひつじ書房）
大久保忠利（一九八二）『増補版日本文法陳述論』明治書院
大久保利謙編（一九六〇）『西周全集　第一巻』宗高書房
大久保利謙編（一九六六）「西周稿本目録（一）」（『西周全集　第三巻』宗高書房　一一五―一二五ページ）
大久保利謙編（一九八一）『西周全集　第四巻』宗高書房
大槻文彦（一八九八）「和蘭字典文典の訳述起原（其三）」（『史学雑誌』九編三号）
岡田和子（一九九六）「明治時代の洋語文典における日本語―蘭訳英文典『和蘭語法解』と洋語文典の系譜―」（筑波大学比較・理論文学会『文学研究論集』一三号）
尾崎知光（一九八三）『国語学史の基礎的研究』笠間叢書一七九
片桐一男（一九八五）『阿蘭陀通詞の研究』吉川弘文館
川副博訂補・清水平一郎原著（一九七五）『佐賀県方言語典一

班　訂補覆刻版』鍋島報效会
川田亮一（二〇〇五）「松下文法の成立原理　序論—言語の本質と文法の単位・体系」（熊本学園大学文学・言語学論集編集会議編『熊本学園大学文学・言語学論集』一一巻二号・一二巻一号）
北原保雄（一九八一）「松下文法の先見性—『言語の構成法を論ず』を読む—」（馬淵和夫博士退官記念国語学論集刊行会編『馬淵和夫博士退官記念国語学論集』大修館書店）
北原保雄編（一九八二）『日本語文法論術語索引』有精堂
金銀珠（二〇〇六）「近代文法学における「形容詞」「連体詞」概念の形成について—Adjective から形容詞・連体詞へ—」（『日本語の研究』第二巻第二号）
釘貫亨（二〇〇七）「山田文法における『統覚作用』の概念の由来について」（國學院大学編『國學院雑誌』一〇八巻一一号）
釘貫亨（二〇一三）『「国語学」の形成と水脈』ひつじ書房
釘貫亨・宮地朝子（二〇一一）『名古屋大学グローバル COE プログラム　ことばに向かう日本の学知』ひつじ書房
日下部重太郎（一九三三）『現代国語思潮』中文館書店
小岩弘明（二〇〇一）「大槻文彦『日本文典』立案過程の痕跡」（『一関市博物館研究報告』第四号）
小岩弘明（二〇〇五）「大槻文彦『日本文典』立案過程の痕跡（その二）—文法会の実相を探る—」（『一関市博物館研究報告』第八号）
小岩弘明（二〇一一）「大槻文彦『日本文典』立案過程の痕跡（その三）」（『一関市博物館研究報告』第一四号）
國學院大學（一九二三）「彙報」（『國學院雑誌』二九巻一号）
国語学会編（一九八〇）『国語学大辞典』東京堂出版
国文学研究資料館編（一九九〇）『古典籍総合目録　国書総目録続編』岩波書店
国立教育研究所編（一九六七）『教育文献総合目録　第3集第1　明治以降教科書総合目録第1』小宮山書店
国立国語研究所編（一九九七）『国定読本用語総覧　CD-ROM版』三省堂
国立国会図書館整理部編（一九七三）『国立国会図書館所蔵明治期刊行図書目録　第4巻　語学・文学の部』国立国会図書館
近藤政行（一九九四）「黒川真頼の文典について—国学者と和洋折衷—」（奥津春雄編『日本文学・語学論攷』翰林書房）
斉木美知世・鷲尾龍一（二〇一二）『日本文法の系譜学　国語学史と言語学史の接点』開拓社
斉木美知世・鷲尾龍一（二〇一四）『国語学史の近代と現代—研究史の空白を埋める試み—』開拓社
斎藤信（一九八五）『日本におけるオランダ語研究の歴史』大学書林
斎藤倫明・大木一夫編（二〇一〇）『山田文法の現代的意義』ひつじ書房
佐賀県（一九一二）『公私立学校一覧』（大正元年版）佐賀県

酒井潔（一九九八）「統覚」（廣松渉他編『岩波哲学・思想辞典』岩波書店）
佐々木信綱（一九三九）『竹柏園蔵書志』巌松堂書店（臨川書店復刻本　一九八八）
佐藤良雄（一九六九）「明治百年の国文典における西洋文典の影響」（『国語講座　第一巻』白帝社）
山東功（二〇〇二）『明治前期日本文典の研究』和泉書院
山東功（二〇〇七）「学校国文法成立史研究序説」（大阪府立大学『言語文化学研究』二号）
山東功（二〇一〇）「大槻以後　学校国文法成立史研究」（大阪府立大学『言語文化学研究』七号）
塩澤重義（一九九二）『国語学史における松下大三郎　業績と人間像』桜楓社
柴田光彦編（二〇〇〇）『日本書誌学大系八六（1）　黒川文庫目録　本文編』青裳堂書店
昭和女子大学編（一九七四）『近代文学研究叢書　三九巻』昭和女子大学近代文学研究室
杉浦茂夫（一九七六）『品詞分類の歴史と原理』こびあん書房
杉本つとむ（一九七六）『江戸時代蘭語学の成立とその展開―長崎通詞による蘭語の学習とその研究』早稲田大学出版部
杉本つとむ（一九七七）『江戸時代蘭語学の成立とその展開Ⅱ―蘭学者による蘭語の学習とその研究』早稲田大学出版部
杉本つとむ（一九九一）『国語学と蘭語学』武蔵野書院
杉本つとむ（二〇〇五）『語源海』東京書籍
鈴木一彦・林巨樹編（一九七三）「明治以降日本文法関係書目」（鈴木一彦・林巨樹編『品詞別日本文法講座10　品詞論の周辺』明治書院）
鈴木泰（二〇〇九）『古代日本語時間表現の形態論的研究』ひつじ書房
鈴木一（二〇〇六）『松下文法論の新研究』勉誠出版
建部一男（一九八六）『近世日本文法研究史論』双文社
田鍋桂子（二〇〇一）「『支那文典』から「語法指南」へ―「六個地歩」における註釈を中心に」（『早稲田大学大学院教育学研究科紀要　別冊』九巻二号）
長連恒（一九〇八）『日本語学史』博文館（『帝国百科全書　一八六・一八七編』）
時枝誠記（一九二四）「日本ニ於ル言語観念ノ発達及言語研究ノ目的ト其ノ方法　明治以前」（『時枝誠記博士著作選1』明治書院　一九七六年）
時枝誠記（一九四〇）『国語学史』岩波書店
時枝誠記（一九四九）「国語における変の現象について」（国語学会編『国語学』第二輯）
徳田政信（一九七四）「『改撰標準日本文法』解説編」（徳田政信編『改撰標準日本文法』勉誠社）
徳田政信編（一九九四）『近代文法図説』明治書院
戸沢行夫（一九九一）『明六社の人びと』築地書館
豊田実（一九六三）『新訂版　日本英学史の研究』千城書房
永野賢（一九九一）『文法研究史と文法教育』明治書院

中山緑朗（一九九九）『動詞研究の系譜―研究と資料―』明治書院
中山緑朗（二〇〇一）「西周の日本語文法論」（『学芸国語国文学』三三号）
仁田義雄（二〇〇五）『ある近代日本文法研究史』和泉書院
日本語記述文法研究会編（二〇〇三）『現代日本語文法4 第8部モダリティー』くろしお出版
日本国語大辞典第二版編集委員会（二〇〇一）『日本国語大辞典 第二版第一一巻』小学館
日本の英学一〇〇年編集部（一九六八）『日本の英学一〇〇年 明治編』研究社出版
野村篤司（一九六八）「鶴峯戊申『語学新書』について」（東京大学文学部国語研究室編『国語研究室』第七号）
蓮沼啓介（二〇〇九a）「西周の日本語論」（神戸大学大学院法学研究科『神戸法学年報』二五号）
蓮沼啓介（二〇〇九b）「西周の国学批判」（神戸大学法学部『神戸法学雑誌』五九巻一号）
蓮沼啓介（二〇一〇a）「西周稿本目録解題―春の部―」（神戸大学法学部『神戸法学雑誌』五九巻四号）
蓮沼啓介（二〇一〇b）「西周稿本目録解題―夏の部―」（神戸大学法学部『神戸法学雑誌』六〇巻二号）
長谷川みほ（一九八〇）「松下文法における原辞の成立」（上智大学国文学会『上智大学国文学論集』一三号）
服部隆（一九八六）「明治前期における国文典の問題―西洋文典からの影響を中心に」（上智大学国文学会『上智大学国文学論集』一九号）
服部隆（二〇〇五）「西周と日本語の表記法―日本語文典の記述を中心に」（『上智大学国文学科紀要』二二号）
服部隆（二〇〇六）「江戸後期・明治前期の日本語文法研究における国学と洋学の交渉」（上智大学学内共同研究成果報告書『日本の文化受容における言語・思想・学問・宗教』研究代表者・松岡洸司）
服部隆（二〇一〇）「明治後期の松下文法 山田孝雄『日本文法論』との関係から」（斎藤倫明・大木一夫編『山田文法の現代的意義』ひつじ書房）
服部紀子（二〇一四）「藤林普山『和蘭語法解』における格理解」（『國學院雑誌』一一五巻三号）
服部紀子（二〇一七）「江戸期蘭語学における日本語の格理解―『六格前篇』と『和蘭語法解』を比較して―」（『日本語の研究』一三巻一号）
浜口直也（二〇一一）「明治期日本文典における助詞の扱い―名称・範囲・下位分類」（『國學院大學文学研究科論集』第三八号）
浜口直也（二〇一二）「「助詞」という名称の断絶―黒川真頼の系譜―」（國學院大學国語研究会『国語研究』七五号）
飛田良文（二〇〇八）「『英文典直訳』と欧文直訳体」（日本語学会『日本語の研究』四巻一号）

福井久蔵（一九〇七）『日本文法史』大日本図書

福井久蔵（一九三四）『増訂　日本文法史』成美堂書店（『福井久蔵著作選集』（一九八一年　国書刊行会）に再録）

古田東朔（一九五七）文部省『教科書から見た明治初期の言語・文字の教育　国語シリーズ36』光風出版

古田東朔（一九五八ａ）「明治以後最初に公刊された洋風日本文典―古川正雄『絵入智慧の環』について」（福岡女子大学国文学会『香椎潟』第四号。古田東朔（二〇一〇ｂ）に再録）

古田東朔（一九五八ｂ）「西周『百学連環』『知説』中の文法説について―明治初期洋風文典原典考１」（解釈学会『解釈』第四巻第九・十号。古田東朔（二〇一〇ｂ）に再録）

古田東朔（一九五八ｃ）「日本文典に及ぼした洋文典の影響―特に明治前期における―」（『文芸と思想』福岡女子大学文学部。古田東朔（二〇一〇ｂ）に再録）

古田東朔（一九六九―一九七一）「大槻文彦伝」（『月刊文法』一巻七―一二号、二巻三・四号、二巻六号、二巻九号、二巻一一・一二号、三巻一　五号　明治書院。古田東朔（二〇一四）に再録）

古田東朔（一九七六）「文法研究の歴史（２）」（『岩波講座日本語６　文法Ⅰ』岩波書店。古田東朔（二〇一〇ｂ）に「文法研究の歴史」のタイトルで再録）

古田東朔（一九八二）「現代の文法」（築島裕編『講座国語史４　文法』大修館書店。古田東朔（二〇一一）に再録）

古田東朔（二〇一〇ａ）鈴木泰・清水康行・山東功・古田啓編『古田東朔　近現代日本語生成史コレクション第３巻　日本語へのまなざし　内と外から―国語学史１』くろしお出版

古田東朔（二〇一〇ｂ）鈴木泰・清水康行・山東功・古田啓編『古田東朔　近現代日本語生成史コレクション第４巻　日本語　近代への歩み―国語学史２』くろしお出版

古田東朔（二〇一一）鈴木泰・清水康行・山東功・古田啓編『古田東朔　近現代日本語生成史コレクション第２巻　国語意識の発生―国語史２』くろしお出版

古田東朔（二〇一三）鈴木泰・清水康行・山東功・古田啓編『古田東朔　近現代日本語生成史コレクション第５巻　国語科教育―誕生と発展』くろしお出版

古田東朔（二〇一四）鈴木泰・清水康行・山東功・古田啓編『古田東朔　近現代日本語生成史コレクション第６巻　東朔夜話―伝記と随筆』くろしお出版

古田東朔・築島裕（一九七二）『国語学史』東京大学出版会

保科孝一（一八九九）『国語学小史』大日本図書

桝岡正浩（一九九二）「松下大三郎編纂の国文法教科書―連体詞創唱のことなど―」（『國學院雑誌』九三巻七号）

松田清（一九九八）『洋学の書誌的研究』臨川書店

水谷静夫（一九五一）「形容動詞弁」（東京大学国語国文学会編『国語と国文学』二八巻五号）

水谷静夫（一九五七）「日本語の品詞分類」（岩淵悦太郎他編

『講座現代国語学Ⅱ』筑摩書房）

森岡健二（一九七二）『文学（下）（日本語の特色と変遷）』（日本短波放送　昭和四十七年度放送大学実験番組テキスト。大野晋と共著）

森岡健二（一九七七）「準用論」（松村明教授還暦記念会編『松村明教授還暦記念　国語学と国語史』明治書院）

森岡健二（一九九四）『日本文法体系論』明治書院

森田真吾（一九九九）「文法教育史における芳賀矢一」（人文科教育学会『人文科教育研究』二六号）

森田真吾（二〇〇〇）「明治二〇年代における文法教授の定着—大槻文彦『語法指南』の再評価—」（全国大学国語教育学会『国語科教育』四七号）

諸星美智直（二〇〇一）「国学院大学国語学史稿」（国学院大学国語研究会『国語研究』六四号）

矢澤真人（二〇〇六）「三土忠造『中等国文典』の改訂について—数詞・活用・形容動詞の扱いを中心に—」（筑波大学大学院博士課程文芸・言語研究科日本語学研究室『筑波日本語研究』一一号）

安田喜代門・安田静雄編（一九三一）「三矢博士著作年譜」（『國學院雑誌』三七巻三号）

矢田勉（二〇〇六）「『国語学史』再考—概説的記述と専門的研究をめぐって」（全国大学国語国文学会『日本語日本文学の新たな視座』おうふう）

山田俊雄（一九八〇）「『言海』の草稿の表紙についての調査報告」（『成城国文学論集』第十二輯）

山田孝雄（一九三五）『国語学史要』岩波書店

山田孝雄（一九四三）『国語学史』宝文館（複製版　宝文館出版　一九七一年）

山本正秀（一九六五）『近代文体発生の史的研究』岩波書店

山本正秀（一九七八）『近代文体形成史料集成　発生篇』桜楓社

山本正秀（一九七九）『近代文体形成史料集成　成立篇』桜楓社

渡辺実（一九七一）『国語構文論』塙書房

ギョーム、P（一九五二）八木冕訳『ゲシタルト心理学』岩波書店

フォースター、E・M（一九六九）米田一彦訳『新訳　小説とは何か』ダヴィッド社

ロウビンズ、R・H（一九九二）中村完・後藤斉訳『言語学史』研究社出版

Bauer, Laurie（一九八八）*Introducing Linguistic Morphology, Edinburgh University Press.*

〈本書で調査・引用した〉

日本語文典、蘭・英文典、その他同時代資料書目

（配列は、著者名の五十音順。なお備考欄の（　）内に所蔵の記載がないものは、国立国会図書館所蔵本である。）

著者名	刊年・成立年	書名	出版社（備考）
朝野儀三郎訳	明治二一年（一八八八）	『スウヰントン氏英文典独案内』	小川尚栄堂
味岡正義・大田寛	明治三一年（一八九八）	『中等教育皇国文典』	永東書店
芦田東雄訳	明治二〇年（一八八七）	『スウヰントン氏英文典直訳』	辻本九兵衛・小川寅松
畦森到訳	明治三三年（一九〇〇）	『ネスフヰルド氏英文典巻弐直訳註解』	積善館
足立梅景	慶応二年（一八六六）	『英吉利文典字類』	（『初期日本英学資料集成　R一七』雄松堂フィルム出版　一九七六年）
阿保友一郎	明治一五年（一八八二）	『日本文法』	桂雲堂
イーストレーキ・棚橋一郎	明治二一年（一八八八）	『ウェブスター氏新刊大辞書　和訳字彙』	三省堂
飯泉士譲	安政　三年（一八五六）	『和蘭文典字類　前編』	（松村明・古田東朔監修『近世蘭語学資料第Ⅳ期　第一四巻　和蘭文典字類前後編』ゆまに書房　二〇〇〇年）
飯田永夫	明治二四年（一八九一）	『日本文典問答』	上原書店
生田弘治・星野久成・森田米松	明治四一年（一九〇八）	『中学英文法講義』	東華堂

生駒蕃	明治一九年（一八八六）	『文法詳解ピネヲ氏英文典独案内』	積善館
石川倉次	明治三四年（一九〇一）	『はなし　ことばの　きそく』	金港堂
石川録太郎	明治二一年（一八八八）	『英語学新式直訳』（スウィントン）	大平俊章・岩藤錠太郎
磯辺弥一郎	明治三六年（一九〇三）	『初等英文典』	国民英学会
井田秀生	明治二七年（一八九四）	『皇国小文典』	明法堂
糸左近	明治三五年（一九〇二）	『雅俗対照和漢乃文典』	金刺芳流堂
井上歌郎	明治二七年（一八九四）	『英文法学』	松成堂
井上十吉	明治三一年（一八九八）	『英文典講義』	成美堂
井上十吉	明治三一年（一八九八）	『中等英文典』	成美堂
井上十吉	明治三六年（一九〇三）	『中学用英文典』	金港堂
井上十吉	明治三七年（一九〇四）	『井上英文典』	金港堂
井上友吉	明治三八年（一九〇五）	『清人適用日本語典』	青山堂
今井彦三郎	明治二五年（一八九二）	『語格新書』	集英堂
芋川泰次	明治三四年（一九〇一）	『日本文法教科書』	教育書房
上村左川	明治三六年（一九〇三）	『新撰和英文典問答』	博文館
臼田寿恵吉	明治四二年（一九〇九）	『日本口語法精義』	松村三松堂
梅木正衛	明治二一年（一八八八）	『クワッケンボス氏小文典独案内』	富山堂

瓜生篤忠・瓜生喬	明治三二年（一八九九）	『国文法詳解』	吉川半七
ヴント氏著	明治三一―三二年 （一八九八―一八九九）	元良勇次郎・中島泰蔵訳 『心理学概論』	富山房
遠藤国次郎・平野秀吉・田中勇吉	明治二八年（一八九五）	『実用文典』	林平次郎
大川真澄	明治二六年（一八九三）	『普通教育日本文典』	吉川半七
大久保初雄	明治二五年（一八九二）	『中等教育国語文典』	図書出版
大久保初雄	明治二七年（一八九四）	『中等教育普通日本文典』	積善館
大島国千代訳	明治二〇年（一八八七）	『スヰントン氏小文典直訳』	金刺芳流堂
太田次郎	明治二一年（一八八八）	『スウヰントン氏英文典直訳』	文港堂
○大田寛→味岡正義・大田寛			
大谷鱸江訳	明治三一年（一八九八）	『涅氏英文法摘要』（ネスフィールド）	中学書院（『中学英語叢書』第一篇）
大槻修二	明治一四年（一八八一）	『小学日本文典』	柳原喜兵衛・三木美記
大槻文彦	明治　八年（一八七五）	「日本文法論」	（『洋々社談』第七号）
大槻文彦	明治　八年（一八七五）	「言海　草稿」	（山田俊雄「『言海』の草稿の表紙についての調査報告」（『成城国文学論集』第十二輯所収の影印・翻刻　一八九〇年）
大槻文彦解	明治一〇年（一八七七）	『支那文典』	小林新兵衛

大槻文彦訳	明治一二年（一八七九）	『言語篇』	（文部省編『文部省百科全書』青史社　一九八五年）
大槻文彦	明治一五年頃（一八八二）	「日本文典草稿　第三・第四」	（一関市博物館所蔵本）
大槻文彦	明治一五年頃（一八八二）	「日本文典草稿　巻六・巻七」	（小岩弘明「大槻文彦『日本文典』立案過程の痕跡（その三）」（『一関市博物館研究報告』第一四号所収の翻刻　二〇一一年）
大槻文彦	不明	「副詞」	（一関市博物館所蔵本）
大槻文彦	明治二二年（一八八九）	「語法指南」	（山田俊雄編『私版日本辞書言海　第一冊』大修館書店　一九七九年）
大槻文彦	明治二二―二四年（一八八九―一八九一）	『日本辞書　言海』	（山田俊雄編『私版　日本辞書　言海』大修館書店　一九七九年）
大槻文彦	明治三〇年（一八九七）	『広日本文典・広日本文典別記』	（福島邦道解説『広日本文典・同別記』勉誠社　一九八〇年）
大槻文彦	明治三〇年（一八九七）	『中等教育日本文典』	大槻文彦
大槻文彦	明治三一年（一八九八）	『日本文典初歩』	大槻文彦
大槻文彦	明治三三年（一九〇〇）	『日本文法教科書』	開成館（明治三四年修正版）
大槻文彦	明治三五年（一九〇二）	『日本文法中教科書』	開成館
大西祝	明治二六年（一八九三）	『論理学』	小久江武三郎

大庭雪斎	安政　三－四年（一八五六－一八五七）	『訳和蘭文語』	（松村明・古田東朔監修『近世蘭語学資料第Ⅳ期　第九巻　訳和蘭文語前後編』ゆまに書房　二〇〇〇年）
大林徳太郎・山崎庚午太郎	明治三二年（一八九九）	『中学日本文典』	明治書院
大平信直	明治三二年（一八九九）	『中等教育国文典』	金港堂
大宮兵馬	明治二九年（一八九六）	『日本語法』	吉川半七
大宮兵馬	明治三六年（一九〇三）	『中等日本文典』	国光社
大矢透	明治一三年（一八八〇）	『語格指南』	原亮三郎
大和田建樹	明治二四年（一八九一）	『和文典』	中央堂
大宮宗司・星野三郎	明治二五年（一八九二）	『日本小文典』	博文館
岡直盧	明治二三年（一八九〇）	『国語指掌』	細謹舎
岡直盧	明治三〇年（一八九七）	『中等教育国文典』	嵩山房
岡倉由三郎	明治二四年（一八九一）	『日本新文典』	富山房
岡倉由三郎	明治三〇年（一八九七）	『日本文典大綱』	富山房
岡倉由三郎	明治三四年（一九〇一）	『新撰日本文典　文及び文の解剖』	宝永館
岡倉由三郎	明治四二年（一九〇九）	『ぐろうぶ文典』	大日本図書

岡崎遠光	明治二八年(一八九五)	『日本小文典』	松栄堂
岡澤鉦次郎	明治三三年(一九〇〇)	『初等日本文典』	吉川半七
岡澤鉦次郎	明治四一年(一九〇八)	『教科参考日本文典要義』	博文館
小笠原長道	明治　九年(一八七六)	『日本小文典』	川勝徳次郎
岡田正美	明治三二年(一八九九)	「文法に於ける文章の総主—本主語、正主語、提部」	(帝国文学会『帝国文学　五巻六・七号』大日本図書　一八九九年六・七月)
岡田正美	明治三三年(一九〇〇)	『新式日本文法』	大日本図書
岡田正美	明治三三年(一九〇〇)	『日本文法文章法大要』	吉川半七
岡田正美	明治三五年(一九〇二)	『解説批評日本文典』	博文館(『帝国百科全書七八・七九編』)
岡田正美	明治三六年(一九〇三)	『日本文法文章法大要　訂正増補第五版』	吉川弘文館
岡田正美	大正　五年(一九一六)	『新編実用日本文典』	金港堂
小川玄龍	安政　四年(一八五七)	『窩蘭麻知加訓訳』	(松村明・古田東朔監修『近世蘭語学資料第Ⅳ期　第一二巻　挿訳俄蘭磨智科・窩蘭麻知加訓訳上巻・訓点和蘭文典・和蘭文典便蒙』ゆまに書房　二〇〇〇年)
小田清雄	明治二六年(一八九三)	『応用日本文典』	文栄堂
落合直文	明治三一－三二年(一八九八－一八九九)	『ことばの泉』	(飛田良文・松井栄一・境田稔信編『明治期国語辞書大系　普三』大空社　一九九七年)

落合直文・小中村義象	明治二三年（一八九〇）	『日本文典』	日本堂
小原亨	安政　四年（一八五七）	『挿訳俄蘭磨智科』	（松村明・古田東朔監修『近世蘭語学資料第Ⅳ期　第一二巻　挿訳俄蘭磨智科・窩蘭麻知加訓訳上巻・訓点和蘭文典・和蘭文典便蒙』ゆまに書房　二〇〇〇年）
垣上緑訳	明治一七年（一八八四）	『英国文典独案内』（カッケンボス）	宏虎童
柏木重総	明治二九年（一八九六）	『東文典』	磯部太郎兵衛
金井保三	明治三四年（一九〇一）	『日本俗語文典』	宝永館
金沢庄三郎	明治三六年（一九〇三）	『日本文法論』	金港堂
金沢庄三郎	明治四〇年（一九〇七）	『辞林』	三省堂（飛田良文・松井栄一・境田稔信編『明治期国語辞書大系　普一六』大空社二〇〇九年）
加部厳夫	明治一二年（一八七九）	『語学訓蒙』	探古堂
榧木寛則訳	明治　五年（一八七二）	『ピネヲ氏挿訳英文典』初編	雄風館
川上広樹	明治二一年（一八八八）	『語学入門』	敬業社
河田鷲洋訳	明治二三年（一八九〇）	『スウヰントン氏英文典直訳講義』	文港堂

神田乃武・横井時敬・高楠順次郎・藤岡市助・有賀長雄・平山信編	明治三五年(一九〇二)	『新訳英和辞典』	三省堂
岸田蒔夫	明治三九年(一九〇六)	『日清対訳実用日本語法』	明文堂
木村春太郎	明治二五年(一八九二)	『日本文典』	育英堂
教育学術研究会	明治三六年(一九〇三)	『師範教科国語典』	同文館
共益商社	明治二九年(一八九六)	『英文法教科書』	共益商社
草野清民	明治三二年(一八九九)	「国語の特有せる語法—総主」	(帝国文学会『帝国文学　五巻五号』大日本図書　一八九九年五月)
草野清民	明治三四年(一九〇一)	『草野氏日本文法』	富山房
栗野忠雄訳	明治一九年(一八八六)	『クワッケンボス氏英文典直訳』	金章堂・開成堂
栗野忠雄訳	明治二〇年(一八八七)	『ピネヲ氏英文典直訳』	日新館
栗野忠雄訳	明治二〇年(一八八七)	『スウキントン氏英文典直訳』	日新館
黒川真頼	明治　五年(一八七二)	「日本文典大意」	(黒川真道編『黒川真頼全集　第六』国書刊行会　一九一一年)
黒川真頼	明治　五年(一八七二)	「日本小文典」	(黒川真道編『黒川真頼全集　第六』国書刊行会　一九一一年)
黒川真頼	明治　六年(一八七三)	『皇国文典初学』	文淵書堂

畔柳都太郎	明治三一年（一八九八）	『邦語英文典』	博文館
小泉潤一郎	明治三六年（一九〇三）	『神田氏英文典案内』	小泉潤一郎
香処閑人	安政　四年（一八五七）	『和蘭文典便蒙』	（松村明・古田東朔監修『近世蘭語学資料第Ⅳ期　第一二巻　挿訳俄蘭磨智科・窩蘭麻知加訓訳上巻・訓点和蘭文典・和蘭文典便蒙』ゆまに書房　二〇〇〇年）
後閑菊野・佐方鎮	明治三二年（一八九九）	『女子教科普通文典』	成美堂・目黒書房
児崎為槌	明治四〇年（一九〇七）	『漢訳高等日本文典課本』	東亜公司
○小島政吉→吉田弥平・小山左文二・小島政吉			
小林稲葉	明治三五年（一九〇二）	『新編日本俗語文典』	田中宋栄堂
○子安峻→柴田昌吉・子安峻			
小山左文二	明治三八年（一九〇五）	『日本文法の解説及び練習』	井洌堂
○小山左文二→吉田弥平・小山左文二・小島政吉、吉田弥平・小山左文二			
権田直助	明治　七年（一八七四）	『詞の真澄鏡詞の経緯図解教典入門』	権田直助
権田直助	明治　七年（一八七四）	「詞の経緯の図」	井上頼圀・逸見仲三郎増補訂正　会通社　一八九一［明治二四］年
権田直助	明治　八年（一八七五）	「詞の真澄鏡」	

著者	刊年	書名	発行所等
権田直助	明治一八年成立（一八八五）	『語学自在』	井上頼圀・逸見仲三郎校合訂正・一八九四［明治二七］年。近藤瓶城編『史籍集覧　第五冊』近藤出版部（一九三〇［昭和五］年）所収
近藤堅三訳	明治一九年（一八八六）	『ブラウン氏英文典　文法詳解独案内』	同志出版舎
近藤真琴	明治一八年（一八八五）	『ことばのその』	瑞穂屋卯三郎・米倉屋順三郎・共益商社
斎藤秀三郎	明治一七年（一八八四）	『英語学新式直訳』（スウィントン）	岩藤錠太郎・大平俊章
斎藤秀三郎	明治三三年（一九〇〇）	『英文法初歩』	興文社
斎藤八郎	明治二〇年（一八八七）	『スウヰントン氏英文典直訳』	松成堂
斎藤八郎	明治二〇年（一八八七）	『ピネヲ氏英文典直訳』	松成堂
斎藤八郎	明治二〇年（一八八七）	『クワッケンボス氏英文典直訳』	松成堂
齋藤晋春	明治二四年（一八九一）	『国語学指南』	学友館
佐久間鼎	昭和二七年（一九五二）	『現代日本語法の研究』	恒星社厚生閣
桜田源治	明治二一年（一八八八）	『すういんとん小文典独学自在』	林平次郎
佐々政一	明治三五年（一九〇二）	『日本文典』	金港堂
佐々木嘉哉	明治三七年（一九〇四）	『英文法撮要』	鐘美堂（『外国語研究叢書第五篇』）
佐藤雲韶	明治二三年（一八九〇）	『普通文典』	丸善商社書店
佐藤誠実	明治一二年（一八七九）	『語学指南』	佐藤誠実

佐藤仁之助	明治三三年(一九〇〇)	『中学文典』	興文社
里見義	明治一〇年(一八七七)	『雅俗文法』	丸屋善七
沢田重遠	明治一九年(一八八六)	『文法詳解ブラウン氏英文典釈義』	辻本秀五郎、三木佐助、前川善兵衛、柳原喜兵衛、岡島真七、牧野善兵衛
シーモール	明治三六年(一九〇三)	『中学校用英文典』	丸善
塩井正男	明治三〇年(一八九七)	『中学日本文典』	六盟館
塩井正男	明治三四年(一九〇一)	『中学国文典』	六盟館
柴田昌吉・子安峻	明治　六年(一八七三)	『附音挿図　英和字彙』(初版)	日就社(架蔵本)
渋川敬直(六蔵)	天保一一年成稿(一八四〇)	『英文鑑』	(杉本つとむ編著『英文鑑—資料と研究』ひつじ書房　一九九三年)
嶋文次郎訳	明治三一年(一八九八)	『邦文英文典』(ネスフィールド)	富山房
島田主善	明治二〇年(一八八七)	『和解纂注英文軌範』	篠崎才助・神戸甲子二郎
島田豊	明治二一年(一八八八)	『附音挿図　和訳英字彙』	大倉書店
島田豊	明治二三年(一八九〇)	『スウヰントン英文典独案内』	大倉書店
清水誠吾	明治二〇年(一八八七)	『イングリッシ文法主眼』	林竹次郎・岡島幸次郎
清水房之助訳	明治一六年(一八八三)	『ピネヲ氏文典独学字書』	土屋忠兵衛
清水平一郎	明治三六年(一九〇三)	『佐賀県方言語典一斑』	佐賀県教育会(題簽「一班」だが内題を取る)

○清水平一郎→峰原平一郎、三矢重松・清水平一郎

下田歌子	明治三二年（一八九九）	『女子普通文典』	博文館
春水堂	不明	『ガランマチカ和解（和蘭文典和解）』	（松村明・古田東朔監修『近世蘭語学資料第Ⅳ期　第一三巻　和蘭文典和解（ガランマチカ和解）』ゆまに書房　二〇〇〇年）
白鳥菊治	明治三一年（一八九八）	『中学教育新撰日本文典』	穎才新誌社
新保磐次編	明治二八年（一八九五）	『中学国文読本』	金港堂
新保磐次	明治二九年（一八九六）	『中学国文典』	金港堂
杉敏介	明治三一年（一八九八）	『中等教科日本文典』	文学社
杉敏介	明治三三年（一九〇〇）	『日本小語典』	内外出版協会
鈴木朖	文政　七年（一八二四）	『言語四種論』	（岡田稔・市橋鐸編『鈴木朖　百卅年忌記念』（一九六七年　鈴木朖顕彰会）
鈴木忠孝	明治三二年（一八九九）	『新撰日本文典』	興文社
鈴木暢幸	明治三七年（一九〇四）	『日本口語典』	大日本普通学講習会出版部
鈴木暢幸	明治三九年（一九〇六）	『日本口語文典』	博文館

○関秀雄→湯浅藤一郎・関秀雄

関根正直	明治二四年（一八九一）	『国語学』	弦巻書店
関根正直	明治二六年（一八九三）	『国語学参考』	六合館

総摂館蔵	安政　四年(一八五七)	『訓点和蘭文典』	(松村明・古田東朔監修『近世蘭語学資料第Ⅳ期　第一二巻　挿訳俄蘭磨智科・窩蘭麻知加訓訳・訓点和蘭文典・和蘭文典便蒙』ゆまに書房　二〇〇〇年)
大学南校助教訳	明治　三年(一八七〇)	『格賢勃斯英文典直訳』	(『初期日本英学資料集成　R一九』雄松堂フィルム出版　一九七六年)
高木尚介	明治三四年(一九〇一)	『中等皇国文典』	大日本図書
高田宇太郎	明治三二年(一八九九)	『中等国文典』	吉川半七
高田義甫・西野古海	明治　六年(一八七三)	『皇国文法階梯』	千鍾房
高津鍬三郎	明治二四年(一八九一)	『日本中文典』	金港堂
高橋重威	安政　五年(一八五八)	『和蘭文典字類　後編』	(松村明・古田東朔監修『近世蘭語学資料第Ⅳ期　第一四巻　和蘭文典字類　前後編』ゆまに書房　二〇〇〇年)
高橋龍雄	明治三九年(一九〇六)	『漢訳日語文法精義』	東亜公司
高橋龍雄・松下大三郎	明治四二年(一九〇九)	『帝国文典』	啓成社(国立教育政策研究所所蔵本)
○高橋富兄→藤田維正・高橋富兄			
高宮直太訳	明治一八年(一八八五)	『クワッケンボス氏英文典独案内』	榊原友吉

○田鎖綱紀→源綱紀			
竹内宗賢	安政　三年(一八五六)	『和蘭文典読法』	勝村治右衛門・秋田屋太右衛門・河内屋喜兵衛・和泉屋善兵衛(松村明・古田東朔監修『近世蘭語学資料第Ⅳ期　第一一巻和蘭文典読法』ゆまに書房　二〇〇〇年)
田中達三郎訳	明治二一年(一八八八)	『須因頓氏大文典解釈』	開新堂
田中勇吉	明治二五年(一八九二)	『校用日本文典初歩』	目黒甚七
○田中勇吉→遠藤国次郎・平野秀吉・田中勇吉			
田中義廉	明治　七年(一八七四)	『小学日本文典』	田中義廉
田中義廉	明治一〇年(一八七七)	『新訂日本小文典』	文会舎
○棚橋一郎→イーストレーキ・棚橋一郎			
谷千生	明治二二年(一八八九)	『詞の組たて』	大八洲学会
田原栄	明治一七年(一八八四)	『英文指針』	大平俊章・江草斧太郎
千勝義重	明治三七年(一九〇四)	『用言図解国語早わかり』	大学館
チヤムブレン	明治二六年(一八九三)	『英文典』	白井練一、三木佐助、倉田繁太郎、共益商社
チヤムブレン	明治三二年(一八九九)	『英文典教科書』	三木書店
チヤンブレン	明治二〇年(一八八七)	『日本小文典』	文部省編輯局
都筑直吉訳	明治一六年(一八八三)	『克屈文典直訳』(コックス)	丸屋善七

鶴田久作	明治三三年(一九〇〇)	『ネスフィールド氏英文典講義』	鐘美堂
鶴峯戊申	天保　四年(一八三三)	『語学新書』	(福井久蔵編『国語学大系(語法総記一)第一巻』国書刊行会　第三刷　一九八一年)
手島春治	明治二三年(一八九〇)	『日本文法教科書』	金港堂
手島春治	明治三二年(一八九九)	『新撰日本文典』	金港堂
手塚律蔵・西周助閲	(原本一八五〇)	『伊吉利文典』	(『初期日本英学資料集成　R一八』雄松堂フィルム出版　一九七六年)
東條義門	天保一二年跋(一八四一)	『玉緒繰分』	(三木幸信編『義門研究資料集成中巻』風間書房　一九六七年)
東條義門	天保一三年(一八四二)	「和語説ノ略図」	(三木幸信編『義門研究資料集成上巻』風間書房　一九六六年)
東條義門	天保一五年(一八四四)	『活語指南』	(三木幸信編『義門研究資料集成上巻』風間書房　一九六七年)
遠田著明	安政　三年(一八五六)	『和蘭文典訳語筌』	(松村明・古田東朔監修『近世蘭語学資料第Ⅳ期　第一〇巻　和蘭文典訳語筌』ゆまに書房　二〇〇〇年)
富樫広蔭	文政一二年(一八二九)	「辞玉襷」	(小林賢次解説『詞玉橋・詞玉襷』勉誠社文庫六四　一九七九年)
外川秀二郎	明治二一年(一八八八)	『クワッケンボス氏英文典独案内』	岡本仙助・岡島幸次郎(奥付「秀次郎」)

時枝誠記	大正一三年（一九二四）	「日本ニ於ル言語観念ノ発達及言語研究ノ目的ト其ノ方法」	（『時枝誠記博士著作選1』明治書院　一九七六年）
時枝誠記	昭和一五年（一九四〇）	『国語学史』	岩波書店
時枝誠記	昭和一六年（一九四一）	『国語学原論』	岩波書店
時枝誠記	昭和二五年（一九五〇）	『日本文法　口語篇』	岩波書店
戸代光大訳	明治二〇年（一八八七）	『容易独習英文典直訳』（ブラウン）	大倉書店
戸田忠厚訳	明治　四年（一八七一）	『英文典独学』初号・二号（カッケンボス）	戸田忠厚
那珂通世	明治二三年（一八九〇）	『国語学』	金港堂（『普通教育』所収。刊記なし。鈴木一彦・林巨樹編（一九七三）の刊年に従う）
永井一孝	明治三三年（一九〇〇）	『国語法階梯』	大日本図書
中金正衡	明治　四年（一八七一）	『大倭語学手引草』	自笑軒（内閣文庫所蔵本）
中島幹事	明治三〇年（一八九七）	『中学日本文典』	春陽堂
永嶋貞次郎訳	明治　三年（一八七〇）	『ピネヲ氏原板英典直訳』	（『初期日本英学資料集成　R一九』雄松堂フィルム出版　一九七六年）
○中島泰蔵→ヴント氏			
中西範訳	明治一七年（一八八四）	『ブラウン氏英文典直訳』	開新堂・三省堂
中根淑	明治　九年（一八七六）	『日本文典』	森屋治兵衛

中野柳圃	文化　二年以前（一八〇五）	「三種諸格」	（『初期日本蘭仏独露語文献集　R一九』雄松堂フィルム出版　一九八五年所収。若林正治旧蔵本）
中野柳圃	文化　二年以前（一八〇五）	「蘭学生前父」	（『初期日本蘭仏独露語文献集　R一九』雄松堂フィルム出版　一九八五年所収　若林正治旧蔵本。および早稲田大学所蔵本）
中野柳圃	文化　二年（一八〇五）	「四法諸時対訳」	（『初期日本蘭仏独露語文献集　R一九』雄松堂フィルム出版　一九八五年所収。若林正治旧蔵本）
中野柳圃	文化　二年以降か（一八〇五）	「九品詞名目」	（『初期日本蘭仏独露語文献集　R一九』雄松堂フィルム出版　一九八五年所収。若林正治旧蔵本）
中野柳圃・馬場佐十郎	文化一一年（一八一四）	「訂正蘭語九品集」	（松村明・古田東朔監修『近世蘭語学資料第Ⅳ期　第四巻　蘭語九品集　附訂正蘭語九品集』ゆまに書房　二〇〇〇年）
長野一枝訳	明治二〇年（一八八七）	『ブロヲン氏原著英吉利文典講義』	吉岡平助
中原貞七	明治三一年（一八九八）	『新編中等英文典』	三河屋
中邨秋香	明治三一年（一八九八）	『皇国文法』	大日本図書
中村宗次郎	明治三〇年（一八九七）	『新式英文法軌範』	東京英語学会（『英語学自修全書第四・五編』）

奈倉次郎述	明治三三年（一九〇〇）	『ネスフィールド氏　第三英文典講義録』	上原書店
新楽金橘	明治三五年（一九〇二）	『中等教育実用日本文典』	敬業社
西周	明治　三年以前　（一八七〇）	「ことばのいしずゑ」	（大久保利謙編『西周全集　第二巻』宗高書房 一九六二年）
西周	明治三年以前－一二年頃（一八七〇－一八七九）	「和帳面四一　（稿本（四））」	（国立国会図書館憲政資料室）
西周	明治　三年以前　（一八七〇）	「和帳面四二　（稿本（七））」	（国立国会図書館憲政資料室）
西周	明治　三年講義　（一八七〇）	『百学連環』（永見裕聞書）	（大久保利謙編『西周全集　第四巻』宗高書房　一九八一年）
西周	明治　七年（一八七四）	『致知啓蒙』	（大久保利謙編『西周全集　第一巻』宗高書房　一九六〇年）
西周	明治　七年（一八七四）	「洋字ヲ以テ国語ヲ書スルノ論」	（『明六雑誌』第一号、大久保利謙編『西周全集　第二巻』宗高書房　一九六二年）
西周	明治一二年（一八七九）	「日本語範　（語範稿本）」	（国立国会図書館憲政資料室）
西周	不明	「詞ノ麓路」	（国立国会図書館憲政資料室）
西周	不明	「活語文集（翻訳）（翻訳活語文集）」	（国立国会図書館憲政資料室）
西周	明治一二年か（一八七九）	「彙言便覧稿本（便覧稿本）」	（国立国会図書館憲政資料室）

西周	不明	「文典稿本第一稿」	(国立国会図書館憲政資料室)
西周	不明	「草稿類一括」	(国立国会図書館憲政資料室)
西周	不明	「西周ニ関スル書類扣」	(大久保利謙編『西周全集　第三巻』宗高書房　一九六六年)
○西周→手塚律蔵・西周助閲			
西川巌	明治三七年(一九〇四)	『英文法講義』	大日本普通学講習会(『普通学講義叢書』)
西田敬止	明治二七年(一八九四)	『応用日本文典』	長島文昌堂
○西野古海→高田義甫・西野古海			
野崎茂太郎	明治三四年(一九〇一)	『文の解剖』	平田博文堂
野呂天然	文化　九年(一八一二)	「九品詞略」	(京都大学文学研究科図書館本)
拝郷蓮茵	明治一二年(一八七九)	『ちまたの石ふみ』	福井源次郎
芳賀矢一	明治三七年(一九〇四)	『中等教科明治文典』	富山房(芳賀矢一選集編集委員会『芳賀矢一選集第四巻　国語・国文典編　下』國學院大学　一九八七年)
芳賀矢一	明治三八年(一九〇五)	『中等教科中古文典』	富山房(芳賀矢一選集編集委員会『芳賀矢一選集第四巻　国語・国文典編　下』國學院大学　一九八七年)
萩原孫三郎訳	明治一九年(一八八六)	『ピネヲ氏英文典独案内』	神戸甲子二郎

萩原広道	嘉永　二年(一八四九)	『てにをは係辞弁』	(舩城俊太郎解説『てにをは係辞弁』勉誠社文庫八二　一九八一年)
橋本進吉	昭和　九年(一九三四)	「国語法要説」	(橋本進吉博士著作集刊行委員会編『国語法研究』岩波書店　一九四八年)
橋本進吉	昭和一四年(一九三九)	「日本文法論」	(橋本進吉博士著作集刊行委員会編『国文法体系論』岩波書店　一九五九年)
橋本文寿	明治四五年(一九一二)	『新国定読本教授適用　実際的口語法』	明誠館
○長谷川哲治→松島剛・長谷川哲治			
秦政治郎	明治二六年(一八九三)	『皇国文典』	目黒書房
旗野十一郎	明治一一年(一八七八)	『日本詞学入門』	事貴明堂
畠山健	明治三七年(一九〇四)	『中等日本文典』	成美堂
花輪虎太郎	明治三三年(一九〇四)	『英語小文典』	鐘美堂
花輪虎太郎	明治三五年(一九〇六)	『英文典初歩』	鐘美堂
馬場佐十郎	文化　八年(一八一一)	「西文規範」	(『初期日本蘭仏独露語文献集　R三』雄松堂フィルム出版　一九八五年所収。若林正治旧蔵本)
馬場辰猪	明治　六年(一八七三)	*Elementary Grammar of the Japanese Language*	Trübner(横浜開港資料館所蔵本)
林治一	明治四〇年(一九〇七)	『日本文法講義』	修学堂

林甕臣	明治二六年（一八九三）	『開発新式日本文典』	国文語学会
春山弟彦	明治一〇年（一八七七）	『小学科用日本文典』	浅井吉兵衛
伴野乙弥	明治二一年（一八八八）	『スウヰントン氏英文典直訳』	松井忠兵衛
ピネヲ氏	明治　二年（一八六九）	『ピネヲ氏原板英文典』（慶応義塾読本）	尚古堂（『初期日本英学資料集成　R一八』雄松堂フィルム出版　一九七六年所収）
ピネヲ氏	明治　五年（一八七二）	『ピネヲ氏通俗英文典』	文泉堂
日野篤信	明治三五年（一九〇二）	『摘要日本文典』	坪島弘開堂
平井広五郎	明治二二年（一八八九）	『須因頓氏大文典講義』	文港堂
平田喜一	明治三四年（一九〇一）	『英文典』	文学社
○平野秀吉→遠藤国次郎・平野秀吉・田中勇吉			
弘鴻	明治一七年（一八八四）	『詞乃橋立』	弘進
福井久蔵	明治四〇年（一九〇七）	『日本文法史』	大日本図書
富山房編輯所	明治二九年（一八九六）	『英文典問答』	富山房（『普通学問答全書第一七篇』）
藤井惟勉	明治一〇年（一八七七）	『日本文法書』	正栄堂
藤井籛	明治三四年（一九〇一）	『日本文典』	富山房
藤沢親之	明治　七年（一八七四）	『日本消息文典』	不由書院
藤田維正・高橋富兄	明治一〇年（一八七七）	『日本文法問答』	藤田維正・高橋富兄

富士谷成章	安永　七年（一七七八）	『あゆひ抄』	（中田祝夫解説『あゆひ抄』勉誠社文庫一六　一九七七年）
藤林普山	文化一二年（一八一五）	『和蘭語法解』	（松村明・古田東朔監修『近世蘭語学資料第Ⅳ期　第五巻　和蘭語法解』ゆまに書房二〇〇〇年）
普通学講習会	明治四〇年（一九〇七）	『表説英文典』	此村欽英堂・精華堂書店
普通教育研究会	明治三三年（一九〇〇）	『中学教程新撰日本文典』	水野慶次郎
古川正雄	明治　三年（一八七〇）	『絵入智慧の環』	古川正雄（架蔵本）
別所富貴	明治二一年（一八八八）	『文法詳解英文典講義』（ゴールドブラウン）	岡本仙助・岡島幸次郎
帆足正久	明治二四年（一八九一）	『国語独案内』	普及舎
保科孝一	明治三二年（一八九九）	『国語学小史』	大日本図書
保科孝一	明治四四年（一九一一）	『日本口語法』	同文館
星野久成	明治三六年（一九〇三）	『英語文法と作文』	太平洋館
○星野久成→生田弘治・星野久成・森田米松			
堀秀成	明治一〇年（一八七七）	『日本語学階梯』	永井尚服
堀江秀雄	明治四三年（一九一〇）	『日本文典問答』	明治書院
前波仲尾	明治三四年（一九〇一）	『日本語典』	矢内正夫

松下大三郎	明治二八年（一八九五）	「文典学と語理学とにつきて」	（國學院同窓会『国学』八号　一八九五年七月、松下大三郎原著・徳田政信編『漢訳日本口語文典』勉誠出版　二〇〇四年所収）
松下大三郎	明治三四年（一九〇一）	『日本俗語文典』	（徳田政信編『新訂日本俗語文典』勉誠社一九九七年）
松下大三郎	明治三四年（一九〇一）	「語類を論ず」	（『国学院雑誌』七巻五号）
松下大三郎	明治四一年（一九〇八）	「山田氏の日本文法論を評す」	（『国学院雑誌』十四巻一〇号～一二号）
松下大三郎	明治四二年（一九〇九）	「言語の構成法を論ず」	（『国学院雑誌』十五巻一～六、八、一〇、一二号）
松下大三郎	昭和　五年訂正版（一九三〇）	『改撰標準日本文法』	（徳田政信編『改撰標準日本文法』勉誠社一九七四年）
○松下大三郎→高橋龍雄・松下大三郎			
松下大三郎・宮本静	明治三一年（一八九八）	『中学教程日本文典』	中等学科教授法研究会
松島剛	明治三四年（一九〇一）	『文法大意』	東京通信学院（『初等英語独修全書第三』）
松島剛・長谷川哲治	明治二九年（一八九六）	『新式英文典教科書』	春陽堂
松平円次郎	明治三四年（一九〇一）	『新式日本中文典』	大日本図書
松原秀成	明治三五年（一九〇二）	『英文典術語集』	宝文館
松本亀次郎	明治三七年（一九〇四）	『言文対照漢訳日本文典』	国文堂書局

三上章	昭和二八年（一九五三）	『現代語法序説』	刀江書院（『同　復刊版』くろしお出版　一九七二年）
三上章	昭和三〇年（一九五五）	『現代語法新説』	刀江書院（『同　復刊版』くろしお出版　一九七二年）
三上章	昭和三四年（一九五九）	『新訂版現代語法序説』	刀江書院（『続現代語法序説』くろしお出版　一九七二年）
水沢郁訳	明治二〇年（一八八七）	『クワッケンボス氏英文典直訳』	田中太右衛門
三石賎夫	明治三五年（一九〇二）	『日本文典』	宝永館
箕作阮甫翻刻	天保一三年（一八四二）	『和蘭文典前編』	（松村明・古田東朔監修『近世蘭語学資料第Ⅳ期　第七巻　和蘭文典前後編』ゆまに書房　二〇〇〇年）
箕作阮甫翻刻	嘉永　元年（一八四八）	『和蘭文典後編　成句論』	（松村明　・古田東朔監修『近世蘭語学資料第Ⅳ期　第七巻　和蘭文典前後編』ゆまに書房　二〇〇〇年）
三土忠造	明治三一年（一八九八）	『中等国文典』	富山房（初版　国立教育政策研究所所蔵本）
三土忠造	明治三九年（一九〇六）	『新訂中等国文典』	富山房
三矢重松	明治四一年（一九〇八）	『高等日本文法』	明治書院
三矢重松・清水平一郎	明治三四年（一九〇一）	『普通文法教科書』	明治書院（架蔵本）
南不二男	昭和四九年（一九七四）	『現代日本語の構造』	大修館書店

源(田鎖)綱紀	明治一九年(一八八六)	『ブラウン氏英文典直訳』	的場文林堂
峰原平一郎	明治二八年(一八九五)	『普通文典』	敬業社
峰原平一郎	明治二九年(一八九六)	「岡田正美氏が漢字全廃を論じて云々の説をよみて」	(國學院大學『國學院雑誌』二巻四号)
○峰原平一郎→清水平一郎、三矢重松・清水平一郎			
三宅伊九郎	明治四一年(一九〇八)	『英文法例解』	榊原文盛堂(『英語学研究叢書』)
○宮本静→松下大三郎・宮本静			
宮脇郁	明治三八年(一九〇五)	『論理的日本文典大意』	参文舎・積文社
村田鈔三郎	明治二六年(一八九三)	『国語文典』	榊原文盛堂
明治書院編輯部	明治三六年(一九〇三)	『女子日本文典』	明治書院
明治中学会	明治四四年(一九一一)	『言文一致国文法講義』	明治中学会
物集高見	明治一一年(一八七八)	『日本文法問答』	松悦堂
物集高見	明治一一年(一八七八)	『初学日本文典』	出雲寺万次郎
物集高見	明治二一年(一八八八)	「日本小文典」	(物集高見編『ことばのはやし』所収。飛田良文・松井栄一・境田稔信編『明治期国語辞書大系 普三』大空社 一九九七年)
物集高見	明治二三―二四年(一八九〇―一八九一)	「日本文語」	(物集高量編『物集高見全集 第三巻』物集高見全集編纂会 一九三五年)

物集高見	明治三五年（一九〇二）	「言文一致の不可能」	（『読売新聞』明治三五年一二月一七日〜一九日　山本正秀『近代文体形成史料集成 成立篇』桜楓社　一九七九年）
物集高世	安政　五年（一八五八）	『辞格考抄本』	秋田屋太右衛門他
本居宣長	天明　五年（一七八五）	『詞の玉緒』	（大野晋編『本居宣長全集　第五巻』筑摩書房　一九七〇年）
本居春庭	文化　五年（一八〇八）	『詞八衢』	（尾崎知光編『詞八衢』勉誠社文庫一三九　一九九〇年）
元木貞雄訳	明治三〇年（一八九七）	『スーイントン小文典直訳意解』	榊原文盛堂
○元良勇次郎→ヴント氏			
森鷗外	明治三一年（一八九八）	「西周伝」	（『鷗外全集　第三巻』岩波書店　一九七二年）
森岡健二	平成　六年（一九九四）	『日本文法体系論』	明治書院
森下松衛	明治三三年（一九〇〇）	『中学国文典』	普及社
○森田米松→生田弘治・星野久成・森田米松			
文部省	明治　六年（一八七三）	「小学教則」	出雲寺万治郎
文部省編	明治　七年（一八七四）	『小学読本』	（古田東朔編『小学読本便覧　第一巻』武蔵野書房　一九七八年）
文部省編	明治四三年（一九一〇）	『尋常小学読本』（通称「ハタタコ読本」）	（古田東朔編『小学読本便覧　第六巻』武蔵野書房　一九八三年）

文部省	昭和一九年(一九四四)	『中等文法二』	文部省(国立教育政策研究所所蔵本)
山形閑訳	明治二四・二七年(一八九一・九四)	『須因頓氏大文典講義』	田中治兵衛・岡崎左喜介
山田俊三	明治　六年(一八七三)	『文法書』初編巻の一	山田俊三
山田美妙	明治二六年(一八九三)	『日本大辞書』	明峰堂(『日本大辞書』ノーベル書房　一九七八年)
山田孝雄	明治三五年(一九〇二)	『日本文法論　上巻』	宝文館
山田孝雄	明治四一年(一九〇八)	『日本文法論』	(『日本文法論　複製版』宝文館出版　一九七〇年)
山田孝雄	昭和一〇年(一九三五)	『国語学史要』	岩波書店
山田孝雄	昭和一一年(一九三六)	『日本文法学概論』	宝文館
山田孝雄	昭和一八年(一九四三)	『国語学史』	宝文館(複製版　宝文館出版　一九七一年)
山本栄太郎	明治二〇年(一八八七)	『クワッケンボス氏英文典直訳』	大辻文盛堂(奥付「栄治郎」)
湯浅藤一郎・関秀雄訳	明治二四年(一八九一)	『スウヰントン氏小英文典講義』	宝文館
横地清次郎	明治三六年(一九〇三)	『国文法教科書』	明治書院
吉雄俊蔵	文化一一年(一八一四)	「六格前編」	(松村明・古田東朔監修『近世蘭語学資料第Ⅳ期　第四巻　六格前編』ゆまに書房　二〇〇〇年)

吉雄俊蔵	不明	「六格明弁」	(京都大学文学研究科図書館本)
吉岡郷甫	明治三九年(一九〇六)	『日本口語法』	大日本図書
吉岡郷甫	明治四三年(一九一〇)	『改訂日本口語法』	大日本図書(架蔵本)
吉田弥平・小山左文二・小島政吉	明治三五年(一九〇二)	『国文典教科書』	松村三松堂
吉田弥平・小山左文二	明治三六年(一九〇三)	『新撰国文典』	松村三松堂
龍文館編輯部	明治三九年(一九〇六)	『校訂日本俗語文典』	龍文館
六盟館編輯所	明治三八年(一九〇五)	『国文典表解』	六盟館
和田万吉	明治三八年(一九〇五)	『日本文典講義』	早稲田大学出版部
和田垣謙三	明治三五年(一九〇二)	『英文典』	文学社
和田垣謙三	明治三五年(一九〇二)	『中学英文典』	文学社
渡辺五一郎訳	明治一六年(一八八三)	『ピネヲ氏原著英文典独案内』	東生亀次郎
渡辺修次郎	明治　八年(一八七五)	「日本文ヲ制定スル方法」	(『東京曙新聞』明治八年九月三日　山本正秀『近代文体形成史料集成　発生篇』桜楓社　一九七八年所収)
渡辺弘人	明治三〇年(一八九七)	『新撰国文典』	浪華書院
渡辺松茂	明治二一年(一八八八)	『スウキントン氏英文典直訳』	積善館

渡辺実	昭和四六年（一九七一）	『国語構文論』	塙書房
渡辺約郎	明治　七年（一八七四）	『皇国小文典』	何不成社
Aston, William George	（一八八八）	*A Grammar of the Japanese Spoken Language*, 4th ed.	Hakubun-sha
Brown, Goold	（一八八三）	*The First Lines of English Grammar*	Bookselling Co.
○ Brown, Goold →近藤堅三訳、沢田重遠訳、戸代光大訳、中西範訳、長野一枝訳、別所富貴訳、源綱紀訳			
Chamberlain, Basil Hall	（一八八九）	*A Handbook of colloquial Japanese*, 2nd ed.	Trübner & Co., Hakubunsha, Kelly & Walsh.
○ Chamberlain, Basil Hall →チヤムブレン、チャンブレン			
Chambers, William & Robert	（一八七五）	*Chambers's Information for the People*, 4th ed., vol. II."	Chambers, William & Robert"
○ Cox, William Douglas →都筑直吉訳			
○ Eastlake, Frank Warrington →イーストレーキ・棚橋一郎			
Lobscheid, William	（一八六六－一八六九）	*English and Chinese dictionary, with the Punti and Mandarin pronunciation*	Daily Press（那須雅之解説『*English and Chinese dictionary, with the Punti and Mandarin pronunciation*』東京美華書院　一九九六年）
Maatschappij tot Nut van 't Algemeen	（一八二二）	*Grammatica of Nederduitsche Spraakkunst*, 2de dr.	D. du Mortier en Zoon, J. H. de Lange en J. Oomkens →箕作阮甫翻刻『和蘭文典前編』

○ Maatschappy tot Nut van 't Algemeen →大庭雪斎、小川玄龍、小原亨、春水堂、総摂館、竹内宗賢、遠田著明

Maatschappij tot Nut van 't Algemeen	（一八一〇）	*Syntaxis, of Woordvoeging der Nederduitsche Taal*	D. du Mortier en Zoon, J. H. de Lange en J. Oomekens →箕作阮甫翻刻『和蘭文典後編　成句論』
Nesfield, John Collinson	（一九〇〇）	*Idiom, Grammar and Synthesis, English grammar series,; 4*	Shobido. 原本 London: Macmillan, 1895.

○ Nesfield, John Collinson →畦森到訳、内海弘蔵訳、大谷鱸江訳、嶋文次郎訳、鶴田久作訳、奈倉次郎述

Payton, V. J.	（一七七九）	*Nieuwe Engelsche Spraakkunst*, 2de dr.	Pieter Meijer（架蔵本）

○ Pinneo, Timothy Stone →生駒蕃訳、栗野忠雄訳、斎藤八郎訳、清水房之助訳、永嶋貞次郎訳、萩原孫三郎訳、ピネヲ氏、渡辺五一郎訳

Quackenbos, George Payn	（一八六七）	*First Book in English Grammar*	D. Appleton and Co.

○ Quackenbos, George Payn →梅木正衛訳、垣上緑訳、栗野忠雄訳、斎藤八郎訳、大学南校助教訳、高宮直太訳、外川秀次郎訳、戸田忠厚訳、水沢郁訳、山本栄治郎訳

Séwel, Willem	（一七三三）	*Nederduytsche Spraakkonst, 3de dr.*	Erven van J. Ratelband, en Comp.（Oxford大学所蔵本　Google books。ただし中野柳圃が使用した版は不明）

○ Seymour, J. N. →シーモール

Sweet, Henry	（一八九一）	*A New English Grammar Logical and Historical*	Impression of 1968. Oxford at the Clarendon Press

Swinton, William	（一八八四）	*New Language Lessons: An Elementary Grammar and Composition*	西村雄平
Swinton, William	（一八八五）	*A Grammar containing the Etymology and Syntax of the English Language*	Tokio Publishing Company
Swinton, William →朝野儀三郎訳、石川録太郎訳、大島国千代訳、太田次郎訳、河田駕洋訳、栗野忠雄訳、斎藤八郎訳、斎藤秀三郎訳、桜田源治訳、島田豊訳、田中達三郎訳、伴野乙弥訳、平井広五郎訳、元木貞雄訳、山形閑訳、湯浅藤一郎・関秀雄訳、渡辺松茂訳			
Willson, Marcius	無刊記	*The First Rerader of the School and Family Sereies*	Harper & Brothers（高梨健吉・出来成訓監修『英語教科書名著選集　第二巻』大空社一九九二年）
Willson, Marcius	無刊記	*The Second Rerader of the School and Family Sereies*	Harper & Brothers（高梨健吉・出来成訓監修『英語教科書名著選集　第二巻』大空社一九九二年）

○ Wundt, Wilhelm Max →ヴント

索引凡例

一、索引を事項・人名・書名に分けた。採集範囲は、本文および注の部分であるが、事項については、表からも採集した。なお、一つの節・表に連続して現れる用語は、原則として初出のみを採るようにしている。

一、日本語の項目は、現代における読みの五十音配列とした。また検索の便宜から、振り仮名が無く、読み方の確定できない漢字表記語は、原則として現代的な音読により配列した。なお、訓読する語への参照見出しを立てたところがあるが、網羅的には注記していない点、注意されたい。

一、「事項索引」については、明治期に用いられた文法用語を中心に採集し、文法研究史と関わる一部の助詞・助動詞類についてもこれを補った。また表記が複数存在する場合は別項目としたが、仮名と漢字表記のペアは適宜一項目にまとめた。なお同表記異義語には、意味の違いが分かる最小限の注記を括弧内に施したところがある。

一、「書名索引」「人名索引」は、本書の調査対象となる文法研究史に関わるものにかぎり採集した。したがって、現代の研究書・研究者等については、原則として採集していない。

事項索引

A

B

C

D

き

く

け

こ

さ

し

す

せ

そ

た

ち

つ

て

と

な

に

ぬ

の

は

み

む

め

も

や

ゆ

よ

ら

り

れ

ろ

わ

を

人名索引

書名索引

け

こ

さ

し

す

せ

そ

た

ち

て

と

に

服部隆（はっとり たかし）

略歴

1960年、埼玉県所沢市生まれ。上智大学大学院文学研究科国文学専攻博士後期課程満期退学。国立国語研究所非常勤研究員、福岡女学院大学人文学部専任講師、助教授、上智大学文学部専任講師、助教授を経て、2007年より上智大学文学部国文学科教授。

主な論文

「言文一致論の歴史」（飛田良文編『国語論究第11集　言文一致運動』明治書院、2004年）、「品詞分類の方法と歴史」（中山緑朗・飯田晴巳監修『品詞別学校文法講座第一巻　品詞総論』明治書院、2013年）など。

ひつじ研究叢書〈言語編〉第146巻

明治期における日本語文法研究史

A History of the Studies on Japanese Grammar in the Meiji Era

HATTORI Takashi

発行　2017年2月17日　初版1刷

定価　6800円＋税

著者　©服部隆

発行者　松本功

ブックデザイン　白井敬尚形成事務所

印刷所　日之出印刷株式会社

製本所　株式会社 星共社

発行所　株式会社 ひつじ書房

〒112-0011　東京都文京区千石2-1-2 大和ビル2階

Tel: 03-5319-4916　Fax: 03-5319-4917

郵便振替 00120-8-142852

toiawase@hituzi.co.jp　http://www.hituzi.co.jp/

ISBN978-4-89476-837-6

造本には充分注意しておりますが、落丁・乱丁などがございましたら、小社かお買上げ書店にておとりかえいたします。

ご意見、ご感想など、小社までお寄せ下されば幸いです。

刊行のご案内

明治初等国語教科書と子ども読み物に関する研究
リテラシー形成メディアの教育文化史
府川源一郎 著　定価 19,000 円 + 税

〈ひつじ研究叢書（言語編）　第 113 巻〉
「国語学」の形成と水脈
釘貫亨 著　定価 6,800 円 + 税

刊行のご案内

〈ひつじ研究叢書（言語編）　第139巻〉

語構成の文法的側面についての研究

斎藤倫明 著　定価6,300円＋税

〈ひつじ研究叢書（言語編）　第140巻〉

現代日本語の使役文

早津恵美子 著　定価7,200円＋税

〈ひつじ研究叢書（言語編）　第142巻〉

日本語史叙述の方法

大木一夫・多門靖容 編　定価7,200円＋税

〈ひつじ研究叢書（言語編）　第145巻〉

日本語歴史統語論序説

青木博史 著　定価7,200円＋税

刊行のご案内

副詞と文

工藤浩 著　定価 4,800 円 + 税

日本語文法史研究　3

青木博史・小柳智一・高山善行 編　定価 3,200 円 + 税

新ここからはじまる日本語学

伊坂淳一 著　定価 1,800 円 + 税